老子《道德经》心印

李玉瑾 著

陕西新华出版 三秦出版社

图书在版编目（CIP）数据

老子道德经心印 / 李玉瑾著. —西安：三秦出版
社，2024．8．—ISBN 978-7-5518-3147-5

Ⅰ．B223.15

中国国家版本馆 CIP 数据核字第 2024GL6046 号

老子道德经心印
LAOZI DAODEJING XINYIN

李玉瑾　著

出版发行	三秦出版社
社　　址	西安市雁塔区曲江新区登高路 1388 号
电　　话	（029）81205236
邮政编码	710061
印　　刷	三河市祥宏印务有限公司
开　　本	170mm×240mm　1/16
印　　张	23.5
字　　数	380 千字
版　　次	2024 年 8 月第 1 版
印　　次	2024 年 8 月第 1 次印刷
印　　数	1—3000
标准书号	ISBN 978-7-5518-3147-5
定　　价	103.00 元

网　　址	http://www.sqcbs.cn

心地光明　　与时偕行

化而欲作，吾将阗之以无名之朴。

前　言

老子《道德经》传自然之道和无名之朴，立足于非利生存和互补统一，讲述了道是什么、如何得道及长久生存的道德文化，其修为的核心是执一、清静，包括个人修炼和社会进化，是古代中华文化的传承和总结。虽然短短五千言，却字字是真理，能使人夺造化之机，觉醒道德人性，启迪先天智慧，提升生命境界。

老子在《道德经》前四十章讲述道体、道境及返回道体的方法，从有中证无，推情合性。"有物混成，先天地生。寂呵！寥呵！独立而不改，可以为天地母。吾未知其名，字之曰道。""无，名万物之始也；有，名万物之母也。""多闻数穷，不若守于中。""致虚极也，守静笃也。万物旁作，吾以观其复也。""圣人执一以为天下牧。""化而欲作，吾将阗之以无名之朴。""知其白，守其黑，为天下式。为天下式，恒德不忒，复归于无极。""反也者，道之动也，弱也者，道之用也。天下之物生于有，有生于无。"

《道德经》第四十一章讲述融通对待，太和圆融，生命自在，互补统一而成道。"明道若昧，上德若谷，大象无形，道隐无名，善始善成。"

《道德经》后四十章讲述道生万物、德蓄万物及万物在道中长久生存的方法，从无中生有，常应常静。"道生一、一生二、二生三、三生万物，万物负阴而抱阳，中气以为和。""道生之，而德畜之；物形之，而器成之；是以万物尊道而贵德。""含德之厚者，比于赤子。""清静可以为天下正。""为无为，事无事，味无味。""我恒有三宝，持而宝之：一曰慈，二曰俭，三曰不敢为天下先。""我无为，而民自化；我好静，而民自正；我无事，而民自富；我欲不欲，而民自朴。""天之道，利而不害；人之道，为而弗争。"

道是宇宙本原的客观存在，是事物运动的内在本质。道是超时空的存在，隐存于其创生的宇宙万物及发展过程之中。《文始真经》曰："溥天之下，道无不在。"道既反映宇宙万物的创生、复归，又反映宇宙万物的存在、变化。道是自然的，与万物是一体的，利而不害，历劫常在。

老子对宇宙、生命、人生和社会的实相，观察得非常深入；对人们的心理活动了如指掌，观察得非常细微，告诉我们怎么在人世间能够同流而不合污，出淤泥而不染。由于我们生活在利益社会，受价值规律的支配，人的道心被追求价值利益的机巧心和欲望所淹没，觉察不到什么是生命最幸福的感受，人们几乎都卷入名利场中，在利益的洪流中痛苦挣扎，在是非的圈子里面绕，是绝对绕不出来的。这样老子指引我们来到"利而不害，为而弗争"的非利社会。

"道，可道也，非恒道也。"道是整体，不同层次有不同的道，我们置身事中，就像盲人摸象，看不到整体。只有我们把利益心放下，改变习性，跳出事外，不见是非美恶，不用分别心去看待问题，"虚心实腹，弱志强骨，挫锐解纷，和光同尘"。神气合一，当下清净，无思无虑，一尘不起。从此念头不动处，起一念，就是混沌开基，无为而无不为。

我们悟道实质上即心为药，皈心于道。人的本心是自然的、本来淳朴，当我们放下是非善恶时，存心于听息，阅之以无名之朴，当下清静。以光明的本心觉照，就会接通"道体"的元始能量，用这种先天生万物的元炁能量，修复我们后天的身体细胞，先天后天浑然一体，形神俱妙，与道合真。生命在同化于道的过程中没有任何条条框框，本心所做的一切也都圆融在道中。那时候，我们会有一种什么感觉？就是看什么都会透透的，直接看到最本源。会觉得自然就尽皆完美，一切皆是合理的，静观万物皆自得。推之于人类社会，只有非利生存，才能真正体会到"为无为，事无事"的美妙。我们只有心中无事才是真的静下来了，才是找到真我。即使工作、学习时也要守在本心中，不离本心，无为而为。

《尚书·大禹谟》曰："人心惟危，道心惟微。惟精惟一，允执厥中。"人心危而不安，道心微而难见。人心得正即为道心，道心失正即为人心。处中处正，就没有危殆。老子《道德经》立道心以同化人心，道心主宰，去妄念空。由小我而升华为真我，由主观而回归于自然，把虚无的本心养成一个实在的光体，形神俱妙，与道合真，获得个人生命的内在和谐及长久生存，达到真人的境界。进而道化天下，进化到道德社会的圆融境界。悟道就是要通过身心实践，领会文字背后的内在真意、见证真相，即身成道，与天地共长生，与日月共久视。不能由此中悟入，不能于此中证得，而泥象执文，即使能倒背《道德经》亦无益也。

我们都在道中，时刻与道相会。生活就是悟道，改变从心开始。我们生活中遇到的每件事都是在引领我们觉知自己的本心、本自具足的大智慧，我们每个人都有能力获得人性的彻底解放和见证生命自由。当我们在生活中以清静心做事，和光同尘，就能接通先天元炁能量、打开内在智慧，进而提升生命境界，止于至善，达到自在、快乐、健康、智慧的幸福生活境地。

本书以《道德经》的通行本为体，帛书本为用，以期回归老子本义。我在编写过程中，参考了许多前人的研究成果，主要有河上公、杜光庭等注《道德经集释》，吕祖秘注《道德经心传》，黄元吉撰《道德经注释》，水精子注《清静经》，《文子》《庄子》《淮南子》《黄帝内经》《六祖坛经》，《太乙金华宗旨》及其他文献，非常感恩所有指引和帮助我践行"道"的人，感恩"天、地、君、亲、师"及一切有缘的朋友们，在此诚以一瓣心香拜谢。让我们共同沐浴道德阳光，共享美好幸福生活。

李玉瑾

2020 年 10 月 25 日

目 录

治世名言

1. 治大国，若烹小鲜

《道德经》第六十章曰："治大国，若烹小鲜。"用煎炸小鱼来比喻治国。烹小鲜，就是煎炸小鱼，小鱼很鲜嫩，不能在锅里频频搅动，搅动多了小鱼就会破碎。治理国家，要像煎炸小鱼那样，不要屡屡改动法令，要有天下为公的心境，遵循自然规律，顺其自然地治理国家。

2. 为之于未有也，治之于未乱也

《道德经》第六十四章曰："为之于未有也，治之于未乱也。"从隐微入手，在事情还没有发生之前，还没有一点影子的时候，已经把基础打好了，做到有备无患，见微知著。天下未乱的时候，就开始治理了，就把乱的根源先铲掉了。

3. 圣人恒无心，以百姓之心为心

《道德经》第四十九章曰："圣人恒无心，以百姓之心为心。"圣人立足于非利生存，没有私心，以百姓之心为心，倾听百姓的心声，以百姓的美好生活为心。不是以圣人的想法作用于社会，而是按老百姓潜在的心声，全心全意为人民服务，服务于百姓。

4. 上善治水，水善利万物而有静

《道德经》第八章曰："上善治水，水善利万物而有静。"上善之人，从生命的本始入手，因势利导，疏通经脉，恢复本有的生机，复归于道。水利泽万物，滋木而荣，生机盎然，可动可静。《尚书·洪范》曰："一曰水，二曰火，三曰木，四曰金，五曰土。"一为天地万物之始，生命来源于水，水是生命之本。

執一以為

天下牧清

靜以為

天下正

執一以為天下牧清
靜以為天下正
壬寅春耘興勤

绪 论
中华传统文化与幸福生活

人类的一切知识学问，都是为有利于自身的生存、进化与发展服务的，《阴符经》曰："观天之道，执天之行，尽矣。"参天地的化育，弥纶天地之道，以天道主导人道，一切问题就迎刃而解了。这是中国古人的基本思想：立天之道，定人之德，天人合一。

人类始终面临两大课题，一是正确认识人类和自然界；二是正确处理人与社会、自然界的关系。由于我们生活在利益社会，受到价值规律的支配，人性的觉性被追求价值利益的机巧心和欲望所淹没。人们觉察不到什么是生命最幸福的感受，认为占有价值利益就是幸福，几乎人人都卷入名利场中，在利益的漩涡中痛苦挣扎，当人们真正占有价值利益以后才发觉并没有真正的幸福，金钱与享受不再能带来幸福。

因为占有机制形成的占有多与少的巨大反差，造成社会地位和人格的不平等对待，出现社会歧视，造成社会矛盾层出不穷。诚如老子所言："金玉盈室，莫之能守也。富贵而骄，自遗其咎也。""罪莫大于可欲，祸莫大于不知足，咎莫大于欲得。"社会治安、财产保护等问题使价值利益占有者防不胜防，产生无解的矛盾、不胜的烦恼，这样的生存显然并无真正的幸福可言。

一、幸福生活综述

幸福是指一个人能活好自己，让自己内心充实起来，自我价值得到满足或生命当下觉醒而产生的开心、喜悦的心理情绪。平平安安为幸，富富贵贵为福。平就是平稳，生活平稳顺畅；安就是安全，生活安全无忧。富就是富裕，生活获得丰足的物产享受；贵就是尊重，生命得到完全的人格尊重。《尚书·洪范》曰："五福：一曰寿，二曰富，三曰康宁，四曰攸好德，五曰考终命。"五种幸福：一是长寿，二是富贵，三是健康平安，四是修行美德，五是长寿善终。人类最幸福的社会必须达到这种人人都能觉醒的平安富贵的生活状态，人人都是圣人，幸福生活是人类社会生活的终极追求目标。当人类生命处在弱肉强食的动物生存法则的生存环境中，也就是人性处在兽性之中，人类生命是不可能感受到幸福的。

生活是生命中进行的活动，动物的生活是指以生存、延续后代等本能性的活动。人的生活是人在生命的生成、生存和发展中劳动与分享的活动，包括日常生活行为、学习、工作、休闲、社交、娱乐等。《孟子·尽心上》："民非水火不生活"，对自身而言，生命活动就是治理人体水火的过程，生活就是悟道，改变从心开始。

一阴一阳和合为人，人性既有自然、素朴的道德人性，又有弱肉强食的兽性。道德人性是乾阳之性，无公无私，具有圆融和非占有的道性。诚如《淮南子·原道训》所言："人生而静，天之性也，感物而动，性之欲也。……故圣人不以事滑天，不以欲乱情。"人类生命与动物生命相区别的特性就是道德人性，人与其他动物所共有的属性就是兽性。兽性是生命低端的生物本能，不是生命高端的道德人性。道德人性就是道德在人类生命中的表现，这是动物所不具备的。人类生命所具有的圆融道性就是人类生命区别于动物生命的基本特性，这才是真正的人性。

我们在现实社会中见到大量的人类自私行为，那不是人性表现，而是在生存方式中放大了的生理本能，是由生理本能控制的人类行为。人类生活在占有社会中，占有生存的竞争机制会形成弱肉强食的动物性生存方式，占有竞争的生存压力会使人性受到抑制，生理需求在占有竞争中得到膨胀，并滋生出生物精神，这种生物精神一旦控制人的思想行为，道德人性就会因此被淹没，只表现出生物精神的占有本能，这就是人们常见的自私行为。但是，这种自私行为是人类生命低端的生物本能，不是人类生命高端的道德人性。人类生命由高端智慧和低端本能共同构成，只有由高端智慧主导生命行为，才能称为真正的人类生命。

老子《道德经》给出了人类幸福生活的天道法则："天长，地久。天地之所以能长且久者，以其不自生也，故能长生。""上善治水。水善，利万物而有静，处众人之所恶，故几于道。""生而弗有也；为而弗恃也；长而弗宰也，此之谓玄德。""道生之，而德畜之；物形之，而器成之；是以万物尊道而贵德。""天之道，利而不害；人之道，为而弗争。"《礼记·礼运篇》曰："大道之行也，天下为公。……使老有所终，壮有所用，幼有所长。……是故谋闭而不兴，盗窃乱贼而不作，故外户而不闭，是谓大同。"老子给出的"尊道贵德"的法则与《礼记》的"天下为公"及"共产主义"理想，一脉相承。

二、宇宙的本源

老子《道德经》曰："无，名万物之始也；有，名万物之母也。""有物混成，先天地生。寂呵！寥呵！独立而不改，可以为天地母。吾未知其名，字之曰道。""道生一、一生二、二生三、三生万物，万物负阴而抱阳，中气以为和。""道生之，而德畜之；物形之，而器成之。""失道而后德，失德而后仁，失仁而后义，失义而后礼。夫礼者，忠信之薄而乱之首也。"老子认为宇宙的本源是道，万物的本源是有、是一，以道为体，以德为用。道是宇宙混元未剖之际，阴阳未分之时，无天地以合象，无日月以合明，无阴阳以合气的元始状态。

"道"，以虚通为义，是宇宙本原的存在和内在本质，是人们共同拥有的通向本原之路。道体虚而能容，超越时空，独立不改，周行不殆。无所不包，无处不在，空间上包容一切，时间上无穷无尽，是不以人的主观意志为转移的客观存在，但人可以行持而成。诚如《文子·道原》所言："万物之化无不应也，百事之变无不耦也。故道者，虚无、平易、清静、柔弱、纯粹素朴，此五者，道之形象也。"

"德"，以清静为义，是心对自然信息的真实感应，是合道的思想及行为，是提升生命境界的通道及过程，德性一而不分。《六祖坛经》曰："直心是道场，直心是净土。"《庄子·天地》曰："德人者，居无思，行无虑，不藏是非美恶。"

中国古人仰观天文，俯察地理，平观人事，调阴阳之气，和四时之节，通过"取象比类"的方法，把观察到的各种相关联的自然现象，抽象为"阴阳""五行"等概念，用来描述事物运动的内在本质。流传下来的河图、洛书、八卦是一套天地系统，《黄帝内经》、中医和人体修炼是一套生命系统，两套系统相互印证，天人合一。不仅让我们体验到那个无处不在，而又道不清说不明的"道"，又有把这个"道"说清楚的语言，所以它又是操作体系。

三、阴阳与五行

（一）阴阳

"阴阳"，原始含义为日光的向背，它是万物运动变化的本源，是事物发展的内在本质，是人类认识事物的基本法则。阴阳结构就是能量结构，阴阳相互依存，无此即无彼，无彼亦无此。阴而阳，阳而阴，方有造化。天以日为阳，以月为阴；地以火为阳，以水为阴；人以神为阳，以精为阴。阴阳变化符合相对、相生、转化和同一的法则。阴阳相对、相互依存；阴阳相生、相依相配；阴阳转化、物极则反；阴阳同一、和合为道。

相对性：阴阳的相对性是从整体上说明事物的两种属性，不是绝对的、不可变的，而是相对的、可变的。其一，阴阳相互依存，无此即无彼，无彼亦无此。其二，阴阳有无限可分性。例如，天为阳，地为阴；日为阳，月为阴；昼为阳，夜为阴；热为阳、寒为阴等。诸如此类，不论任何事物，都是相对的存在于宇宙中。阴阳之中仍有阴阳可分。

相生性：阴阳相生是阴阳的核心，阴阳两种属性共存于同一体中。其一，孤阴不生，独阳不长。阴阳互相依存，互相制约，失去一方，另一方也将消失。以自然界来说，外为阳、内为阴；白天为阳、黑夜为阴。如果没有外、白天，也就无法说明内、黑夜。其二，阴阳互相滋生。阴中有道，阳中有道，道生阴阳，阴极生阳，阳极生阴。就人体而言，心火为阳、离中虚（☲），肾水为阴、坎中满（☵）。离中（☲）之阴爻是为心中之真阴，坎中（☵）之阳爻是为肾中之真阳。心火之真阴根于肾，肾中之真阳根于心。所谓阴根于阳，阳根于阴，互为其根，交相为用而不相离，才有升降，才有化生。

转化性：阴阳转化是指同一体的阴阳相互转化。其一，阴阳消长。阴阳能量由弱变强，由强变弱，此消彼长的阴阳变化。其二，阴阳转化。在一定的条件下，当其发展到一定的阶段，其双方可以各自向其相反方面转化，阴极阳生，阳极阴生。阴可以转为阳，阳可以转为阴。天地之间，阴阳升降，日月运转，东西出没，昼夜不息，盈亏消长，寒暑往来。

和合性：阴阳和合是指阴阳融合，和合为道而万物生。其一，阴阳相抱、阴阳交通、阴阳和合、阴平阳秘，阴阳同一、和合为一炁，没有对立、没有内耗，独立不改，周行不殆。其二，阴阳同根。《庄子·齐物论》曰："天地与我并生，而万物与我为一。"就悟道而言，和合神气，假造太极是下手入门的功夫。诚如伍冲虚真人所言："心能依息，则万法归一。"

河图、洛书用"〇"表示阳、天，"●"表示阴、地，是《易经》的基础。《易经》用"—"阳爻表示阳，"--"阴爻表示阴。《易经》《道德经》《黄帝内经》等都提到了阴阳，阴阳理论已经渗透到中国传统文化的方方面面。《易传·系辞》曰："一阴一阳之谓道。"《道德经》曰："道生一，一生二，二生三，三生万物。万物负阴而抱阳，中气以为和。"《黄帝内经·阴阳应象大论》曰："阴阳者，天地之道也，万物之纲纪，变化之父母，生杀之本始。"

《黄帝内经·生气通天论》曰："阳气者，若天与日，失其所则折寿而不彰。……阴者，藏精而起亟也；阳者，卫外而为固。阴平阳秘，精神乃治。"阴阳是一气的聚散和升降，聚之成精而收藏，散之化气而宣布。一气上升，真火化全身内外之阴邪；一气下降，真水润五脏六腑及肌肤。阴藏精气于内以生养阳气，阳护卫于外以固腠理。阴平阳密就是精固气盈，阴阳二气调和，气血畅行，健康无病。阳气指先天元炁、乾阳元炁，人身一团血肉之躯，全赖一团阳气运行于其中而立命。健康的婴儿为纯阳之气，故生机旺盛；青壮年则阳气盛极，故精力旺盛；中年以后，阳气渐衰，阴气渐长。故年四十阴气自半，谓阳退阴进，阴气增长一半矣，年至耄耋则阳气衰少，阴气大进，涕泪失摄而俱出；阳气绝则终老，此时为纯阴无阳。

就人体而言，《灵宝毕法》曰："以心肾比天地，以气液比阴阳。肾气到心，肾气与心气相合，而太极生液，所以生液者，以气自肾中来，气中有真水，其水无形；心液到肾，心液与肾水相合，而太极复生于气，所以生气者，以液自心中来，液中有真气，其气无形。阳升阴降，至太极而相生，所生之阴阳，阳中藏水、阴中藏气也。""所谓玉液者，本自肾气上升而到于心，以合心气，二气相交而过重楼，闭口不出而津满玉池，咽之而曰玉液还丹，升之而曰玉液炼形。所谓金液者，肾气合心气而不上升，熏蒸于肺，肺为华盖，下罩二气，即日而取肺液，在下田自尾闾穴升上，乃曰飞金晶入脑中，以补泥丸之宫，自上复下降而入下田，乃曰金液还丹，既还下田复升，遍满四体，前复上升，乃曰金液炼形。"

（二）五行

五行，是水、火、木、金、土，一炁的这五种能量运动特性，充盈在天地之间，无所不在，相互作用、相互发展，维系着自然的平衡。《尚书·洪范》曰："一曰水，二曰火，三曰木，四曰金，五曰土。水曰润下，火曰炎上，木曰曲直，金曰从革，土爰稼穑。润下作咸，炎上作苦，曲直作酸，从革作辛，稼穑作甘。"一为天地万物之始，天一生水，生命来源于水。水一、火二、木三、金四、土五为五行之数。一、三、五为阳数，其和为九，故九为阳极之数。二、四为阴数，其和为六，故六为阴极之数。阴阳之数合而为十五，十五月圆，其形为"○"，和合、圆满，故十五为合道之数，阴阳和合为道。

图一　五行生、克关系图

五行相生：水生木、木生火，火生土，土生金，金生水。相生，含有互相滋生、促进助长的意思。生者为母，受生者为子。

五行相克：水克火，火克金，金克木，木克土，土克水。相克，含有互相制约、克制和抑制的意思。克者为夫，受克者为妻。

五行时间：农历以天干、地支的六十种组合来标记年、月、日、时。以立春为岁首，用二十四节气划分出十二个月，能反映一年四季的气候变化。

十天干：甲、乙、丙、丁、戊、己、庚、辛、壬、癸。

十二地支：子、丑、寅、卯、辰、巳、午、未、申、酉、戌、亥。

天干地支与五形的对应关系：

天干中甲乙为木，丙丁为火，戊己为土，庚辛为金，壬癸为水。

地支中寅卯为木，巳午为火，辰戌丑未为土，申酉为金，亥子为水。

五行与人体五脏、季节、气候、方位等对应关系表：

五行	五脏	六腑	季节	气候	五神	五感	五官	五色	五味	形体	五音	方位
水	肾	膀胱	冬	冷	精	恐	耳	黑	咸	骨	羽	北
火	心	小肠	夏	热	神	喜	舌	赤	苦	脉	征	南
木	肝	胆	春	风	魂	怒	目	青	酸	筋	角	东
金	肺	大肠	秋	燥	魄	悲	鼻	白	辛	皮毛	商	西
土	脾	胃	长夏	湿	意	思	口	黄	甘	肉	宫	中

就人体而言，肾为水，心为火，肝为木，肺为金，脾为土。《文始真经》曰："精者水，魄者金，神者火，魂者木。五行之运，因精有魂，因魂有神，因神有意，因意有魄，因魄有精，五行回环不已。火生土，故神生意；土生金，故意生魄。"

《钟吕传道集》曰："以子母言之，肾气生肝气，肝气生心气，心气生脾气，脾气生肺气，肺气生肾气。以夫妻言之，肾气克心气，心气克肺气，肺气克肝气，肝气克脾气，脾气克肾气。肾，水也，水中有火，升之为气，因气上升以朝于心。心，阳也，以阳合阳，太极生阴，乃积气生液，液自心降，因液下降以还于肾。肝本心之母、肾之子，传导其肾气以至于心矣。肺本心之妻，肾之母，传导其心液以至于肾矣，气液升降如天地之阴阳，肝肺传导若日月之往复。"

四、河图与先天太极图

中国古老的河图、洛书、八卦都是反映宇宙万物的生成、存在和变化状态的，是完整的宇宙结构模型图，用阴阳、五行的变化来描述宇宙结构中的空间、时间和物质的变化，是中华文化的源头。汉代儒士认为，河图就是八卦，而洛书就是《尚书·洪范》中的"洪范九畴"。河图、洛书最早记录在《尚书》之中，其次在《易传·系辞》之中，诸子百家多有记述。

（一）河图

传说伏羲氏时，有龙马从黄河出现，背负"河图"。伏羲根据河图画成八卦，后来周文王又依据伏羲八卦，研究出文王八卦和六十四卦，并分别写了卦辞。《易传·系辞》曰："河出图，洛出书，圣人则之。"显然，河图是中华文化的源头。

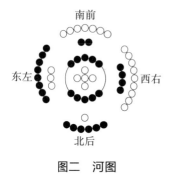

图二　河图

河图反映的是宇宙的生成、变化之理，与先天八卦相合。河图的结构是天一生水，地六成之；地二生火天七成之；天三生木，地八成之；地四生金，天九成之；天五生土，地十成之。以"○"为天，以"●"为地。生数之和为十五，为合道之数，生生不已。万物有生数，当生之时方能生；万物有成数，能成之时方能成。所以，万物生存皆有其数。

河图定五行先天之位，东木西金，南火北水，中间土。水、火、木、金为"四象"。自内而外，水生木、木生火、火克金、金生水，为五行左旋的生克方式运行。中心不动，一、三、七、九阳数左旋，阳气上升，其和为二十。二、四、六、八阴数左旋，阴气下降，其和亦为二十。道生万物，生生不已（如图三所示）。

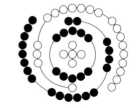

图三　河图中五行的生克运行
（道生万物）

河图中金木水火居外，土居中央。土为中为阴，四象在外为阳，此内外阴阳之理；木火相生为阳，金水相生为阴，乃阴阳水火既济之理；五行中各有阴阳相交，生生不息，乃阴阳互根同源之理；中土为静，外四象为动，乃阴阳动静之理。

河图自外而内，五行阴阳相合，化而归中，一炁浑然。《悟真篇》曰："三五一都三个字，古今明者实然稀。东三南二同成五，北一西方四共之。戊己自居生数五，三家相见结婴儿。婴儿是一含真气，十月胎圆入圣基。"虚其心，东三南二同成五；静其身，北一西方四共之；意大定，戊己自居生数五，身心意合，即三家相见结婴儿。中心不动，一、四、七、八阴阳和合右旋，其和为二十。二、三、六、九阴阳和合右旋，其和亦为二十。此为五行逆生，阴阳聚合、化为一气，万物归道的运化，用之不勤。

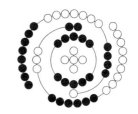

图四　河图中五行的逆生运化
（万物返道）

　　河图内圈的数是东三南二，其和五，北一西四，其和为五，中心亦为五，三五和合，其和为十五。河图四周外圈的数是东八南七，其和为十五，北六西九，其和为十五，河图中心五和十，其和亦为十五。"十五"合道，其形为"○"，谓之道枢。这样中心的十五为"○"，为先天太极图的中心，外围的两个十五也为"○"，为先天太极图之外圈。河图中木火为阳，金水为阴，这就是先天太极图了。故河图乃阴阳之用，易象之源也。

（二）先天太极图

　　先天太极图由河图演化而来，反映的是宇宙的生成、变化之理，是宇宙生成、变化的缩影图。先天太极图外形是一个立体的双螺旋结构体，整个结构均衡圆通，太极"○"内为阴阳聚合、真气归中的能量演化，无中生有，有归于无，无有相生，有无双方光气能量变化的交集就是环中"○"，也就是那个"空"，空即是道，灵动变化，虚无自然。若斗极之枢，北辰不移，杳杳冥冥；若人的空性。内外一体，内就是外，外就是内。无中含有，动而生有，有复归无。其体寂静不动，内部则变化不已。诚如《庄子·齐物论》所言："彼是莫得其偶，谓之道枢。枢始得其环中，以应无穷。"跳出彼是的对待，不执两边，一而不分，就是大道的枢纽。抓住了大道的枢纽，就能够感应事物无穷无尽的变化。

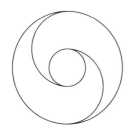

（1）逆时针旋转，道生万物

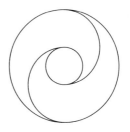

（2）顺时针旋转，万物聚合为道

图五　先天太极图

（1）银河系星图

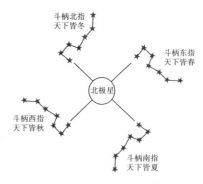

斗柄北指
天下皆冬

斗柄东指
天下皆春

北极星

斗柄西指
天下皆秋

斗柄南指
天下皆夏

（2）北斗七星旋转图

图六　银河系星图和北斗七星旋转图

先天太极图是一个旋转不息的光气能量团，有无能量转化形成双螺旋旋机，是一个有无合一的旋转能量体，若斗极之机。这种旋机产生了元始能量运动，以平衡和圆融为运动品质。内旋则阴阳聚合，化为一气；外旋则生生不息，无处不周。一收一放，绵绵若存，用之不勤。类似于人体胎息。先天太极图也是银河系的全景缩影图，银河系等各星系俯视皆顺时针旋转，仰视皆逆时针旋转。旋机变化，造化不已。

五、洛书与后天太极图

相传大禹时，洛河中浮出神龟，背驮"洛书"，献给大禹。大禹依此治水成功，遂划天下为九州。汉代儒士认为，洛书就是《尚书》中的"洪范九畴"。

（一）洛书

洛书反映的是万物的生存、变化之理，与后天八卦相合。洛书是河图变化而来，河图破而洛书成。洛书的结构是戴九履一，左三右七，二四为肩，六八为足，五居中央，五方"○"皆阳数，四隅"●"为阴数。洛书即九宫图。河图的数，阴阳、天地、生成二数总是合在一起的，成对出现，阴阳合一，互生互化。洛书则阴阳分，生成离，天地隔，洛书的数都是单数。

洛书中横、竖、斜相加的数字之和都等于十五，与河图的中土和合之数相同，反映了宇宙的各向均衡性，每个方向的数字之和均为合道之数。

洛书中每个方向五行之数乘以中土之成数为大衍之数五十。洛书用行列式的方法计算，为三百六十，是一个圆周之数。相当于是一个周期循环，无始无终的圆图。

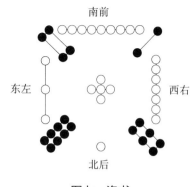

图七　洛书

洛书中一、三、七、九为阳数的"S"形顺旋，阳气上升，其和为二十。二、四、六、八为阴数的"S"形逆旋，阴气下降，其和亦为二十。其中十五合道，其形为"○"，为太极图之鱼眼。剩余阳数五＋阴数五＋中心五，其和为十五，其形也是"○"，为太极图之外圈。

（二）后天太极图

后天太极图由洛书变化而成，反映的是万物的生存、变化之理，是万物生存、变化的缩影图。后天太极图按洛书阳数或阴数的"S"形旋转，生成的一个对称平面图，整个结构均衡对称，阴阳相推，反映了阳极阴生，阴极阳生的阴阳消长关系，相反相成、周期循环、如水流行。

后天太极图就是阴阳的根，阴阳交媾于太极，此宇宙造化之生机。阴阳相抱、阴阳相旋、阴阳平衡、阴阳和谐、阴阳聚合。阴阳相旋就是宇宙的能量，就是生命的产生。

（1）按阳数的顺时针旋转

（2）按阴数的逆时针旋转

图八　后天太极图（阴中有道、阳中有道）

图九　传统太极图（阴中有阳、阳中有阴）

一般人认为的太极图是阴阳相抱，图中的两个小孔，是阴中有阳、阳中有阴，这样"道"就没有了。其实是阴阳两个独立部分中各有一个小"○"，是阴中含空，阳中含空。也就是阴中有"道"，阳中有"道"，道含阴阳，隐存于万物之中。诚如庄子曰："道无所不在，在蝼蚁，在稊稗，在瓦甓，在屎溺。"《文始真经》曰："溥天之下，道无不在。"阴阳在"道"中互相独立又相互转化，平衡、和谐。

后天太极图是洛书的变化图，体现的是万物在"道"中的生存机制，也是一种自然的生存状态。传统太极图体现了人类在利益往来中的生存状态，先天的道性被后天的阴中之阳和阳中之阴所替代，阴阳消长，变化无穷，符合对立统一规律。

六、先天八卦图和后天八卦图

《太平御览》曰："伏羲坐于方坛之上，听八风之气，乃画八卦。"以"－－"为阴，以"—"为阳，组成八卦：乾为天，坤为地、震为雷、巽为风，坎为水，艮为山、离为火、兑为泽，以类万物之情。八卦分据八方，中绘太极之图。八卦歌诀为：乾三连（☰），坤六断（☷）；震仰盂（☳），艮覆碗（☶）；离中虚（☲），坎中满（☵）；兑上缺（☱），巽下断（☴）。就生成而言，乾为父，纯阳。坤为母，纯阴。乾坤交媾，化生六子。长男为震，中男为坎，少男为艮，长女为巽，中女为离，少女为兑。用身体来说是乾为首，坤为腹，天地定位；离为目，坎为耳，水火不相射；震为足，巽为手，雷风相薄，艮为鼻，兑为口，山泽通气，此为形体的八卦。用性情来说是乾坤为身心，坎离为精神，震兑为魂魄，艮巽为意气，八卦成列神行乎其中矣。

（一）先天八卦图

先天八卦讲对峙，"对待者数"指先天八卦而言。先天八卦方位图按照一阴一阳规律依次挨排所得，具有很强的对称性，体现了易简的精神。

图十　先天八卦图

《说卦》曰："天地定位，山泽通气，雷风相薄，水火不相射。"先天八卦的卦序是：乾一、兑二、离三、震四、巽五、坎六、艮七、坤八。每个对角线的数字和为九，现纯阳之象，长长久久。隐含的中宫纯阴为六，中心的先天太极图逆时针旋转发放能量，是对阳性生存的支撑。虚实互补互存，和合为道。乾为天，为太阳；坤为地，为地球，这是天地坐标。先天八卦演绎天地运动。

先天八卦天弗违，为成圣之道。先天八卦立天地为道，乾坤定位，天清地宁，日月合明，万物资生，互补包容，非利生存，太和圆融，符合互补统一规律，体现了"生而不有，为而不恃，长而不宰"的玄德境界，是人们追求的终极生存之道。

"道德"境界是非利生存的道德社会，本质是利他的，没有占有概念和占有机制，也就没有利益概念和利益机制。既没有私有概念，也没有公有概念。社会中的每一个人都以劳动为人生快乐，人人都是圣人，整个人类社会就是一个大家庭，人人互相尊重，社会地位平等，人们在高尚"道德"境界中互动互化地进行生产协作和共同消费。没有财富和名誉的概念，也就没有利益和占有，没有贫富贵贱，人人生命平等，从清洁工到最高行业管理，没有社会地位差别，只有工作技能、生活方式、性格个性等的差别，这些差别在道德社会的非利生存中，和谐互动，浑然一体，高度统一。

诚如《周易·乾卦》："用九，见群龙无首，吉。"及《礼记·礼运》所言："大道之行也，天下为公，选贤与能，讲信修睦。故人不独亲其亲，不独子其子，使老有所终，壮有所用，幼有所长，矜寡孤独废疾者皆有所养，男有分，女有归。货恶其弃于地也，不必藏于己；力恶其不出于身也，不必为己。是故谋闭而不兴，盗窃乱贼而不作，故外户而不闭，是谓大同。"整个体系呈现圆融运动，这种圆融运动是永恒的，性能互补，互依互存，形成浑然一体的事物体系，运动守中，能量守恒，氤氲祥和，生生不息，按照互补统一规律运行。生命真正达到自在、快乐、健康、智慧。

（二）后天八卦图

后天八卦讲流行，"流行者气"指后天八卦而言。形容周期循环，如水流行，用以表示阴阳的依存与互根，五行的母子相生。乾统三男，坤统三女。后天图是从四时的推移，万物的生长收藏得出的规律。

图十一　后天八卦图

《说卦》曰："帝出乎震，齐乎巽，相见乎离，致役乎坤，说言乎兑，战乎乾，劳乎坎，成言乎艮。"后天八卦的卦序是：坎一、坤二、震三、巽四、五为中宫，乾六、兑七、艮八、离九。后天八卦之数正好是洛书之数，每个对角线的数字和为十，现圆满之象，平衡和谐。隐含的中宫为五，中心的后天太极图逆时针旋转发放能量，是对阳性生存的支撑。虚实互补互存，和合为道。坎为水，离为火，这是生命坐标。后天八卦演绎生命运动。

后天八卦奉天时，为延命之术。后天八卦立水火为道，日月运行，阴阳相推，寒暑来往，盈亏消长，二元对立，利益往来，水深火热，符合对立统一规律，是人们在阴阳消长的生存机制中须顺应的天地生化之道，阴阳顺逆之道，需要人们遵从和突破。

利益生存机制中的人性是自私的，不是人性天生自私，而是利益机制塑造出自私的人性。由于人们生活在占有社会，受到价值规律的支配，人性的觉性被追求价值利益的机巧心和贪欲所淹没，觉察不到什么是生命最幸福的感受，人们几乎都卷入名利场中，在利益的漩涡中痛苦挣扎，一切都以追求价值利益为标准，认为占有价值利益就是幸福，可是当真正占有价值利益以后才发觉，这样的生存并无真正的幸福可言。诚如《礼记·礼运》所言："今大道既隐，天下为家，各亲其亲，各子其子，货力为己。"人性只有在觉醒的基础上才会有真正的享受，只有非利的道德社会才是人类最幸福的社会。

由利益社会转型为非利的道德社会，不是一般意义的生产关系的变更，不是私有制向公有制转化那么简单的事情，而是涉及生存方式的大转变，是从"天下为家"向"天下为公"的转变，是从经济法则和"道德"意识上彻底放弃"利益"概念的大转变。思想先行才能凝聚行为，要想建立非利生存的社会机制，必须先建立非利生存的道德文化思想道场，使思想道场中的每一个思想都具有圆融道性，圆融思想产生圆融行为，就能在协作劳动中创造圆融的社会事物。

我们悟道就是要从传统太极图的生存状态，回归到后天太极图的生存状态，再从后天太极图的生存状态进化到先天太极图的生存状态，或者是从后天八卦的生存状态进化到先天八卦的生存状态，出死入生，突破虚空，与道合真。悟道就是从生命的角度同化宇宙本源的实践。天地间的一切事物，实际上都是宇宙本源的这一团光气在不停地运动，就像太阳东升西落一样，升降回旋，如环无端。而人秉天地之气生，所以人也是一团气的运动，人这团气也在如环无端地不停周流着。脾胃是人体的中焦，人这团气就是从脾胃开始升降流通出来的。人体这一气往上升的时候，就是身体的肾气和肝气，往下降的时候，就是身体的心气和肺气。脾胃之气居中，是肾肝心肺升降的枢轴。调整身体，就是以中土真意为先，调和人体的精、神、魂、魄，中气斡旋，一气周流，通透全身，阴平阳秘。把人的利益心归零，虚心实腹，弱志强骨，挫锐解纷，和光同尘，按照先天太极原理，神气相交，坎阳上升归乾、离阴下降入坤，移炉换鼎，推情合性，后天返先天，脱胎换骨，与道合真。在人类社会中的表现状态就是和光、同尘，自然、素朴，简单、平和，清静、无为，处下、不争。

《史记·老子韩非列传》摘录

"原文"老子者，楚苦县厉乡曲仁里人也，姓李氏，名耳，字聃，周守藏室之史也。

"译文"老子是楚国苦县厉乡曲仁里人。姓李，名耳，字聃，做过周朝掌管藏书室的史官。

"原文"孔子适周，将问礼于老子。老子曰："子所言者，其人与骨皆已朽矣，独其言在耳。且君子得其时则驾，不得其时则蓬累而行。吾闻之，良贾深藏若虚，君子盛德容貌若愚。去子之骄气与多欲，态色与淫志，是皆无益于子之身。吾所以告子，若是而已。"孔子去，谓弟子曰："鸟，吾知其能飞；鱼，吾知其能游；兽，吾知其能走。走者可以为罔，游者可以为纶，飞者可以为矰。至于龙，吾不能知其乘风云而上天。吾今日见老子，其犹龙邪！"

"译文"孔子前往周都，想向老子请教礼的学问。老子说："你所说的礼，倡导它的人和骨头都已经腐烂了，只有他的言论还在。况且君子时运来了就驾着车出去做官，生不逢时，就像蓬草一样随风飘转。我听说，善于经商的人把货物隐藏起来，好像什么东西也没有，君子具有高尚的品德，他的容貌谦虚得像愚钝的人。抛弃您的骄傲之气和贪欲之心，抛弃您做作的神态和放荡的心志，这些对于您自身都是没有好处的。我能告诉您的，就这些罢了。"孔子离去以后，对弟子们说："鸟，我知道它能飞；鱼，我知道它能游；兽，我知道它能跑。会跑的可以织网捕获它，会游的可制成丝线去钓它，会飞的可以用箭去射它。至于龙，我就不知道该怎么办了，它是驾着风而飞腾升天的。我今天见到的老子，大概就是龙吧！"

"原文"老子修道德，其学以自隐无名为务。居周久之，见周之衰，乃遂去。至关，关令尹喜曰："子将隐矣，强为我著书。"于是老子乃著书上下篇，言道德之意五千余言而去，莫知其所终。

"译文"老子修行道德，他的学说以隐匿声迹，不求闻达为宗旨。他在周都住了很久，见周朝衰微了，于是就离开周都。到了函谷关，关令尹喜对他说："您就要隐居了，勉力为我们写一本书吧。"于是老子就撰写了《道德经》，分上、下两篇，阐述了道德的本意，共五千多字，然后才离去，没有人知道他的下落。

"原文"或曰：老莱子亦楚人也，著书十五篇，言道家之用，与孔子同时云。

"译文"有的人说：老莱子也是楚国人，著书十五篇，阐述的是道家的作用，和孔子是同一时代的人。

"原文"盖老子百有六十余岁，或言二百余岁，以其修道而养寿也。

"译文"据说老子活了一百六十多岁，也有的人说活了二百多岁，这是因为他能修道养心而长寿的啊。

"原文"自孔子死之后百二十九年，而史记周太史儋见秦献公曰："始秦与周合，合五百岁而离，离七十岁而霸王者出焉。"或曰儋即老子，或曰非也，世莫知其然否。老子，隐君子也。

"译文"孔子死后一百二十九年，史书记载周太史儋会见秦献公时，曾预言说："当初秦国与周朝合在一起，合了五百年而又分开了，分开七十年之后，就会有称霸称王的人出现。"有的人说太史儋就是老子，也有的人说不是，世上没有人知道哪种说法正确。总之，老子是一位隐君子。

"原文"世之学老子者则绌儒学，儒学亦绌老子。"道不同不相为谋"，岂谓是邪？李耳无为自化，清静自正。

"译文"社会上信奉老子学说的人就贬斥儒学，信奉儒家学说的人也贬斥老子学说"主张不同的人，彼此说不到一块去"，难道就是说的这种情况吗？老子认为，无为而治，百姓自然趋于"化"；清静不扰，百姓自然会归于"正"。

第一章　道体

道体本虚，中含无有，以有会无，众妙之门

> 道，可道也，非恒道也；名，可名也，非恒名也。无，名万物
> 之始也；有，名万物之母也。故恒无欲也，以观其妙；恒有欲也，
> 以观其所噭。两者同出，异名同谓，玄之又玄，众妙之门。

本章讲述道体，道体本虚，中含无有，以有会无，众妙之门。老子在本章立于道体，以道为体，以德为用，讲述了道是什么和如何得道的方法。道是本原，是超时空的先天存在，它一直都在那里。道体是由混沌的无极物构成的，他是由质性能场高度合一的灵质物聚合而成，看不见、听不见、抓不住，主宰着一切，无中生有，有归于无，太和圆融。

道本无名，随用立名，但不能看死了。老子从整体上把宇宙间万事万物的存在，抽象为"无"和"有"。"无"，无极、乾元。道之静，虚而无形，先天妙本，保持道体的寂静无动和互补统一特性，指看不见的一面。杳杳冥冥，独立不改，不生不灭；"有"，太极、坤元。道之动，灵而有相，后天之源，体现道体的旋机运动和对立统一特性，指看得见的一面。一气演化，周行不殆，生生不息。随后又破"无"和"有"，破除对待。以无应有，以有会无，从有为进入无为，无为而无不为，处于无事之境，常应常静，握斗柄之枢，是众妙之门。

道是天地之始，是万物之母。道是宇宙本原的客观存在，是事物运动的内在本质。道隐存于其创生的宇宙万物及发展过程之中。《文始真经》曰："溥天之下，道无不在。"道既反映宇宙万物的创生、复归，又反映宇宙万物的存在、变化。道是自然的、淳朴的，与万物是一体的，利而不害，历劫常在。无与有，不是互不相容的对立面，而是互补统一的，和合为道。

道体本虚，包含万象，宇宙中的一切，天地、雷风、山泽、水火，日月、星辰、植物、动物等都在道中，都是相互依存的，是互补统一的。家庭中父

母、兄妹、夫妻和子女，也是互补统一的。单位中的领导、中层和员工，同样是互补统一的。只有在互补的基础上统一在一起，才符合自然存在，我们所有人与道都是一体的。用互补的心来处理问题，心胸就非常开阔，心量广大，如日处虚空，内心通透，这样世间的一切，均可为我们所用。

那么如何才能真实地体会老子的道呢？老子曰："圣人执一，以为天下牧。""清静，可以为天下正。""天之道，损有余而补不足。"以正心诚意为门户，炼己筑基，降心止念，损去人的主观利益心，改变习性，把过去的思维模式放下，正念现前，定心于太极混沌未判之先的虚空圆光之内，归心于道。回光止观，使体内真阴、真阳合一，打通人体中脉，接通先天元炁，炁机通流，以神驭气，以无制有。若得斗柄之枢，自然斡运日月，运行无息。有归于无，从"有"的状态，进化到"无"的存在。

先天元炁是道体的元始能量，是混沌一体的。她是本自具足、无所不能、圆满如意的。我们要什么，他就给什么。接通先天元炁，我们的神气就能与宇宙元始能量联系起来，循环起来了。用现代的话讲她就是智慧的全自动系统。用这种先天能量，修复我们后天的身体细胞。功夫纯熟，无中生妙有，后天返回先天，后天先天浑然一体。这时虽然我们的身体模样没变，但却是新的，肌若凝脂，目若点漆，是按照新的规律，按照非利生存的天道在运行着。诚如《庄子·逍遥游》所言："藐姑射之山，有神人居焉。肌肤若冰雪，绰约若处子，不食五谷，吸风饮露，乘云气，御飞龙，而游乎四海之外。"

"道，可道也，非恒道也。名，可名也，非恒名也。"道是宇宙元始的存在和事物运动的内在本质，无为无形、有精有信。我们生活在道中，主观识性能够从不同的层次和角度来认识事物"有精有信"的内在本质，但要因时而变，从整体上觉知道体"无为无形"的元始存在，他是不受时空制约的。名是心对自然信息的真实感应和觉知。人们的主观对"有精有信"的内在本质可以不断地认知，随即立名，但要应变而动，用觉性来感知"无为无形"的元始存在，他是灵动变化的。

"道"，宇宙元始的客观存在和事物运动的内在本质。道字，先写两点，为阴爻"--"，下面一横，为阳爻"—"。阳气上升，阴气下降，阴阳聚合，一气周流，生生不息；然后写"自"字于下，本自具足，空性自在。自上面一点是元炁，下面"目"字里有日、有月、有光；上下相合是一个"首"字，是元始之意；再写"辶"，是自己行持的意思，行之而成。

道是人们共同拥有的通向本原之路。道体虚而能容，独立不改，周行不殆。无所不包，无处不在，空间上包容一切，时间上无穷无尽，是从天地开辟，到天地消散都不死不衰地存在，不以人的主观意志为转移，是超时空的存在，但人可以行持而成。道体是由混沌的无极物构成的，他是由质、性、能、场高度合一的灵质物聚合而成，无中生有，有归于无，太和圆融。诚如《文子·道原》所言："万物之化无不应也，百事之变无不耦也。故道者，虚无、平易、清静、柔弱、纯粹素朴，此五者，道之形象也。"

《太乙金华宗旨》言："吕祖曰：自然曰道。道无名相，一性而已，一元神而已。性命不可见，寄之天光；天光不可见，寄之两目。古来仙真，皆口口相传，传一得一。"《文子·道德》曰："夫道者，德之元、大之根、福之门，万物待之而生，待之而成，待之而宁。夫道，无为无形，内以修身，外以治人，功成事立，与天为邻，无为而无不为，莫知其情，莫知其真，其中有信。"《庄子·大宗师》曰："夫道，有情有信，无为无形；可传而不可受，可得而不可见。自本自根，未有天地，自古以固存；神鬼神帝，生天生地；在太极之先而不为高，在六极之下而不为深，先天地生而不为久，长于上古而不为老。"道生于天地之先，混于虚无之内。既是宇宙本原，又隐存于其所创生的万物中，并且运动变化不已。包罗天地，生育万物，放之则弥六合，卷之则退藏于密。活活泼泼，造化流行。

"名"，心对自然信息的真实感应和觉知，主观识性给自然界万物的属性及存在规律的命名。名从夕从口，夕通月，有盈亏的消长；口通日，有寒暑的往来。名通明，明了道理。心如明镜，在心的境界里，只有一个知，虽然有知，但并未生念。如同无中含有一般，虽无中含有，但并未生有。心的境界是无的境界，空性自在，心未萌为性。宇宙万物的存在，本来就没有名称，是无名之朴，是最纯朴的东西，是自然的。道没有形象，但是我们有心就能感受到"道"的存在；道没有语言，但是我们通过语言就能把"道"讲出来。道因名而显，随用立名，借名喻实，循名求实。但是，不管叫作什么，都只是一个认知道的工具。

道常无名，可以用无来形容万物的本来，道体虚性的能量特征，不生不灭；用有来表达事物的演化，道体实性的运动规律，生生不息。道既可以用"无"来形容，也可以用"有"来形容；既可以用"空"来形容，也可以用"朴"来形容，用"自然"来形容，这些都是一样的。道体的存在本来就没有名相，通过不同的名相，可以从不同的角度和维度，来认识道体的存在特性，但这些都不是道，要随立随破。真正体验到一体的道性，才是最重要的，此时的名相已没有任何意义。存诚子诗颂："道犹路也通天路，一条心路各自悟。真到若有所悟时，却嫌语言欠功夫。"

"可"，可变。可从丁从口，丁为丁火、温养；口为太极，阳升阴降、周天循环。可为阴阳的变化。"可道"，宇宙混沌开基以后相对时空的可变之道，是可以认识和修行的人之道、水火之道、阴阳之道等，是"道生一，一生二，二生三，三生万物"的依次生化之道。人们在认识自然界万物的时候，逐渐找到了一种事物内在的能量变化规律，有精有信，可以透过言语或是文字叙述事物不同层次、不同时空的内在本质，在"有"的层面或实性层面展现，有名有相。有的层面是可变的，因时而变，有生灭的，有存有亡，而不是道体的永恒之道。讲述的是宇宙不同层次、不同时空的内在本质，而不是宇宙的本原存在。例如，牛顿定律是宇宙规律，但只适用于地球，超出地球，就要用相对论。相对论也是有适用范围的，也不是宇宙终极之道。我们站在不同层次，处在不同的道的能级，只能认识不同层次的规律和法则。

"可名"，指人们有心于物，对事物的理性认识，贯穿在万事万物的形象之中，要应变而动，随用立名。毛泽东在《实践论》中指出："要完全地反映整个的事物，反映事物的本质，反映事物的内部规律性，就必须经过思考作用，将丰富的感觉材料加以去粗取精、去伪存真、由此及彼、由表及里的改造制作工夫，造成概念和理论的系统，就必须从感性认识跃进到理性认识。通过实践而发现真理，又通过实践而证实真理和发展真理。"

"恒"，永恒。恒从忄从亘，忄为心光；亘上面一横为天，下边一横为地，中间为日，恒久存在。"恒道"，不是诸子百家之道，是宇宙混沌未判之先超时空的永恒之道，始于无始，名于无名，是指宇宙元始存在特性和产生事物的元始能量机制，是"道，生一一，生二二，生三三，生万物"，从无中直接生化之道，聚则成形，散则成气，无为无形，没有规律可循，在无的层面或虚性层面展现，无名无相。无的层面是超时空的存在，没有生灭，是永恒的存在，独立不改，包含着一切的"有"；是"真人"生存的境界，能够"旁礴万物以为一，化尘垢秕糠为尧舜"。道在创生了万物之后，也就与万物同体了，道存在于万物之中，作为万物的依靠和源泉，养育万物。存在于万物内的道，就是人的空性，无善无恶，或佛家讲的"万物皆具佛性"。《文子·上礼》曰："圣人之制礼乐者，而不制于礼乐；制物者，不制于物；制法者，不制于法，故曰：道可道，非常道也。"

"恒名"，不可名之名，是名于自性，无心于物，与道合一。见到自己的本性后，对宇宙本源永恒之道的全息感应，突破了所有的识性认知，灵动变化。言之不能尽，体之则可得。用什么名相，人为意识来描述都是不对的。诚如《金刚经》所言："凡所有相，皆是虚妄。"

《文子·精诚》曰："道可道，非常道也；名可名，非常名也。着于竹帛，镂于金石，可传于人者，皆其粗也。三皇、五帝、三王，殊事而同心，异路而同归。末世之学者，不知道之所体一，德之所总要，取成事之迹，跪坐而言之，虽博学多闻，不免于乱。"文子说，老子讲的"道"是跳出利益对待的恒常之道，不是在利益对待中的日用寻常之道。讲的"名"是可以随用而变的，并不是人们定义死了的；而那些写在竹帛上，刻在金石上，可传后人的文字内容，都是粗糙简单的。三皇、五帝、三王，他们做的事情不一样，但心是相同的，所走的道路不一样，但归宿却是一致的。后代求学问的人，不懂得道是产生万事万物的本原，德是认识万事万物的关键，而只是拿一些已经成功了的事迹，相聚在一起，正襟危坐而津津乐道，所以他们自称博学多闻，没有提高生命境界，但却不能免于混乱。

吕祖曰："道乃混元未剖之际，阴阳未分之时，无天地以合象，无日月以合明，无阴阳以合气，无造化以合其道，是这个道字。可道，心可道其妙，而口难道其微，谓之可道。非常道，是心可道之道，非寻常日用五伦之道，非治国安民之道，非天地化生之道，非阴阳顺逆之道，这个道，岂是有作有为寻常之道？故曰非常道。名，何谓是名？无动无形、无机无化、无极无虚、无空无相，这就是名。名不知其为名，故名也。可名，是心明其名，难谓口可名其名，心领神会，可名其名，谓之可名。非常名，是心之名，非有形有相之名，虚中虚，空中空，虚中有实，空中有相，只可意取，不可声名，非口名其名，非一切有影有响之常名也。"

"无，名万物之始也；有，名万物之母也。" 道从整体上可抽象为"无"和"有"，"无"，是形成万物的本始，不生不灭，就是道；"有"，是创生万物的本源，生生不息，强名曰"道"。

"无"，无极、乾元，虚而无形，灵通万有，指看不见的一面，杳杳冥冥。"万物"，胎卵湿化，昆虫草木等。"始"，天地未开之前，一团太和元炁，资始万物，在天成象。《易经》曰："大哉乾元，万物资始，乃统天。云行雨施，品物流行，大明终始，六位时成，时乘六龙以御天。""有"，太极、坤元，灵而有相，万物之源，指看得见的一面，一炁演化。"母"，天地既辟之后，创生万物的本源，资生万物，在地成形。《易经》曰："至哉坤元，万物资生，乃顺承天。坤厚载物，德合无疆，含弘光大，品物咸亨。"

"无，名万物之始也；有，名万物之母也。"道是宇宙天地混沌未开前的元始存在，混混沦沦，只有元始能量充实其间，寂然不动，是最纯朴的，是自然的，虽说无名，而蕴含着天地万物的一切信息，容纳着一切的"有"，这就是万物的开始；及其炁机一动，感而遂通，则有可名，氤氲氲氲，一段太和元炁，流行宇宙，生养群生，这就是万物的母体。大道生化天地万物，世间一切有形有相都是道炁所化，我们认为的不同事物之间其实并没有本质上的差别。《性命圭旨》曰："大哉！一乎！以其流行谓之气，以其凝聚谓之精，以其妙用谓之神。"

中国古人仰观天文，俯察地理，平观人事，调阴阳之气，和四时之节，通过"取象比类"的方法，把观察到的各种相关联的自然现象，抽象为"阴阳""五行"等概念，用来描述事物运动的内在本质。流传下来的河图、洛书和八卦是一套天地系统，《黄帝内经》表明中医和人体修炼是一套生命系统，两套系统相互印证，天人合一，不仅让我们体验到那个无处不在，而又道不清说不明的"道"，又有把这个"道"说清楚的语言，所以它又是操作体系。

"阴阳"，原始含义为日光的向背，它是万物运动变化的本源，是事物发展的内在本质，是人类认识事物的基本法则。阴阳结构就是能量结构，阴阳相互依存，无此即无彼，无彼亦无此。阴而阳，阳而阴，阴阳消长，方有造化。天以日为阳，以月为阴；地以火为阳，以水为阴；人以神为阳，以精为阴。阴阳变化符合相对、相生、转化和同一的法则。阴阳相对、相互依存；阴阳相生、相依相配；阴阳转化、物极则反；阴阳同一、和合为道。《天元入药镜》曰："阴阳外合则生乎形，内合则生乎神。"

《黄帝内经·生气通天论》曰："阳气者，若天与日，失其所则折寿而不彰。阴者，藏精而起亟也；阳者，卫外而为固也。阴平阳秘，精神乃治。"阴阳是一气的聚散和升降，聚之成精而收藏，散之化气而宣布。一气上升，真火化全身内外之阴邪；一气下降，真水润五脏六腑及肌肤。阴藏精气于内以生养阳气，阳护卫于外以固腠理。阴平阳密就是精固气盈，阴阳二气调和，气血畅行，健康无病。阳气指先天元炁、乾阳元炁，人身一团血肉之躯，全赖一团阳气运行于其中而立命。健康的婴儿为纯阳之气，故生机旺盛；青壮年则阳气盛极，故精力旺盛；中年以后，阳气渐衰，阴气渐长。故年四十阴气自半，谓阳退阴进，阴气增长一半矣，年至耄耋则阳气衰少，阴气大进，涕泪失摄而俱出；阳气绝则终老，此时为纯阴无阳。

就人体而言，《灵宝毕法》曰："以心肾比天地，以气液比阴阳。肾气到心，肾气与心气相合，而太极生液，所以生液者，以气自肾中来，气中有真水，其水无形；心液到肾，心液与肾水相合，而太极复生于气，所以生气者，以液自心中来，液中有真气，其气无形。阳升阴降，至太极而相生，所生之阴阳，阳中藏水、阴中藏气也。"心肾相交，阴平阳秘，肾气生液，心液化津，阳升阴降，斡运全身。

"五行"，是水、火、木、金、土，一炁的这五种能量运动特性，充盈在天地之间，无所不在，相互作用、相互发展，维系着自然的平衡。五行之间存在着相生相克的规律。相生，含有互相滋生，促进助长的意思。生者为母，受生者为子。相克，含有互相制约、克制和抑制的意思。克者为夫，受克者为妻。《尚书·洪范》曰："一曰水，二曰火，三曰木，四曰金，五曰土。水曰润下，火曰炎上，木曰曲直，金曰从革，土爰稼穑。润下作咸，炎上作苦，曲直作酸，从革作辛，稼穑作甘。"一为天地万物之始，天一生水，生命来源于水。水一、火二、木三、金四、土五为五行之数。一、三、五为阳数，其和为九，故九为阳极之数。二、四为阴数，其和为六，故六为阴极之数。阴阳之数合而为十五，十五月圆，其形为"○"，和合、圆满，故十五为合道之数，阴阳和合为道。五行中水、火、木、金为"四象"。

就人体而言，肾为水，心为火，肝为木，肺为金，脾为土。《文始真经》曰："精者水，魄者金，神者火，魂者木。五行之运，因精有魂，因魂有神，因神有意，因意有魄，因魄有精，五行回环不已。火生土，故神生意；土生金，故意生魄。"

《钟吕传道集》曰："以子母言之，肾气生肝气，肝气生心气，心气生脾气，脾气生肺气，肺气生肾气。以夫妻言之，肾气克心气，心气克肺气，肺气克肝气，肝气克脾气，脾气克肾气。肾，水也，水中有火，升之为气，因气上升以朝于心。心，阳也，以阳合阳，太极生阴，乃积气生液，液自心降，因液下降以还于肾。肝本心之母、肾之子，传导其肾气以至于心矣。肺本心之妻，肾之母，传导其心液以至于肾矣。气液升降如天地之阴阳，肝肺传导若日月之往复。"四象运行，上下往复，若无亏损，自可延年。

我们传统文化的核心思想，几乎都是从"象"开始演化出来的，采用物性思维，直接把握事物的功能和变化规律。河图、洛书用"○"表示阳，"●"表示阴，是易经的基础。《易经》用阳爻"—"表示阳，阴爻"– –"表示阴。汉字是象形文字，以象为基础。易经讲"象、数、理"是以象为基础的，老子《道德经》讲"象、物、精、信。""执大象，天下往"也是以象为基础的。《黄帝内经》讲"阴阳应象、藏象、气象、脉象"等，同样是以"象"为基础的。观象知变，"象"是变化的，是活的，有生命力，随时而变。《易传·系辞》曰："象也者，像此者也。"象是道能量的成像。中国文化以"象"为基础、以象为工具，是"唯象科学"，具有极强的生命力，可以透过现象来看道的本质，直通本原。

"人"字由一撇一捺组成，为一阴一阳能量聚合而成。人体修炼就是从人体内一气周流引起的能量变化上下功夫，认为阴阳是一气的能量变化，一气升则为阳，降则为阴。《黄帝内经·阴阳应象大论》曰："阴阳者，天地之道也，万物之纲纪，变化之父母，生杀之本始，神明之府也，治病必求于本。"把阴阳能量变化搞清楚了，就是把生命的"本"弄明白了。中医是从人体修炼演化出来的。悟道的最高境界就是《黄帝内经·上古天真论》所述的"真人"那样，达到"提挈天地，把握阴阳，呼吸精气，独立守神，肌肉若一，故能寿敝天地，无有终时"的境地。

《易经》认为阴爻"– –"和阳爻"—"，是构成一切事物的最基本元素，阴阳是宇宙间相互依存、互相转化和相反相成的两种根本力量。阴阳聚合，创生一切。天地相交而生万物，男女交合而生子女，这样才有了世界的一切。阴阳能量虽然变化莫测，无为无形，但从"象"的角度来把握，就简单多了，有情有信。《易传·系辞》曰："古者包牺氏之王天下也，仰则观象于天，俯则观法于地，观鸟兽之文与地之宜，近取诸身，远取诸物，于是始作八卦，以通神明之德，以类万物之情。"《易经》，就是通过"取象比类"的方法，观象知变，用"卦象"来研究阴阳的变化，这种方法是最直接、最简单的。

我们对"象"的直观感受，就相当于从整体上对事物的直接把握，直觉思维，全息感应，更容易感知事物的真象、真实存在状态，进而体会阴阳和合、有无合一的道性。《黄帝内经·四气调神大论》曰："圣人春夏养阳，秋冬养阴，以从其根，故与万物沉浮于生长之门。故阴阳四时者，万物之终始也，死生之本也，逆之则灾害生，从之则苛疾不起，是谓得道。道者，圣人行之，愚者佩之。"

《易传·系辞》曰："河出图，洛出书，圣人则之。"显然，河图、洛书是易经的基础，是中华文化的源头。河图、洛书是宇宙结构的缩影图，根据出土文物研究，认为河图、洛书是上古时期的天体星象图。

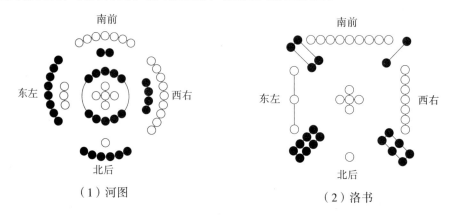

（1）河图　　　　　　　　　　　　　（2）洛书

图 1　河图与洛书

河图的结构是天一生水，地六成之；地二生火，天七成之；天三生木，地八成之；地四生金，天九成之；天五生土，地十成之。以"〇"为天，以"●"为地。洛书的结构是戴九履一，左三右七，二四为肩，六八为足，五居中央，五方"〇"皆阳数，四隅"●"为阴数。河图中土之数和合为十五，洛书则纵、横、斜之数和合皆为十五。易经老阴为六、老阳为九，老阴老阳和合为十五。少阴为八、少阳为七，少阴少阳和合亦为十五，十五月圆，为天道之数，其形为"〇"，谓之道枢，和合、圆满。

先天太极图由河图演化而来，它反映的是宇宙的生成、变化之理，是宇宙生成、变化的缩影图。太为始之先，极为终之后。先天太极图可按河图中阳数（一、三、七、九）左旋或阴数（二、四、六、八）左旋的五行生克方式形成，为道生万物之理；或按《悟真篇》"东三南二同成五，北一西方四共之，戊己自居生数五，三家相见结婴儿"的阴阳聚合、化为一气的方式形成，为万物返道之理。虚其心，东三南二同成五；静其身，北一西方四共之；意大定，戊己自居生数五，身心意合，即三家相见结婴儿。

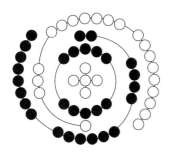

（1）河图按阳数或阴数的左旋连线

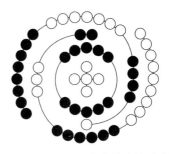

（2）河图按阴阳聚合的右旋连线

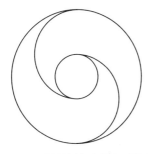

（3）逆时针旋转（道生万物）

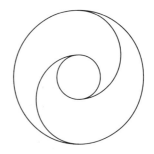

（4）顺时针旋转（万物聚合为道）

图2　先天太极图

先天太极图外形是一个立体的双螺旋结构体，整个结构均衡圆通，太极"○"内为阴阳聚合、真气归中的能量演化，无中生有，有归于无，无有相生，有无双方光气能量变化的交集就是环中"○"，也就是那个"空"，空即是道，灵动变化，虚无自然。若斗极之枢，北辰不移，杳杳冥冥；若人的空性。内外一体，内就是外，外就是内。无中含有，动而生有，有复归无。其体寂静不动，内部则变化不已，符合互补统一规律。诚如《庄子·齐物论》所言："彼是莫得其偶，谓之道枢。枢始得其环中，以应无穷。"跳出彼是的对待，一而不分，就是大道的枢纽。抓住了大道的枢纽，就能够感应事物无穷无尽的变化。

先天太极图是一个旋转不息的光气能量团，有无能量转化形成双螺旋旋机，是一个有无合一的旋转能量体，若斗极之机，一气演化。这种旋机产生了元始能量运动，以平衡和圆融为运动品质。内旋则阴阳聚合，化为一气；外旋则生生不息，无处不周。一收一放，绵绵若存，用之不勤。类似于人体胎息。先天太极图是银河系的全景缩影图，银河系等各星系俯视皆顺时针旋转，仰视皆逆时针旋转。旋机变化，造化不已。

李道纯颂曰："这个○儿，自历劫以来无象。况端端正正，亭亭当当。细入微尘无影迹，大周天界难安放。更通天彻地任纵横，无遮障。没根宗，没形状。烁烁明，团团亮。只这个便是，本来模样。放出直超无色界，收来隐在光明藏。待顶门裂破现圆通，金色相。"

根据洛书可演化出后天太极图，它反映的是万物的生存、变化之理，是万物生存、变化的缩影图。后天太极图按洛书阳数（一、三、七、九）或阴数（二、四、六、八）的"S"形旋转，两个"S"形成一个双螺旋结构体，生成一个对称的平面图，整个结构均衡对称，反映了阴阳相推，阳极阴生、阴极阳生的阴阳消长关系，相反相成、周期循环、如水流行，符合对立统一规律。

（1）后天太极图顺时针旋转　　　　　（2）后天太极图逆时针旋转

图3　后天太极图

图4　传统太极图

后天太极图就是阴阳的根，阴阳交媾于太极，此宇宙造化之生机。阴阳相抱、阴阳相旋、阴阳平衡、阴阳和谐、阴阳和合。阴阳相旋就是宇宙的能量，就是生命的产生。图中阴阳两个独立部分中各有一个小"○"，是阴中含空，阳中含空。也就是阴中有道，阳中有道，道含阴阳，隐存于万物之中。诚如庄子曰，"道无所不在，在蝼蚁，在稊稗，在瓦甓，在屎溺"。《文始真经》曰："溥天之下，道无不在。"传统太极图是阴阳相抱，图中的两个小孔，是阴中有阳、阳中有阴，这样道就没有了。

　　道隐存于阴阳和万物之中，阴阳在道中互相独立、相互生化、互依互存、相互融合，平衡、和谐、圆融。我们悟道就是要从传统太极图的生存状态，回归到后天太极图的生存状态，再从后天太极图的生存状态进化到先天太极图的生存状态，出死入生，突破虚空，与道合真。

　　我国历史上流传的《连山》《归藏》《周易》，合称"三易"，是用"卦"的形式来说明宇宙间万事万物产生、变化的道理。目前，《连山》《归藏》早已失传，流传下来的只有《周易》。人们对《连山》《归藏》的认识，众说纷纭，莫衷一是。《周礼·春官》："一曰《连山》，二曰《归藏》，三曰《周易》。其经卦皆八，其别皆六十有四。"其实，当我们把先天八卦图、后天八卦图与河图合在一起时，就会发现其中的奥秘。

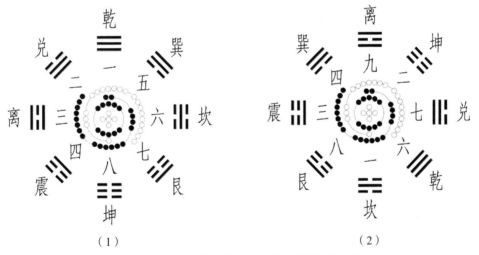

（1）　　　　　　　　　　　　　（2）

图 5　先天八卦图、后天八卦图与河图的和合图

　　从图 5（1）可以看出，在先天八卦和河图中，坤卦（☷）对应的是河图中天一生水之位，为先天中万物之始生、无中之有。而其混沌位置、无中之无，为艮卦（☶）。《连山》以无中之无为起始，故以"艮卦"为始，表示先天万物始于混沌、归于混沌；《归藏》以无中之有为起始，故以"坤卦"为始，表示先天万物始于土、归于土。从图 5（2）可以看出，在后天八卦和河

图中，坎卦（☵）对应的是河图中天一生水之位，先天、后天均为起始之位，为万物之始生、有中之有。而其混沌位置、有中之无，为乾卦（☰）。《周易》以有中之无为起始，故以"乾卦"为始，表示后天万物始于混沌、归于混沌。

现代生物学家把生物体分解，可以得到细胞，细胞是由分子构成的，分子是由原子构成的世界。在原子外围跑的就叫作电子，在中间的叫作原子核，它是由质子、中子组成的。高能物理学家又再解析质子、中子，得到更微细的光子、介子，再往下是中微子、玻色子等基本粒子，而基本粒子都具有粒子与反粒子的对称性、自旋性、能量守恒性及粒子性和波动性的双重属性。粒子性表示"有"的特性，波动性表示"无"的特性。物质与物质之间是以能量波的形式相互影响，人与外界的联系是以能量波的形式交流信息。有无相生、阴阳相抱、阴阳相旋、阴阳平衡、阴阳和合、和谐圆融。粒子与反粒子间是因为其中的阴阳互相吸引才产生引力。阴阳相旋就是宇宙的能量，就是生命的产生。

基本粒子再击碎之后释放出来的是元始能量，就进入元始状态，然后就看不见了，就进入了空、无的世界，也就是道体的"无极"或无名之朴的存在境地。科学家发现最后竟然是空、无，来到空、无的世界，这是一个很重要的过程。元始能量场是散播、弥漫在整个无边无际的虚空里面，是智慧的，是有灵性的。他本身不生不灭，却能聚则成形，散则成气，生生不息、化化不已，造化宇宙万事万物。道是不可分的，其大无外，其小无内；物质是无限可分的。

"故恒无欲也，以观其妙；恒有欲也，以观其所噭。"因此，从"无欲"的角度契入，一念不起，养炁回光，观照万物的神妙变化、神归于妙，从无中而生有；从"有欲"的角度契入，一意不散，降心听息，观照万物的内在本质、气归于窍，从有中去证无。

"欲"，七情六欲。欲从谷从欠，谷是山谷，欠是欠缺。欲壑难填，欲望像深谷，永远填不满，总是欠一些。《文子·道原》曰："人生而静，天之性；感物而动，性之欲。故圣人不以事滑天，不以欲乱情。"欲念是性之动，逐境而生心。欲望就在于有"物"，有利己和利他。利己是自私，需要进行转化；利他是为公，促进社会进化，可升华到非利生存，达到和谐、圆融。"无欲"，空性，性之静。跳出事外，一念不起，放下主观意识，没有私欲干扰，用灵性来觉知一切，直觉思维，为而不争。

"观"，观光，回光止观。神明觉照，觉知那个不起心动念的心境。不是用眼睛去看，而是守护空性，凝聚造化真炁。"妙"，玄妙，性光，一气的冲和。用语言无法形容清楚的内心感受，什么都没有想，却对一切都清清楚楚。《灵宝毕法》曰："悟其真者，因真修真，内真而外真自应矣；识其妙者，因妙造妙，内妙而外妙自应矣。""恒无欲也，以观其妙。"存性于空灵，从无中而生有。元神寂照，一念不起，回光养炁，有恍惚之象，虚无生白雪，在虚无中性光闪现、本原能量无质妙合而凝，灵妙无穷。

《太乙金华宗旨》曰："回光者，非回一身之精华，直回造化之真炁；非止一时之妄念，直空千劫之轮回。""盖天心犹宅舍一般，光乃主人翁也。故一回光，周身之气皆上朝，如圣王定都立极，执玉帛者万国；又如主人精明，奴婢自然奉命，各司其事。诸子只去回光，便是无上妙谛。光易动而难定，回之既久，此光凝结，即是自然法身，而凝神于九霄之上矣。""光即乾也，回之即返之也。只守此法，自然精水充足，神火发生，意土凝定，而圣胎可结矣。佛道二祖，教人看鼻尖者，非谓着念于鼻端也。曰鼻端二字最妙，只是借鼻以为眼之准耳。初不在鼻上，盖以大开眼，则视远，而不见鼻矣；太闭眼，则眼合，亦不见鼻矣。大开失之外走，易于散乱；太闭失之内驰，易于昏沉。惟垂帘得中，恰好望见鼻端，故取以为准。只是垂帘恰好，任彼光自然透入，不劳你注射与不注射。看鼻端，只于最初入静处举眼一视，定个准则便放下。如泥水匠人用线一般，彼自起手一挂，便依了做上去，不只管把线看也。"

就悟道而言，无欲就是空性自在，内在清静、不想事。空性就是乾元祖性，其体本空。一念不生，养炁复元。回光止观，神返身中炁自回，神气相依，打成一片，久之而返于混沌，入于无何有之乡。神定虚空，一刹那间，妄念俱灭，神光显现、内外明澈，清清楚楚、了了分明，神契于妙。通达有无，体物不遗，不留痕迹，生生不已。

就社会而言，无欲是非利社会的存在状态，是圣人生存的世界。非利社会的法则是非占有法则，不存在占有、利益和价值概念，非利生存。非利生存的本质是利他的，整个非利机制是公益的，以社会公德为特征的道德机制的利他性是非利生存的核心机制，这种机制中不存在私利意识和行为。道德机制是非利社会的发展动力，人人都是圣人，人人都在道与德的互动中创造社会共享的生活资料，为社会创造财富是每一个人的生活意义和生存方式。

人人都以劳动为人生快乐，整个人类社会就是一个大家庭，人人都发挥自己的特长，人人互相尊重，人们在高尚"道德"境界中互动互化地进行生产协作和共同消费，社会运动、意识和道德浑然一体。

"有欲"，真意，是性之动。置身事中，一意不散。有益于人，是善；有益于己，是恶。《了凡四训》曰："过由心造，亦由心改。最上治心，当下清净；才动即觉，觉之即无；苟未能然，须明理以遣之；又未能然，须随事以禁之。""噭"，动静，声音由孔窍向周围扩散，真息的捭阖。"恒有欲也，以观其所噭。"立命于虚无，从有中去证无。神入炁穴，一意不散，听息降心，入杳冥之时，寂静发黄芽，在寂静中一阳来复、宇宙万物内在元炁萌发，造化不已。

《太乙金华宗旨》曰："凡念起时，不要仍旧兀坐。当究此念在何处，从何起，从何灭，反复推究，了不可得，即见此念起处也。吾人念至速，霎顷一妄念，即一呼吸应之。故内呼吸与外呼吸，如声响之相随，一日有几万息，即有几万妄念。神明漏尽，如木槁灰死矣。然则欲无念乎，不能无念也，欲无息乎，不能无息也。莫若即其病而为药，则心息相依是已。故回光兼之以调息，此法全用耳光。一是目光，一是耳光。目光者，外日月交光也；耳光者，内日月交精也。然精即光之凝定处，同出而异名也。坐时用目垂帘后，定个准则便放下。然竟放下，又恐不能，即存心于听息。息之出入，不可使耳闻，听惟听其无声也。一有声，便粗浮而不入细，即耐心轻轻微微些，愈放愈微，愈微愈静，久之，忽然微者遽断，此则真息现前，而心体可识矣。"

就悟道而言，有欲为真意。真意就是于无知无觉之际，忽然而有知觉，一觉而动之机，元神主事下的微妙直觉，气归于窍，有归于无。一意不散，窍中调息，炼己筑基。存心于听息，心息相依，但灭动心，不灭照心，杳杳冥冥，于无知无觉之中，而有其觉，自自然然。视听言动，处闹处喧，空性自在，应物不迷，面对任何情况时都能守住心中的本然。唯有从有中才能去证无，从一切有相之中而体会心中的湛然常寂。观其所窍也叫守玄关一窍，守清静心境，观照念头起落之处，了无一念，突破自我认知的边界。

就社会而言，有欲是利益社会的存在状态，是人们生存的现实世界。利益社会的法则是占有法则，存在占有、利益和价值等概念，受价值规律的支配。利益生存机制中的人性是自私的，不是人性天生自私，而是利益机制塑造出自私的人性。人性的觉性被追求价值利益的机巧心和欲望所淹没，觉察不到什么是生命最幸福的感受，人们几乎都卷入到名利场中，在利益的洪流中痛苦挣扎，在是非的圈圈里面绕，是绝对绕不出来的。从利益社会进化到非利的道德社会，需要人性的道德升华和社会机制的彻底改变。从利己升华为利他，从利益机制转化为非利机制。非利社会的事物体系是性能互补，互依互存，浑然一体，运动守中，能量守恒，氤氲祥和，生生不息，按照互补统一规律运行。生命真正达到自在、快乐、健康、智慧的幸福生活。

吕祖曰："徼（同窍）非耳目口鼻之徼，乃生死存亡、出入必游之徼，所关甚重，所系非轻，此其徼也。吾若有欲而身不得道之妙，从世欲中出入，此亦徼之门也。吾若无欲而心领神会，得道之妙，皆从此道之妙，而求其道妙之徼，任其出入关闭，皆由于我而不由于徼之督令，自专之权柄，这就是'在明明德'，而'止于至善'之道。"

黄元吉曰："定静之中，忽觉一缕热气，混混续续，气畅神融，两两交会于黄房之间，将判未判，未判忽判。此即真铅现象。心花怒发，暖气融融，元神跃跃，不由感触，自然发生，斯了玄关兆象，太极开基也。斯时惟用一点真心，发真意以收摄之。此意属阳为戊土。其实一意，不过以动静之基，分为戊己之土而已。盖玄牝未开，混沌之中，有此真意为主，即无欲观妙之意，谓之阴土；及玄牝开而真机现，即有欲以观其窍，谓之阳土。一为无名天地之始，一为有名万物之母。生天生地生人生物，皆此一点真意，为之贯注。"

"两者同出，异名同谓，玄之又玄，众妙之门。"无与有都来源于道，他们是同根的，一炁演化，随用立名，只是名称不同而已。同有无是玄，无中生有是玄，有中生无也是玄。以有入无，融通对待，把握环中，是契入万物本原的门户。

"两者"，指无与有，可道与恒道，可名与恒名，有欲与无欲。"同"，融为一体。同有无，通动静，同于大通，与道合一。有无相合，虚实相合，物我相合，物质和精神相合，同归于道体虚性的整体之中，先天太极图的环中"○"，所以能变化无穷。同是入道的玄关，形神俱妙，复归于道。"两者同出，异名同谓。"站在"无"上来看，物质为虚，精神为实；站在"有"上来看，精神为虚，物质为实；站在"道"上来看，无和有，精神和物质、神和炁，本质是相同的，同出于道，随用立名，则有异名。我们不要把有无对立起来，有与无，可道与恒道，可名与恒名，有欲与无欲这些对待的概念，是便于我们认识事物，是同出于道的。要融通有无，破除名相，一而不分。《庄子·德充符》曰："自其异者视之，肝胆楚越也；自其同者视之，万物皆一也。"就事物的差异来说，紧挨着的胆、肝就会像楚国、越国那样相距很远；但就事物的相同来看，万物又都是同一的。

《文始真经》曰："学之，徇异名，析同实。得之，契同实，忘异名。"无与有两者虽异名，而是同出于道。学道时，要根据不同的名相，分析其相同的本质；得道后，要契合相同的本质，跳出名相，忘记名相。

"玄"，由绳悬挂，引申为通达有无的桥梁。玄是赤黑色，看不见，听不到，抓不住，既幽深神秘，又应验不穷，是万物的根本。"门"，门户，有无，时机。"玄之又玄，众妙之门。"无是道之体，无中有是玄；有是道之用，有中无也是玄。两者遵从相同的演化玄机，体用如一。玄通有无，以有入无，进入有无交会的环中，达到什么都没有想，又什么都清楚的境地，是通彻万有的众妙之门。比如先天太极图中，太极"〇"是玄，圈内有无相生、一炁演化是玄，阴阳、有无聚合形成的环中"〇"也是玄，环中"〇"里面还有更小的。再往里面还有，是无穷尽的。一炁的旋机运动构成了宇宙万物，同时也决定了万物的存在和运动方式，这就是道的造化之机。人心本空，与虚空相感，内外感通，神炁相融，一气贯通，玄之又玄，天人合一。以有入无，从坤德入手而归于乾元，与天道同频共振，全息相应，得妙而忘其妙，为众妙之门，是契入天地万物本原的门户。

那么我们如何进化到"一体"的状态？就是以正心诚意为门户，回光止观，提升生命境界，归心于道。太乙金华宗旨曰："置心一处，就是心传密旨。识心如强藩悍将，欺天君暗弱，便遥执纪纲，久之太阿倒置。今凝守元宫，如英明之主在上，二目回光，如左右大臣尽心辅弼，内政既肃，自然一切奸雄，无不倒戈乞命矣。"本心元神是人身的君主，回光止观，君主正位，左右大臣尽心辅佐。以诚入道，让后天利益心归零，破执去妄，清净心源。以默守道，炼己筑基，用本心觉照，变后天阴阳二的对待状态，为先天阴阳合一的自然状态。以柔用道，能一心就会把对立进化为和谐，接通宇宙一炁能量，进入一体的世界。

人的生命产生于聚变，成长于裂变。人是复合生命，人的命体是在父精母卵聚合时确定的，决定人生命的生老病死过程。受精卵从混沌鸿蒙开始，原始细胞一分为二，二分为四，逐步裂变繁殖，终成胚胎婴儿；人的性体就是人的空性，来源于道体，具有灵性和灵力，本自具足，具有大智慧。由父精母卵聚合时释放的元炁能量信息感应而成，支持命体活动。水精子注《清静经》曰："人生之初，秉父母之元气，而结一颗明珠，名曰无极。得父母之精血，名曰太极。"《性命圭旨》曰："性命之说，不明于世之久矣。何谓之性？元始真如，一灵炯炯是也。何谓之命？先天至精，一炁氤氲是也。然有性，便有命；有命，便有性。性命原不可分。"

《黄帝内经·本神》曰："天之在我者德也，地之在我者气也。德流气薄而生者也。故生之来谓之精；两精相搏谓之神；随神往来者谓之魂；并精而出入者谓之魄；所以任物者谓之心；心有所忆谓之意；意之所存谓之志；因志而存变谓之思；因思而远慕谓之虑；因虑而处物谓之智。"人生命的初始物质，叫作精；两精聚合时的信息感应，叫作神；在神支配下的意识活动，叫作魂；以精为基础的生理本能，叫作魄；感知事物信息而主宰生命活动的，叫作心；感知事物信息后产生意念，叫作意；意念积累所形成的认识，叫作志；对已形成的认识进行反复思考，叫作思；对事物进行由近及远，由浅入深的推理，叫作虑；经过深思远虑而作出正确的处理，叫作智。

人体的性命两大系统和合凝集，组成了一个完整的先天太极图。人生命产生后，未离开母体时，先天的生命太和圆融，生命力非常强大。人出生以后，先天之性隐于泥丸，为命体之元神（阴入火），为后天太极图阳性中的"○"。先天之命藏于炁穴，为命体之元炁（阳入水），为后天太极图阴性中的"○"。元神之阴爻入乾卦（☰）而生成离卦（☲），元炁之阳爻入坤卦（☷）而生成坎卦（☵），生命的存在状态由先天八卦图变为后天八卦图。后天中，人既要靠呼吸与五谷充养形身生命，又要靠识神维持正常的生活；呼吸耗损元炁，识神扰耗元神。

人有元神和识神，元神是指我们的本能，无识无知，能主造化，比如心跳、呼吸、内分泌、消化等，这些完全是由我们的本能来支配的，全部都在自动化地运行，元神能以成道。识神是我们大脑的思维功能，最显最灵，能应变无停，随着人生命的成长，逐步积累知识和信息，在大脑中形成了自己的主观意识，识神能以败道。由主观意识控制自己的行为和生命，就是传统太极图中的阳中之阴。而命体中的元精就凝聚为交感之精，就是传统太极图中的阴中之阳。人的先天是纯阳之体，后天是阴平阳秘。这样人的生命就在利益往来中承受得失、荣辱、爱恨等煎熬，处于水深火热之中。我们悟道就是要从传统太极图的生存状态，回归到后天太极图的生存状态，再从后天太极图的生存状态进化到先天太极图的生存状态，或者是从后天八卦的生存状态进化到先天八卦的生存状态，出死入生，突破虚空，与道合真。

要想摆脱这种困苦，就需要人们立大志，归心于道。主观意识有与先天空性一致的愿望，也就是人心有合于道心的愿望。若能用本心觉照，一刹那间，妄念俱灭，五蕴皆空。《黄帝内经·本藏》曰："志意者，所以御精神，收魂魄，适寒温，和喜怒者也。志意和则精神专直，魂魄不散，悔怒不起，五脏不受邪矣；寒温和则六腑化谷，风痹不作，经脉通利，肢节得安矣，此人之常平也。"想调整身体，进化自己，就要以本心真意为主导，调和人体的精神魂魄意，化为一气。

黄元御《四圣心源·中气》曰："脾为己土，以太阴而主升；胃为戊土，以阳明而主降。升降之权，则在阴阳之交，是谓中气。胃主受盛，脾主消化，中气旺则胃降而善纳，脾升而善磨，水谷腐熟，精气滋生，所以无病。脾升则肾肝亦升，故水木不郁；胃降则心肺亦降，故金火不滞。火降则水不下寒，水升则火不上热。平人下温而上清者，以中气之善运也。"人中土的真气旋机就是从脾胃的升降流通出来的。人体的中土真气旋机往上升的时候阳气上升，带动身体的肾气、肝气上升；往下降的时候阴气下降，带动身体的心气、肺气下降。脾胃旋机之气居中，是肾肝心肺升降的枢轴。中气斡旋，绵绵无间，遍体阳和，一气周流，这就是人体先天太极图的运转之象或造化之机。用之于悟道，则妙合太虚，天地光明，返回太和圆融的长久生存状态。推己及人，进而建立非利生存的"道德"社会，人人都是圣人。没有占有机制，没有利益往来，社会中的每一个人都以劳动为人生快乐，和谐互动，浑然一体，氤氲祥和，生生不息，融入自然的和谐生存之中。

第二章　道境

太和圆融，有无相生，灵通万有，非利生存

　　天下皆知美为美，恶矣；皆知善，斯不善矣。有无之相生也，难易之相成也，长短之相形也，高下之相盈也，音声之相和也，先后之相随也，恒也。是以圣人居无为之事，行不言之教。万物作而弗始也，为而弗恃也，成功而弗居也。夫唯弗居，是以弗去。

　　本章讲述道境，太和圆融，有无相生，灵通万有，非利生存。老子在本章指出了天地万物本来纯朴、自然而然，无美恶、善不善之分与一切对待差别，无是无非。当人们有了分别心，需求美，就会产生伪美；需求善，就会产生伪善。圣人心中没有分别，无私无欲，不见是非善恶，与道合一。

　　"天下皆知美为美，恶矣；皆知善，斯不善矣。" 天下的人都认定这样的标准是美，需求美就有伪美出现了；都认定这样的标准是善，需求善就有伪善出现了。

　　"知"，知见、觉知和治理。一种认定性感应，心对信息进行分辨后所获得的固定认知。知从矢从口，矢为箭，为疾；口为太极，阳升阴降、周天循环。知为敏觉。心如明镜，在心的境界里，只有一个知，虽然有知，但并未生念。如同无中含有一般，虽无中含有，但并未生有。心的境界是无的境界，心未萌为空性。当心产生了念，就产生了有。心与念是一个对待。一旦产生了念，落入有知，就产生了对待，进入对待的境界，产生了分别，就没完没了，自然之道就废了。诚如《太乙精华宗旨》所言："凡人视物，任眼一照去，不及分别，此为性光。如镜之无心而照也，如水之无心而鉴也。少顷，即为"识光"，以其分别也。镜有影，已无镜矣；水有象，已非水矣。"

　　"美"，心所甘美。美从羊从大，羊通祥，顺从、吉祥；大通太、通泰，人得一为大。美是人得一而吉祥。"天下皆知美为美，恶矣。"天下万物本身具有淳朴的美，从大道的角度来看，根本就没有美和恶之分。但人们生活在

二元对立的世界中，只能对待地看问题，超出对待之外便不能理解。美和恶的认识标准，是人的分别之心区分出来的，是由执念而产生的认知，但这种认识标准是会变化的，人们对美的需求也是变化的。如果把这种标准固定下来，就会走向反面。诚如王阳明所言："无善无恶心之体，有善有恶意之动，知善知恶是良知，为善去恶是格物。"

"善"，身所履行。善从羊从言，羊通祥，顺从、吉祥；言为话语、是非。善是不论是非，心地仁爱。"皆知善，斯不善矣。"善和不善的行为标准，是人的是非之心区分出来的，这种标准也是会变化的，人们对善的需求也是变化的。如果把这种标准固定下来，也会走向反面。心中没有善恶，没有对待，就不会被善恶所束缚。有道的圣人效仿天地，顺天道而为，没有分别心，没有美恶、善不善的分别，无私无欲，用心若镜，应物不迷，不需求美善而常住美善之地。诚如《六祖坛经》所言："一切善恶都莫思量，自然得入清净心体。"

老子首先指出，美恶、善不善这些概念和判断标准，是人的分别心和好恶心所生。如果人的思想被这些概念主宰，就会产生需求，背离自然。他是希望我们去妄存真，不思善、不思恶，融通对待，养出无美无善之真出来，美恶善否，一而浑之。去识了性，明照万物又不起分别，自然而然，进入非利生存、互补统一的"道德"境界，生而不有、为而不恃、功成不居，天真纯朴、清静自如，光明觉照，进而道化天下，实现人类社会的自觉进化。让一切生命全部都回归到元始最美好的状态，让一切生命都能如意。元始宇宙是自然的，没有任何条框束缚生命，也不存在好与坏、善与恶的观念。生命在同化道的状态中绝对的纯净，本心所做的一切也都圆融在道中，与道圆融一体，自自在在。

《文子·道原》曰："原人之性无邪秽，久湛于物即易，易而忘其本，即合于其若性。水之性欲清，沙石秽之；人之性欲平，嗜欲害之，唯圣人能遗物反己。是故圣人不以智役物，不以欲滑和。"最初的人性本来清正，没有邪恶和污秽，但长久地被社会上的事物所熏染，就会发生改变。一旦改变也就遗忘掉了本性，就会被社会习俗所同化。水的本性是想清澈，但沙石污染了它；人的本性是想清静，但嗜欲扰乱了它。只有圣人能抛开外物的诱惑而归回到本性。所以，圣人不被物欲所使役，不被欲望扰乱心境。

"有无之相生也，难易之相成也，长短之相形也，高下之相盈也，音声之相和也，先后之相随也，恒也。"所以，自识而起，有无相互推进而产生，难易相互转化而促成，长短相互补足而形成，高下相互充实而存在，音声内外应和而成曲，前后相互跟随而推进，无穷无尽。

"生"，产生，生长，生命。本意为小草由土中出生。"有无之相生也"，我们生活在相对的"世界"里，任何事情都是相互依存的，有与无是相互推进而产生。有生无，无生有，方有造化。从无中生有，从有中证无。有有相生，有有相合，复归于无。从无而入有，则造化生；推情而合性，则圣功出。无就像数字"0"一样，是基础，一无所有，但能生出无穷的数理变化。当0作为分母时，其计算结果便是∞（无穷大），这表明保持虚性，就能灵动，产生无穷的变化。同理，数列 1/2、1/3、1/4、1/5、1/6、……1/N 的极限值就是0。0 与数列 1/N 具有完全不同的性质，但可以互生。

"成"，完成，成全。"难易之相成也"，难和易相互转化而促成。此以难，彼成易；此以易，彼成难，方可相成。如果将难轻心对待，易也会变为难了。

"形"，形状，形成。"长短之相形也"，长和短相互补足而形成。以长形短，以短形长，方可相形。借人之长补己之短。

"盈"，充实。"高下之相盈也"，高和下相互充实而存在。高以下为基，离开了下就不成其高了。高大的建筑物如果基础不牢固，就会倒塌。

"和"，应和，同频共振。"音声之相和也"，音和声内外应和而成曲。音和于声，声和于音，方可相和。知行合一，内在与外在和谐统一。

"随"，跟随。"先后之相随也"，先和后相互跟随而推进。日夜相代，先随于后，后随于先，方可相随。对工作而言，不断地总结，就能提高。

"恒"，永恒。恒从忄从亘，忄为心光；亘上面一横为天，下边一横为地，中间为日，恒久存在。"恒也"，事物就是这样一体两面，互依互存而存在。在对待中，变是唯一的不变。

这里讲的六个对待，有无、难易、长短、高下、音声、先后，这些都是相对词，都是自识而起，而不是自道而观。老子一直要我们自道而观，从整体上来认识，"执大象，天下往"。不着于名相，遗物离人，独立于万物之上，超越二元对立，跳出矛盾。人有性命两大系统，所谓真人，是因为他能够性命合一，心之阴气与肾之阳气相和，心息相依，动静两忘，有无俱遣，所以，我们要从有对待的状态，返回先天的合一状态。二则有变，一则为常。不住于有，不住于无，心无所住，知常悟明，与道合真。

黄元吉曰："修士行持，与其求之无极不可捉摸，何如求之阴阳更有实据。

有无相生，不过动而静，静而动，出玄入牝，爕（调和）理阴阳也。难易相成，不过刚而柔，柔而刚，鼎炉琴剑，一烹一温也。长短相形，即出入呼吸，任督往来，前行短、后行长之谓也。高下相倾，即火在上而使之降，水在下而使之升，上下颠倒坎离之妙用也。音声相和，即神融气畅，百脉流通，鸣鹤呼群，同声相应，不召自来也。前后相随，即子驰于后，午降于前，乾坤交媾，和合一团，依依不舍也。此数者皆由后天之阴阳，而返先天之无极也。"

"**是以圣人居无为之事，行不言之教。万物作而弗始也，为而弗恃也，成功而弗居也。夫唯弗居，是以弗去。**"所以，圣人跳出对待，非利生存。居无为之道，顺应事物的内在本质来自觉作为；行不言之德，通德感应去影响众人。融于万物，任由万物生成而不知其始，养育了万物却忘记了己之为，成就了万物却忘记了己之功。正是因为他存心于道，超出事外，随时顺物，非利生存，所以才能长久生存。

"圣人"，得道的人，本朴未散，跳出了对待，以神驭炁，非利生存。处天地之和，无私无欲，效仿天道而治理天下和身体。圣人表面上跟我们一个样，但他的内在跟我们不一样，他没有自己、功劳、名利等。《黄帝内经·上古天真论》曰："有圣人者，处天地之和，从八风之理，适嗜欲于世俗之间。无恚嗔之心，行不欲离于世，举不欲观于俗，外不劳形于事，内无思想之患，以恬愉为务，以自得为功，形体不敝，精神不散。"

"无为"，心中没有私欲，处虚灵动，顺应事物的内在本质来自觉作为。地无为而万物成，当生而生，当长而长，当收而收，当藏而藏，顺其物而已。《文子·自然》曰："所谓无为者，非谓其引之不来，推之不去，迫而不应，感而不动，坚滞而不流，卷握而不散，谓其私志不入公道，嗜欲不枉正术，循理而举事，因资而立功，推自然之势，曲故不得容，事成而身不伐，功立而名不有。"所谓无为，不是说引之不来，推之不去，强迫而不应，有感而不动，凝固而不流，卷握而不舒展，而是说私志不能掺杂到大道之中，个人的嗜欲不能干扰自然规律，要遵循事理来做事，根据实际情况来成就事业，推求自然的形势，而巧伪奸诈不得参与其中，事情成功了不锋芒外露，功业树立了不占为己有。

"事"，事情，事生于意。"是以圣人居无为之事"，圣人遗物反己，独立于万物之上，处虚灵动，跳出了对待，顺物随时，无私无欲，不为善，亦不为恶，顺其物而自觉作为，顺应事物的内在本质而合于道。不用意识心，置身事外，不为自己的生命利益而作为，而是融入道性，从整体上来作为。以本性智慧观照，觉知一切，灵通万有，遵循事物的本然来做事。

黄元吉曰："凡人打坐之始，务将万缘放下，了无一事介于胸中，惟是垂帘塞兑，观照虚无丹田，即凝神又调息，即调息又凝神，如此久之，神气并成一团，顷刻间入于杳冥之地，此无为也；及无之至极，忽然一觉而动，此有为焉。我于此一念从规中起，混混续续、兀兀腾腾，神依气立，气依神行，无知有知，无觉有觉，即玄牝之门立矣。由是恪守规中，凝神像外。一呼一吸，一往一来，务令气归玄窍。息息任天然，即天地人物之根，圣贤仙佛之本，此最为吾道家秘密天机，不容轻泄者也。"

"不言"，不妄言利害，通德感应，以身作则。天不言而四时成，当春而春，当夏而夏，当秋而秋，当冬而冬，随其时而已。《文始真经》曰："言某事者，甲言利，乙言害，丙言或利或害，丁言俱利俱害，必居一于此矣，喻道者不言。""教"，教育。从孝从文，孝为德之本，教是以孝为本的教育。《中庸》曰："自诚明，谓之性；自明诚，谓之教。"

"行不言之教"，圣人身体力行，忘言忘象，默符自然，以自身的行为去影响众人。不言善，亦不言恶，外在行为与德行协调，无为言之而通乎德。言语道断，圣人不用说教的方法告诉别人应该怎么做，而是让人们保有本心的觉知，明白言外之意，随其时而应变，对事物的变化规律心领神会，心心相印。《淮南子·说山训》曰："圣人终身言治，所用者非其言也，用所以言也。"圣人一生都在谈论修身治国平天下，但他实际上运用的并不是他说的那些言论，而是运用他立于道境的思想和精神。存诚子诗颂："圣人常施不言教，以身示范传要妙。道通天心与人心，人道全处即天道。"

"弗"，不，矫正。"始"，天地未开之前，一团太和元炁。"万物作而弗始也"，圣人无心无迹，心法两忘，清静恬澹，听任万物自然生成而不离道，融入自然，隐迹潜形，为之于未有，万物和他在玄德能量方面的交换是自然而然进行的。圣人始终都是从万事万物的本质上，从无形的一面来驾驭万物的生成和生长，站在有形的层面根本就不知道起始。

"恃"，自恃。"为而弗恃也"，圣人有所作为而忘记了己之为，忘其所自，默默昏昏。在做事的时候，把握当下，不求回报，使物各得其为，而不自恃。秉其要而归之，以万物的要求为要求而作为，随用而为，从来不固守成规，不人为干涉，而是顺应自然的这些要求而变化，顺势而为，让道来为之，道法自然。人们一般做事，都是按照自己的认知去作为。但要进一步的突破，达到更高的层次，就要改变习气，拓展自己的心胸，突破这些条条框框，跳出对待，远离束缚。

"居"，居处。"成功而弗居也"，圣人有所成就而忘记了己之功，任其自然，非利生存。道济天下而不居其功，兼善万世而不有其德，隐迹潜形。有这样豁达的境界，才能让自己的人生在无尽的挑战中，获得一个又一个的成功。在事情达到完美的境地后，不把功劳归于自己，不居功自傲，而是归于天下人。忘我养虚，超脱尘俗，天人合一，与自然融为一体。

"夫"，超出天外。"夫唯弗居，是以弗去。"圣人存心于道，超出事外，随时顺物，忘我无私，不滞于私，事情做成以后，达到完美的境地而不居功，非利生存。处虚灵动，没有私欲，自然无为，以默守道。内守自然、质朴、平易、清静、柔弱的道性，没有利益心，非利生存，反而会得到一切，达到长久生存的境地。《淮南子·缪称训》曰："勿惊勿骇，万物将自理；勿挠勿撄，万物将自清。"

天地生育人类的恩情，早已被我们遗忘了。从有天、地以来，大地默默地承载、默默地养育众生；太阳每天东出、西落，不断地把能量输送到地球，阳光普照，照好人，也照坏人；水滋养万物，既能浇花、让我们饮用，也可以冲马桶，没有任何的分别。老子祖师和历代圣贤的道德思想早已根植于我们的心田，在中华大地一代代的承传，只是我们没有觉察而已。只有天地和祖师才会展现出这种忘我无私的大道精神，让我们自由自在地活着。单单在这一段，如果能够好好去体会，要得道解脱就会很快、很快。

吕祖曰："圣人恒以无为而处事，行不言之教而心领神会，春到动植自生，不假作为，就如人至静笃，种子自现，又何尝有作为？自生而不知其生，故生而不有。此有名无质之秘物，不可恃其有，有了方得，得后才成，成其一，而无所以居之，是混其体，而无其质；既无其质，就无所以可居；既无可居，夫惟弗居，一得永得，是以不去。"人到静时，种子自现，一气周流，自生而不知其生，得到先天一炁，补养自己元神，身体五脏六腑、四肢百骸受益，精气神全面改变，涉及很多很多人体内部的变化，只要无为而为，这人天相通的先天真一之炁，就会自动运行，一得永得，是以不去。

第三章　无为
虚心实腹，弱志强骨，处虚灵动，无为而为

> 不上贤，使民不争；不贵难得之货，使民不为盗；不见可欲，使民不乱。是以圣人之治也，虚其心，实其腹，弱其志，强其骨。恒使民无知无欲也。使夫知不敢，弗为而已，则无不治矣。

本章讲述无为，虚心实腹，弱志强骨，处虚灵动，无为而为。老子在本章讲述了从利益生存进化到非利生存的治道方法，教导我们要破除利益生存中的名、利、欲、知，不滞于私，心境空灵，灵通万有，无私无欲，顺道而为，为而不争，才能逐步进化到非利生存的境地，与道合一。圣人之治，去识了性，除妄见真，虚心实腹，弱志强骨，排除干扰，没有分别心，直觉思维，觉知一切，无争无欲，天下为公，顺应于事物的必然性。

"不上贤，使民不争；不贵难得之货，使民不为盗；不见可欲，使民不乱。" 圣人不推崇有贤德的人，使人们不去互相争夺；不珍爱难得的财物，使人们不去偷窃；不显耀引起贪心的事物，使民心不被迷乱。

"贤"，贤德。《文子·符言》曰："欲尸名者必生事，事生即舍公而就私，背道而任己，见誉而为善，立而为贤。""不上贤，使民不争。"如果刻意地订出一个贤名圣位，让大家在那里争逐，就会使人们生出嗔斗的心，使人为名欲所驱使，背离了自然本性。圣人忘名，不滞于名，天下为公，绝圣弃知，才智聪明无所施，没有争念，人们就会自然纯朴。

《庄子·大宗师》曰："泉涸，鱼相与处于陆，相呴以湿，相濡以沫，不如相忘于江湖。与其誉尧而非桀也，不如两忘而化其道。"泉水干涸了，鱼儿困在陆地上相互依偎，互相大口出气来取得一点湿气，以唾沫相互润湿，不如在江湖里自由自在地遨游。与其赞誉唐尧的圣明而非议夏桀的暴虐，不如把他们都忘掉而融化混同于"道"。

"货"，财物。"不贵难得之货，使民不为盗。"如果刻意地追求金银珠宝

等贵重货物，就会使人们生出痴爱的心，使人为物欲所驱使，导致强盗的产生。圣人忘利，不滞于利，让则有德，争则生贼，非利生存，绝巧弃利，金玉珠宝无可用，不贵难得之货，不重无用之物，人们就会知足富有。

《文始真经》曰："利害心愈明，则亲不睦；贤愚心愈明，则友不交；是非心愈明，则事不成，好丑心愈明，则物不契。是以圣人浑之。"如果物欲和利害心太重了，亲人都会不和睦。如果贤愚心和名利心太重了，就没朋友了。如果是非心太重了，就做不成事了。所以，圣人真心浑然。

"欲"，欲望。"不见可欲，使民不乱。"如果刻意地呈现引起是非和私欲的东西，就会使人们生出贪婪的心，使人们心为物转。名利之念，存于方寸之中，则民心就乱了。圣人忘欲，不滞于欲，不以贪欲来搅乱天性，无我无私，妄念不起，在六尘中无染无杂，转物应机，人们就会内心安定。

名、利、欲是人的妄心，这个心遮盖住了人的真我本心，老子的方法是崇尚自然，让人们忘名、忘利、忘欲，纯粹朴素，质真洁白，不要人为，不要虚伪奸诈，不要有分别心，淡化后天利益心，真心浑然，性光浴身，法自然而为。进而达到"嗜欲不能劳其目，淫邪不能惑其心，愚智贤不肖不惧于物，故合于道"。在上古时期，人心平和，民风淳朴，和谐互动，浑然一体。但在现代现实生活中，许多电视、电影、文学作品都在引导我们的心向外看，都是增长我们的贪欲。当我们的贪欲越多，心境就会越乱，就会成为欲望的奴隶，从而远离于大道。

如果人老是思维活动纷飞的话，他的"元气"通过意识外放，损耗元气，人体能量水平就会下降。悟道的人要"虚静""敛神"，聚集元气能量，只是用本心感受，而不去想，思维活动平缓，到了高级阶段"息停脉住"，思维活动基本停止，元神主宰，这个时候就可以接通"先天一炁"。悟道就是一个静字，用的就是一个返字。

吕祖曰："不尚贤，不礼有德之士，此是外说。内说不亲于外，而以惟知有内。外若尚贤，而民就有争竞之端；内若尚贤，而心就生人我之念。内外不尚贤，民争就息。难得之货，是稀奇之物，人见即生贪心，岂不怀盗心？此外讲也。内讲是目内观，无着于物，我之贪心从何染物？故不为外欲盗，念就无物而生。世之财物，人人爱的，一见即欲，不见不欲，人之心就不乱了。我无见，我就无欲，使我内观之心无驰于外，守惟精惟一，只知有道，而不知有欲。苟能不争、不为盗，方能降伏其心，使猿马不外驰，不生欲。"

　　"是以圣人之治也，虚其心，实其腹，弱其志，强其骨。恒使民无知无欲也。" 因此，圣人治理天下，就是效法天道，归心于道，心神虚静；回光养炁，精固气盈；弱化物欲，志意清净；填精益髓，筋骨强劲。圣人始终让人们保持灵性智慧，不滞于名利和私欲，离形去知，同于大通。

　　"是以圣人之治"，圣人治理天下，先端正自己，跳出是非，无私无欲。《庄子·应帝王》曰："夫圣人之治也，治外？正而后行，确乎能其事者而已矣。"圣人治理天下，是用法度治理外表吗？不是。圣人是先端正自己而后去感化他人，任人各尽所能罢了。

　　圣人治理天下，是以无为的自然心态去对待事物的发展。从人性入手，一阴一阳合而为人，人性既有自然、素朴的道德人性，又有弱肉强食的兽性。人与其他动物相区别的属性就是道德人性，人与其他动物所共有的属性就是兽性。兽性是生命低端的生物本能，不是生命高端的道德人性。悟道就是去除自私的兽性，觉醒无私的道德人性。《文子·下德》曰："治欲者，不以欲以性；治性者，不以性以德；治德者，不以德以道。以道本人之性，无邪秽，久湛于物即忘其本，即合于若性。衣食礼俗者，非人之性也，所受于外也，故人性欲平，嗜欲害之，唯有道者能遗物反己。"

　　"虚"，虚灵，天之象，真空无象。不著一物为虚，虚能受物，无所不容。身体放松、内心虚灵。身体放松到几乎没有身体的感觉；心里什么都没有想，又什么都清清楚楚。"心"，人心。人心的境界是无的境界，心未萌为空性。只有一个知，虽然有知，但并未生念。当心产生了念，就有欲望。"虚其心"，心灵超脱于尘世，定心于太极混沌未判之先，虚空圆光之内，物我双忘。把心灵的空间腾出来，心无挂碍，如太虚片云，灵动变化，灵台朗彻，虚室生白。心中无一物，万境自如如。从卦象上来说就是离中虚，离卦（☲）内虚而外实，神在气中。离是心，虚其心是内心虚静，心液下降，与肾水相合，进入深深的神气合一状态，真我本心当家，利益心退位。《元始八威龙文经》曰："虚而不实，所以火生；静而不动，所以水清，知此道者，性定可以通吾之神，心宁可以使吾炁之流行。"

　　人的心有人心、道心之分。道心是人的本心，不识不知；人心是七情六欲之心，有识有知。道心益人性命，人心伤人性命。人心积习成性，如火炼成顽铁一块，至坚至固，牢不可破。若束之太急，是以心制心，心愈多而块愈坚，反起心病。《金刚经》曰："善男子，善女人，发阿耨多罗三藐三菩提心，应如是住，如是降伏其心。"《了凡四训》曰："最上治心，当下清净；才动即觉，觉之即无；苟未能然，须明理以遣之；又未能然，须随事以禁之。"归心于道，当下清净，是降心的妙要。

"实"，充盈，养气。"腹"，肚子，生机。"实其腹"，阗之以无名之朴，天理流行，精固气盈。乾阳之炁充满腹中，用乾阳能量化去欲念，使体内真气充盈，生机勃勃，炁全湛寂。炼己筑基，坚固灵根，一气周流，涵养本原，清静自守，脱胎而出。从卦象上来说就是坎中满，坎卦（☵）内实而外虚，气自外来。坎是肾，实其腹是肾精充足，肾气上升，与心气相合，使腹中的真气一直都很饱满，翕聚先天，在丹田部位凝聚生机能量，经常地融合宇宙先天真一能量。

先天真一之炁、乾阳之炁，是生天、生地、生人的祖气，无时不在，是性命的宗祖，但此气落于后天，隐而不现，即或一现，人为利名所牵，私欲所扰，当面错过，忽有而忽失。欲寻此气，先要认得道心。先天之炁，藏于道心。道心为体，先天之炁为用，同出异名，道心就是悟道的宗祖。道心是主人，人心是奴仆。吕祖《百字碑》曰："动静知宗祖，无事更寻谁？"认得道心为宗祖，以主人而使奴仆，奴仆听命于主人，不降而自降，一动一静，皆是道心运用，即人心亦化为道心，内无妄念，外无妄事，内外安静，而处于无事之境。李道纯颂曰："实腹真常在，虚心道自存。不劳施寸刃，谈笑定乾坤。"

人心为欲牵，常困而不开；肾为情牵，常散而不收。所以心肾的水火不交，情性不安。若能心无所欲，肾无所欲，则心气常开，肾气常固，天地自然相朝，水火自然相交，神气自然交融。《文始真经》曰："全精者，忘是非，忘得失，在此者非彼；抱神者，时晦明，时强弱，在彼者非此。"保全肾精，在于无人，忘记了是非，忘记了得失，在于能控制自己的念头；抱神守一，冥然无我。神会自动运作，杳冥恍惚，时隐时现，时强时弱，在于能放松自己的心灵，本性当家，任其自然。

"弱"，弱化。"志"，心意。志从士从心，为士人的心意。"弱其志"，淡泊人心，弱化物欲，不生贪求，以谦自下，以卑自牧，心意清净，元神主宰，活在当下。无思无虑，无为而为，处虚灵动，在自然中去得到发展，道心常存。人的本性明明朗朗，无染无着，不动不摇，万虑俱息，柔顺安静。静极则动，元炁萌发；虚极生白，性光闪现。片刻之间，凝而成丹，无中生妙有，进入天人相应的自动化程序中。

《文子·道原》曰："夫得道者，志弱而事强，心虚而应当。志弱者柔毳安静，藏于不取，行于不能，澹然无为，动不失时。"得道的人，志于柔弱而无事不成，内心虚空而应变适当。志于柔弱的人柔软安静，敛藏于不取之中，行动于不能之中，清静淡然而无为，运动变化而应时。

"强"，是强健，固本。"骨"，筋骨。"强其骨"，去掉了主观上的欲望，志意清净，心息相依，自然就增强了体内的生机力量，填精益髓，筋骨强壮，形全清静。《阴符经》曰："食其时，百骸理，动其机，万化安。"肾主骨，肾中真阳之精，动则为炁，静则为髓。把握当下，精气不耗，则百骸俱理。以神驭炁，神入炁穴。真气充盈，遍体阳和。神静如岳，气顺如泉，淳德全道，脱胎换骨。

"无知"，本心觉知，一意不散。灵性全息感应，没有识性分别，不争名利而忘我。通达有无，虚心而后志弱，志弱而后无知，无知故能忘我。守本性，去识心，只是感受，觉于受而不去想，觉知一切，不用识心作为。消解知见的迷惑，转识成智，大智若愚。不用钩心斗角、世智辩聪、尔虞我诈。

"无欲"，跳出事外，一念不起。放下主观意识，没有私欲干扰，用灵性来觉知一切，直觉思维，为而不争。没有贪执心，实腹而后骨强，骨强而后无欲，无欲故能忘物。守在清静的本心上，无欲以静，非利生存，天下自正。放下对欲望的追求，放下贪嗔痴爱，放下利益心，转烦恼为菩提，心地澄明，了无一事，阴阳和谐、平衡，气液升降就没有耗损、无漏。如果欲望越多，苦恼、烦恼也越多，耗损就多，不道早已。

"恒使民无知无欲"，圣人以道唱于上，百姓以道和于下，保持自然淳朴的本性，恬然无思，恢然无虑，用本心觉知一切，存一念于静中，不滞于名利和私欲。没有贪念，一团和气，甘其食，美其服，安其居，乐其俗，内心没有贪执心，忘名忘利，忘我忘物，不被自己的知见迷惑，去妄存真，无欲以静，天下自正，提升生命境界，太和圆融，同化于道。诚如《庄子·大宗师》所言："堕肢体，黜聪明，离形去知，同于大通。"忘记了自己的形体，忘记了自己的思想，超脱形体的拘执、免于智巧的束缚，与大道融通为一。

吕祖曰："能虚心，只知饱食暖衣，除此之外，不生一点杂念，实我之腹，弱我争盗之志，强我体而守我鼎，养后天之药，以补我先天之灵，常常使我无知无欲，存一念于静中，故不敢为争为盗，以乱我之心，以作无为之道。"持戒定慧而虚其心，炼精气神而保其身。身保则命基永固，心虚则性体常明。

"使夫知不敢，弗为而已，则无不治矣。" 使那些以自己的知见作为的人，不敢违背天道而妄为。圣人处虚灵动，遵循天道，以天下为公来作为，天下自然会长治久安。

"知"，一种认定性感应，心对信息进行分辨后所获得的固定认知。"敢"，背道而驰。"使夫知不敢"，使那些以自己的知见，为名为利，为私为欲，耍小聪明的人，不敢违背天道，自以为是，争强好胜，擅自妄为。

"弗为而已，则无不治矣。"圣人虚怀若谷，以无为的心态来处事，处虚灵动，因其自然而推之，顺应事物的内在本质来自觉做事，以天下为公，非利生存。立于清净的本心，欲不生，心不乱，法自然而治理天下，顺应于事物的必然性，不为自己的生命利益而作为，那么天下自然就会复归于纯朴，长治久安。就悟道而言，形以自然，自然乃得天然；神以无为，无为自行真为。

《文子·道原》曰："圣人内修其本，而不外饰其末，厉其精神，偃其知见，故漠然无为而无不为也，无治而无不治也。所谓无为者，不先物为也；无治者，不易自然也；无不治者，因物之相然也。"圣人内修其根本，而不在外去修饰其末端，磨砺其精神，平息其知见。所以说只要体会到了大道的本质，按规律去做事，表面上没有人为地去做，但在客观上什么目的都能达到；不施加自己的主观意志因自然而治，也会因势利导而达到天下大治。所谓的无为，就是不超越事物的本性人为地去做；所谓的无治，就是说不改变事物的本性而因自然而治；所谓的无不治，就是顺应于事物的必然性而因势利导的治理。

王重阳《五篇灵文》曰："神不离炁，炁不离神，呼吸往来，归乎一元。不可着体，不可运用。委志虚无，寂然常照。身心无为，而神炁自然有所为。犹天地无为，万物自然化育。功夫已久，静而生定，神入炁中，炁与神合，五行四象，自然攒簇，精炁凝结，此坎离交媾。"

吕祖曰："若有为民，就有争有盗，有乱之心，从此而生。若以法度治他，在治之时，其争盗乱之心不敢起，过治之时，依旧复萌，惟为无为，不但争盗乱之心不起，而且不萌。若如是，不但民可治，而大道亦可以成矣。惟无为则无不治。"养心之要，唯有存一念于静中而无为，这样外可治民，内可立鼎，养后天之药，以补我先天之元神。

第四章　道冲

混沌开基，冲虚灵动，无而若存，象帝之先

> 道冲，而用之有弗盈也。渊呵！似万物之宗。挫其锐，解其纷；和其光，同其尘。湛呵！似或存。吾不知其谁之子也，象帝之先。

本章讲述道冲，混沌开基，冲虚灵动，无而若存，象帝之先。老子在本章以"道冲不盈，挫锐解纷，和光同尘，婴儿显象"为教。道体先天一炁的能量，充满乾坤而不盈，冲虚和合，遍一切处，虚静而生物，湛寂而能照。曰似曰或，不可具象描述，他是从虚无中生出来的。人悟道就是找到自己的根，让本性之光显露出来，去除自私，消解分别，和光同气，融通对待，反本归真，见道之实，婴儿显象。

"道冲，而用之有弗盈也。渊呵！似万物之宗。"道体清静虚无，包含万有，元始物质聚合，释放出大量的元始能量，冲而不盈。道体幽深宁静，混沌开基，生机勃勃，一炁演化，就像万物的宗祖一样。

"冲"，冲虚灵动，一炁演化。冲从冫从中，冫为天一生水、为一炁；中为一炁贯通。冲为一炁中有天一之水。"盈"，盈满。"道冲，而用之有弗盈也。"道覆盖天承载地，空灵清虚，无形无象、无音无色、无边无际，包含万有；混沌开基，元始物质聚合，释放出大量的元始能量，冲而无极。大道用虚，道体的容量是无限的，虚而不满，动而不盈，没有盈满的时候。万物用实，万物的容量是有限的，运动的结果是物极必反。人的心在空静的时候，容量也是无限的。在心的境界里，只有一个知，虽然有知，但并未生念。心未萌为空性，如同无中含有一般，虽无中含有，但并未生有。从此念头不动处，起一念，就是混沌开基，无为而无不为。在世俗中，如果滞于物，容量就有限了，著于物而死于物。所以，只有把心里边的东西清理干净了，收视反听，顿觉身中暖炁冲然，才能像道体一样，冲虚灵动，造化万物。

"渊"，深静。"宗"，宗祖。宗字上部是"宀"，像房屋的侧视形，庙宇；

下部是"示"，像祭台、祖先的牌位。宗是设有先祖灵位的房屋。"渊呵！似万物之宗。"道是万物的宗源，道体幽深宁静，混沌开基，生机勃勃，一炁演化，遍一切处，无穷无尽，就像泉水从源头缓缓流出一样。宇宙间万事万物都是在道体上生灭的，它包含了一切，容纳了一切，而归于空寂。就像人的空性一样，所有的念头都在空性上生灭。当心产生了念，就产生了有，产生了对待，进入对待的境界，产生了分别，就没完没了。道看不见，抓不住，融于万物，是一种无形的存在，但道体虚无能量的冲虚灵动，澄静幽深，左右着一切生命的存在，就像万物的宗祖一样。人的元精在体，犹木之有脂，神倚之如鱼得水，气依之如雾覆渊。

《太乙金华宗旨》曰："盖身犹国土，'一'乃主君，光乃主君心意，又如主君敕旨，故一回光，周身之气皆上朝，如圣王定都立极，执玉帛者万国；又如主佐同心，臣庶自然奉命，各司其事。诸子只去回光，便是无上妙谛。回光之既久，此光凝结，即是自然法身。大道之要，不外'无为而为'四字，作用不外一中，而枢机全在二目，其大药则始终一'水中金'。先调摄身心，自在安和，放下万缘，一丝不挂。天心正位乎中，然后两目垂帘，如奉圣旨，以召大臣，孰敢不遵。次以二目内照坎（☵）宫，光华所到，真阳即出以应之。离（☲）外阳而内阴，乾（☰）体也。一阴入内而为主，随物生心，顺出流转，今回光内照，不随物生，阴气即住，而光华注照，则纯阳也。同类必亲，故坎阳上腾，非坎阳也，仍是乾阳（☰）应乾阳耳。二物一遇，便纽结不散，絪缊活动，倏来倏去，倏浮倏沉，自己元宫中，恍若太虚无量，遍身轻妙欲腾，所谓云满千山也；次则来往无踪，浮沉无辨，脉住气停，此则真交媾矣，所谓月涵万水也。侯其杳冥中，忽然天心一动，此则一阳来复，活子时也。"这是讲道冲，空性主宰，以二目的神光内照小腹气海，阴阳能量聚合，产生一炁能量（道家的活子时），温暖全身，坎阳（☵）上升归乾（☰），离阴（☲）下降入坤（☷），移炉换鼎，后天返先天。先天一炁水中金，氤氲能量升起时，元精化为元炁，喂养真我元神。有了元精发动的水中金（先天一炁），人体便得到了后天返先天的能量治理。

吕祖曰："要返于一来之际，而复我本来面目，归于无始之先，合道以为我，合我以为道，才叫作'道冲而用之'。嘻，嗟夫，子等学道者，要饱味乎身心，养浩然之气，充塞乎天地，不盈乎志，不挫其锐，不解其纷，无锋不挫，无纷可解，到其同尘之寂静，而知性光之冲和，道不知为道，子不知为子，那时节，子不欲会吾，吾欲会子耳。同其声，同其应，子是吾耶？吾是子耶？总不外‘**道冲而用之**’，吾与子也。这景象，知道之妙，明道之理，深入于道之奥，不但吾与子，而充塞乎天地之外者也。"这是讲见道的情景，无中生妙有，返璞归真。

"**挫其锐，解其纷；和其光，同其尘。湛呵！似或存。吾不知其谁之子也，象帝之先。**"惩忿窒欲，去除自私心，消解分别心；离形去智，和合光芒，同化光气。道是无形的，同于大通，无而若存。我不知道道是谁生的，但他存在于天地神灵之前。

"纷"，纷乱。《太乙金华宗旨》曰："散乱者，神驰也；昏沉者，神未清也。散乱易治，而昏沉难医。譬之病焉，有痛有痒者，药之可也；昏沉则麻木不仁之症也。散者可以收之，乱者可以整之。若昏沉，则蠢蠢焉，冥冥焉。却昏沉，只在调息，息即口鼻出入之息，虽非真息，而真息之出入，亦于此寄焉。""挫其锐，解其纷。"惩忿窒欲，收敛自己的念头，去除自私心，没有是非意识，妄念不生，肾精充足，聚精养气；调息降心，解脱尘情的纷扰，内外无争，消解分别心，消解对立性，寡欲节劳，养气存神，对外没有对抗意识，对内也没有对抗意识，这样纷扰自动地就解开了，直到清静圆融、空性自在为止。

"和"，和合，和谐，同频共振。"光"，光明，德光。《太乙金华宗旨》曰："光易动而难定，回之既久，此光凝结，即是自然法身，而凝神于九霄之上矣。光不在身中，亦不在身外，山河大地，日月照临，无非此光，故不独在身中。聪明智慧，一切运转，亦无非此光，所以亦不在身外。天地之光华，布满大千，一身之光华，亦自漫天盖地。""同"，融为一体，物我两忘。"尘"，从"小"从"土"，精微物质，基本粒子，光气。"和其光，同其尘。"离形去智，神光与先天一炁自动的和合，住世不害世而柔和光芒；身体与光气同化在一起，应物不着物而混同尘世。和光混俗，积功累德。以神驭炁，聚合光气于气穴，产生元炁能量，温温氤氲，呼吸之气与先天一炁自动的融合。人在气中，如鱼在水中。涵养于不睹不闻，无声无臭之中，久之方返于虚无真境。虚静生光，遍体光明，养出光身，与太虚光气同化在一起，同化于道。

"湛"，无形，清澈透明。"或"，疆域。"存"，无中含有。"湛呵！似或存。"道不是无，无而若存，遍一切处。道就像那清澈透明的水一样，实实在在地存在着。当我们降心养炁，离形去知，同于大通时，内心清澈透明，外表混俗于世，恍惚杳冥，如是直养光身，则真常之道，不存而若存，无象而有象，不来而如来，有意无意而得。光身具有光的波粒二象性及其形成的磁场属性，其粒子性表示"有"的特性，波动性表示"无"的特性。虽然无形无象，但无处不在。存诚子诗颂："坎离相交杂念渺，坤宫暖流涌波涛，到此方识无中有，乾坤融时产阿娇！"

《淮南子·原道训》曰："夫无形者，物之大祖也；无音者，声之大宗也。其子为光，其孙为水。皆生于无形乎！"无形是万物的祖始；无音是声音的祖先。无形的子孙是"光"和"水"，光和水都由无形化育而成！

"象"，存在状态，虚象。《灵宝毕法》曰："无数，道之源也；无象，道之本也；无位，道之真也；无质，道之妙也。""帝"，天地，天帝。"吾不知其谁之子也，象帝之先。"老子说，我们不知道道的源头在哪儿，道是谁的儿子，但这个道是浑然一体的，在天地之前它就已经存在了，主宰着一切，天地都是从道体的虚无中生出来的，他是超出时空之外的存在，无先无后。我们要想悟道，就要降心养炁，根据道造物的规律，再去造化一遍。这个造化的微妙基础，就是我们的神和形，他们本身是一对阴阳。回光止观，心息相依，混沌立基，无中生有，到恍惚杳冥时，一个新的生命就诞生了，婴儿显象。李道纯颂曰："不识谁之子，焉知象帝先？为君明说破，太极未分前。"

《文子·下德》曰："帝者，体太一。明于天地之情，通于道德之伦，聪明耀于日月，精神通于万物，动静调于阴阳，喜怒和于四时，德泽施于方外，名声传于后世。"天帝，以太极之道为体。能明白天地的性情，通晓道德的条理；他的聪明能照耀日月，精神与万物相通；动静与阴阳协调，喜怒与四时和谐；他的德泽施及四方以外的区域，名声流传到千秋万代。

王重阳《五篇灵文》曰："知之修炼，始则凝神于坤，煅炼阴精，化为一炁，熏蒸上腾，河车搬运，周流不息。次则凝神于乾，渐炼渐凝，渐聚渐结，结成一颗玄珠，大如黍米，恒在目前，一得永得。先天虚无真气，自然归之。神守黄房，金胎自成。黄房乃乾之下坤之上，十二时中，念兹在兹，含光藏耀，行住坐卧，绵绵如存，如鸡抱卵，如龙养珠，抱元守一。先天元炁，刻刻相守，渐渐相化，但守神息，不运火而火自运，百日功灵，十月胎圆，阴魄自化，阳神出现。千日之后，温养火足，剥尽群阴，体变纯阳，婴儿现象，身外有身，形如烟云，神同太虚，隐则形通于神，显则神通于炁，步日月而无形，贯金石而无碍。温养三千之后，婴儿老成，方可远离，入室九年炼神，与太虚同体，形神俱妙，与道合真。"

　　吕祖曰："效颜子之默，不用于心而用于神，故锐锋而自挫，不知有锐，亦不知挫锐之心，其外之纷不能入，外纷不入，不待解而纷自无。不外于默，一默，诸纷不能乱我之神、扰我之神、分我之心、散我之气、耗我之精，不乱、不扰、不分、不散、不耗，如此性光方现，使我静内生光，才能知其妙，明其理，方得深入其奥，冲而用之，到冲的地步，才叫作和；人炼形如地，静寂不动，才叫作同其尘。尘，土也，地属坤，乃炼坤之质，从阴中求出点阳明之象，现而为光，光生则坤静，坤静则湛兮而成道，道非无，无而若存焉。婴儿一现，我不知是谁之子，在杳冥之中，我不知有我，而安知辨别其子？帝，我也。"婴儿显象是返回真我的情景。

第五章　守中
融通对待，无分别心，存守道枢，真性自在

　　天地不仁，以万物为刍狗；圣人不仁，以百姓为刍狗。天地之
间，其犹橐龠乎？虚而不屈，动而愈出。多闻数穷，不若守于中。

　　本章讲述守中，融通对待，无分别心，存守道枢，真性自在。老子在本章以"多闻数穷，不如守于中"为教，不住于有，不住于无，常住于本心，常住于道境，直觉思维，觉知一切，虚通为用，心神领会至道之妙。老子用橐龠来具象的比喻天地的存在特性，天覆地载，虚空无碍，化民育物，因任自然。圣人爱民治国，全凭一元真气，主持其间。

　　"天地不仁，以万物为刍狗；圣人不仁，以百姓为刍狗。" 天地没有分别心，对待万物像对待刍狗一样；圣人也没有分别心，对待百姓像对待刍狗一样。

　　"仁"，二人同心，仁慈，仁爱。"不仁"，没有分别心，没有私心，不标榜仁爱，忘我无为。《淮南子·本经训》曰："夫仁者，所以救争也；义者，所以救失也；礼者，所以救淫也；乐者，所以救忧也。神明定于天下，而心反其初；心反其初，而民性善；民性善而天地阴阳从而包之，则财足而人澹矣；贪鄙忿争不得生焉。由此观之，则仁义不用矣。"社会提倡"仁"，是用来防范纷争的；提倡"义"，是用来纠正不讲信用的；提倡"礼"，是用来规范淫乱的；提倡"乐"，是用来疏通忧愁的。依靠道体神明来安宁天下，这样人心就会返回到人类初始的那种清静无欲的质朴境界；人心一旦返回到这种境界，社会民性就会变善；民性善良就会和天地自然阴阳融会一致，这样四时阴阳和谐有序、万物繁茂、财物充裕，百姓需求一旦满足，贪婪鄙陋、怨恨争斗也就不易滋生。由此看来，以"道"治理天下，这"仁义"就无须实施。

　　"万物"，胎卵湿化，昆虫草木等。物生于土，终变于土。"刍狗"，用草扎成的祭祀之物。《淮南子·齐俗训》曰："譬若刍狗土龙之始成，文以青黄，绢以绮绣，缠以朱丝，尸祝袀袨（黑色祭服），大夫端冕，以送迎之。及其已

用之后，则壤土草蒥而已。"这就好比祭祀时用的刍狗和祈雨时用的土龙，开始扎塑它们的时候，用青黄色彩涂上装饰，然后用锦绣包裹和丝帛镶边，再用红色丝线缠扎起来，尸祝穿上黑色的祭服，大夫戴着礼帽，非常庄重地迎送它们。但等到使用过它们之后，就如同泥土草芥一样被扔掉。刍狗的一生，仿佛生命的旅程。生命已生之时，仿佛受万物景仰；生命已毕，尘归尘，土归土。

"天地不仁，以万物为刍狗。"天覆地载，万物无不化育，可以说是最大的仁爱，但天地没有偏私，不仁而有大仁在。天地没有分别，顺应自然，万物平等，对待万物就像对待刍狗一样，让万物自荣自枯、自生自灭。《文始真经》曰："天无不覆，有生有杀，而天无爱恶。日无不照，有妍有丑，而日无厚薄。"天地虽然创造了万物，孕育了万物，春生夏长，秋收冬藏。但天地，没有分别心，用平等心善待一切。天地对待人跟对待一棵树、一朵花是一样的，都是完全平等的。

"圣人不仁，以百姓为刍狗。"圣人效仿天道，百姓无不受益，可以说是最大的仁爱，但圣人没有偏私，不仁而有至仁存。圣人没有分别，以百姓心为心，对待百姓就像对待刍狗一样，让百姓自然繁衍生息。《文始真经》曰："圣人之治天下，不我贤愚，故因人之贤而贤之，因人之愚而愚之。不我是非，故因事之是而是之，因事之非而非之。"圣人没有分别心，没有是非心，只是引导着百姓顺应自然的生活。为无为之事，乐恬淡之能，志于虚无之守。

"天地之间，其犹橐龠乎？虚而不屈，动而愈出。"天地之间的虚空，就像一个大风箱一样，一气流行，流通无碍。虚而能容，虚而能应，动而阳生，这样万物就一直生生不息的演化出来。

"橐龠"，风箱，古代鼓风吹火用的器具。《崔公入药镜注解》："橐者，虚器也，鞴也。龠者，其管也，窍也。言人昼夜一呼一吸之气，气为之风，如炉鞴之抽动，风生于管，炉火自炎，久久心息相依，丹田如常温暖，此吾身有真橐龠也。"

"天地之间，其犹橐龠乎？"天地象门户，日月在虚空中往复运旋，一气周流，昼夜晦朔，春秋寒暑，亘万劫不失其序，阳升阴降，盈虚消长，纯出自然，像个大风箱，故曰"橐龠"。老子用橐龠来比喻道体的虚空相通和人体的腹式呼吸，栩栩如生。存诚子诗颂："一阴一阳之谓道，一动一静道之机，一开一阖名橐龠，一升一降转璇玑。"

"虚"，空性，虚静，对境无心。身体放松到几乎没有身体的感觉；心里什么都没有想，又什么都清清楚楚。《六祖坛经》曰："世界虚空，能含万物色像：日月星宿、山河大地、泉源溪涧、草木丛林、恶人善人、恶法善法、天堂地狱、一切大海、须弥诸山，总在空中。世人性空，亦复如是。"

"屈"，枯竭，穷尽之意。"虚而不屈，动而愈出。"天地之间是虚空的，是虚灵的，风箱的中间也是虚空的，人的腹式呼吸也是虚无相通的。虚而能变，流转无碍；虚而能应，应变无穷。虚则能容，静则寂然，动则生风。《文始真经》曰："云之卷舒，禽之飞翔，皆在虚空中，所以变化不穷，圣人之道则然。"人立命于虚无，存性于空灵，只有神炁合一，才能灵动变化。人体的真息开阖，身体这个小天地的气机与天地虚空相通，一吸一呼，一收一放，内外能量交融，无始无终。

《太乙金华宗旨》曰："'玉清留下逍遥诀，回字凝神入气穴。六月俄看白雪飞，三更又见日轮赫。水中吹起藉巽风，天上游归食坤德。更有一句玄中玄，无何有乡是真宅。'律诗一首，玄奥已尽。大道之要，不外'无为而为'四字。惟无为，故不滞方所形象，惟无为而为，故不堕顽空死虚。作用不外一中，而枢机全在二目。二目者，斗柄也，斡旋造化，转运阴阳，其大药则始终一'水中金'，即水乡铅而已。六月即离火也，白雪飞即离中真阴将返乎坤也。三更即坎水也，日轮即坎中一阳，将赫然而返乎乾也。目为巽风，目光照入坎宫，摄召太阳之精是也。天上即乾宫，游归食坤德，即神入照中，天入地中。末二句是所谓洗心涤虑，为沐浴也。圣学以知止始，以止至善终，始乎无极，归乎无极。"下手之初，凝神气穴，以离交坎，意息相融。致虚极，性光闪现；守静笃，元炁萌发。静中一动，先天真阳之炁流注，动而愈出，与性命和合而灌满全身；虚中一觉，神光显现，神炁融溶而成先天真一之炁，丹产珠圆，返老还童，后天返回先天。

吕祖曰："天地尚以'无'为橐钥，为人修身，可不效天地以'无'而为橐钥？是以修身，用虚而不屈，强为之名用。虚以修者，领虚之美，得虚之妙，无处强名，无处强道，虚之极而动方生，一动愈出，美而愈知其妙，到此难言矣。"

"多闻数穷，不若守于中。"宇宙间万事万物，相对而生，生生不息，变化无穷，念动神驰，多闻耗神，天命数穷。存心于听息，守住虚性，不染万境，空性自在。

"闻"，向外探求，辨别，内在的分别念。"数"，命数。"多闻数穷"，宇宙间生生不息的万事万物，闻之不能尽，现在的信息化时代，各种信息充满于耳，萦绕于心，牵动人们的心念，使人念动神驰，随波逐流，耗散其真，天命数穷。老子则戒多闻，耳不听、鼻不香，腹式呼吸时把心放在脐下，不要放在口鼻上，这样能减少中枢神经的活动，减少信息干扰，去妄念空，常住在本心，形与神俱，全息感应。《金丹四百字序》曰："以魂在肝而不从眼漏，魄在肺而不从鼻漏，神在心而不从口漏，精在肾而不从耳漏，意在脾而不从四肢孔窍漏，故曰无漏。精神魂魄意，相与混融，化为一气，不可见闻，亦无名状，故曰虚无。"

"中"，虚通，先天太极图的环中，造化之机。在数学中，有正和负；在物理学中，有阳电和阴电；在社会生活中有是非、善恶，他们是矛盾、二元对立的，在"有"的层面。但数学上，除了正和负，还有0；物理学上，除了阳电和阴电，还有光；社会生活中，除了是非、善恶，还有无是无非，无善无恶，这就是"中"，在"无"的层面，它是融合、它是超越。中是道的一种喻象，感通之妙用，应变之枢机，中无不在，包含了一切。古往今来的仙佛圣真，皆从这"中"字修证得道。"中"也是内环境的性命之根。当人的性命混溶在一起，处在先天状态时，即为中和状态。

"中"，由太极"〇"和"丨"组成，一炁贯通。"〇"为太极的虚性，圆明不昧的灵性和元始能量，人体任督二脉的周天循环。"丨"为能量隧道，人体的中脉，是沟通先天与后天的桥梁，提升生命境界的通道，执一而应万。诚如《庄子·齐物论》所言："彼是莫得其偶，谓之道枢。枢始得其环中，以应无穷。"跳出彼是的对待，不执两边，一而不分，这就是大道的枢纽。枢纽就是抓住了事物的要害，从而可以顺应事物无穷无尽的变化。天地人之理，都高度浓缩在这个"中"字之中。

"不若守于中"，跳出对待，一而不分。心里什么都没有想，但什么都清清楚楚。神返身中炁自回，存心于听息，心息相依，使气息往来于心肾间的中脉。去妄念空，以虚性来充实自己，阗之以无名之朴，外在融入社会活动，内在保有先天本色，虚通为用，处虚灵动。常静常应，以应无穷。守中就是守先天太极图的环中"〇"，不住于有、不住于无，不住于实、不住于虚，不住于阳、不住于阴。守住空性，融合一切、超越一切。

《一贯天机直讲》曰："在一念不起，一意不散时，玄窍处自有温温然一团无形之炁。此炁似气非气，实为神气凝合之象，真意内蕴，乃有此景。若无此，即为'煮空为铫，静坐孤阴'矣。《契》喻之春泽解冰，皆有'温'字在内，取温煦、融和之意也。火怕炎，水怕寒，发热即炎，无温即寒，皆非法也。惟温温，方得火候之正。"

《文子·道原》曰："夫至人之治也，弃其聪明，灭其文章，依道废智，与民同出乎公。约其所守，寡其所求，去其诱慕，除其贵欲，捐其思虑。约其所守即察，寡其所求即得，故以中制外，百事不废，中能得之则外能牧之。中之得也，五藏宁，思虑平，筋骨劲强，耳目聪明。"存心于听息，定心于太极混沌未判之先，虚空圆光之内，元神寂照，使身心的虚空相合，心息相依，真气归中。人的中是我身中的小虚空，通乎天地之中，必先安静虚无，以通彼大虚空的中，方能混沌，而招来真我。盗天地的神气，以为神气。天地万物的中，通乎人的中，故能盗人的神气，而使人有生老病死。

《尚书·大禹谟》曰："人心惟危，道心惟微。惟精惟一，允执厥中。"人心是人的意识心，在五行属火，遇土而焦，遇水而耗，遇金而化，遇木而炎，处处皆蒙其害，耗损身中的元炁。道心是人的元神真意，在五行属土，木遇土则生，水遇土则聚，金遇土则凝，火遇土则敛，时时和合四象，积聚身中的元炁。人心危而不安，道心微而难见。人心得其正即为道心，道心失其正即为人心。处中处正，就没有危殆。处中处正就是守住先天太极的环中"〇"，执一而应万，演化自己的身体，与道合真。"〇"是有形之中，"〇"也是无形之中，就有形之中，寻无形之中，就能因命而见性。就无形之中，寻有形之中，就能因性而见命。

就养生而言，黄元御《四圣心源·中气》曰："脾为己土，以太阴而主升；胃为戊土，以阳明而主降。升降之权，则在阴阳之交，是谓中气。胃主受盛，脾主消化，中气旺则胃降而善纳，脾升而善磨，水谷腐熟，精气滋生，所以无病。脾升则肾肝亦升，故水木不郁；胃降则心肺亦降，故金火不滞。火降则水不下寒，水升则火不上热。平人下温而上清者，以中气之善运也。

中气衰则升降窒，肾水下寒而精病，心火上炎而神病，肝木郁而血病，肺金滞而气病。神病则惊怯而不宁，精病则遗泄而不秘，血病则凝瘀而不流，气病则痞塞而不宣。四维之病，悉因于中气。中气者，和济水火之机，升降金木之轴，道家谓之黄婆。婴儿姹女之交，非媒不得，其义精矣。医书不解，滋阴泻火，伐削中气，故病不皆死，而药不一生。盖足太阴脾以湿土主令，足阳明胃从燥金化气，是以阳明之燥，不敌太阴之湿。及其病也，胃阳衰而脾阴旺，十人之中，湿居八九而不止也。

胃主降浊，脾主升清，湿则中气不运，升降反作，清阳下陷，浊阴上逆，人之衰老病死，莫不由此。以故医家之药，首在中气。中气在二土之交，土生于火而火死于水，火盛则土燥，水盛则土湿。泄水补火，扶阳抑阴，使中气轮转，清浊复位，却病延年之法，莫妙于此矣。修真者懂得"中"字之理，中气斡旋，水升火降，一气周流，水火既济，阴平阳秘，使中脉畅通无阻，达到性命归根。

第六章　谷神
谷神不死，超然独存，一气演化，妙应无穷

　　谷神不死，是谓玄牝。玄牝之门，是谓天地之根。绵绵呵！其若存，用之不勤。

　　本章讲述谷神，谷神不死，超然独存，一气演化，妙应无穷。虚无之谷自透通，玄牝之门自阖辟。老子在本章以"法谷神，守玄牝"为头脑，世人大病，能用实而不能用虚，用有而不能用无。悟道就是要找到自己的根，老子用谷神、玄牝来具象地比喻道体的生机。谷，形而下称为山谷溪流，形而上称为玄牝、乾坤。玄牝是一种意象，道创造天地万物就像母体生殖子孙后代一样。不可言说的道，在老子笔下，形象生动，栩栩如生。

　　"谷神不死，是谓玄牝。" 道体虚灵，灵妙常应，静则灵彻，动则万化，无中含有，超然独存。一升一降，神妙化生，犹如玄牝。

　　"谷"，天地间的虚空，两山间的空谷。含造化，容虚空，容万物，载山川，藏真一，宅元神。谷是门、是窍。"神"，灵性感应，神龙变化。神是根、是妙。神有元神和识神之分，炼神者炼元神，非心意念虑之神。《性命圭旨》曰："大哉！一乎！以其流行谓之炁，以其凝聚谓之精，以其妙用谓之神。"精、气、神的能量转化关系，借用爱因斯坦的质能方程可表示为：气 = 精 × 神^2（气为生命能量，精为生命物质，神为神光、生命信息）。精、气、神有不同的层次，可以相互转化，复归为一。

　　"谷神不死"，谷神是道体、乾元，阴阳、有无相合的环中"〇"，至虚至灵，无中含有。唯其至虚，沐浴万物的能量才不会消失，故不死。其空如谷，而神居之，真空而藏妙有，妙有而含真空。犹如易经中乾卦与其余的卦相合，只能显象乾卦。谷神应物，万物之化无不应，灵妙常应，永恒不变。用山谷来比喻道体，道体虚而能容，能量充盈，感而随应，应而不藏。

　　人的一身，都是谷神主宰，谷神就是人的空性：耳不虚空不能听，眼不

虚空不能视，鼻不虚空不能嗅，舌不虚空不能言，手不虚空不能执，足不虚空不能走，身心不虚空不能舒畅，则病矣。一切万物，均占空间，形中又生孔窍，以通于空。以空通空，而后能灵能动。悟道原无他妙，唯是神气合一，还于无极太极，父母生前一点虚灵之气而已矣。意诚心正，就能养神气，与天地通，响应无休，心不染着，才能沐浴天地能量。两座山之间的空处，我们大喊一声，就会有回应，说无则有声，说有则无形，天人合发，这种回应是永恒存在的。

"玄"，为天、为乾阳，纯阳虚无之炁，积虚以通神，自无而生，通达有无，无所不能。"牝"，为地、为坤阴，纯阴静实之气，致静以养真，自有而生，雌性生殖机能的代名词。"玄牝"，道体、空性、乾坤、混沌；为升降之原，神炁之宅，胎息之根；为天地的空谷，万物的虚牝；为人的空性，念头的起处；为先天太极图的环中"〇"。"是谓玄牝"，道体是虚无的，先天元炁，在道体内，一升一降，旋机变化，不断的生出新的生命来，犹如先天太极的环中"〇"，为神炁之宅，有神妙造化，无所不能之意。就像人的念头，不断地从空性中生出来一样。老子将一个巨大深远、却又神秘而可以生产万物的造化功能作为"道"的"象"。用玄牝比喻道体、空性、乾坤和造化之源，即蕴含无中生有的奥妙，有又能够一生再生，生生不息，奥妙无穷。

吕祖曰："譬如山，四面皆是耸岭，中是深谷，落叶闻声。人身上下皆实，惟中常虚，将谷譬言之。山谷闻声，乃山之虚神耳，山有虚神，故千万年无更变之端，目今如此，千载之后亦如此。人之修身，当推此理，一个幻身，只有中之内一点灵气。四肢百骸，皆是无用，若有嗜欲，虚灵就被他埋没，终日用心，劳碌于外，神从耳目口鼻舌身意散尽，安得不死？若求不死，须问灵神，灵神所居，上不在天，下不在地，中不在人，在虚灵不昧，一点真性之中。"

"玄牝之门，是谓天地之根。"玄妙母体的创生之门，一阖一辟，开阖随时，通达有无，动静自然，动而生有，生天生地，生生不息，这样就能造化天地万物。

"门"，有无之门，先天一炁出入之所。"玄牝之门"，先天太极的环中"〇"、玄关一窍，先天一炁进出的通道。通达阴阳、有无，是阴阳互藏之宅，万物皆出于太极"〇"，而入于太极"〇"。乾坤张其门户，日月从中出入。太极的动静，一气的周流，阴阳的阖辟，旋机的收放，都合于环中"〇"的冲和之机，开阖随时，动而生有，为造化之本，万物由出。道生天地万物，故又以玄牝喻道。道不自生化，而又生化万物，生化不已。不自终始，而又终始万物，终始不已。《悟玄篇》曰："玄关一窍者，乃一身总要之关也，此窍者即心中之心是也。人能无私之时，便是玄关一窍，才有一毫私欲，不是也。"李道纯颂曰："阖辟应乾坤，斯为玄牝门，自从无出入，三界独称尊。"

《一贯天机直讲》言："张三丰曰，玄关往来无定位，又曰黄庭一路皆玄关。故玄关有上下之别，又有内外之分。或现于上，或现于下，并无定在。见于上者，为上玄关。见于下者，为下玄关，其形如环，其白如雪，其软如绵，如"○"或如此，皆指外玄关而言也。至内玄关即丹原是也。丹原初成，大如黄豆，常在下田之范围内跳动，到静定之时，即能觉之。吾人下手做功，而现象之玄关，为外玄关。至内玄关，须待三元混合，凝结丹原，真息成立之时方能见之。玄关一窍，最为秘密。从来皆不明说，今为便利后学故计详说之，心即止在脐下，虚无圈子之内，一线心光与一缕真息相接，自能杳冥。因杳冥，而生恍惚，而透出玄窍，是即外玄关现象也。唯因定心不固，所以不易即见玄关，必须先事还虚泯去知觉，心息相依，神炁相合，由定到忘，入于混沌，方能见之。所以入于混沌，即还虚之功也。吾人对于还虚之功，一步直入，而彼有三步工夫，脐下一团之气，是为命宝，心定而入于其中一也。使心息相依，神炁相合二也。渐渐杳冥，而入于混沌返还虚境三也。"

"是谓天地之根"，太极是天地之根。道生有无，无是天地之始，有是万物之母，其气氤氲，其机恍惚，动静自然，静则湛寂而不可知，动则生物而不可测，有无之门、玄关一窍是天地之根。人悟道就要以道为根，静而法天地，动而顺日月。以虚通为用，元和之气，慧照之神，在人身中，与鼻口呼吸相应，通行无碍，以养于身。谷神不死，玄牝之门就不会封闭。人的心灵清静，阗之以无名之朴，就能使精神饱满，空性自在，从而能使生命长久。

吕祖曰："玄牝之门，在空谷之中，视之不见，听之不闻，瞻之在前，忽焉在后，在无声无臭之间，铅汞合一，方知下着。此理深渊，似日月运行，东出沧海，西没穷谷，昼夜反复，无息而住。此理即是身中下落，水中取金，火中取木，金木相并，譬如月感日精而光生，日返月华而晦出，俱是造化之气所感，身中岂无真一之气而生？上不上，下不下，中不中，在杳杳之中，而生真一之气，引上接下，而归黄庭。此庭之名亦是多了，才叫作天地之根。"

"绵绵呵！其若存，用之不勤。""道"存之以默，一气演化，绵绵不绝；用之以柔，用其周行，无穷无尽。

"绵绵"，连续不断，微妙不绝，自然胎息。"若存"，若有若无，若隐若现。"绵绵呵！其若存。"道的生化运转，旋机变化，若斗柄之机，周行不殆，存之以默默，存之以绵绵。绵绵续续，而不间断。如橐龠的开阖、阴阳的升降、呼吸的吐纳、人的胎息一样，其息深深，往来不息。《庄子·逍遥游》曰："生物之以息相吹也。"各种生物都是以气息吹拂进行能量交换。悟道的人，玄关开了以后，打通了先天元炁的能量通道，看上去若有若无，若隐若现，却不停地与天地万物进行着能量交换。就像人在娘胎里一样，身体里有一个永远在动的开合，无时不在运动，无处不在运动，从没有一刻静止过，从没有一刻停息过，绵绵呵！其若存。《摄生三要》曰："人在气中，如鱼在水中。气以养人之形，而人不知。水以养鱼之形，而鱼不觉。""聚精在于养气，养气在于存神。神之于气，犹母之于子。故神凝则气聚，神散则气消。"

"不勤"，无私。"用之不勤"，道不自生，用之以柔，用其周行，无穷无尽。人口鼻呼吸，当绵绵微妙，一气演化，勿忘勿助，其用无心，如妇人之怀孕，如小龙之养珠。就悟道而言，两眼的神光是阳，身体是阴，回光止观，存心于听息，以神驭炁，阴阳一合，像黑夜中对火一样，立刻擦出火花，产出白光，虚室生白，就能接通太虚先天的真一之气，周天循环，真一之气常出不断，无一息之间断，使之不穷，用之不竭。存诚子诗颂："大道至简致虚极，大法至易调心息，胎息叩开众妙门，登天灵梯一级级！"

张三丰《道言浅说》曰："大凡打坐，须将神抱住气，意系住息，在丹田中宛转悠扬，聚而不散，则内脏之气与外来之气，交结于丹田，日充月盛，达乎四肢，流乎百脉，撞开夹脊双关而上游于泥丸，旋复降下绛宫而下丹田。神气相守，息息相依，河车之路通矣。功夫至此，筑基之效，已得一半矣。"

吕祖曰："神一，而性命方来朝宗；性命合，而魂魄潜迹，收来入神，方能雪光；雪光一出，便是慧照；慧照无间，才是绵绵若存，使之不穷，用之不竭，才如山谷，常静而存神，是谓绵绵。用之不勤，是无穷无尽之妙，而无刻暇，是体我之道，乐我之妙，岂不绵绵而用之不穷？人生在天地间，返天地之化工而成真，抱真以合天地。人之玄牝，是天地之根，天地之根，亦是人之玄牝，总不过要人明天地之理以修道，返道以合天地。"

第七章　天地
天长地久，无为自化，非利生存，无私成私

> 天长，地久。天地所以能长且久者，以其不自生也，故能长生。是以圣人退其身而身先，外其身而身存。不以其无私耶？故能成其私。

本章讲述天地，天长地久，无为自化，非利生存，无私成私。老子在本章推阐"天长地久"的生存之道。提出"不自生则长生，退其身则身先，外其身则身存，无其私则私成"的非利生存法则，用"天长地久"来具象地比喻道体的特性。人类究竟什么样的生存方式，什么样的社会机制才能真正幸福长久呢？这就是老子站在人类最高思想上所解答的问题：只有效仿天地，与天地合德，与日月合明，复归于道境，无我无私，非利生存，无为自化，这样社会道运才会长久不坏，而且具有真正幸福的人性感受。

"天长，地久。天地所以能长且久者，以其不自生也，故能长生。"天长地久，一元真气，斡旋其间。天地之所以能够长久存在，是因为他们不滞于私，非利生存，不是为自己的生存而自然地运行着，所以能够长久生存。

"天长，地久。"天道清虚，所以能长；地道宁静，所以能久。天地无为而自化，道气常存。在我们所能观察和理解的范围内，唯有天地是长久生存的，他们无所谓年轻和年老，他们是永恒的，因而人们常常用"天长地久"来表达自己美好的祝愿。天无私覆，虚空无碍，温文宽厚，就像我们的慈父。地无私载，她甘愿位居人下，包容一切，化民育物，就像我们的慈母。默默地奉献着自己的爱，从不奢求回报。天地的存在状态类似于非利生存的道德社会，没有占有机制和利益机制，无私无欲，生命真正达到自在、快乐、健康、智慧，无有终时。

《灵宝毕法》曰："天得乾道而积气以覆于下，地得坤道而托质以载于上，覆载之间，上下相去八万四千里。气质不能相交，天以乾索坤而还于地中，

其阳负阴而上升；地以坤索乾而还于天中，其阴抱阳而下降，一升一降运于道，所以天地长久。""阴阳升降，不出天地之内，日月运转，而在天地之外。东西出没，以分昼夜；南北往来，以定寒暑。昼夜不息，寒暑相推。"

"天地所以能长且久者，以其不自生也，故能长生。"天地间日月自运行，阴阳自升降，寒暑自往来，四时自推迁，五炁自顺布，飞潜自动静，一切都是自然的。天地是非利生存的，养育万物，任万物自生其生，以万物的生而生，不是为自己的生存而自然地运行着。正因为如此，所以天地才能够长久生存。存诚子诗颂："生命本来无生死，生命现象纷纷。炼精化气骨髓换，不求长生自长生。"

《庄子·在宥》曰："抱神以静，形将自正。必静必清，无劳汝形，无摇汝精，乃可以长生。"持守宁静，形体自能健康；清神静虑，不要劳累你的形体，不要耗费你的精神，就可以长生。《黄帝内经·本神》曰："智者之养生也，必顺四时而适寒暑，和喜怒而安居处，节阴阳而调刚柔。如是则僻邪不至，长生久视。"我们能效法天地，空性主宰，真正的无私无我，顺应四时的变化，自在安和，炼精化气，炼气化神，自然能打开本性能量，与道合真，返老还童，脱胎换骨，就能做到寿敝天地，长生久视。

吕祖曰："天之职盖，地之职载，以无声而生，故能长且久，在于不自生，以听万物生育，随天地之气感之，随其萌败，故不耗天地之元精，方能长生。"

"是以圣人退其身而身先，外其身而身存，不以其无私耶？故能成其私。"所以，圣人没有利益心，随时顺物，功遂身退，却反而能得到众人的拥戴；没有私心，跳出事外，反而能保全自身。这正是因为他的无我、无私，所以能成就他自身，天长地久，无有终时。

"退"，退归于一。否卦退一步是泰卦；未济卦退一步是既济卦。"是以圣人退其身而身先"，圣人的思想和行为是合于天道的，他把生化到万物之中，把自身视为天地的一分子，处世应世，随时顺物，无私无欲，非利生存，没有利益心，不见是非美恶，忘我无为，凡事不先于人，以谦自居，因循而应变，常后而不先，则退其身而身先。忘我就是把自己的觉知放在主观意识的前面去运动，用直觉思维来作为。如果我们把自己的主观意识放在觉知的前面运动，先想好了再去做，"三思而后行"，想好了以后才敢做，这样就把我们的思维限制在了后天。我们要想超越自己的命运，那只有把它打破、超越它。

人未出生前，没有意识和口鼻呼吸，性命合一，所有营养通过脐带输送到全身，元炁循督任温养胎元。人出生以后，开启了意识及口鼻呼吸，元神藏于泥丸和意识，元炁藏于炁穴和呼吸。人刚出生时，没有意识思维，只有条件反射的感受和直觉思维，婴儿是纯阳之体，生机勃勃，毒虫不螫，猛兽不据，攫鸟不搏，骨弱筋柔而握固，合于天道。后天中，人既要靠呼吸与五谷充养形身生命，又要靠识神维持正常的生活；这样人慢慢地有了意识思维了，身体由感受发展到想象、形为、意识，意识慢慢地占到了主导地位，控制了自己的身体，每天有几万息，就有几万妄念。呼吸耗损元炁，识神扰耗元神，终日驰骋，逐物而忘归，动固纷纷，静亦扰扰，神炁耗散。人到中年生机慢慢地就退化了。老子观察到了这个问题，在《道德经》中他多处以婴儿为比喻，传赤子之心。当我们在气穴处神气合一，入于静虚，进入无为里面去，处虚灵动，觉于感受而不去想象，给自己的元神让出空间，让它去指挥自己的身体，这时我们就会发现自己的精神状态得到了一种调整，能领会到无为的那种玄妙，慢慢地生命就得到升华了。

"外其身而身存"，圣人跳出事外，以道为身，不知有身，唯知有道，没有私心，守中制外，忘我无私，让身心得到自然的发展，外其身而身存。清静而能得到精固气盈的长养，人身体的精气足了，阴平阳秘，一气周流，元神就有了足够的能量支持，元婴出世，身外之身方得。身外身是从体内修成的可离体而存在、有生命、有智慧，能出有入无、通灵达妙的神体，是虚态空间存在的人的先天形体。但是人们在现实生活中一般都很重视自己的肉身，吃好的，穿好的，还要功名利禄，时时盘算，刻刻经营，结果没几十年，就精枯气弱，魂飞魄散，不能长生反而短命。

"无私"，没有私心，没有利益心。"不以其无私与？故能成其私。"圣人如同天地一样，无私地奉献，不求回报，反而能得到最大的回报。正是因为圣人是完全觉醒的生命，不滞于私，无我无私，具有高度的自觉性，能够觉知到自然运动的要求，会按照自然运动的要求去行为，这就形成了个体意识与自然运动的融合，生命运动高度融合于自然运动之中，浑然一体，脱樊笼而超霄汉，生命真正达到自在、快乐、健康、智慧，寿敝天地，无有终时。《阴符经》曰："天之至私，用之至公。"这个"私"不是自私，而是天长地久，大公无私，非利生存，人的生命运动高度融合于自然运动之后，所达到的是天长地久、长生久视。

《太清元道真经》曰："盖天地能安静和柔，不移于本性，常守虚无，湛然不劳，得自然之道，元炁不散故也。人不能长存者，缘生妄想，移于本性，不执自然，不守其根，自取其劳，又常求自益，故元炁消散，弗得长存也。"

人类究竟是什么样的生存方式，什么样的社会机制才能真正幸福长久呢？这就是老子站在人类最高思想上所解答的问题：只有像天地一样，人人都是圣人，无私奉献，非利生存，完全满足道性要求的非利社会才是人类最幸福的社会。以道学原理按照非利生存构建的非占有社会，只有这样的道学机制，人类才能长生久视，社会道运才能长久不坏，而且具有真正幸福的人性感受。

吕祖曰："是以圣人体天地而修吾身，先以静御气，后以精养身，无身不成道，有身不归真；先以静而抱真，后以后天而养身，才是后其身而身外之身方得；先外我之假身，而存我之真形，无他，乃一静而存，无私于物耶。天地以无私而开，人以无私而合，天地无心以感万物，圣人效天地亦无心而抱全真，总不过要人心合天地。天地以清虚之气而转周，圣人以清虚之气而运动，天地能长久，圣人法天地，不能长存，无是理也。故能成我无私之私，以静而守我真形，待天地反复之时，而我之真形无坏，此所以天长地久，圣人合天地而长存，只是无私心于物，存无声无臭于身，其真乃成。"

第八章　治水
上善治水，通流无碍，利人利物，复归于道

> 上善治水。水善，利万物而有静，居众人之所恶，故几于道矣。居善地，心善渊，予善天，言善信，正善治，事善能，动善时。夫唯不静，故无尤。

讲述治水，上善治水，通流无碍，利人利物，复归于道。老子在本章以利物、利人、利世、利天下为教，用生命的本源，水来具象比喻道体非利生存的德性，以此来体验生活。教导我们要效法水善，圆通如水，通流无碍，善行柔弱，利物无我，太和圆融，合为一体，一气周流，复归于一，真性自在，故合于道。

"上善治水，水善利万物而有静，居众人之所恶，故几于道矣。" 有道的圣人，从生命的本始入手，因势利导，疏通经脉，恢复本有的生机，复归于道。水利泽万物，有清静心，滋木而荣，生机益然，可动可静。水处在最低下的地方，众流归海，合为一体，所以，最接近于"道"了。

"善"，心地仁爱。"治"，治理。"水"，生命之本，精微物质。《尚书·洪范》曰："一曰水，二曰火，三曰木，四曰金，五曰土。"天一生水，水是生命之源，内含乾元阳气，故能变化。水是液态，可以凝而为冰，变成固态；可以化而为气，成为气态。气存于虚空中，气态的自由度大于液态；水存于大地中，液态的自由度大于固态。

"上善治水"，有道的圣人，心地仁爱，元充足焉，应变随时，以他人的需要去帮助众人。运用至善的道德能量，从生命的本始入手，治理生命之水而无漏，养先天真一之气，因势利导，疏通经脉，一气周流，通流无碍，恢复生命本有的生机，复归于乾元，复归于道。如大禹治水，洪水泛滥，疏通而已。存诚子诗颂："天一生水水之德，善利万物不争春，或方或圆都自在，随缘启用系本真。"

悟道就是治水，水火妙用，说水而火也在其中了。水是养命之源，水升火降，以火温水真阳现，以水济火甘露生。聚则结为金液，散则无处不周，灌溉五脏，滋溢三田。始终一"水中金"，即水乡铅而已。治水能提升生命的自由度和适应能力，降心养炁，向光态进化，如行云流水，似游龙莫测，逍遥自在。

《郑寿全·医理真传》曰："坎（☵）为水，属阴，血也，而真阳寓焉。中一爻，即天也。天一生水，在人身为肾，一点真阳，含于二阴之中，居于至阴之地，乃人立命之根，真种子也。一阳本先天乾（☰）金所化，故有龙之名。

"离（☲）为火，属阳，气也，而真阴寄焉。中二爻，即地也。地二生火，在人为心，一点真阴，藏于二阳之中，居于正南之位，有人君之象，为十二官之尊，万神之宰，人身之主也。故曰：'心藏神。'坎中真阳，肇自乾元，一也；离中真阴，肇自坤元，二也。一而二，二而一，彼此互为其根，有夫妇之义。故子时一阳发动，起真水上交于心，午时一阴初生，降心火下交于肾。一升一降，往来不穷，性命于是乎立。

"君火，凡火也；相火，真火也。凡火即心，真火即肾中之阳。凡火居上以统乎阳，阳重而阴轻也，故居上为用（离卦二阳爻是也）；真火居下以统乎阴，阴重而阳轻也，故居下为体（坎卦一阳爻是也）。二火虽分，其实一气（离卦二阳爻，坎卦一阳爻，合之而成乾。人活一口气，即此乾元之气也。因乾分一气，落于坤宫，遂变出后天世界，此君、相二火之由来），诚阴阳之主宰也。

"夫真龙者，乾（☰）为天是也（乾体属金，浑然一团，无一毫渣滓尘垢。古人以龙喻之，言其有变化莫测之妙）。乾分一气落于坤宫，化而为水，阴阳互根，变出后天坎离二卦，人身赖焉。二气往来，化生中土，万物生焉，二气亦赖焉。

"业医者果能细心研究，即从真龙上领悟阴阳，便得人身一副全龙也。"

"有静"，充满生机。静从青从争。青是色彩，生发，东方木；争是争夺，纷乱，西方金。静是金木交并、水火既济之象，万物争春，生机盎然。"水善利万物而有静"，上善的人，心境如同水一样，利物无我，平和安静，有清静心，一念不起，内蕴生机。水是圆通的，既可以形成泉水、湖泊，也可以形成溪流、江河而归于大海。孕育万物而不分别，雨润万物，泽浸万物，使万物蓬勃发展，生机盎然。《文始真经》曰："惟水之为物，能藏金而息之，能滋木而荣之。"唯有水这个物质，可以藏金制魄而有生机，可以滋养树木使其蓬勃生长。

"居众人之所恶"，水能够含垢纳污，安居在众人都厌恶的环境中，处在最低下的位置，众流归海，容纳一切，合为一体。再脏的东西，跟水搅和在一块儿，它也不会把他排斥出去。要喝水就让我们喝；要洗涤脏东西，就拿去洗涤；要灌溉，就拿去灌溉；要冲洗马桶，就流到里面冲洗。水就是这样处在最低下的位置，才能海纳百川，众流归海，合为一体。

"几"，念之起，动之微，善恶未分之时。"故几于道矣"，圣人以水喻心，以心造道。水没有分别心，充满生机，利泽万物，滋木而荣，藏金而息。处在最低下的位置，包容一切，众流归海，海纳百川，水的这种品性，与道已经很接近了。如果我们能够体会到水的这种品性，利而不害，为而不争，处下处恶，这样就已经就很接近究竟解脱了。

《文子·道原》曰："水为道也，广不可极，深不可测，长极无穷，远沦无涯，息耗减益，过于不訾，上天为雨露，下地为润泽，万物不得不生，百事不得不成，大苞群生而无私好，泽及蚑蛲而不求报，富赡天下而不既，德施百姓而不费，行不可得而穷极，微不可得而把握，击之不创，刺之不伤，斩之不断，灼之不熏，淖约流循而不可靡散，利贯金石，强沦天下，有余不足，任天下取与，禀受万物而无所先后，无私无公，与天地洪同，是谓至德。"水几近于道，广袤不可极尽，幽深不可测量，长大不可穷尽，波及遥远没有边际，增加减少，没有限量。蒸发上天成雨露，降落大地滋润草木，万物得不到它就不能生存，百事缺少了它就难以办成；它滋润万物而无偏心，恩泽小虫不求回报；它富足天下而不枯竭，德泽百姓而不耗损；它行踪不定而无法查清，细微柔软而无法把握；砍它不显痕迹，刺它不留印迹，斩它斩不断，烧它烧不坏；它流遍消融，错杂纷扰而不消散；它锋利得能穿刺金石，它强大得能浮载天下；有余与不足，任天下取舍，施予万物恩泽而不分先后，无私无公，与天地一样洪大，这就是最高的德。

吕祖曰："善是百福之根。上善的无事不无规矩，诸事无外感应；水滋物，无容心，人所恶的污秽之地，而水不争；内功用水而若水，故不争，这等人可几近于至道也。"

"居善地，心善渊，予善天，言善信，正善治，事善能，动善时。夫唯不静，故无尤。" 圣人效法水，把自己的位置摆得很低如地无私载，心地清净。心境像深潭一样清澈宁静，清虚神明。给予别人如天无私覆，普爱无私。说话恪守信用，表里如一。为政公平公正，无为而治。处事把握规律，发挥所长。行动顺应四时，把握时机。圣人随时顺物，万善相随，故能把握生机，逍遥自在。

"居善地"，圣人效法水，若水之于地，扎根于大地，顺地而行，得水而柔，把自己的位置摆得很低，低洼则盈。如地无私载，厚德载物。心地清净，处身柔弱，利物利人。他在哪里，哪里就是净土，能以善来改变周围的环境。常言道："人向高处走，水向低处流。"人总是喜欢攀高附贵，青云直上，而水则总是流向低凹的地方而聚集能量，归于一体。

"心善渊"，圣人效法水，若水之于渊，像深潭一样清澈平静，清澈见底，一尘不染，能化解一切烦恼，不受外界环境干扰，清虚神明。心胸博大，清静无欲，不染不着，随境而定，容纳一切。人心总是有私心杂念、七情六欲的烦扰，而水静则清澈湛然，无色透明，可鉴万物。

"予善天"，圣人效法水，若水之于天，顺天应物，普爱无私。如天无私覆，合乎至仁，他无为之时，则安住于本心，光明普照，守持内心的圆满自足。水善于生养万物，施恩不求报。甘露普降，植物皆沾滋润之恩，动物咸获饮食之惠。

"言善信"，圣人效法水，若水之善信，如潮之有时，言必有中，不失诚信。他是言而有信，以善的心灵去与人交流，不随便许下诺言，但是如果他承诺过，就一定会实践，表里如一，都是守信用的。自诚而明，使人在真诚的感化中觉悟。

"正善治"，圣人效法水，若水之于治，去妄复真，无为化普。他心地善良，行为正直，善于处理事情，守一为正，无为而治，普天同化。水之为治，无形无相，洗涤群物，令其清净。不偏不倚，对万物一视同仁，最为公正。

"事善能"，圣人效法水，若水之于能，能方能圆，因事制事，不滞于物。他是有智慧的，在处理事情时，恰如其分，不会去跟别人争名夺利，都是默默奉献、默默承担、默默地做，善于成就万物。水能容纳一切，去污洗浊，攻坚克固，行船渡筏，兴云致雨，生物育人，事事皆通，通则善能，功用不可估量。

"动善时"，圣人效法水，若水之于时，时止时行，随势而成，适时应期。顺应天时地利，动能合天机，静能立造化。针对身体的自化自生，内外无争，使全身的细胞都能得到统一。春夏温热，万物繁衍，最需要水。此时，水则蒸云降雨，滋润群生，降温祛暑。秋冬渐寒，万物咸藏，水则结为坚冰，凝为霜雪，覆盖大地，恰若天被，保护生灵，遮风御寒。

"不静"，一炁的流行，如水通流，万善相随。"无尤"，灵性境地，居无思，行无虑，不藏是非美恶。"夫唯不静，故无尤。"圣人适嗜欲于世俗之间，随时顺物，不滞于物，利而不害，为而不争，万善相随。如行云流水，似游龙莫测，通行无碍，周行不殆，逍遥自在。就悟道而言，唯有人己两忘，心体无滞，静极而动，一阳来复；动极而静，复元归本。水升火降，才能内外俱顺，没有忧虑，逍遥自在。诚如《六祖坛经》所言："着境生灭起，如水有波浪；离境无生灭，如水常通流。"圣人居无思，行无虑，不藏是非美恶，能像太阳、大地、流水、空气一样，展现无我、无私的精神，没有怨尤，真性自在。

《文始真经》曰："在己无居，形物自着。其动若水，其静若镜，其应若响。芒乎若亡，寂乎若清。同焉者和，得焉者失。未尝先人，而常随人。"自己不存私意，有形之物各自彰显。动如流水，静如平镜，应如回响。茫然如无有，寂静如清虚。相同则融和，有得则有失。未曾争先，而常常随顺别人。

吕祖曰："下七句有两说。外说，人能持善，不择善地，而地善也。人善地善，岂身不安乎？心存善而心公，能公则心渊于海，而无物不容，心善方能人善地善。七句中要在'心'字。居善地则心安，心善渊则神定，与善仁则义存，言善信则立志，政善治则化普，事善能则无惑，动善时则天命知。若是可近于道矣，此外说也。内说，心正意诚，即是'善'字总领。水是圆通的，修道如水之圆通，正诚圆通，无道不成。水乃养命之源，水升火降，聚则结为金液，散则无处不周，如滋养万物一般，虽污秽之所，无不沾之。地乃绛宅，一善则身外之身处而安之。存正诚，则心渊而冥之；存正诚，则意外意，周流用之而不穷；存正诚，我之魂魄不为我治，合之而成真种子，一有性中景象，乃吾身之事也。惟我能知，他人安能？存正诚，入于冥忘，性发而后动，方知命归根，此其时也。要圆通若水，可动则动，可静则静，善能正诚圆通，动静方得随时，无人无我，安得有争？夫惟不争，几成于道，故无尤。无尤若水，方能上善，方得如此，信道之不浮矣。"

第九章　身退
保持虚性，退归于一，皈心天道，功遂身退

> 持而盈之，不若其已。揣而锐之，不可长葆也。金玉盈室，莫之能守也。富贵而骄，自遗其咎也。功遂身退，天之道也。

本章讲述身退，保持虚性，退归于一，皈心天道，功遂身退。老子在本章教人"功遂、身退"的天道法则，戒盈劝谦，有道而不自满，持真而无骄心。锋芒毕露，富贵而骄，居功贪位，都会招致灾祸。不把具象的物体当成目标，而是要把它当作工具，当舍则舍。古云"过河须用筏，到岸不须舟"。"未得功时当学法，既得功时当忘法。"这几句话对悟道而言是最要紧的。人能放下得到的一切，身退道进，灵动圆通，就能即身成道。

"**持而盈之，不若其已。揣而锐之，不可长葆也。金玉盈室，莫之能守也。富贵而骄，自遗其咎也。**"持惧盈满，滞于盈满，不如适时停止。锻惧锋锐，滞于锋锐，难以保持长久。金玉满堂，执守财宝，无法长久守藏。富贵而骄，陷于骄横，那是自己的祸根。

"持"，持有，掌握。"盈"，盈满。"持而盈之，不若其已。"如果人得到了好处，还想追求更多，有求盈之念，不如放下为好，适可而止。天之道，损有余而补不足，灵动圆通，这样才能幸福自在。

"揣"，捶击，锻造。"揣而锐之，不可长葆也。"一把剑如果锻造得很锐利，磨得很光，就很容易折断，不能长久保持。如果做事情不过度，留有余地，就可以避免灾祸。

"金玉盈室，莫之能守也。"盈满难久持。如果一个人贪图财货，金银财宝堆满了屋子，但是没有能够长久守得住的。不是被儿孙败光，就是引起别人的窃盗之心。天道好还，人要是能做好事业，同时真诚地帮助别人，自然财富会到来。

"富贵而骄，自遗其咎也。"骄奢有殃咎。生而贵者骄，生而富者奢。如

果一个人富贵而骄奢淫逸，横行霸道，就会惹是生非，留下无穷的祸害。老子要我们放弃自私自利的人道，而守大公无私的天道，长久生存。

吕祖曰："持，是有了，勇猛向前，不知进退，故至于盈；一盈，不知其住火，而使其盈，不如不修。此句上合其天，而同天之虚无，体无始之真，只是中和以修之，方成久持之功，而无漏泻。锐乃趋进之心，及不可持，其心揣之而无保，因锐也。富贵乃涵养之功用，用之不穷，取之不竭。若骄之，前若水之功岂不白养，而安能成无极之道、合我本来面目？故使我常常绵悟；而丹之液，金也、玉也，久在虚气之中，故守之，得其常存。稍有骄心，则不能守，而泄天元一气，世辞之矣。"

"功遂身退，天之道也。"事情做得通达了，就要含藏收敛，隐迹潜形，身退道进，灵动圆通，这是符合自然规律的。

"退"，退归于一。否卦退一步是泰卦；未济卦退一步是既济卦。"功遂身退"，有道的人能立于本心，按照"无为"的法则干出成绩，事业通达，做到功成圆满，把生命意义发挥出来回馈世间。同时能放下自己的利益心，退归于一，无我无私，隐迹潜形，灵动圆通，人心合于道心，后天合于先天。古云"过河须用筏，到岸不须舟"。"未得功时当学法，既得功时当忘法。"诚如《金刚经》所言："知我说法，如筏喻者。法尚应舍，何况非法？"这几句话对悟道而言是最要紧的。人能放下得到的一切，就能即身成道。存诚子诗颂："圣不居功功不朽，贤不尚名名常存；居功尚贤争端起，争得黑发白似银。"

"天之道也"，人能放下一切，损盈益寡，非利生存，返回生命之初的状态，与道合真，这就符合长久生存的天道。如果功成而居功，就会放不下自我，生出骄奢淫逸的恶习，那就又堕到"有为"的陷阱里去了，接踵而来的就是嫉妒、攻击、批评，不管做得多么正、做得多么好，赞赏的人越多，攻击、批判、围剿的人也会越多。

《文子·道德》曰："夫亟战而数胜者，即国亡。亟战即民罢，数胜即主骄，以骄主使罢民，而国不亡者即寡矣。主骄即恣，恣即极物；民罢即怨，怨即极虑，上下俱极而不亡者，未之有也。故'**功遂身退，天之道也**'。"屡战而数胜，则国家必然灭亡。屡战则人民疲劳，数胜则君主骄傲。骄傲的君主去率领疲劳的人民，而国家不灭亡的是少有和罕见的。君主骄傲便放纵自己，放纵自己便穷奢极欲；人民疲劳便产生怨恨，产生怨恨便愁虑丛生，物极必反，虑极则变。上下共极而不灭亡的，还从来没有过啊。所以"功遂身退，这才是合乎天道的"。

　　吕祖曰："要久守，除非退其身，方得成我之功，遂我之名，而合天地万物造化之根机，返无极之至道，乃得常持而不盈，能保能守，不至于漏其真，泄其元，一混合其天，不外中和之旨。"

第十章　体道
营魄抱一，性光内照，无中寻有，以乐天真

戴营魄抱一，能毋离乎？抟气致柔，能婴儿乎？修除玄鉴，能毋疵乎？爱民活国，能毋以知乎？天门启阖，能为雌乎？明白四达，能毋以知乎？生之，畜之；生而弗有；长而弗宰，是谓玄德。

本章讲述体道，物来而名，事来而应。老子在本章言圣人治身之道，以"生而弗有，长而弗宰"的玄德为教，由抱一而至玄德，由观窍而归观妙，后天悉化，复于先天，阴魄变为阳神，功成行满，隐迹潜形，灵动圆通，空性自在。忘其所自，默默昏昏，无私无我，非利生存。《文子·符言》曰："体道者，不怒不喜，其坐无虑，寝而不梦，见物而名，事至而应。"

"戴营魄抱一，能毋离乎？抟气致柔，能婴儿乎？修除玄鉴，能毋疵乎？" 使形体与精神合一，能不分离吗？聚合精气而达到柔和，能像婴儿一样吗？清除心中蒙垢，能做到没有瑕疵吗？

"戴"，增益，真意。"营"，是有形的，指营卫之气。脾藏营，营舍意。营气是经络之气，走五脏，走血液。营气是与血共行于脉中之气，随血液运动于周身。它的功能除了化生血液外，还有营养全身的作用。卫气走组织液，在皮肤的真皮层流通，还走肌肉、腠里之间。"魄"，是无形的，指魂魄。肺藏气，气舍魄。魄藏在我们的肺里面，精之所化。肝藏血，血舍魂，魂藏在我们的肝里面，气之所化。《太乙金华宗旨》曰："盖身中有魄焉，魄附识而用，识依魄而生。魄阴也，识之体也。识不断，则生生世世，魄之变形易质无已也。惟有魂，神之所藏也。魂昼寓于目，夜舍于肝，寓目而视，舍肝而梦，梦者神游也。九天九地，刹那历遍，觉则冥冥焉，渊渊焉，拘于形也，即拘于魄也。故回光所以炼魂，即所以保神，即所以制魄，即所以断识。古人出世法，炼尽阴滓，以返纯乾，不过消魄全魂耳。"

"戴营魄抱一，能毋离乎？"人的本来，只有道心、先天本心，不识不

知，没有人心、后天意识心。人心多思多虑，伤我天真，昧我本性。圣人以神御炁，以形制魄，借假修真，使形体与精神合一，物质能量与意识能量合一。人的精神魂魄意，相与混融，化为一炁，养炁如灵龟，就能得造化之源，提升生命境界，使人身体健康。人体信息系统清静，精气神凝聚于内，藏之为元精，含之为太一，抱一而居，阴阳相随，外内相贯。如磁石吸铁，而与外来的太虚先天一炁，合而为一，如母携婴而不离，从而达到长久的生存。《天元入药镜》曰："阴阳外合则生乎形，内合则生乎神。心为神主，无幽不烛，无滞不通，守默定心，心定则炁和，炁和则精凝，精凝则神灵，神灵则通真。"存诚子诗颂："专气致柔如婴儿，凝神守中抱营魄。豁然开悟大慧生，和光同尘践玄德。"

"气"，元始能量或生命信息的能量流动。气有元炁和呼吸之气之分，炼气者炼元炁，非口鼻呼吸之气。《庄子·知北游》曰："人之生，气之聚也；聚则为生，散则为死。若死生之徒，吾又何患！故万物一也，是其所美者为神奇，其所恶者为臭腐；臭腐复化为神奇，神奇复化为臭腐。故曰：通天下一气耳。"人的诞生，是气的和合。气的和合形成生命，气的离散便是死亡。如果死与生是同类的，那么对于死亡我们又忧患什么呢？所以，万物说到底是同一的。这样，把那些所谓美好的东西看作是神奇，把那些所谓讨厌的东西看作是臭腐，而臭腐的东西可以再转化为神奇，神奇的东西可以再转化为臭腐。所以说，整个天下的事物只不过是一气的变化而已。

张伯端《金丹四百字序》曰："精神魂魄意，相与混融，化为一气，不可见闻，亦无名状，故曰虚无。炼精者炼元精，非淫佚所感之精；炼气者炼元气，非口鼻呼吸之气；炼神者炼元神，非心意念虑之神。故此神气精者，与天地同其根，与万物同其体，得之者生，失之者死。"

"抟气"，神返身中炁自回，形成生命能量的自然流动。清醒明觉，虚怀若谷。《太乙精华宗旨》曰："目光者，外日月交光也，耳光者，内日月交精也。然精即光之凝定处，同出而异名也。坐时用目垂帘后，定个准则便放下。然竟放下，又恐不能，即存心于听息。息之出入，不可使耳闻，听惟听其无声也。一有声，便粗浮而不入细，即耐心轻轻微微些，愈放愈微，愈微愈静，久之，忽然微者速断，此则真息现前，而心体可识矣。""致柔"，身、心很柔软，太和圆融，心无所住。"婴儿"，始生而离母体，人之始也。其神，精一而不离；其气，纯阳而未散。婴儿的精气神浑而为一，生机勃勃，具有先天能量的特殊信息。

"抟气致柔，能婴儿乎？"至人善于调御，专于精诚，神入炁穴，息之以踵，养神如婴儿。真正的抟气致柔，是神返身中，忘形养元炁，返归婴儿纯净无染的境地，达到了忘人，忘我。身体柔软，生机旺盛，骨弱筋柔而握固，天真无邪，外无染杂，内无思虑，保有赤子之心，空性主宰，返璞归真。就悟道而言，心神下注，心阳之火进肾阴之水，火煎水化，气向上蒸腾，太阳落在水里，真阳之气生出，两肾火热。久久凝注，真气流行如灵龟，四肢绵软如婴儿，养胎伏神，结出"道胎元婴"。

《天仙正理直论》曰："以先天无念元神为主，返照内观，凝神入于炁穴，则先天真药亦自虚无中返归于鼎内之炁根，为炼丹之本。将此药之在鼎者，以行小周天之火而烹炼之，谓之炼外丹。外丹火足药成，方是至足纯阳之炁。"吕祖《百字碑》曰："养炁忘言守，降心为无为。动静知宗祖，无事更寻谁？真常须应物，应物要不迷。不迷性自住，性住气自回。气回丹自结，壶中配坎离。阴阳生反复，普化一声雷。白云朝顶上，甘露洒须弥。自饮长生酒，逍遥谁得知。坐听无弦曲，明通造化机。都来二十句，端的上天梯。"

"玄鉴"，以道为镜，照见心灵深处的妄念、知见或法执。"修除玄鉴，能毋疵乎？"人的心内存留着许许多多的妄念和知见，屏去思虑，绝弃情欲，清除心灵的蒙垢，降服识神、培补元神，还原先天的清净本心，把自己那面明洁的心镜显露出来，虚明而万物通。鉴明者，尘垢不能薶；神清者，嗜欲不能乱。克服后天识神的信息干扰，显露出元神的智慧之光。凡知见、圣知见、佛知见，各种识见都涤除净尽，万缘放下，一丝不挂。空明灵澈，合于自然之道。诚如《金刚经》所言："法尚应舍，何况非法？"

"爱民活国，能毋以知乎？天门启阖，能为雌乎？明白四达，能毋以知乎？"爱护人民，治理国家，能做到不用机心吗？洞察天机，出有入无，能做到顺应天道吗？智慧大开，通天彻地，能做到非利生存吗？

"国"，指身。"民"，指身之精气。精定为民安，气足为国富。老子在《道德经》中对"国"和"民"的概念用得比较多，不单纯是讲国家和人民，也指我们的身体。"爱民活国，能毋以知乎？"施惠于民，和合众力，精固气盈，民安国富，能够顺应自然，非利生存，以德相感，以诚而通，不用心机来治理，以知治邦，邦之贼也。人总是有私心的，抱着自私的心，想使自己身体健康一点、长寿一点，但是效果是微乎其微的。当我们能够敞开心扉，不用机心，精化为炁，就能得到天道无尽的帮助，天长地久。

"天门"，万物出入之门，众妙之门。对人体而言就是顶门、性门，元神出入的地方。"雌"，安静处下，建立生命体系。雌道有静、柔、谦、弱、下、和的六德。存神保精而贵静，凝神聚气而贵柔，虚神受气而贵谦，守神候气而贵弱，以神交气而贵下，调和神气而贵和。"天门启阖，能为雌乎？"洞察宇宙神妙莫测的天机，出有入无，动静随时，接通道体的元始能量。人在打开百会穴后，要能够不伐不矜，应物不迷，安守雌静，顺从天道，忘神养虚。悟道的人要打通天门及中脉，接通道体的元始能量、先天一炁，而且是大量的气要从顶门进入，自己的元神也要通过顶门出去，真气熏蒸而时无寒暑。顶门也叫囟门。《太上修真玄章》曰："世呼婴儿顶门为性门也。性门未合，皆知宿生因缘等事，合则忘之矣。"

"明白四达，能毋以知乎？"人心归于本心，神意相会，与道体的虚性合为一体，本性的"智慧"就被开发出来了，能以无为的心态，处虚灵动，通天彻地，普照无遗，能觉知一切。这是本性的明觉，而不是人的知觉。没有分别念，但又能分别，心不染着，慧光内生，神烛无遗，上下古今，通玄彻悟，明白四达，顺应事物的内在本质，非利生存，逍遥自在。《黄帝内经·上古天真论》曰："是以嗜欲不能劳其目，淫邪不能惑其心，愚智贤不肖不惧于物，故合于道。"

吕祖曰："抱真一之道，而永住黄房，到婴儿无知无识田地，返其太虚之始，以涤除瘴魔，保我无极大道，以合天地，方得爱我真一之元，治复我身心，并一切凡想，无放于外，才能开其天门，闭其地户，以养我一团太和之气。上合天之清浮，下合地之重浊，中澄我之身心，不空我本来面目，方得自明其明，自复其复，一点阳神，周遍六合，通天达地，无所不照，无处不普，才为真人。"

"生之，畜之；生而弗有；长而弗宰，是谓玄德。" 道生化万物，蓄养万物。生长万物而从来不占为己有，隐迹潜形。滋养万物而从来不要主宰它们，无我无私，这就是非利生存、与道合一的玄德境界。

"生之、畜之。"道是本原能量，自本自根，降和气以生物，生生不已，相当于动力能源；德能够畜养万物，包容万物，才会有物种繁盛，万物藉之以为母，相当于应用这个能源。人性有善也有恶，利己也利他，既竞争也协作，德性一而不分，畜养一切。

"有"，占有。"生而弗有"，圣人生养万物而忘记了己之生，功成行满，隐迹潜形。道产生了万物，充满了慈爱，无私奉献，使物各随其性，不加干涉，不为己有，不把万物当作是自己的所有，没有考虑自己的存在，没有自私的心。如果觉得是自己生出来的，就有私欲，把它牢牢地拽在手里，他不会人为地这样做。一般的父母亲就认为"小孩子是我生的，要听我的，我是父母"。我们真正爱一个人，就是协助他成长，把生命的意义发挥出来，让他自由自在，而不是束缚他，自私地占有他。

"宰"，主宰。"长而弗宰"，圣人成就万物而忘记了己之功，不去主宰，留有余地。在它生长的过程中，不人为去主宰它，也不要人为主宰自己，灵动圆通，让道来主宰。人的控制欲是一种基本欲望，在事物生长的过程中，人老是想去控制这个事物。这个基本的习性要是放弃的话，上德不德，无我无私，就能见到自己的真性，能够发现自己在这个方面和道德之间的一种差距。当找到这个差距，元神主宰，那么建立玄德就有一定的基础了。

"玄"，本意为由绳悬挂，引申为通达有无的桥梁。"德"，心对自然信息的真实感应和体悟，合道的思想及行为，提升生命境界的通道及过程，德性一而不分。德左边是"彳"，与行为有关，外在为公正，阴阳并列。右边是"十、目、一、心"，与心有关，内在为直心。《六祖坛经》曰："直心是道场，直心是净土。行住坐卧，常行一直心。"《文子·精诚》曰："闭九窍，藏心志，弃聪明，反无识，芒然仿佯于尘埃之外，而消摇于无事之业，含阴吐阳，而万物和同者，德也。"闭绝情欲，匿藏心机，抛弃智慧，返璞归真，茫然游荡在尘世之外，逍遥无为于初始界域，呼吸阴阳之气，和万物融为一体，这就叫"德"。

"玄德"，圣人跳出了利益对待，法自然而为，无私奉献，生而不有，为而不恃，长而不宰，灵动圆通，空性自在，与道合一的非利生存境界。玄德是人的本心在修炼的过程中从整体上的一种把握，在所有层面都能够响应和进化，无为而无不为。占有，自恃，主宰，都是对自然的干预。《庄子·天地》曰："德人者，居无思，行无虑，不藏是非美恶。"

吕祖曰："生之气，蓄之神，生气于无为之中，冥冥忘忘。为之而不恃其可道之道，可名之名，故长生。而天地神明，所以玄之又玄，无处主宰于我，是谓玄德。不由天，不由命，而由我，一点道心，谁能似此？全德全玄，而不改神也，仙也。"

黄元吉曰："本章将筑基得药、炼己还丹、脱胎得珠等功夫一一说出，要不外虚极静笃、含三抱一、恍惚杳冥为主，自守中以至还丹，皆离不得浑有知于无知，化有为于无为。"载营魄抱一，能无离乎？"心阳入于肾阴，神火照夫血水，虽水冷金寒，却被神火烹煎，而油然上升。一呼一吸之间，微阳偶动，载魄而返，抱一而居，不片刻间，而真阳大生，真气大动，河车运行。由阴窍穴起火，至尾闾，敲九重铁鼓，升至泥丸，温养片刻，铅汞融和，化成甘露神水，润一身百脉。下重楼、入绛宫，午退阴符也。"专气致柔，能如婴儿乎？"阴生午后，一心朗照，任其气机下降，如如自如，了了自了，却不加一意、用一力。至降宫温养，送归土釜，牢牢封固，惟以恬淡处之，冲和安之，一霎时间，气息如无，神机似绝，此致柔也。温养片响，神气归根，自如炉中火种，久久凝注，不令纷驰，自然真气流行，运转周身，一心安和，四肢苏软，不啻婴儿之体，如絮如缕，有柔弱不堪任物之状，此足征丹凝之象。从此铅汞相投，水火既济，洗心涤虑，独修一味真铅，又何瑕疵之有？故曰"涤除玄览，能无疵乎"？

丹虽得，内照不严，则人欲未净，天理未纯，安得一粒黍球，虚而成象？到得丹有于身，犹须保精裕气，以成圣胎。故曰"爱民治国，能无为乎"？民比精也，国喻气也。治身之道，以精定为民安，以气足为国富。精盈气足，养之久久，自然裂顶而出，可以高驾云彩，遨游海岛，视昔之恪守规中、专气致柔者，大有间矣！故曰"天门开阖，能无雌乎"？此言前曰调神养胎，不能不守雌也；而今阳神充壮，脱离凡体，冲开天门，上薄霄汉，诚足乐也。气何壮乎？到此心如明镜，性若止水，明朗朗天，活泼泼地，举凡知觉之识神，化为空洞之元神矣。前知后晓，烛照糜遗，此明明白白，故曰"明白四达，能无知乎"？然常寂而常照，绝无寂照心；常明而常觉，绝无明觉想。殆物来毕照，不啻明镜高悬，无一物能匿者焉。而要皆以无为为本，有为为用。当其阳未生，则积精累气以生之；及其阳已生，则宝精裕气以蓄之。迨其后留形变世，积功累仁，虽生而不夸辅育之功，为而不恃矜持之力，长而不假制伏之劳。真可谓天上主宰，分司造化之权，是以谓之"玄德"。

第十一章　用无

外静内动，灵动通变，利有用无，心空其中

> 卅辐同一毂，当其无，有车之用也。然埴而为器，当其无，有埴器之用也。凿户牖，当其无，有室之用也。故有之以为利，无之以为用。

本章讲述用无，外静内动，灵动通变，以有用无，心空其中。老子在本章具象地讲述有与无的依存关系，教人知道之体无形，而道之用有象，于是以有形无，以实形虚，盗其气于混沌之乡，敛其神于杳冥之地，以成真一之大道。车轮转动象征人体真气的运行，称为河车。经脉是车辐，空灵而妙的空性如轴心；身体如房舍，内空之处神气运行。阴阳合而先天一炁见，阴阳分而后天之器成。修行人欲求至道之真，以成仙真之体，必先以阴阳为利器，后以虚无为本根，而大道得矣。

"卅辐同一毂，当其无，有车之用也。然埴而为器，当其无，有埴器之用也。凿户牖，当其无，有室之用也。" 三十根辐条汇集到车毂的孔洞上，有了车毂中空的部分，车轮能转动，才有车的作用。火烧陶土制成陶器，有了器皿中空的部分，陶器能盛物，才有器的作用。开凿门窗建造房屋，有了四壁内中空的部分，房屋能居住，才有室的作用。

"卅辐同一毂，当其无，有车之用也。" 毂虚其中，辐辏其外，相资而立，车才能运行。古代的车轮是用木头做的，由轮、辐、毂、轴组成。最外面的部分，是轮；最里面的，叫轴；毂是套在车轴上的部分；而辐是连接轮与毂的辐条。用三十根辐条制造一个车轮，辐共三十以象日月之运行，当中空的地方可以用来装车轴，车轮能转动，才有车的作用。车子是有形有象之物，形乃谓之器，是一种器物。车毂中心的小圆孔，中空无物，能使三十根辐条的全部力量，汇集到中心点，活用不休，轮转无穷。人只有把各种杂念都放下，做到心空，才能体现无用的大用、无为而无不为的奥妙。

"然"，火烧。"埴"，陶土。"然埴而为器，当其无，有埴器之用也。"制作陶器，必须火烧陶土作成一个器皿，使它中间空空如也，才能在需要用它的时候，随意装载盛满，为人所用。

"凿户牖，当其无，有室之用也。"居室因为内有空间，有门，有窗，空气能够流通，内外畅达，室内光明，虚实相通，才能住人而养人。古代居室建筑由门、庭、堂、室组成。门是大门，进入大门是庭，即庭院；从庭院进入堂，即厅堂；堂后是室，即居室。登堂入室，即进入堂，并进入室。室的门叫户，堂与室之间的窗子叫牖，后统称窗。

吕祖曰："车乃载重，腹内轮转之物，从举步至千万里，其形稳若泰山而无可憾，听其腹之转动，若周天移星换宿，周而复始，此阴阳变化之枢机，而车不知己之动，随轮之转也；埏埴，乃土之平，而无造作之功，听其自然，随人造作以为器，借水火以成形；室乃人之居，若不开牖，其室不明。"

"故有之以为利，无之以为用。"因此，我们看到有形有相的车子、杯子、房子能给人带来便利，体现存在价值。但它里面中空的部分，能让人使用，体现使用价值。

"道"在有无中，有是利的象征，无是用的象征。有形有象，视之可见，可以把握拥有；无形无象，视之不见，不可把握，却决定着有的存在，是创造天地万物的内在本质。老子以"空""无"来说明"道"的实用，让大家有更具体的体会。人心就像容器一样，为了充实自己，不停地往里面灌，灌得越多，烦恼就越多。把"有"的意识彻底地放弃掉，打开心胸，就能进入空性的状态里面去，就能够体会到"无"的一些实在的好处。人只有空灵的心境，才能给人带来真正的幸福。

"无"的一面就是本来的一面，是一个整体，遍一切处，包含一切的有，决定一切有的存在，它是个"全息"。当我们的大脑是真空的时候，整个宇宙的信息都能接受到。只是我们大脑的信息已经装满了，其他信息进不来了才不知道。所以，当我们的心清静下来，真正"空"出来了，我们就是全息，就知道一切。守在"无"的这一面，虚通无碍，那么就无所不能用，幸福自在，无所挂碍，心能转物；守在"有"的这一面，就只能用"有"，随波逐流，对境起念，为物所转。让波浪回归大海，让识念回归空性，还我本来面目，这就是用无。存诚子诗颂："有之为利无为用，人能入道道入人。静则得药虚得全，载道之器器初成。"

　　悟道就是要有清静心，用无形来决定有形，用灵性来应付变化，毂辐两忘，车复无车；心法双忘，神归于虚。心无挂碍，把自己"空"出来，把后天意识归零，回归先天本性，空性自在。懂得了这个道理，就能得道了。要重视无与有相生而为用的道理，到了这个虚里面，归于虚无的本性，那是个无限的能量之海。

　　吕祖曰："三者，车不知为车，听其辐也；埏埴不知其为埏埴，听其器也；室不知其为室，听其牖也。此乃修身之譬，修真之要端也。随气之生，无随之死也。气益身仙，心旺躯死，总不过要人留气而去心也。"

第十二章　养中
杜外养中，忘情养性，去欲守静，息心入道

> 五色，使人目盲；五音，使人之耳聋；五味，使人之口爽；驰骋畋猎，使人心发狂；难得之货，使人之行妨。是以圣人之治也，为腹而不为目，故去彼而取此。

本章讲述养中，杜外养中，忘情养性，去欲守静，息心入道。教人触物不着，去除多余的，不逐声色走，不随客尘转，不可为物情所累，染尘逐境，而困扰于世俗。老子在本章教人杜目、耳、口、心、行之五贼，重内而轻外，杜外养中，忘物养心，忘情养性。不着于物，五蕴皆空，空性自在。

"五色，使人目盲；五音，使人之耳聋；五味，使人之口爽；驰骋畋猎，使人心发狂；难得之货，使人之行妨。" 五颜六色使人眼花缭乱；五音铿锵使人听觉迟钝；五味爽口使人口感麻木；纵马打猎使人心情发狂；稀有物品使人图谋不轨。

"五色"，青黄赤白黑的五彩斑斓。目视色神驰，五色伤神。"五色，使人目盲。"五颜六色，缤纷的色彩使人眼花缭乱。色之数不过五，而五色之变，不可胜观。目迷于五色，机从目入，目妄视则淫。《童蒙止观》曰："随见色时，如水中月，无有定实。若见顺情之色，不起贪爱；若见违情之色，不起嗔恼；若见非违非顺之色，不起无明及诸乱想。"

《邱长春语录》："学人但能回光，即了生死，此光超日月，透三界，若无此光，天地亦冥顽不灵矣。今一句说破，人身两目外皆死物也。一目中，元精元神皆在，可不重欤。眼光落地，万古长夜。人在胎中，先生两目，其死也，先化两目。"

"五音"，宫、商、角、徵、羽的齐奏之声。耳听声精摇，五音伤精。"五音，使人之耳聋。"五音铿锵，嘈杂的音乐使人听觉不敏。音之数不过五，而五音之变，不可胜听。耳惑于五音，音从耳入，耳妄听则惑。《童蒙止观》曰：

"随所闻声，即知声如响相。若顺情之声，不起爱心；违情之声，不起嗔心；非违非顺之声，不起分别。"

"五味"，酸甜苦辣咸五种味道。口多味气散，五味伤气。"口爽"，出现差错，失其正味。"五味，使人之口爽。"五味爽口，丰盛的美食使人口味败坏。味之和不过五，而五味之化，不可胜尝。口耽于五味，嗜味于口，口妄言则乱。《童蒙止观》曰："随所受味，即知如梦幻中得味。若得顺情美味，不起贪著；违情恶味，不起嗔心；非违非顺之味，不起分别意想。"

"畋猎"，射杀野生动物，使人情欲失衡而伤心。"心"，生命的感应中心，可分为心性、心神、心意等。心的境界是无的境界，心未萌为空性。当心里产生了念，就产生了有。一旦产生了念，就进入心与念的对待境界，就产生了分别，就没完没了。"驰骋畋猎，使人心发狂。"心为情欲驱使，极于声色犬马之娱，情动于中。纵马狂奔，狩猎游乐，令人心神迷狂。人的欲望无穷，沉沦在情欲中的人，只能一步步滑向深渊。

"货"，珍爱难得的财物，使人物欲失衡而伤行。"行"，行为。"难得之货，使人之行妨。"心为物转，行极于金银财宝之货，事物劳形。崇尚难得的珍宝或财物，令人图谋不轨，或盗或骗或抢。人生在世，要驾驭外物，而不为物欲所驱使。

我们听好的声音，吃好的东西，去追求一些刺激性，感觉到舒服的东西，心着于物则死于物，着于境则死于境，先天之炁日丧，而转辗流荡于后天生死之域，这样就影响了人们顺应自然的变化，有碍于生命机制的基本存在。老子是要我们杜目、耳、口、心、行之五贼，杜外养中，开发空性智慧，让我们在很单纯、很纯朴的环境情况之下，能够快乐、安详、自在地生存。李道纯颂曰："见色神无定，闻声丧太和，掀翻无一事，赤手造弥罗。"

《金丹四百字序》曰："以眼不视而魂在肝，耳不听而精在肾，舌不声而神在心，鼻不香而魄在肺，四肢不动而意在脾，故名曰五气朝元。以精化为气，以气化为神，以神化为虚，故名曰三花聚顶。以魂在肝而不从眼漏，魄在肺而不从鼻漏，神在心而不从口漏，精在肾而不从耳漏，意在脾而不从四肢孔窍漏，故曰无漏。精神魂魄意，相与混融，化为一气，不可见闻，亦无名状，故曰虚无。炼精者炼元精，非淫佚所感之精；炼气者炼元气，非口鼻呼吸之气；炼神者炼元神，非心意念虑之神。故此神气精者，与天地同其根，与万物同其体，得之者生，失之者死。以阳火炼之，则化成阳气；以阴符养之，则化成阴精。"

吕祖曰："五色虽言外，而其意在内。凡人顺行，外着五色，天目闭而凡目开，岂不盲乎？内和五脏，使真一柔顺，不染邪气，而如天中五岳，立极阴阳，亿万年不朽。五岳之气，和而上升，与太和交合，故不败常存。土中生水而滋养流通万国，此要紧之脉，如人五脏，不使其枯，常润其中，脉络周流遍身，脉清则气和，气和则道立，道立则基地固，基地固则外色彩，一彩则世之五色，一毫不着，二目光明，岂能盲我乎？目乃神之门，门户高大，神守其宅，魔岂能入？魔既不入，神明内听，则五声了，我之明不向外驰，而气方得来朝。气一朝，酸甜苦辣，吾自啖之，岂他人得知？实实得其中奥味，任其金木来交，五行和合，方产紫英。其货一得，圣人只知有内，忘其躯壳，岂有目于外、耳于外、口于外、心于外、行于妨乎？听而不知其闻，食而不知其味，到无声臭时，色岂能着我目乎？声岂能入我耳乎？味岂能动我口乎？驰骋田猎岂能乱我心乎？珍奇异宝、难得之货岂能移我念乎？"

"是以圣人之治也，为腹而不为目，故去彼而取此。" 圣人治理天下及身体，只注重降心养炁，有清静心，不迷于外在声色。所以，舍去外在的物欲诱惑，只留存内在的清静自在。

"目"，眼睛。《黄帝内经·大惑论》曰："目者，五脏六腑之精也，营卫魂魄之所常营也，神气之所生也。故神劳则魂魄散，志意乱。""为腹"，收敛自我，降心养炁，有清静心，不是去追求外在感官的享受。"不为目"，减少能量消耗，不着重外相，干扰心灵。"是以圣人之治也，为腹而不为目。"圣人治理天下，先端正自己，跳出是非，无私无欲。让百姓丰衣足食，安居乐业，不迷于物欲和享乐。降心养炁，有清静心，聚集先天能量，减少先天能量耗散，不迷于外在声色。收视返听，先天一炁返于腹中，养我之清气，助我之灵根，守我之神明，出我之真身，以我合天，断外接内。

《淮南子·本经训》曰："道德定于天下而民纯朴，则目不营于色，耳不淫于声，坐俳而歌谣，被发而浮游，虽有毛嫱、西施之色，不知说也。掉羽、武象，不知乐也，淫泆无别，不得生焉。"用"道德"来安定天下，百姓就会纯真朴实，这样百姓眼睛就不易受美色迷惑、耳朵就不会沉溺于淫声；人们就会安闲地坐着歌唱，或悠闲地走着吟唱，或飘散着长发而游荡，眼前即使有毛嫱、西施这样的美女，也不受迷惑；演奏《掉羽》《武象》这样动人的乐曲，也不会沉溺，这样，荒淫放荡、男女混杂的事情就根本不可能在这当中发生。

"去彼"，减少外在感官的能量消耗。"取此"，充实腹中的生机能量。"去彼而取此"，人们在现实生活中，通过目、耳、口、心、行和人间世发生着各种各样的联系，人的情志很容易被外物所化，被外界的物欲牵引而去，从而失去了对自身自然之道的感知。老子祖师要求我们杜外养中，去掉多余的，减少欲望，不贪求目、耳、口、心、行的享受；降心养炁，从一切有相之中洞察心中的湛然常寂。不因外物的变化而动摇内心的真常，守住清静的本心，生机能量充盈，逍遥自在。

吕祖曰："修真之子，一心内守，外判阴阳，静体无极，返混元于我腹之中，出其身于太虚之上，故去彼之色、音、味、驰骋、难得之货，而取此中之色、音、味、驰骋田猎、难得之货。静中生之、育之，养我之清气，助我之灵根，守我之神明，出我之真身，以我合天，以我合全，以我之道而同太空，总从'为腹不为目'，方得取真一之性，而生其命。即使天上仙子，不过是'断外接内'四字，以归于空，从空中返有，日月合明，而成其道。道之成在于'耳目心'三字，三者聚而成道，散而成鬼，可不慎乎？叹其人为此而丧，守此而生，聚此而成，诸子勉之慎之。"

第十三章　无身
宠辱不惊，得失如一，放下自我，拥有全部

宠辱若惊，贵大患若身。何谓宠辱若惊？宠之为下也，得之若惊，失之若惊，是谓宠辱若惊。何谓贵大患若身？吾所以有大患者，为吾有身也。及吾无身，有何患？故贵为身于为天下，若可以托天下矣；爱以身为天下，如可以寄天下矣。

本章讲述无身，宠辱不惊，得失如一，放下自我，拥有全部。老子在本章要人宠辱不惊，得失如一，无人无我，归心于道。以"无私、无我"为大道之根本，以天下为身则可托，以天下为心则可寄。贵以身为天下，以道为身，接通"道"体的元始能量，先天后天浑然一体，进入"外其身而身存"的超神入化、心物一元的境界。然后，爱以身为天下，以道为心，兼善天下，进化社会，建立非利生存的道德社会。

"宠辱若惊，贵大患若身。何谓宠辱若惊？宠之为下也，得之若惊，失之若惊，是谓宠辱若惊。" 滞于名利，身处尊贵和低贱都使人心神不安。滞于祸患，困于自我的嗜欲中会伤害身体。什么叫作宠辱若惊？得宠是把尊贵地位视为荣耀，得到就格外惊喜，失去则心慌不安，这就是宠辱若惊。

"宠"，身处尊贵，得到偏爱。"辱"，身处低贱，受到侮辱。"若"，如同。"惊"，繁体字为驚，马骇，惊吓，惶惧恐怖。神交于肾，则神清而不摇。神不交精，是生惊悸。"宠辱若惊"，大道本来平等，天下为公，有何宠辱祸患。世人不知归心于道，而役于物，舍身求名，忘己逐物，患得患失。人如果自私心重，太看重荣辱地位，就会计较得失，心生惊疑之念，则宠能使人惊喜，辱使人惊怕。宠辱本不由己，心为境转，宠辱惊神，心神不安，无一日安宁清静，烦恼缠绕不断。若能心归于道，不役于物，忘名利，忘是非，忘得失，则心无挂碍，宠辱不惊。李道纯颂曰："有辱何尝辱，居荣未必荣，预防无过失，犹更涉途程。争似全身都放下，也无得失也无惊。"

"患"，烦恼集成了串，挂在心田，堵在心里，积憎成祸。"身"，肉身。《性命圭旨》曰："世人不明此身虚幻，是四大假合之物耳。速如水上之沤，瞬若石中之火。"人身快的如水中的气泡，短的像石头中的火星。"贵大患若身"，虽然身体给我们带来了很多的烦恼和祸患，使我们困于肉身的嗜欲之中，但人们都很珍惜自己的身体，失去了荣华就像失去了身体一样，内心忧患恐惧。过分的自我，就会伤害身体，心为物转。人们要从荣辱得失、生死祸患的虚幻中解脱出来，跳出自我，以天下为公，非利生存，将自身溶于天地万物，则能无身患而长久生存。宠辱贵患，互相倚伏。若能思患而预防之，则终身无患。

"宠之为下也，得之若惊，失之若惊，是谓宠辱若惊。"世人执有人相，得失心重，看重名利地位，把尊贵地位视为荣耀，把低贱地位看得卑下，喜爱宠也就害怕辱，所以得到这些名利地位会动心，失去这些名利地位也会动心，导致心神不安，宠辱若惊。人如果能忘是非，忘得失，忘我无私，得失如一，不把宠视为宠，心静如水，不为物转，不为境转，失去了宠也就无所谓了，宠辱不惊，则能终身无患，永无危殆。

吕祖曰："外说荣华为宠，患难为辱；内说无为为宠，有为为辱。深一步说，得灵为宠，失灵为辱。要存真内照，见我本来，是我宠也；惟恐毫厘之差，常存若惊，灵性倘有一念之差，是我辱也。大凡人有宠必有辱，惟'惊'自守之尔。此惊非怕也，一念不动，一物不动，空中显相，光中霹雳，有有中无，虚灵不昧，皆是惊，难可尽述。如此若惊，有宠而无辱也。何谓宠辱？辱为下，元海枯竭，故先天不生，是辱也；后天作而补先天，是宠也。得真灵若惊，失本来若惊，是谓宠辱若惊。"

"何谓贵大患若身？吾所以有大患者，为吾有身也。及吾无身，有何患？"什么叫作贵大患若身？我之所以会有大患，是因为太看重自我，如果能够放下自我，我还有什么祸患呢？

"何谓贵大患若身？吾所以有大患者，为吾有身也。"世人执有虚幻的我相，是非海阔，人我山高，互起争竞，妄念纷飞，而烦恼无尽。烦恼和恐惧都因为重身的缘故，因为我们太看重自己的肉身，愈有此身，则愈有此争；愈有此争，则愈有此患。患之与身，若形影相随而不能离。我们生活在占有社会，受到价值规律的支配，一切行为以是否有利于我，作为价值取向的依据，判断是非的标准，执着自己的身体，自私自利，认为占有价值利益就是幸福，几乎人人都卷入名利场中，在利益的涡流中痛苦挣扎。《六祖坛经》曰："世人自色身是城，眼、耳、鼻、舌是门；外有五门，内有意门。心是地，性是王。王居心地上，性在王在，性去王无；性在身心存，性去身坏。佛向性中作，莫向身外求。自性迷即是众生，自性觉即是佛。"

"无身"，忘形，放下自我。当放下了我，周围的一切就都是我。《庄子·大宗师》曰："堕肢体，黜聪明，离形去知，同于大通，此谓坐忘。""及吾无身也，有何患？"圣人能够放下自我，去妄念空，把心放在自身之外，忘我无为，内在觉醒，反而能杜绝了恐惧和伤身。无我则能化，忘形以养炁，忘炁以养神，形神俱妙，什么心念都化掉了，就没有祸患了。

嗜欲深者天机浅，物诱寡者性命全。养心莫善于寡欲，平息莫要于净神。欲淡神净，自然心息调和，神炁相抱，不知心之为心，息之为息，身之为身，我之为我。如果我们把对身体的这种爱，扩充到天下，以道体的非利生存作为价值取向，不专注于自身，不让自身受外物役使，而是把眼界放到天下苍生上，将自身溶于天地万物，没有得失、没有分别，以天下为公，非利生存，自然就会心量广大，不会为个人得失而心生烦恼了，自然也就没有了祸患，得道而生。《清静经》曰："众生所以不得真道者，为有妄心。"去掉自己的妄心，放下虚幻的自我，回归自己的本性，以真我本心观照，接通"道"体的元始能量，用这种先天生万物的母体能量，修复我们后天的身体细胞，先天后天浑然一体，养出光晕真身，脱壳存神，超神入化，回到道体，与道合真，则无患可加。

吕祖曰："有身必有患，无患奚论身，患乃身中出，身从患中生。此患皆从重命而来，若轻命，轻后天之身，惟重先天之身，患从何来？有为患生，无为患绝，贵大患者，是重命入邪之人。人重命，方去修，不管邪正，死死下功。为重命怕死，谁知死期更速；重性轻命，方得无患。命中不得性，性里常生命，故"若惊""若身"，而贵我真全之理，倘有察处，以若惊而守若身。何谓贵大患若身？所以有大患者，为后天身耳。及吾存先天之身，而无后天之身，吾何患之有。"

"故贵为身于为天下，若可以托天下矣；爱以身为天下，如可以寄天下矣。" 所以，用看重身体一样来看重天下的人，才可托付给天下重任；以珍爱身体的心来珍爱天下的人，才可以将天下交付与他。

"贵"，珍惜。"贵为身于为天下，若若可以托天下矣。"大道平等，天下为公，人要能够将身奉献给天下，把自己对身体的这种重视扩大到天下，把大众的利益放在首位，从物质的一面来造化，把自己的身体放到全天下来造化，与天下合为一体，以道为身，以天下为身，从有中去证无，用众人之力，以其所能，托其所不能，建立非利生存的道德社会，就能达到长久生存。

"爱"，仁爱。"爱以身为天下，如可以寄天下矣。"大道仁爱，无私无我，人要能够将身化到万物之中去，把自己的这种爱扩大到天下，放到整个天地间，普爱天下众生，无私奉献，从精神的一面来造化，把自己的精神化于天地间，与天地融为一体，以道为心，以天下为心，从无中而生有，用精神反作用于天下，主导天下的进化过程，为人民谋幸福。这样人的身体就从精神和物质两个方面不断地造化下去，久而久之，就会升华。

吕祖曰："贵以先天之身为天下者，则可以寄其身，而塞于天下；爱吾先天之身为天下者，乃可托虚灵之身于天下，是存道身，外凡身，如此宠其身而无辱于身，无患于身，方是清静常存之道，而无入邪之心，此是修真至妙，愿学者勉之焉。"

第十四章　道纪

当下契入，混而为一，以无御有，是谓道纪

> 视之而弗见，名之曰微；听之而弗闻，名之曰希；抟之而弗得，名之曰夷。三者不可致诘，故混而为一。一者，其上不皦，其下不昧。寻寻呵！不可名也，复归于无物，是谓无状之状。无物之象，是谓惚恍。随而不见其后，迎而不见其首。执今之道，以御今之有。以知古始，是谓道纪。

本章讲述道纪，当下契入，混而为一，以无御有，是谓道纪。先天一炁，时晦明，时强弱，不可以色、声、力求之。老子在本章讲述"执今之道，以御今之有"的道纪法则，要人执守虚通的天道，统摄当下的存在，活在当下。大道之源就是太乙道炁，他是超越时空的存在，无形无象，无始无终，无来无去，无古无今。人悟道就是要把握当下，从当下契入，把虚无的本性养成一个实在的能量体，让本性之光显露出来。以修心为要，去除利益心的遮盖。凡视听言动，用本心时时了照，稍违天理，即刻灭除，无思无虑，体会本性能量的验证。

"**视之而弗见，名之曰微；听之而弗闻，名之曰希；抟之而弗得，名之曰夷。三者不可致诘，故混而为一。**"道体的存在状态难以形容，是以能量波的形式与人交流的，看它看不见，这叫作"微"；听它听不到，这叫作"希"；抓它抓不住，这叫作"夷"。用视、听、抟的方法没法深究，因为道是浑然一体的。

"微"，无形，超出视觉所见的存在。"视之而弗见，名之曰微。"道体是由混沌的无极物构成的，他的存在状态是无形的，视之不见其形，想要用眼睛看他，是看不到的，把他叫作"微"，大象无形。老子让人们觉悟微，见微知著，心境平静，回光止观，离表象而见本质，离有而见无，炼之于不见。不迷于物，不迷于相，觉悟万物的本质，觉悟万物内在的道，才是真正觉悟了万物。那时候我们看什么都会透透的，直接看到最本源。看天呢，会看到天底，最终的天底，而且会知道并且感觉到，那就是自己的心底，宇宙的最

远处就是此处。

"希"，无声，超出听觉所闻的声音。"听之而弗闻，名之曰希。"道体的存在状态是无声的，听之不闻其声，想要用耳朵听他，是听不到的，把他叫作"希"，大音希声。老子让人们觉悟希，存心于听息，精固气盈，心灵清静，从而觉悟宏观世界，觉悟微观世界，觉悟平凡生活中容易被人们忽略的事物，不听其外在的语言，而听其内在的心声，炼之于不闻。那时候我们会听到很远很远的鸟叫声，汽车笛声，蝉声，世间万物，洞照于心。

"夷"，无色，超出触觉所感的无色体。"抟之而弗得，名之曰夷。"道体的存在状态是无色的，寻之不得其身，想要捕捉他，是捕捉不到的，把他叫作"夷"，道隐无名。老子让人们觉察空性，心清神明，捕捉自己的这个无念的状态，把自己的注意力专注在觉受上，捕捉自己在这一时刻的那个不起心动念的心境，炼之于不思。那时候我们会感觉到宇宙万有，皆是我真。感觉到天是自己，太阳是自己，月亮是自己，风是自己，云舒云卷也是自己，而自己，就在这永恒中，无穷的乐趣中，会感觉到静观万物皆自得，自然就尽皆完美，一切皆在道中。

《文子·道原》曰："夫无形者，物之太祖；无音者，类之太宗。真人者，通于灵府，与造化者为人，执玄德于心，而化驰如神。"无形是万物的太祖；无音是事物的太宗。得道的真人，心通达于灵府，与造化者同一，执守玄德于内心，而微妙变化如神明。

"致"，得。"诘"，穷尽。"三者不可致诘，故混而为一。"道体的存在状态超出了人类的听觉、视觉、触觉的感性经验，不用分别视听抟，不可深究微希夷，把这三个的方向反过来向内，见于内则神火发生，闻于内则精水充足，得于内则意土凝定，再把它们混合为一，就是先天真元一炁，圣胎可结，返璞归真。存诚子诗颂："希夷大道难思议，还从人道觅至真。道不远人回光照，以心观道道即心。"

黄元吉曰："心通窍于目，目藏神。肾通窍于耳，耳藏精。脾通窍于四肢，四肢属脾，脾属土，土生万物，真气凝焉。若目有所见，耳有所闻，手有所动作，皆后天有形、有色、有声、有臭之精气神，只可以成形，不可以成道。唯视无所见，则先天木性也；听无所闻，则先天金情也；抟无所得，则先天意土也。故曰后天之水火土，生形者也；先天之金木土，成仙者也。其曰夷、曰希、曰微者，皆幽深玄远，不可捉摸之谓，真有不可穷诘者焉。"

"一者，其上不皦，其下不昧。寻寻呵！不可名，复归于无物，是谓无状之状。无物之象，是谓惚恍。随而不见其后，迎而不见其首。"一是道体混沌状态的先天元炁，遍一切处，它的上面并不明亮，下面也并不昏暗，绵绵不断不可名状，又回到无形无象的状态。这就是没有形状的虚形，不见形象的虚象，这就是"惚恍"。跟着它，也见不到它的尾；迎着它，看不见它的头，没有时空的概念。

"一"，阴阳合一的先天元炁，元始能量波，其象为龙、如"〇"，是道体的功能。庄子曰："天地与我并生，而万物与我为一。"此一气流行于天地，便是阴阳五行；流行于身心，便是精神魂魄意；流行于人事，便是仁义礼智信。若能得此一，则万事毕。"皦"，明亮。"昧"，昏暗。"一者，其上不皦，其下不昧。"一是道体混沌状态的先天元炁，遍一切处，是超越时空的存在，没有上下、左右、明暗等差别，莫见乎隐，莫显乎微。在九天之上，不受光明所染污。在九地之下，不受晦昧所染污。

"寻寻"，长长的，绵绵不绝。"状"，形状，状态。"寻寻呵！不可名，复归于无物，是谓无状之状。"道体的混沌状态难以形容，是无形无象的，没有名相。道体是一团元炁，一炁演化，绵绵不绝，绵延不尽，上下弥漫，杳杳冥冥遍一切处，无处不在。却又不可称名，叫作什么都不对，没有对待，是齐万物、齐人我、齐是非的存在状态。如同人的空性一样，心中的万念，都是在空性上不断地生生灭灭，无法形容，但能分化成万象。

"物"，物象。"恍"，性光，从"忄"从"光"，若有觉，无中之有。"惚"，无心。从"忄"从"忽"，若无知，有中之无。"恍惚"，不是糊里糊涂，而是本性元神的光明觉照，不著于知觉思虑。心地光明，浑浑沦沦，时晦时明。如登云雾，飘然自在，一片活活泼泼的光明境地。"无物之象，是谓惚恍。"道体混沌状态的先天元炁不能用任何一样东西来比拟他的形象，本身就不是有形的物体，是一个虚象，若有若无，时晦时明，忽明忽暗，这就是"惚恍"。人在恍惚中，处在阴阳混一的时机，即道家所说的"机"，佛家所说的"时"，感应到了光的粒子能量和波动能量的变化，这种能量会聚集变化成不同的象，形成光晕的变化身。

"随而不见其后，迎而不见其首。"道体的先天元炁这个能量团，无始无终，没有时空概念。无法追随，跟着他也看不见他的尾部。无所从来，迎着他看不见他的头部。道是无首无尾，无始无终，无前无后，无来无去，周流不息，超越时空的先天能量团，而且在当下这一刻，能应物不穷。"空间"是无边无际的，"时间"是无始无终的，在无边无际的"空"，跟无始无终的"时"交会处，就只有"当下"这一点。我们所能够掌握的，就只有"当下"的这一点，当下能放下自我，就能圆融一切，空性自在。

吕祖曰："其上微，瞻之莫知其高；其下昧，俯之莫知其渊。言其难闻、难见、难得之道，上达于天，下达于地，中合于人。要体此理，究其奥，通其玄，会其无中之有，三家合混之初体，如痴中知痴，醉中知醉，方乃见、乃闻、复乃得，绳绳然而专心精至，不落顽空，才有真象出现，是为'无状之状，无象之象。'本真一出，聚则成形，散则成气，何有实状？何有实象？故此不着若是，方为恍惚到杳杳然，迎之不见其首，随之不见其后，玄不知其玄，道不知何道，强名不见不闻不事，故曰'夷、希、微'耳。"

"执今之道，以御今之有。以知古始，是谓道纪。" 当下契入自古长存的天"道"，用它来统摄当下的存在。把握当下，接通道体先天元炁能量，这就是修"道"的法则。

"执今之道，以御今之有。"道体的先天元炁能量团，无形无象，超越时空，无始无终、无来无去、无古无今，无法描述，但只能勉强用始终、来去、古今这些个名词来描述和认知道性。当下契入从古至今，本来就存在的太极之道，活在当下，与时俱进，从整体上驾御负阴抱养的万物，遵从太极之阴阳消长、相反相成的运动规律，生生不息，化化不已。

"纪"，维系。"道纪"，道化的纲纪、规律。"以知古始，是谓道纪。"古始为我所维系，能够掌握知古通今的大道，认识到"道体"这个先天元炁能量团是无形无象、无古无今、无始无终的超物质，超时空本相，当下契入，体元始之初以修身，互补统一，非利生存，须臾不离，与道合真，这就是悟道的法则，道化天下的纲纪。

吕祖曰："古之道者，以身合天，以德合天，以心合天，三者既合，是为真道；今之人口虽言而身未体也，就虽体，不过劳心劳意而苦其形，是谓执古之道以御今之有。倘或苟能知古人，体元始之初以修身，如是者，乃见乃闻乃得，是谓修道之纲纪，能时时如是，刻刻体此，方能如天之清，如日之升，如月之恒，如松柏之茂，如南山之寿。如此无疆之道，何不体此而黾勉行之？道在不动，道在不行，道在不言，道在不目，道在不耳，道在不心，道在不意，道在不息，道在不知。"

第十五章　真人
性合于道，忘怀于物，微妙玄达，历久弥新

古之善为道者，微妙玄达，深不可志。夫唯不可志，故强为之容曰：豫呵！其若冬涉水；犹呵！其若畏四邻；俨呵！其若客；涣呵！其若冰释；沌呵！其若朴；旷呵！其若谷；混呵！其若浊。浊而静之，徐清；安以动之，徐生。葆此道者，不欲盈。夫唯不欲盈，是以能敝而不成。

本章讲述真人，性合于道，忘怀于物，微妙玄达，历久弥新。老子在本章先举"豫、犹、俨、涣、沌、旷、混"七事来描述真人的道德修养和处世状态，为悟道功夫的准则，而终之以动静之理与不盈之旨。真人性合于道，忘怀于物，淡情寡欲，无为复朴，体本抱神，轻天下，细万物，齐生死，同变化，与道合一。《庄子·大宗师》曰："古之真人，其寝不梦，其觉无忧，其食不甘，其息深深。真人之息以踵，众人之息以喉。"《黄帝内经·上古天真论》曰："余闻上古有真人者，提挈天地，把握阴阳，呼吸精气，独立守神，肌肉若一，故能寿敝天地，无有终时，此其道生。"

"古之善为道者，微妙玄达，深不可志。夫唯不可志，故强为之容曰。" 古时候善于行道的人，精微、神妙、玄奥、通达，不是一般人可以理解的。正因为不能理解他，所以只能勉强地形容他。

"古之善为道者"，就是得道的真人，掌握了天道，懂得运用天道来处理现实存在的具体问题。《文子·微明》曰："得道之人，外化而内不化。外化所以知人也，内不化所以全身也，故内有一定之操，而外能屈伸，与物推移，万举而不陷，所贵乎道者，贵其龙变也。"《文始真经》曰："若龙若蛟，若蛇若龟，若鱼若蛤，龙皆能之。蛟，蛟而已，不能为龙，亦不能为蛇、为龟、为鱼、为蛤。圣人龙之，贤人蛟之。"

"微"，精微。"妙"，神妙。"玄"，玄奥。"达"，通达，无在而无不在。"微

妙玄达"，得道的真人存诚致敬，不住于相，执一潜虚为日用，消融万幻，扰之则不浊，澄之则不清，所以说是微妙玄达。真人能达到精微幽深、微而不现，神妙精粹、妙而自然，玄奥难穷、玄而无迹，广博通达、达而不执。做到精微无暇、妙不可言、随心所欲、无所不达的境地。

"志"，心力，心意。志从士从心，为士人的心意或心力。《金刚经》曰："善男子，善女子，发阿耨多罗三藐三菩提心，应如是住，如是降伏其心。""深不可志"，得道的真人微而不显、含而不露，高深莫测。德行之深，一般人没办法用常理，用一般的知识去判断、衡量、测定。《文子·道原》曰："真人体之以虚无、平易、清静、柔弱、纯粹素朴，不与物杂，至德天地之道，故谓之真人。真人者，大己而小天下，贵治身而贱治人，不以物滑和，不以欲乱情，隐其名姓，有道则隐，无道则见。为无为，事无事，知不知也。怀天道，包天心，嘘吸阴阳，吐故纳新，与阴俱闭，与阳俱开，与刚柔卷舒，与阴阳俯仰，与天同心，与道同体；无所乐，无所苦，无所喜，无所怒，万物玄同，无非无是。"

"夫唯不可志，故强为之容曰。"得道的真人，一般人实在不太容易了解他们的内心世界，也没有办法确定他，因为他已经功成圆满，无所不通达，只能勉强做一些形容。因为再怎么形容，都只能以现有的知识和文字来描述，而落入语言文字，所以也只能够勉强形容一下，以有会无。不管讲出来的或是书写下来的，都无法完全描述他们的真实内心世界。

吕祖曰："上古修道善士，小心谨慎，故微妙玄通，深不可识。夫微者，道之幽深，故不可识；妙者，道之精粹，不可识；玄者，道之难穷，不可识；通者，道之广博，无所不通，不可识。此四者，体道者能搜微、究妙、悟玄，通遍三界，内外无一不烛，言道微妙玄通，入定内细细觉察，方得通达。外说达天下，内说达全神之灵，使他暗里珠明，光透百骸，形神俱妙，与道合真，故无可识，故不识。容者，道之体本来无容，强名为容。"

"豫呵！其若冬涉水；犹呵！其若畏四邻；俨呵！其若客；涣呵！其若冰释；沌呵！其若朴；旷呵！其若谷；混呵！其若浊。"他小心的样子就如同冬天涉水过河；慎重的样子就如同敬畏四周邻居；恭敬的样子就如同在外做客；浸润的样子就如同冰雪初融；敦厚的样子就如同未经雕琢的璞玉；空旷的样子就如同幽深的山谷；浑厚的样子就如同浑浊的河水。

"豫"，小心、警觉。"若"，如同，像那么，但非那么。"豫呵！其若冬涉水。"有道的人，与人相处谨小慎微，议之而后动。如同冬天涉水过河一样，退不敢先。冬天河水寒冷刺骨，水里面有很薄的冰，如果不小心的话，有可能冻伤或刺伤腿脚，伤害到自己。

"犹"，慎重、真心。"犹呵！其若畏四邻。"有道的人，与人相处真心对待，拟之而后言，心存感恩和敬畏。如同担心伤害四周的邻居一样，守柔弱而不矜。如果不敬畏的话，动辄得咎，就会陷入善恶好坏的框框之中。

"俨"，恭敬、庄重。"俨呵！其若客。"有道的人，与人相处恭敬庄重，恭己无为，而不放肆。如同去别人家拜访做客一样，自卑下、尊敬人。如果不恭敬的话，就容易伤害到主人的自尊，惹是生非。

"涣"，浸润、融和。"涣呵！其若冰释。"有道的人，与人相处内心融和宽容，从容不迫，默默浸润，如同春天融化冰凌一样，防其惊异，恐走失灵根。《阴符经》曰："天地之道浸，故阴阳胜。"犹如真气贯通全身，浑身温暖如蒸，酥软融融的感觉。

"沌"，敦厚、纯朴。"沌呵！其若朴。"有道的人，与人相处内心纯朴敦厚，不尚雕凿，质而不文。不搬运身心，存澄静为用。如同未经雕琢加工的璞玉一样，朴实无私，以心意混元始，成一气之朴。

"旷"，空旷、旷达。"旷呵！其若谷。"有道的人，与人相处心胸虚怀若谷，若太虚之体，空灵无碍，清明旷达，如同那空旷的山谷一样，包容百川，容纳一切，归于空谷。

"混"，浑厚、宽容。"混呵！其若浊。"有道的人，本来混一，和光同尘，内清而外若浊，外化而内不化。内心与自然浑然一体，外表是那样的浑浑噩噩，看起来好像混同于一般人，浑中求明，人以为浊，唯我独清，只自固真一，返其当来，以脱尸骸，方能解脱。

"豫，犹，俨，涣，沌，旷，混"，这七个字，都是来形容真人"内直外曲，固其真一"的道德修养和处世状态，诚于中，形于外，内外相应。一个悟道有成的人，心中有道，待人恭敬；处事有德，平和安静；无私无欲，心地干净；应物不染，用心如镜；返璞归真，入于道境。内心合于天道，立足于道体，因无彰有，执一应万，非常从容，难以用语言文字去界定他，只好拿释冰、朴玉、山谷等等意象来象征他内心的境界。一个悟道有成的人，外表合于人道，跟平常人没什么两样，勉强来形容的话，只好拿冬涉水，畏四邻，其若客等来象征他的行为。

吕祖曰："豫者，是我虚中用虚，如冬川不可涉，如涉川一样兢惕，方得不漏，稍放，就不能生；犹兮若畏四邻，此乃澄静本来，犹恐有外魔来攻，如有邻舍窃取，存敬畏以防之；俨兮若客，修身如宴会有尊客在前，不敢放肆，方守静道、得澄清；涣若冰将释，入静大定时，如履春冰一般，防其惊异，恐走失灵根，致生不测，保身至要也；敦兮其若朴，不尚雕凿，素其玄风，不可搬运身心，存澄静为用，体元始之理，行元始之事，以神归元始，以气合元始，以身化元始，以心意混元始，皆成一气之朴；旷兮其若谷，广旷虚中，若太虚之体，为一大窍，任其乌兔东西，气合自然，存灵守真，中中乃得，是我举动之灵，归于空谷；浑兮其若浊，本来混一，灰心乃灵，从灵中气合，复浑，又从此浑中求明，到此明处，人以为浊，惟我独清，任以马牛呼之，只自固真一，返其当来，以脱尸骸，方能解脱，不使鬼神专权，惟我自主，始见真神，是内清而外若浊，以遮凡尘俗目，此隐圣故耳。"

"浊而静之，徐清；安以动之，徐生。葆此道者，不欲盈。夫唯不欲盈，是以能敝而不成。" 动极而静，使浑浊的东西沉静下来，让它默默地变得清澈灵明；静极而动，又能使安静的东西运动起来，让它默默地显出勃勃生机。只有与道合一的真人才能做到，他心如虚空，没有盈满的时候。正因为道的冲虚不盈，所以自古及今，历久弥新，永远长存。

"静"，神气合一，心中无欲，一念不起，意静而气血内动，身体各个部位动态平衡。静从青从争，青是色彩，生发，东方木；争是争夺，纷乱，西方金。静是金木交并、水火既济之象，万物争春，生机盎然。"清"，心不著物，应物不染，清醒明觉，清升浊降。清从氵从青，氵为天一生水、为一炁；青是生发。清是水生木，初生的嫩芽，碧绿通透。"生"，生机，道心复真。"浊而静之，徐清；安以动之，徐生。"在这混浊的世界里，人能神气合一，自净其心，闹中取静，渐渐澄静下来，动极而静，不随波逐流，应物不染，清醒明觉活在当下，凝聚生机能量，使之臻于纯粹清明的地步，归根复命，返回道体。欲清人心，须赖浊以静之，意息混融，一念不起，不静不清。在清静安止的情况之下，心灵宁静，心地光明，静极而动，一阳来复，先天元炁自太虚而来，使自然本性活跃起来，涌起无穷的活力，万善相随，从容洒脱、怡然自得地把生命的意义发挥出来，无中生有，生生不息。欲生道心，须要安之以动，入寂而觉，一灵独存，活活泼泼。犹如地球的自转和公转一样，昼夜交替，四季推移，是其本有的特性和内在本质的作用。《清静经》曰："人能常清静，天地悉皆归。"人悟道就是由浊到静、由静到清、由清而安、由安而动，接通先天一炁，回归先天的本真。怡然自得，生生不息，达到永远长生。

《悟玄篇》曰："夫学道之士，不拘时候，但得身心闲暇之时，求于静处，瞑目闭口，忘坐端耳。或盘膝，或不盘而坐，皆可。夫坐之时，外忘其形，而不着物累，内忘其心，而不着事。久久纯熟，自然念定。念定则阳生，阳气生则有升有降。其气升者，自腰间尾闾而升，直上夹脊而止，藉巽风则鼓而上于顶矣。二气交合，下降于舌端，如蜜之甜，款款咽纳，只入中宫矣。一日之内，三四遍功。初关百日，沐浴一月；中关百日，沐浴前同；上关百日，火候数穷，脱胎神化，抱一养童。九年行满，白日上升。"

《大学》曰："大学之道，在明明德，在亲民，在止于至善。知止而后有定，定而后能静，静而后能安，安而后能虑，虑而后能得。"大学是立身行道，在于打开智慧、恢复灵明的本性，在于有慈悲心、与人相处有亲和力，在于有清静心、达到"至善"的境地。知止就能真正的入定，真正入定的人才能明白虚静的道理，心地宁静方能安泰和顺，身心安泰和顺方能光明生、智慧足，静中真机现而思虑周全，思虑周全方能达到至善之境，至真至诚，久于其所，就会得道。

"葆此道者不欲盈"，道体虚而能容，容量是无限的，没有盈满的时候。混沌开基，一气流通，周行不已，遍一切处，流存无碍，无穷无尽，源远流长的。有道的真人与道合真，常常保持冲虚清静，保之以不盈，尚之以不争。

"敝"，永远是原来的样子。"夫唯不欲盈，是以能敝而不成。"正因为圣人心如虚空，没有盈满的时候，冲虚不盈，周行不殆，犹如地球的昼夜交替和四季推移，所以周流古今，历久弥新，敝而不成，永远长存。

《太乙金光咒》曰："金光烁屋，瑞气盈庭。太乙道气，周流古今。甘露灌顶，光明浴身。三业清净，五脏玄明。内外明彻，显我元神。连天通地，祥光佑众。宇宙万有，皆是吾真。三清圣祖，感诚而应。诵之万遍，光明临身。一气演化，杳杳冥冥。"太乙道气，周流古今，历久弥新。

吕祖曰："孰能似古善士者，浊内求清，清中更澄，要时时徐行，弗得贪求；如此清矣，孰能似善士安身心，久久如一，体本末终始，先后不改如初，方似古善士。如此修行，乃可近道，而生定、静、虑、得之妙。后之学者，逐一遵行，才有明德、新民之奥理，率性以近其道，尽性以生其道，才叫作致中和，合天地以育万物，不过是安之久而生、静之极而生，这是个无中有了，从前一一体行，如冰、如邻、如客、如浊、如川。如古善士，方能保此道。保此道者，守中无盈，不盈难溢。倘有妄生，盈乃克生。夫惟不盈，是以能敝其形，敝其心，敝其意，方乃成焉。要人小心渐进，无妄无退，方得学古之善士，行精一无二之功，乃得全真，是以借古人而儆后学者。"虚而有容，朴而无琢。有至虚之心，无持盈之念，是以能返真一之气，得恒常之道焉。

第十六章　复命
虚极静笃，性光闪现，归根复命，与道合真

致虚极也，守静笃也。万物旁作，吾以观其复也。天物芸芸，各复归于其根，曰静。静，是谓复命。复命，常也。知常，明也。不知常，妄；妄作，凶。知常容，容乃公，公乃王，王乃天，天乃道，道乃久。没身不殆。

本章讲述复命，虚极静笃，性光闪现，归根复命，与道合真。老子在本章以"虚极、静笃"为修本，"归根、复命"为究竟，以"观复"为得道的基本方法，从而体证内心世界与万事万物之本，一气演化，历劫不变。以容、公、王、天、道为法理，一层深一层，一节玄一节，要人层层通透，节节光明，原本返始，没身不殆。

"致虚极也，守静笃也。万物旁作，吾以观其复也。" 养神于虚，使心灵的清虚达到极点，身心窈忘，心如虚空，性光闪现。养炁于静，使神魄的寂静达到极致，心地无私，不染万境，元炁萌发。在万物都蓬勃生长的时候，我用清静的心光，观察万物复归于虚静，一气演化的奥秘。

"致"，知而不守，身心放下。"虚"，虚灵，空性。不著一物为虚，虚怀若谷，虚能受物，无所不容。虚就是身体放松、内在虚灵。身体放松到几乎没有身体的感觉；心里什么都没有想，又什么都清清楚楚。"极"，极点。"致虚极也"，养神于虚，心灵超脱于尘世，物我两忘，心如虚空，定心于太极混沌未判之先，虚空圆光之内，心无挂碍，如太虚片云，灵动变化，灵台朗彻，到虚之极处，有恍惚之象，方是真虚。虚极生有，虚极又虚元气凝，先天一炁自虚无中来，神光显现，片刻之间，凝而成丹。心量广大，包容一切，心境空灵，没有一丝杂念，空明一片，虚己应机。李道纯颂曰："达虚知妙本，静极见天心，会得个中意，河沙总是金。"

《庄子·大宗师》曰："堕肢体，黜聪明，离形去知，同于大通，此谓坐

忘。"身体要放松、要虚，去掉小聪明、无妄想，几乎没有身体的感觉了、把自我的感觉都丢掉，能够与宇宙大道相通，这就叫物我两忘的坐忘。

"守"，存守其心，不杂于物。"静"，寂静，生机。念头不起为静，心中无欲，与万物融为一体，意静而气血内动。静从青从争，青是色彩，生发，东方木；争是争夺，纷乱，西方金。静是金木交并、水火既济之象，万物争春，生机盎然。"笃"，极致。"守静笃也"，养炁于静，万虑俱息，物我双融，化为一炁，玄窍处自有温温然一团无形之炁，到静之笃处，入杳冥之时，方是真静。静极生动，静之又静阳来复，先天真阳之炁流注，与性命和合而灌满全身。《庄子·天道》曰："静而与阴同德，动而与阳同波。故曰：其动也天，其静也地，一心定而王天下。"

伍冲虚真人说："心能依息，则万法归一。"修学功夫，全在神气合一，虚极静笃，有清静心。养神于虚，虚其万念万虑；养炁于静，静此万念万虑。有恍惚之象，则先天元神的性光，时时能显；入杳冥之时，则先天一炁的真阳，时时能生。悟道之人，一灵独存，返照内观，观其万念万虑芸芸之作，由动而静，至静笃，太极立基；其次鸿蒙恍惚，入混返虚，至虚极，太虚呈象。在此过程中心要能够保持一种空，心境空明，空则灵气往来，万念俱化，才会渐渐来到明觉。把自己融入整体的自然之中，与宇宙源头融为一体，天人合一，这样四肢百骸，俱受太虚乾阳真气的熏蒸，体内真气川流不息，一气演化，彻内彻外，透顶透底，通行无碍。

《太乙金华宗旨》曰："静时正要得机得窍，不可坐在无事匣里，所谓无记空也。万缘放下之中，惺惺自若也。又不可以意兴承当，凡大认真，即易有此。非言不宜认真，但真消息，在若存若亡之间，以有意无意得之可也。惺惺不昧之中，放下自若也。又不可堕于蕴界，所谓蕴界者，乃五阴魔（色受想行识）用事。如一般入定，而槁木死灰之意多，大地阳春之意少，此则落于阴界，其气冷，其息沉，且有许多寒衰景象，久之便堕木石。又不可随于万缘，如一入静，而无端众绪忽至，欲却之不能，随之反觉顺适，此名主为奴役，久之落于色欲界。此数者，皆差路也。差路既知，然后可求证验。

证验可考有三：一则坐去，神入谷中，闻人说话，如隔里许，一一明了，而声入皆如谷中答响，未尝不闻，我未尝一闻，此为神在谷中，随时可以自验；一则静中，目光腾腾，满前皆白，如在云中，开眼觅身，无从觅视，此为虚室生白，内外通明，吉祥止止也；一则静中，肉身氤氲，如绵如玉，坐中若留不住，而腾腾上浮，此为神归顶天，久之上升可以立待。此三者，皆现在可验者也。然亦是说不尽的，随人根器，各现殊胜。此事如人饮水，冷暖自知，须自己信得过方真。"

"万物"，胎卵湿化，昆虫草木等。物生于土，终变于土。"观"，回光止观。不是用头脑去思维、想象，而是守护性光。《太乙金华宗旨》曰："光即乾也，回之即返之也。只守此法，自然精水充足，神火发生，意土凝定，而圣胎可结矣。"

"复"，复其天命的生机，见天地之心，向虚和静回归，守住虚和静这个根本，虚和静就是道性。"万物旁作，吾以观其复。"万物由道产生出来，蓬勃生长，千变万化，最终落叶归根，年复一年，生生不息。老子祖师观照天地万物和生命的全过程，给出了归根复命，一气演化，是万物运动的内在本质，是生命长久生存的根本规律。我们的心不动是虚空，心一动，无中生有，念头纷飞，万物并作，我们观照空性，念头的起落之处，就能明了一切。诚如毛泽东在《矛盾论》中所说，任何过程如果有多数矛盾存在的话，其中必定有一种是主要的，起着领导的、决定的作用，其他则处于次要和服从的地位。因此，研究任何过程，如果是存在两个以上矛盾的复杂过程的话，就要用全力去找出它的主要矛盾。捉住了这个主要矛盾，一切问题就迎刃而结解了。

谭立三老师指出："静虚乃总则、总决，入手力求呼吸冲和自然。""静虚无极乃生化总原，藏化无限，和合阴阳，团聚太极乃生化之根；冲和运旋之炁乃充养之本。后天之生化，必须用冲和之气，仿造道源无极之静虚；于其中和合先天与后天性命，假造太极；方得生化之玄妙与大用。""静是指安宁，专笃意念于息之一缘，而不生杂念。虚是指不住，不执不偏。静虚的工法是先静后虚，先守后忘。先守者，专笃意念于息之一缘，专一于息的时间越长，心也越静。意念在别的地方，三心二意，就无静可言。后忘者，专笃意念于一缘后，自然使意、缘皆虚忘。"

吕祖曰："致虚极，何也？虚从何来？从空里来。何谓极？彻的清为极。何谓致虚极？身心放下为致，身心窈忘，为致虚极。何谓静？丝毫不挂为静。何谓笃？纯粹精一为笃。何谓守？专一不离为守。何谓万物？虚中实、无中有为万物。何谓并作？皆归于一，为并作。何谓吾？灵中一点是吾也。何谓观其复？内照本来。何谓以？得其神而返当来。"

伍冲虚真人《仙佛合宗语录》云："最初还虚第一"，"真意第二"。"虚也者，鸿濛未判以前，无极之初也。斯时也，无天也，无地也，无山也，无川也，亦无人我与昆虫草木也。万象空空，杳无朕兆，此即本来之性体也。还虚也者，复归无极之初，以完夫本来之性体也。""真意即虚中之正觉，所谓相知之微意是也。返观内照者，返回其驰外之真意，以观照于内也。炼精之时，真意观照于炼精之百日。炼炁之时，真意观照于炼炁之十月。炼神之时，真意观照于炼神之三年。此返观内照之大旨也。"

黄元吉曰："观人物未生之时，固渺茫而无象也。既育以后，又繁衍而靡涯矣。谓未生为本乎？溟漠而无状，固不得以为人物之本。谓既育为本乎？变化而靡穷，亦不得视为人物之本。是本果何在哉？亦在将生未生之时也。要得玄关，惟有收敛浮华，一归笃实，凝神于虚，养气于静，至虚之极，守静之笃，自然万象咸空，一真在抱。此正万物返正，天地来复之机，先天元始祖气，于此大可观矣。但其机甚微，其气甚迅，当前即是，转念则非。"

"天物芸芸，各复归于其根，曰静。静，是谓复命。复命，常也。知常，明也。不知常，妄；妄作，凶。" 天下万物虽然纷纷芸芸、生生不息，但最终都将回复到它们的本根，归于虚静。忘形养炁，炁归为静。清静养神，神定复命。复其天命的生机，空性自在就是常道。认识了生命过程的这个生化机制就是明心。不明白生命过程的生化机制为妄；与事物的本然背道而驰就会有凶险。

"芸芸"，枝繁叶盛，生生不息。"根"，创造生命的本源。"归"，返，返回源头，返璞归真。"天物芸芸，各复归于其根，曰静。"天下万物虽然纷纷芸芸、枝繁叶盛，生生不息，所有的生命在完成了它的使命后，都要复归于虚和静，归根复本。人的念头是从空性里生出来的，念起念落，万念万虑，身心窈忘，丝毫不挂，这就是静。人生一世，草木一秋。世上万物，春华秋实，落叶归根。植物的根栽在泥土中，因为有根，才能一岁一枯荣，生生不息，循环往复，根就是植物生存的基础。

那么人的根在哪里？人与植物相反，人的根栽在虚空中，虚空就是我们的泥土，这就是人与万物不同之处。婴儿刚生下来时，头顶的囟门凹处，里面还是洞开的，与天根相接，在人的肉体生命来说，所谓"天根月窟常来往"，便指此处。等到此处封闭坚硬以后，他就慢慢开始会讲话，意识渐渐成长，天根便截断了。人悟道就是要找到人生命的根，凝神于虚，养气于静，一气演化，还精补脑，就是指此"根"，这个根就是虚空，中含无穷妙有。

"复"，一阳来复，复其天命，复其乾阳，见天地之心。"命"，性命。命由"一、人、口、耳"组成。耳通肾，为水；口通心，为火。口耳合一，存心于听息，水火既济，上清下温。《性命圭旨》曰："性命之说，不明于世之久矣。何谓之性？元始真如，一灵炯炯是也。何谓之命？先天至精，一炁氤氲是也。然有性，便有命；有命，便有性。性命原不可分。"性由自悟，命要师传。吕祖曰："单修性而不修命，万劫阴灵难入圣；单修命而不修性，寿同天地一愚夫。"

柳华阳真人《危险说》云："学道者，外道纷纷，及其成功，未有一人。何也？不得性命之真传，分门立户，俱是妄为。且今之悟性者，不识先天之性，落于后天之识性；今之修命者，不识先天之命，落于后天之渣滓，是故无所成也！盖不知其中性命之修持。离（☲）中之灵曰性，坎（☵）中之炁曰命。奈何灵之进出无时，炁之生而外耗，性命不能自合矣？故祖师教人以离性去制坎命。当其际，敛收微细之灵念，入于动炁之所，用巽风吹发其中之火，煅炼此后天之性命，合而为一，则先天之性命，自然发现矣。故曰修持也。"

"静，是谓复命。"忘形养炁，在静中蓄积元炁能量和调整生命状态。静到极点，玄窍处自有温温然一团无形之炁，一阳来复，复其天命的生机，复见本来面目，复其空性，就是复命。静中蓄积能量是为了一阳来复，让生命获得延续，陈腐在静中消亡，生机在静中萌动。修炼中深度的静所体验到的绵绵真息，炁归神定，一气演化，把先天一点灵光养育成元婴，返璞归真，就是复命。《清静经》曰："人能常清静，天地悉皆归。""欲既不生，即是真静。真常应物，真常得性；常应常静，常清静矣。"

"常"，真常，空性，清静心。"复命，常也。"清静养神，复其乾阳，复其空性，复其天命的生机，心神湛寂，接通生命本源的超时空的生机能量，一炁演化，返璞归真，空性自在，常应常静，故能长久。圣胎凝结，历劫不变，便能不生不灭，永远存在，这是永恒的真理法则。

"明"，明了。明从日从月，日为阳，月为阴。日有寒暑的来往，月有盈亏的变化。明为阴阳合一，明了道理。《庄子·齐物论》曰："为是不用而寓诸庸，此之谓以明。"明白了自然规律，不固执己见而遵循事物的本然，这就是明心。"知常，明也。"有清静心，致虚守静、去妄存真，空性自在，明了生命过程超时空的生化机制就是明心；顺道而为，见证到生命返璞归真就是见性。道本至虚，包含两种状态，静态和动态。处于静态中是生命通过静养来调整生命的状态和蓄积生长所需的生机能量；处于动态中是生命为了生长，生命的运动和生长需要消耗能量，这是一个耗散的过程。生命的"归根"是为了蓄积生机能量和调整生命状态。

"妄"，妄念、妄为。妄从亡从女，人心为离卦，离为女、为日。妄就是亡其日，亡其真阳，迷于名利、恩爱、酒色、财气而亡其真灵。"不知常，妄；妄作，凶。"如果不能致虚守静、去妄存诚，不知道生命过程的超时空的生化机制，而迷于酒色财气、名利恩爱为妄。妄为就会破坏事物的本然，跟自然的真理法则背道而驰。着于有为的名相之中，识见互起，尚贤贵货，惊宠辱，贵大患，妄念纷飞，疲精耗神，结果就是不道早已，凶咎随之，招来灾祸。

如果我们存心于听息，念头生起，知道了，它就消失掉；然后它又生起，又消失掉。这时候我们跟妄念慢慢就分开了，它再也不影响我们了，我们就能去妄念空，安住在真如空性了。如果妄想起来我们就随顺它，随波逐流，它就越来越坚固。《清静经》曰："众生所以不得真道者，为有妄心。既有妄心，即惊其神；既惊其神，即著万物；既著万物，即生贪求；既生贪求，即是烦恼。烦恼妄想，忧苦身心。但遭浊辱。流浪生死，常沉苦海，永失真道。真常之道，悟者自得，得悟道者，常清静矣。"

吕祖曰："何谓物芸芸？诸气朝宗，物来朝宗，暖烘烘蒸就一点神光。何谓各归其根？是从无而生，虚而育，打成一块，纯阳常住于中。何谓归根曰静？是有中复无，实内从虚，静者太和之气，天地之灵是静也。何谓复命？返其元始，是命也；觉其本来，是命也；虚空霹雳，就是婴儿囡的一声，是命也。人得此生，仙得此道。何谓常？得之曰常。何谓"知常曰明"？明得这个是明，明此理，通此妙，参此玄，得此道。何谓不知常？不明这个是不知。何谓凶？不知其静，不知静里求玄，动中求生，有里着手，故凶也。既不知静，又得知动？知有此动、此有，从静生者吉，从动里寻有，有中取动，安得不凶。"

"知常容，容乃公，公乃王，王乃天，天乃道，道乃久。没身不殆。" 有清静心就能包容一切，包容一切就能公正无私，公正无私就是圣人，圣人就能以天下为公，以天下为公就能顺应自然之道，顺从自然之道就能长久，粉碎虚空，与道合真。

"容"，包容万象，人我两忘，万物同观，私心全无。有容德乃大。"公"，公正无私，和光同尘，应物不迷，为万物宗。"知常容，容乃公。"有清静心，能守虚静，去妄念空，空性自在，心境虚灵，虚则能受，犹如空谷，无所不容；人我两忘，含容应物，应物不迷，公正无私。进入道体不生不灭的本原，就能够源源不断地获得先天一炁的支撑。这个先天一炁一旦产生了之后，那么后天的一、二、三，乃至三生万物，就没有穷尽了，生生不息。掌握了这个生命自然规律之后，再去体悟道体所展现的无我、无私，生生不已的精神，就像大海可以容纳百川，无所不包，包容的心胸就会展现出来，从相对性的一面跨入到同一性的那一面，超越二元对立，致力于天下为公的事业。

"王"，三横一竖，是能沟通天、地、人的圣人，与天和德。从全方位思考问题，超越二元对立，以无我、无私的精神，平等地对待一切，积功累行，无德不修，无善不行。《尚书·洪范》曰："无偏无党，王道荡荡；无党无偏，王道平平。"处事公正，没有偏私，圣王之道就会宽广无边；处事公正，没有偏私，圣王之道就会正直通达。《文子·下德》曰："王者，法阴阳。承天地之和，德与天地参，光明与日月并照，精神与鬼神齐灵，戴圆履方，抱表寝绳，内能理身，外得人心，发施号令，天下从风。"王者，效法阴阳。秉承天地之间的和气，德行与天地相配，光明与日月并照，精气与鬼神相合；他头顶天穹，脚踏大地，手握圭表墨绳等法度，内能修养心性，外能获得人心，发号施令，天下百姓无不闻风而动。

"天"，人得一为大，大得一为天。以天下为公，非利生存。无思无为，寂然不动，感而遂通。"公乃王，王乃天。"公正无私，以无我、无私的精神，平等地对待一切，才能成就大私，成为圣人。圣人行王道，具有天下为公的情怀，能沟通天、地、人，能从全方位来考虑问题，则天下归往。以平等心善待一切，与天合德，非利生存，则合于天道的自然法则。《文始真经》曰："勿以我心揆彼，当以彼心揆彼。知此说者可以周事，可以行德，可以贯道，可以交人，可以忘我。"

"久"，脱去凡胎，露出法相，虽没幻身，而有真身。"天乃道，道乃久。"圣人以天下为公，遵循天道的自然法则，与天合德，与道合真，达到信息和能量的合一，道行天下。道是宇宙本源能量，生生不息，没有终穷，永恒不变。进入道体的同一性之中，生命就能长久，天长地久。

"没身不殆"，粉碎虚空，与道合真。不仅虚极静笃，而且虚静亦化为乌有，王德合天，个人身体的小宇宙与大宇宙融为一体，天人合一，终其一生也不会有什么凶险。用现代科学来讲就是回归于投影源，不管投影的像怎么变化，投影源都不会变化。

吕祖曰："何谓知常曰容？知常静之妙，知静里常动之微。静中动，无所不通，无物不容，言其博也、厚也、高也、明也、悠也、久也、微也、妙也，巍巍乎，焕乎其有道也。何谓公？无人无我，无声无臭，普照万方，惟澄而已。何谓王？一澄乃公，公得其旨，统领谓虚，归于密室，湛寂无为，是为王也。何谓天？金木交并，湛寂真神，无微妄，无微无，无虚中之物，合阴阳之气，按五行之虚，得天地之和，体清虚之妙，得无极之真，是一天也。何谓道？静如清虚，彻的澄澄，是为玄，玄之为玄，是为道也。道本无名，借道言真，返之混沌之初，无言可言，无道可道，是为道也。何谓久？无言无道，是久也。何谓没身不殆？既无言无道，身何有也？无有何殆也？是以为殆。妙哉！斯明矣。"

第十七章　道治
太上忘情，无为自化，成功遂事，天道自然

太上，下知有之；其次，亲誉之；其次，畏之；其下，侮之。
信不足，案有不信；犹呵！其贵言也。成功遂事，而百姓谓我自然。

本章讲述道治，太上忘情，无为自化，成功遂事，天道自然。老子在本章讲述道治境界的层次，太上是最高的，太上忘情，大慈大悲，无偏无私，无为自化，成功遂事，还淳返朴。自古以来，中国文化的核心就是"一"这个道，道朴既散，就出现了仁、义、礼、智、信不同层次的治理方法，结果越来越糟，适得其反。老子治世之道，也就是治身之道。养之以自然，执一而应万。

"太上，下知有之；其次，亲誉之；其次，畏之；其下，侮之。信不足，案有不信。" 最高的治理者就是无我无私，人们只知道他的存在；其次的治理者无私，人们亲近他并且称赞他；再次的治理者维护自我，人们便畏惧他；更次的治理者自私自利，人们都反对他。诚信不足的话，则人们就不信任他。

"太上"，就是道，至高无上。太上忘情，不是无情，而是忘情而至公，无我无私，大慈大悲。譬如天地生育万物，公正无私，不求回报。"太上，下知有之。"太上是道朴未散，道德浑全，是非利生存的存在状态，人人都是圣人，治理者以道而治，无我无私，忘情养性，民与之相忘于道，如鱼之相忘于江湖。

《文子·下德》曰："夫至人之治，虚无寂寞，不见可欲，心与神处，形与性调，静而体德，动而理通，循自然之道，缘不得已矣。漠然无为而天下和，淡然无欲而民自朴，不忿争而财足，求者不得，受者不让，德反归焉，而莫之惠。"至人对天下的治理，虚无寂寞，不见其欲望，心与神相依处，形与性相谐调；静处时依照"德"，行动时通于"理"；顺随事物的自然本性，遵循事物的规律；他浑然无为，而天下却自然和顺；他恬澹无欲，而百姓纯朴自然；

人们不怨恨纷争而财货充足；施与的人不以有德自居，接受的人不必推让。他的德泽遍及海内外，并延及后世，但人们却不知道施予恩惠的是谁。

"亲"，亲近。"誉"，称赞，歌颂。"其次，亲誉之。"其次道朴既散，治理者以无私于天下，行返还归复之道，以有作为基，故亲誉之。"亲之"，以仁为基，施仁来约束人心，行仁爱于天下，使人们觉得很亲近。"誉之"，以义为基，用义来约束人的行为，行正义于天下，让人们感恩而称赞。

《淮南子·本经训》曰："古者圣人在上，政教平，仁爱洽，上下同心，君臣辑睦，衣食有余，家给人足，父慈子孝，兄良弟顺，生者不怨，死者不恨，天下和洽，人得其愿。夫人相乐，无所发贶，故圣人为之作乐以和节之。"古时候圣人在位，政治教化清平，对天下人民广施仁爱，上下同心协力，君臣之间和睦共事，衣食丰足，家有饶余，父亲慈爱，儿子孝敬，兄长善良，幼弟和顺，生活着的人没有怨恨，死去的人也没有遗憾，天下和谐，人们能够实现自己的愿望。众人心中快乐，但不会产生有人恩赐之情。因此圣人替他们制订乐律来加以协调节制。

"畏"，害怕，敬畏。"其次，畏之。"用仁义也不足以为治，治理者维护自我，便用礼法来约束人的行为，使人们遵纪守法，不敢犯法违条。清心节俭，洁其身以远害。

"侮"，侮弄、反对。"其下，侮之。"最下治理者自私自利，私欲很重，道、德、法俱失，赏罚不明，草菅人命，民不聊生，则必有妄作之凶，结果老百姓群起反抗，推翻了他的统治。

《淮南子·本经训》曰："末世之政，田渔重税，关市急征，泽梁毕禁，网罟无所布，耒耜无以设，民力竭于徭役，财用殚于会赋，居者无食，行者无粮，老者不养，死者不葬，赘妻鬻子，以给上求，犹弗能澹，愚夫蠢妇皆有流连之心，凄怆之志。"末世的政治，种田打鱼的人被取以重税，关卡集市紧急征收赋税，水泽、山梁全部禁止捕捉和采摘，渔网没有办法撒下，农具没有办法放置，百姓的力量消耗在繁重的徭役上，财富被赋税征收干净，居家的人没有食粮，奔走在外的人饿着肚子，年老的人无力奉养，死去的人无法安葬，抵押妻子，卖掉儿子，用来供给国君的需求，还不能够满足。即使是愚蠢至极的男女，都有离散的痛苦和悲痛的心情。

"信"，诚信，信息，相信内在本自具足。诚如《六祖坛经》所言："善知识，菩提般若之智，世人本自有之；只缘心迷，不能自悟，须假大善知识，示导见性。""案"，次第。"信不足，案有不信。"人的菩提般若之智、大智慧，本自具足，空性自在。如果人们很自我，本心受到的蒙蔽和污染就越大，接受的信息量就会不足，就无法与天地同步，慢慢地信号就会失真。地球不停地自转和绕太阳公转，昼夜交替，盈亏消长；四季推移，寒暑往来，会如期而至。

我们只有真诚信道，顺应四时的变化，持续不断地在生命过程中来验证本性能量才能成道。真信则"荧荧之光必点通天之亮，星星之火必成燎原之势"，光气凝聚，得自然法身而成道；不信就永远陷在后天痛苦的泥潭中，随波逐流。信属土，大道始终，纯粹以意土为妙用，要点是效法自然，自然而然。表现在人类社会，就是治理者的言行应当是真实的，应该符合道、德、法。如果不符合道、德、法，没有取信于民，诚信不足的话，老百姓就不会相信领导者了，领导基础就会动摇。

就悟道而言，最上一层的功夫是与道合一，当下清净，才动即觉，觉之既无。心灵之光养育成功以后，一切顺其自然，太极运转，自性生法，无为而为。次一等的方法是德化天下，明理以遣之。修心修身，顺德而为，本性有所依赖，这样就容易丧失真我，不能与自然契合。再次一等的方法是以戒律为尊，随事以禁之。清规戒律繁多，强迫本性和形体做有为的修行，本性不能自立，形体不能合虚，又远离自然一步。最差的方法是与自然背道而驰，心与形分离，形体与本性各自为政，背道而为。真信才能进入能量世界，《中庸》曰："自诚明，谓之性；自明诚，谓之教。"元神的生机能量足够了，元婴出世，达到无为而无不为的境界，说什么就能成真。存诚子诗颂："治身之道治世道，真心悟道真待人，真信真精为道本，真气冲和自浑沦。"

吕祖曰："何为太上？澄静后返之于纯，合元始之初，谓之太上。何为下知有之？诸气不生，神凝之后，众皆归宗，谓之下知；凝结于内，谓之有之；下乃诸宗也。既知有之，其性熔也。既熔，亲之、誉之，何也？要刻刻防之。亲也，惟恐有失，关闭来往。誉也，要我含太和以养之，存极静以铸之。铸剑之要，全在忘中得，静中采，采中忘，是亲也、誉也。既亲之、誉之，何故又畏之？何也？我不惊恪，恐入于顽空，其空一顽，鼎翻火散，其害不少，是以畏存之。既存畏，又侮之，何也？稍有不纯，其药爆现，侮我之灵，神即分散，是侮也。敬谨固守，养其真静，纯粹精一，抱元合虚，不令其侮，此真趣味。信犹不足，焉有不信而有动者乎？"

就企业管理而言，最好的管理者，让下属各行其是，管理者只要掌握好关键脉络，具体的工作，让下属自由发挥就行了。次一等的管理者，和群众打成一片，关系和谐团结，形成凝聚力，达成管理目标。再次一等，出了问题能找到责任人，赏罚分明，大家都会畏惧他。最无能的管理者，下属根本不听，或阳奉阴违，这就是一点威信也没有了。

"犹呵！其贵言也。成功遂事，而百姓谓我自然。"道化天下的治理者非常慎重，他很少发号施令，但能物无不成，事事圆满，老百姓说我本来如此，自然而然。

"犹"，慎重、警觉。"贵言"，怎样高明的语言文字，都很难形容出道的境界。诚如《庄子·齐物论》所言："夫道未始有封，言未始有常，为是而有畛也。"道从不曾有过界线，言论也不曾有过定论，只因为人们各自认为只有自己的观点和看法才是正确的，这才有了这样那样的界线和区别。

"犹呵！其贵言也。"圣人与人相处非常慎重，拟之而后言。他很少发号施令，他是用居无为之事，行不言之教来感化老百姓的，他明白用怎样高明的语言文字，都无法形容出自然大道的境界。言虽至公，不离是非。《文始真经》曰："圣人之言亦然，言有无之弊，又言非有非无之弊，又言去非有非无之弊。言之如引锯然，惟善圣者不留一言。"

"自然"，本来，天真纯朴，率性而为。无为即法自然，有为即人伪。"成功遂事，而百姓谓我自然。"圣人与百姓的精神融合在一起，法自然而为，遵从万事万物本有的规律，自然的发展变化，其结果是物无不成，事事圆满。百姓感觉到的就是自然，就说这自然之道，本来就是这样的，自然而然，没有什么好大惊小怪的。

老子崇尚自然，崇尚的是宇宙、生命本来的样子，是婴儿的天真纯朴，是水的清澈无染，是生命的本自具足，是本来的与道为一。本来就是天人合一，是本来无为，自然而然，无所不成的道。因为我们后天成长中的污染，有为的蒙蔽，迷失于物欲名利之中，生命自然的本性，才逐渐丧失。

吕祖曰："既静而信之，又贵言之，何也？我以笃信真静，犹若无言而守也。是无言也，犹之乎贵言一般。何为功成事遂？骊龙得珠，岂不谓功乎？彩凤骊珠，岂不谓事遂？如是诸脉归宗，情性为一，俱合太和，以无为使之然也。皆谓之曰：我得之自然而已哉。"

黄元吉曰："道德一经，原是四通八达，修身在此，治世在此，推之天下万事万物，亦无有出此范围者。本章太上二字，言上等之人，抱上等之质，故曰太上。上德清净无为，六根皆定。其次敬爱化民，有感即通。其次威严驭世。其次以智巧导民，所谓术也。而其极妙者莫如信。信属土，修炼始终，纯以意土为妙用。故太上云**'其精甚真，其中有信'**，是丹本也。信非他，一诚而已。人能至诚无息，则丹之为丹，即在是矣。但信与伪相去无几，克念作圣，罔念作狂。人禽界，生死关，所争只一间耳。吾愿后学寻得真信，以为真常之道可也。"

第十八章　薄俗
行于大道，浑朴归真，道朴既散，仁义孝慈

故大道废，案有仁义；知慧出，案有大伪；六亲不和，案有孝慈；邦家昏乱，案有贞臣。

本章讲述薄俗，行于大道，浑朴归真，道朴既散，仁义孝慈。老子在本章教人由大道行，而不执迷于现实知见中，以仁义等名相伤其本性。大道行，而仁义自在其中矣。这一段文义非常深奥，从文字上面不太容易了解。老子希望我们浑朴归真，跳出有为，与道合一，当我们提倡仁义、智慧、孝慈、忠臣等有为之道时，说明我们已经缺失了自然之道。

"故大道废，案有仁义；知慧出，案有大伪。" 道朴既散，失去了道德，治理者就在人类社会中提倡仁爱与正义。失去了大道智慧，治理者就用聪明才智来治理天下，这样就会出现奸诈虚伪。

"案"，次第。"仁"，二人同心，仁慈，仁爱，爱人。"义"，正义，牺牲自我。《文子·下德》曰："立仁义，修礼乐，则德迁而为伪矣。""故大道废，案有仁义。"大道是万物之源，道朴未散之时的非利社会，道德浑全，太和圆融，人人都是圣人。不仁而至仁，不义而至义，不智而至智，不慧而至慧，不孝而至孝，不慈而至慈，不忠而至忠。天下为公，非利生存。道朴既散，进入了利益社会，失去了非利生存的自然之道，有了利益心，丧失了仁义，治理者就创造了仁义的概念，以有作为基，欲用仁爱与正义，在利益社会中建立互敬互爱的关系，建立弃恶扬善的社会行为规则。把人为之道作为自然之道的替代品，必然有其局限性，有其不自然的地方，有失自然。仁义兴，不如虚静恬淡之可贵。

《文子·上礼》曰："上古真人，呼吸阴阳，而群生莫不仰其德以和顺。当此之时，领理隐密，自成纯朴，纯朴未散，而万物大优。及世之衰也，至伏羲氏，昧昧懬懬，皆欲离其童蒙之心，而觉悟乎天地之间，其德烦而不一。

及至神农、黄帝，核领天下，纪纲四时，和调阴阳，于是万民莫不竦身而思，戴听而视，故治而不和。下至夏、殷之世，嗜欲达于物，聪明诱于外，性命失其真矣。施及周室，浇醇散朴，离道以为伪，险德以为行，智巧萌生，狙学以拟圣，华诬以胁众，琢饰诗书，以贾名誉，各欲以行其智伪，以容于世，而失大宗之本，故世有丧性命，衰渐所由来久矣。"上古时代的真人，呼吸阴阳，而一切生物都仰仗其盛德所以和谐顺从。当此之时，领悟道理隐密不显而自成纯朴，纯朴不散，而万物闲适，不相侵害而各得其性。到了世道衰落时期，至伏羲氏时代，纯厚未明而万物美盛，人人都想脱离其愚昧天真之心，而觉悟于天地之间，其德行遂繁多而不一了。及至神农、黄帝时代，统领天下，以春夏秋冬四时为纲纪，调和阴阳，于是万民都立身而思考，侧目而探视，所以天下虽治但已不和谐顺从。下到夏、殷之世，嗜欲通达于万物，听视为外物所诱惑，性命丧失了其本真。延续到周代，淳朴的风俗变得浮薄了，人们脱离了道而为诡诈，污薄的德行流行于天下，智伪巧诈萌生，如猿猴学人的动作一样用来模仿圣人，以华丽不实之言来胁迫欺骗众人，雕琢粉饰诗书，沽名钓誉，人人都欲以智慧和诡诈集于一身而通行于世，见容于世，而丧失了大根本，所以世代衰败，性命之本真渐衰，由来已久啊。

"知"，在有的层面，是一种认定性感应，心对信息进行分辨后所获得的固定认知。"慧"，在无的层面或道的层面，慧由"彗"和"心"构成。彗字表示用草制作扫帚，慧是打扫心田，即智慧。佛教指了悟、破惑证真。

"知慧出，案有大伪。"大道行，以天下为公，人人都有智慧，这个智慧是解脱者所谓的大智慧，是明心见性的生命觉知，没有利益概念，能觉知和维护事物系统内外的能量变化。道朴既散，以天下为家，治理者就会用聪明才智来治理天下，趋利避害，知慧而求慧，结果是聪明迷大本，知慧丧天真。高境界的人为之道，人们称之为智慧，低境界的人为的行为，人们称之为奸诈、虚伪。

《淮南子·本经训》曰："及伪之生也，饰智以惊愚，设诈以巧上，天下有能持之者，有能治之者也。"当虚伪产生，就有以智谋来愚弄人、以诈术来蒙骗君王的事发生。在这样的情况下，尽管有人能占有天下，却未能治理好天下。

吕祖曰："何为大道？默默无言，静极无知，谓之大道。无往不是道，又何废也？不废不为道，废尽乃为无极。既废，为何仁义有？废到不识处，诸脉络，循规蹈矩，一一朝元，不待勉强而来。不言即仁也，不为即义也。不言不为，合成一处，其中若有仁有义存焉。以无为，其德含容，其量恢廓，岂不有仁义存中乎。何为智慧出，有大伪？炼己以愚，修行以痴，方得成丹。苟有智慧，加之作为，用心用意，勉强胡行则诸魔叠至，诸障肆生，无不作假，于是大伪生焉。若在愚痴内生出智慧，诸魔不侵，诸障不出，何伪之有！若炼得愚痴，不识不知，斯亦伪也。人身是假，人神是真，有大伪，去其身而留其神，谓之大伪。"

"六亲不和，案有孝慈；邦家昏乱，案有贞臣。"道朴既散，家庭里面父母、兄弟、妻子出现了纠纷，治理者就会提倡孝顺、慈爱等人伦法则。奸臣当道，整个国家就会陷于混乱、面临崩溃，这时候就会衬托出贞臣力挽狂澜的可贵。

"六亲"，父母、兄弟、妻子。"和"，和睦，和谐，彼此能产生心灵的共鸣。"六亲不和，案有孝慈。"大道行，人人都很孝顺和慈爱。当人们失去了大道，失去了自然的本性，致使六亲不和，治理者就创造了孝慈的概念，用来维系六亲的和睦关系。如果大家都是很孝顺和慈爱，和平相处、互相尊重，以平等心善待一切，做当下做所该做的事，就不存在六亲不和。

"昏"，太阳西下，黄昏来临。"乱"，混乱，无秩序，不和谐。"贞"，忠贞不渝，竭尽全力。"贞臣"，能够为国家，为社稷付出一切，包括生命的臣子。"邦家昏乱，案有贞臣。"人们失去了大道，导致国家昏乱。有奸臣，才会有忠臣。大道行，人人都是贞臣，自然"为无为，则无不治"。大道不行，就会国家昏乱，智巧滋生，忠奸携手粉墨登场，其结果往往是贞臣被害，奸臣妄为，国破家亡。存诚子诗颂："君国昏乱有忠臣，身国混乱何为人？正本清源容且易，请出真宰是元神。"

吕祖曰："何为六亲？眼耳鼻舌身意。何为不和？不见、不听、不臭、不昧、死心、忘意之谓也。既不和，又何有孝慈？孝者顺也，慈者爱也。顺性爱灵，返天之根，天根既得，子孝母慈，和合骨肉，母抱其子，子伏其母，是谓有孝慈。何为国家？身心是也，虚中、性命亦是也。何为昏乱？心不定，入世而昏；心不定，逐境而乱。尘欲内集，昏乱吾中。气性不断，先天性不生而昏；凡命不惜，真气绝而乱。身心定，虚中静，性命应，定静应，元神庆；昏于中，取于外，外乱内昏，金木相亲；外昏内乱，水火相并。昏者冥也，乱者交也，一冥一交，神仙之道。何为有忠臣？忠臣乃意安也。精中华，皓中白，交而纯粹，合而杳冥，复神于中，内合天形，是为忠臣。"

第十九章　素朴
无为复朴，见素抱朴，少私寡欲，绝学无忧

> 绝圣弃知，民利百倍。绝仁弃义，民复孝慈。绝巧弃利，盗贼无有。此三言也，以为文未足，故令之有所属。见素、抱朴，少私、寡欲，绝学、无忧。

本章讲述素朴，无为复朴，见素抱朴，少私寡欲，绝学无忧。老子在本章要人证无为之道，情欲尘心一毫不着，圣贤念头一毫不染，忠孝不存毫厘之念，到无为的地步。见素抱朴固先天，少私寡欲制后天，绝学无忧现真性。知慧出而后大伪生，世人执于名相，贪于情境，不能抱元守一，以空其心，故老子以抱朴之道教之。"六贼"为智、辩、仁、义、巧、利，都是自私的表现。"六要"为见素、抱朴、少私、寡欲、绝学、无忧，都是合道的行为。绝六贼，守六要，以近其道。

"绝圣弃知，民利百倍。绝仁弃义，民复孝慈。绝巧弃利，盗贼无有。" 治理者顺天而行，绝弃圣贤和知见，老百姓就会得到百倍的好处。绝弃仁爱和正义，老百姓就能恢复孝慈的天性。绝弃巧艺和货利，老百姓自然不会盗窃财货。

"绝"，断绝。"圣"，神圣。繁体字"聖"，从耳从口从王。耳聪口敏，通达事理的圣王。"弃"，抛弃。"知"，一种认定性感应，心对信息进行分辨后所获得的固定认知。"绝圣弃知，民利百倍。"上古时期，人们都能顺天而行，因其自然，浑朴无华，率性全真，动与天随，无为自化，无思无虑，不竞不争。日出而作，日入而息，自与大道合，本来如是即如是。人们有自然的智慧和知见，治理者如果能绝弃对圣贤和知见的崇拜，跳出圣知的干扰，顺其天行，不假心力知见以穿凿于其间，不与民争利，老百姓就会得到百倍的好处。

《阴符经》曰："瞽者善听，聋者善视；绝利一源，用师十倍；三反昼夜，用师万倍。"盲人以耳代目，所以他的听觉特别灵敏；聋人以目代耳，所以他

眼光特别锐利。放弃一个方面的利益干扰，就会收到十倍的效果。举一反三，夜以继日，跳出对待，就会收到万倍的效果。

"仁"，仁爱，一种爱的能力，自爱，爱他人，并能感召到他人自爱，互爱的能力。"义"，正义，魄力，一种灵活多变，与时俱进的内心自律标准。"复"，回归。"绝仁弃义，民复孝慈。"人们失去了道，创造了仁爱和正义的概念，并把仁爱和正义当作了行为标准。仁义之性，得之于天，所有人都同有。仁义之心，根之于性，存诸心，也是所有人都同有。人们本身就有纯朴的仁爱和正义的品性，治理者如果能绝弃仁爱和正义的教化，跳出仁义的干扰，不穿凿其道心，不汩没其天性，外不缘物而驰，内不因欲而动，不失其本性，老百姓就复归于纯朴，恢复孝顺和慈爱的天性。

"巧"，技艺高明，精巧。"利"，利器，利益。"盗"，看到人家的器皿就会贪婪地流口水，心存不善。"贼"，从贝从戎，强取。"绝巧弃利，盗贼无有。"人们有高明的技艺和利器能获得利益，治理者如果能绝弃技艺和货利的诱惑，跳出巧利的干扰，不纵情外驰物化，不贪货利，绝贪弃欲，非利生存，不淫声色，不恣欲乐，而收放其心，则百姓皆各尽其能，各守其分，也就不会有盗贼了。如果强调技巧、功利，施展智巧，迎合世俗，不择手段捞取名利，人们就会因利而起获利的妄心。

吕祖曰："何为绝圣？忘神入太虚。何为弃智？忘忘于空。何为民利百倍？无为后诸气化淳，听其自然，谓之民利百倍。何为绝仁？冥中更冥。何为弃义？除意归仁。何为民复孝慈？入无为，到了捉摸处不知己快，不知己乐，听其生化，谓之民复孝慈。何为绝巧？不自作了然而生枝叶，恐聪明反被聪明误。何为弃利？不生贪求，恐求盈反致溢尔。盗贼无有：不聪明、不求盈，而无害生谓也。"

"此三言也，以为文未足，故令之有所属。见素、抱朴，少私、寡欲，绝学、无忧。" 这三个方面，从理论上认识到还是远远不够的，还应当付诸行动，进行验证，那就是，外在本色、内心淳朴而养炁；减少私心、降低欲望而养精；直觉思维、不染万境而养神。

"属"，归属，源头。"此三言也，以为文未足，故令之有所属。"上述的这三种，绝圣弃知，绝仁弃义，绝巧弃利，是有为之道，从理论上无法真正了解老子的深意，并不足以涵盖所有要弃绝的人为的束缚，还应当找到根本原因，找到源头的无为之道，并付诸行动，进行验证，有所归属，使人从源头上复归于道。

"素"，纯白不染。"朴"，质真未凿，淳朴。《黄帝内经·上古天真论》曰："夫上古圣人之教下也，皆谓之虚邪贼风，避之有时，恬淡虚无，真气从之，精神内守，病安从来。故美其食，任其服，乐其俗，高下不相慕，其民故曰朴。""见素抱朴"，保持本有的自然，素朴纯一而天真，寡言而养氞。外在本色，不粉饰；内心淳朴，无雕琢。守清静，用朴实。守无欲，用自然，见素则识定，抱朴则神全。老子在此用素、用朴，比作未曾染色，未经雕琢，未曾污染的本性，象征与器相对应的道。

"私"，私心。"欲"，欲望。"少私寡欲"，要减少自我的私欲，放下私欲之情，寡欲而养精。使心灵清静，清静化私欲，私欲俱泯，无我无私，忘物养心，忘情养性，与自然混而为一。减少私心，不贪求；降低欲望，当知足。存诚子诗颂："见素抱朴玄关启，去私寡欲识锁开，没弦琴（心）奏无声曲，性光朗彻育灵胎。"

"学"，学习。"忧"，忧愁。"绝学无忧"，人们弃绝外求名相之心，把从前学解见知，声闻缘觉一切掀倒，向平常履践处，把个损字来受用，损之又损，少思而养神。自然的发展智慧，反而使人感到轻松，到没有烦恼、忧愁的境地，道德全备。直觉思维，见空性；不染万境，真自在。学习是积累别人的经验，悟道是觉醒自己的智慧。生命所要的不是知识，生命需要的是智慧，而智慧是靠本心的开悟明觉，无法通过学习得来，更无法通过传授得来。

《文子·道原》曰："执道以御民者，事来而循之，物动而因之；万物之化无不应也，百事之变无不耦也。夫至人之治也，弃其聪明，灭其文章，依道废智，与民同出乎公。约其所守，寡其所求，去其诱慕，除其贵欲，捐其思虑。约其所守即察，寡其所求即得，故以中制外，百事不废，中能得之则外能牧之。中之得也，五藏宁，思虑平，筋骨劲强，耳目聪明。大道坦坦，去身不远，求之远者，往而复返。"

吕祖曰："何为此三者？虚、空、灵是也。何为以为文？不粉饰造作，自作聪明而求盈。何为不足，故令有所属？以中求中，为之不足；以中求中，不盈不溢，常常冥忘，不待去求，而自令有所归。何为见素？不彩之纹之。何为抱朴？不粉之饰之。何为少私？不贪之求之。何为寡欲？不盈之溢之。总归纯化无育的地步，合于无极之始，反归于空，乃申明上章之意也。绝无有之学，抱中而已，岂有忧哉！"

第二十章　异俗

明示圣凡，圣人抱道，藏明于内，处世不迷

唯与诃，其相去几何？美与恶，其相去何若？人之所畏，亦不可以不畏人。恍呵！其未央哉。众人熙熙，若享于大牢，而春登台。我泊焉未兆，若婴儿未孩。傫傫呵！若无所归。众人皆有余，我独遗。我愚人之心也，混混呵！俗人昭昭，我独昏昏。俗人察察，我独闷闷。惚呵！其若海，恍呵！其若无所止。众人皆有以，我独顽以悝。吾欲独异于人，而贵食母。

本章讲述异俗，明示圣凡，圣人抱道，藏明于内，处世不迷。老子在本章示圣凡之迹，以明圣凡之分。自古圣凡之分，不过善恶；而善恶之别，只在敬肆，仅一念之间也。众人在利益中逐物而游，圣人没有利益心抱道而居。世人不知无为之道，而滞其见于名相之中，广识多知。唯有圣人，融通对待，淳德全道，超然于名相之外，一尘不挂，随机应物。

"唯与诃，其相去几何？美与恶，其相去何若？人之所畏，亦不可以不畏人。" 诚恳接受与愤怒训斥，区别在哪儿？善良和邪恶，相差有多远？人们都敬畏的，不能不敬畏。

"唯"，诚诚恳恳地接受，心住于道，背尘合觉。"诃"，愤怒训斥，心随境迁，背觉合尘。"唯与诃，其相去几何？"诚恳接受和愤怒训斥，只是心念的不同而已。其实都是空性中生起的一念，差别在心境不同而已。如果用音频解析，是差不了多少，都是一些声音、符号而已。

"美"，赞美，喜爱。"恶"，厌恶，憎恨。"美与恶，其相去何若？"美好与丑陋都是人们从自我的好恶去界定的，是别人的评价而已。顺我则是，逆我则非，相差很远。这是人的分别心造成的，世人总是站在自己的角度，拿自己固有的标准来衡量别人，在二元对立的框框里面，道是道非，道善道恶，用是非得失这样的分别心去认知。而圣人没有分别心，不会持有这样的态度

和心理。当我们的心已分辨不出善恶之间的距离时，就会发现这世界真的变成了一片净土。

"畏"，敬畏，由敬而生的尊重。"人之所畏，亦不可以不畏人。"人要心存敬畏，敬畏天道，尊重他人。人性中最不可冒犯的是人的尊严，人人都希望得到他人的尊敬。如果我们为人处世能处处顾及别人的自尊，积善去恶，将心比心，对方必然会尊敬我们。如果人没有敬畏心，就没有道德，心中就有贪嗔痴欲。圣人内直外曲，内在合于天道，敬天爱民；外在同于人道，随顺众人。人们所遵守的他都遵守，人们所敬畏的他都敬畏。

吕祖曰："唯之与阿，惟灵内之根，守纯阳之气，宁无忧之神，与人隔障，可得易闻，欲知之人，而人不知神灵能去几何？有无相通，呼吸相应，善恶不分，有灵必有神，有神必生灵。善者灵也，恶者神也，相去有何若哉！言其神静生灵，灵彻通神。人之畏，畏性不生，畏命不灵，无虚也，无静也，虚静不极，岂不畏哉。我若虚也，虚之极；我若静也，静之极；我若极也，极之至。又何畏性命之畏哉！上畏字，我有警醒，终日惕惕，下畏字，是性命，是虚静。"

"恍呵！其未央哉！众人熙熙，若享于大牢，而春登台。我泊焉未兆，若婴儿未孩。傫傫呵！若无所归。众人皆有余，我独遗。"人们是非分明，在利益中没完没了。人们为了名利熙熙逐境，如同享用丰盛的宴席，又好像春日里登高踏春。唯独我淡泊宁静，居于本性的港湾，如同婴儿依偎在母亲的怀抱中一样。逍遥自在啊，寝卧在无何有之乡。世人都纵情于声色货利，唯独我们没有利益心。

"恍"，若有觉。"央"，止，尽。"未央"，没有完结。"恍呵！其未央哉。"人们在二元对立的利益世界里，用对错、美善、是非得失这样的心去认知事物，无穷无尽，永远也没有尽头。圣人超越了二元对立，没有分别心，没有自私心，没有贪欲心。内心清虚寂静，心无挂碍，和光同尘。内直外曲，内和天道，外同人道，陪着大家遵守这个世界的种种规则，避免举止怪异，惊世骇俗。

"熙熙"，逐境，温和欢乐，情欲淫动。"大牢"，古代帝王祭祀社稷时，牛、羊、豕三牲全备。"众人熙熙，若享于大牢，而春登台。"人们都在利益社会中为了名利而熙熙逐境。如同参加盛大的祭祀活动，享用山珍海味和丰盛的宴席。好像春天里登高望远，游玩享乐。事实上，这只是表象，老子提醒我们不能迷于表象，这些都是在五蕴中消耗我们的精气神，沉沦于生老病死。

"泊"，停船泊港。"未兆"，危险或念头未出现之前。"我泊焉未兆，若婴儿未孩。"老子祖师要求我们要能够保持清醒，淡泊宁静，居于本性的港湾。从内心深处保持婴儿的天真状态，如同婴儿依偎在母亲的怀抱中一样，回归于本朴。婴儿，安住在无分别智之中，天真纯洁，无忧无虑，没有主观意识，没有任何欲望。存诚子诗颂："名方唱吧利登台，我如婴孩看过来。随顺世缘非糊涂，糊涂到家才明白。"

"傫傫"，逍遥自在。"傫傫呵！若无所归。"淡泊恬静，任运自然，逍遥自在啊，寝卧在无何有之乡。诚如《庄子·逍遥游》所言："何不树之于无何有之乡，广莫之野，彷徨乎无为其侧，逍遥乎寝卧其下。不夭斤斧，物无害者，无所可用，安所困苦哉！"把心放在什么也没有的地方，放在无边无际的旷野里，悠然自得，优游自在。在这样的境地，不会遭到刀斧砍伐，没有什么东西能伤害它。虽然没有什么用处，可是也没有什么困苦。

"有余"，有多余的财富。"遗"，忘是非，忘得失。"众人皆有余，我独遗。"世人贪着尘务，为了享乐而活，纵情于声色货利之中，追求更多的利益，对这些享乐的追求永远没有满足的时候，反而越是享乐，胃口越大，贪欲越发膨胀。从而让自己陷入不断追求的利益深渊，身心俱疲，贪物而常忧。唯独有道的人好像被遗忘在利益之外，一无所有，淡泊朴素，无私无我，忘是非，忘得失，不将精力用于追求利益，而是大公无私，如天地一样不为自己存在，一心安住于大道。

吕祖曰："荒兮其未央哉，荒非荒也，一物不着，一丝不挂，无天无地，日月暗明，唯混而已，谓之荒也。其未央，恍惚未生，不知有冥，不识有空，如此境界，有何是中央？是未央哉。众人熙熙，若有所得而自快，盈其心，满其志，止于此而已矣。如享太牢，如登春台，因盈也，因满也，不知盈满而自害。我独泊兮，我到未央时，不敢苟且，愈坚其志，愈恒其心，只执于中，连中也不知，是为泊。然其未兆，我到未央时，若婴儿之未孩，知识不生，闻见不开，婴不知为婴也，傫傫兮若无所归，此时候有何归着？处到寂然之境，静到寂寞之乡。众人皆有余，为胜心二字，自满自贪，谓之有余，我独若遗，到一境灭一境，入一步杀一步，得一趣忘一趣，知一妙去一妙，自己危微精一，谓之若遗。人到玄玄处，秋毫不贪，飞灰不染，方为若遗。"

　　"我愚人之心也，混混呵！俗人昭昭，我独昏昏。俗人察察，我独闷闷。惚呵！其若海，恍呵！其若无所止。"我就像一个愚人一般，忘心息智、心地纯纯。世人都是光彩照人，唯独我好像昏昏默默；世人都是明察秋毫，唯独我好像一无所明。我静时像辽阔无边的大海，动时像飘忽无定的清风。

　　"愚人之心"，内心纯朴、直率，外昏内明的状态。表面上是很傻的样子，该拿的不拿，该得的不得。实际上是如水通流，随世而转，内心清楚明觉。"混混"，心不分别，昏昏默默，混沌淳朴。"我愚人之心也，混混呵！"圣人深知分别心、自私心、贪欲心的虚妄，内心安住于大道中，看起来像愚人一般，而实际上是大智若愚，外昏内明，内直外曲，心不分别，质朴无欲。修炼就是以一种很平常的心态去积累它，像婴儿一样自然而然地长大，生命充满了生机，这就是我们最基本的状态。

　　"俗人"，世俗之人。"昭昭"，聪明，光彩照人。"昏昏"，藏明于内。"俗人昭昭，我独昏昏。"俗人用神于外，内心分别炽盛，是非分明，好像很聪明、很明白，无事不详，喜欢彰扬。有道者内直外曲，灵光内烛而若昏，好像很糊涂。内心光明，无善无恶，藏明于内。有道者行为虽是入世，但心境是出世的，不计较个人利益，别人要聪明，就让他们去聪明，别人把他看成傻子，就随他们去说而不在意。

　　"察察"，目光敏锐，看得很清楚。"闷闷"，自敛其神，淳朴诚实。"俗人察察，我独闷闷。"俗人严明苛刻，目光敏锐，能说会道，专门挑别人的毛病，好像能明察秋毫，事于细微，内心不能安静。有道者内心清静，逍遥任物而若闷，不计较利益，浑朴神全，好像糊里糊涂，一视同仁，一无所明。外表和光同尘，混混沌沌，而内心清明洒脱，遗世独立。

　　"惚"，内心淡然，淡泊宁静，忘我的心灵感受。"惚呵！其若海。"有道者静时内心淡然，像无边的大海一样，宽阔无际，容纳波浪四起，包容一切尘垢，不清不浊，复归于一。

　　"恍"，内心宽广，不拘泥于形，心灵与道融合的内在感觉。"恍呵！其若无所止。"有道者动时飘逸无束，像浮云的卷舒一样，变化不穷，漂浮无定；像无际的清风一样，往来无定，无所止住。

　　吕祖曰："我若遗，愚人之心也，寂然不动，辉辉兮灿烂于中；冥冥兮性升于空；沌沌兮返之初始，归之混沌。俗人昭昭，盈心满志，自以洞然为昭昭也，我归原始之初，神不知为神，气不知为气，虚不知为虚，入于混然。

惟昏昏然不识，若未胎婴儿无二。"

"众人皆有以，我独顽以悝。吾欲独异于人，而贵食母。" 世人都有所作为、很有能力，唯独我保有乡土气息，好像一个乡巴佬一样。我与众不同，是为了吸取"道"母的能量。

"有以"，有所作为，有能力。"顽"，元始质朴，愚陋笨拙，绝其机谋。非常有个性，永远坚持不变。"悝"，乡土气息，精粹纯一。"众人皆有以，我独顽以悝。"众人都有所作为、很有能力，心为外物所役，而有道者内心质朴，绝其机谋，气血通畅，纯粹素朴。言行举止，元始质朴、保有乡土气息，好像一个乡巴佬一样。

"母"，生我者，先天的始气，坤元元气。"吾欲独异于人，而贵食母。"有道者养炁于大道，无为、自然、清静、朴实、诚信，用道炁来养身心，除垢止念，静心守一，外想不入，内想不出，终日混沌，如在母腹，神定以会乎炁，炁和以合乎神，呼至于根，吸至于蒂，绵绵若存，回归到道体的境界中去，跟大道融为一体，贵食坤元元气而合道。比如树，它的叶子很漂亮，根会源源不断地给叶子提供营养，根就是母。叶子一年一度，秋风一吹，就失去了。根却年复一年，生生不息。圣人知道虚无的道炁是人生身立命的根本，贵食其母，须臾不离。于是观妙观徼，以为性命之根，养之韫之、食之味之，则见道味深长，而世味为之自忘。

吕祖曰："我独顽且鄙，此顽非顽也，五行自运，天地自交，阴阳自混，乾坤自一，谓之顽也；鄙非鄙也，精粹纯一，谓之鄙也。我独异于人，默默无为，着中不着，异于人而合于天也，混沌合于我，我还归于混沌，谓之异于人，而混沌同也。混沌之内，惟知其中，母乃中也。昏默之中，采先天精华，含养于内，谓之求食于母。"

第二十一章　道象
孔德之容，唯道是从，象物精信，一气演化

> 孔德之容，唯道是从。道之物，惟恍惟惚。惚呵恍呵，中有象呵！恍呵惚呵，中有物呵！窈呵冥呵，中有精呵！其精甚真，其中有信。自今及古，其名不去，以顺众父。吾何以知众父之然也？以此。

本章讲述道象，孔德之容，唯道是从，象物精信，一气演化。老子在本章指出"孔德之容，惟道是从"。道的基本形象就是"象、物、精、信"这四个字，恍惚窈冥，无中生有，得造化之机。大道无形，孔德有容。道立则德立，道行则德行，故悟道以德，修德依道。心不虚不能容，心不空不能量，虚空方得应物。

"孔德之容，唯道是从。道之物，惟恍惟惚。惚呵恍呵，中有象呵！恍呵惚呵，中有物呵！窈呵冥呵，中有精呵！其精甚真，其中有信。"大德者的内在、外相及行为，完全是依道而行，浑同于道。"道"这个东西，是混沌未判的存在状态，若隐若现。惚惚恍恍啊，混沌中确有某种形象；恍恍惚惚啊，混沌中确有某种东西。杳杳冥冥啊，混沌开基产生精微光气；精微光气极为真实，其中确有信息验证。

"孔"，通达，广大。"德"，心对自然信息的真实感应和体悟。《文子·精诚》曰："闭九窍，藏心志，弃聪明，反无识，芒然仿佯于尘埃之外，而消摇于无事之业，含阴吐阳，而万物和同者，德也。""容"，状态，得道者的外相、言行举止。"唯"，唯有。"从"，跟随，依从。"孔德之容，唯道是从。"道是内在的运动动力，德是外在的行为法则，大德的内在、外相及行为，是由"道"来决定的，浑同于道。一个真正体道、悟道而行道的人，降心养炁，有充足的道炁存在，处于混沌状态，所展现出来的言行举止，是道信息的全息真实境象，与道体自然的脉动是一致的，是配合着道体自然的韵律在运作。有高度的清静心，能化解所有事物的矛盾，从心中融化掉一切浊气，包容一

切。如水一样，能洗各种污垢。

"物"，道的创生物，先天一炁，混元一体。"恍"，性光，从"忄"从"光"，若有觉，无中之有。"惚"，无心。从"忄"从"忽"，若无知，有中之无。"恍惚"，不是糊里糊涂，而是本性元神的光明觉照，不著于知觉思虑。心地光明，浑浑沦沦，时晦时明。如登云雾，飘然自在，一片活活泼泼的光明境地。

"道之为物，惟恍惟惚。"道体混沌状态的先天元炁，在人们极度虚静的状态中能够进行能量信息的沟通。先天一炁惚兮似无、恍兮似有，它会自动地进入人体中脉，在中脉里走。先天一炁就像龙一样，忽隐忽现，不想它，它就出来了，在虚静的状态中能看到；想它，它就没了，在浑浊的状态中什么也看不到。《钟吕传道集》曰："肾为气之根，心为液之源。灵根坚固，恍恍惚惚，气中自生真水。心源清净，杳杳冥冥，液中自有真火。火中识取真龙，水中认取真虎。龙虎相交而变黄芽，合就黄芽而结成大约，乃曰金丹。"

"象"，不是一切有形之象，乃是无象之象。"惚呵恍呵，中有象呵！"先天一炁这个元炁能量，虽然是无形，但恍中有象，象中又能反应物质的特性，深远广阔，可以靠元神觉知其呈现的虚象，本原能量的聚散变化，无中有象，遍一切处，性光浮动，绵绵若存，用之不勤。犹如人的心神一样，无形而能变化。

"物"，不是有质之物，乃是混成之物。"恍呵惚呵，中有物呵！"先天一炁这个元炁能量能化象，恍中有象，有象则有物，这些物质的纯度和能量很高，能够通过有形的物体以及事物进行验证，就像遗传基因的程序一样，物化象，象又组合成物，既是整体又是分散。这个本原能量的聚散变化，在虚极静笃时，可以觉知先天一炁凝聚的光炁变化，无中含有。

"窈"，深远，微不可见。"冥"，暗昧，深不可测。"窈冥"，内外清净、四大虚空。此时知识全无，身心两忘，不知我之为我，形无其形，心无其心。"精"，道朴未分，全息的生命能量，是构成生命的最精微物质。因主宰不同分为元精和淫精，炼精者炼元精，非淫佚所感之精。伍冲虚真人说："先天炁精俱是无形之称，在虚极静笃时则曰先天元炁，及鸿蒙将判而已有判机，即名曰先天元精，其实本一也。"未判是元精，未动之静定则是元炁。元炁为体，元精为生化之机，生殖之精为用。柳华阳真人说："炁之生时，则往外顺出，故用神气采之归炉。真炁既得神气之力，自然随神而归炉矣。""此炁从禀受隐藏于炁穴，及其年壮炁动，却有向外拱关变化之机者；即取此变化之机，回光返照，凝神入炁穴，则炁亦随神还矣。"

"窈呵冥呵，中有精呵！"先天一炁这个元炁能量不但有象，还能聚物而生精。他的聚散变化，微不可见，深不可测，混沌开基时产生的精微光气，像看不见的神灵一样，能施展出各种各样的变化，而且这些变化是由精炁来主导的。在深度的虚静之际，身心两忘，神归炁内。以性光下照坎宫，一线心光与一缕真气相接，神气相交，火入水底，水中金生，真阳发动，从无知觉时恍惚而有妙觉，一阳来复，此刻精、气、神都在先天，鸿蒙初判，并不分真精、真气、真神，这就是真精、真气、真神，三者聚于一，丹道自成。存诚子诗颂："静笃物精妙药本，虚极象信做主人，大道至简大法易，恍惚杳冥聚成形。"

《钟吕传道集》曰："心生液，非自生也，因肺液降而心液行。液行夫妇，自上而下，以还下田，乃曰妇还夫宫。肾生气，非自生也，因膀胱气升而肾气行。气行子母，自下而上以朝中元，乃曰夫还妇室。肝气导引肾气，自下而上以至于心。心，火也，二气相交熏蒸于肺，肺液下降，自心而来皆曰心生液，以液生于心而不耗散，故曰真水也。肺液传送心液，自上而下以至于肾。肾，水也，二水相交，浸润膀胱，膀胱气上升，自肾而起者皆曰气，以气生于肾而不消磨，故曰真火也。真火出于水中，恍恍惚惚，其中有物。视之不可见，取之不可得也。真水出于火中，杳杳冥冥，其中有精。见之不能留，留之不能往也。"

"真"，本性，真实。"信"，诚，带着元始能量磁场，能真实感应。诚一不二的真信，不是言语之信。天人合发，如期而至，如潮信。"其精甚真，其中有信。"真精生于至无之中，而真信亦见于天人合发之时。混沌开基时产生的精微光气，充满了生机，它是本性能量，是真实存在的，可以进行光的全息感应和能量交换，冲而不盈，以智慧的方式传播能量。其中确有信息验证，如潮信一般，如期而至。信是真和精的纯度，如果失去了信，便失去了能量磁场力度的影响。悟道中所谓的"真"，就是一阳来复；"信"，就是真气与神光合一，天人合发，元精发动，周身酥软绵绵的真实感应和信息能量。祖窍为性根，安神祖窍舌上卷，甘露生有如溪涧。气穴为命根，凝神气穴丹田暖，金气足而潮信至。只要真修实证，到时便自然有一步一步地证验。

《太乙精华宗旨》曰："证验亦多，不可以小根小器承当，必思度尽众生，不可以轻心慢心承当，必须请事斯语。静中绵绵无间，神情悦豫，如醉如浴，此为遍体阳和，金华乍吐也。既而万籁俱寂，皓月中天，觉大地俱是光明境界，此为心体开明，金华正放也。既而遍体充实，不畏风霜，人当之兴味索然者，我遇之精神更旺，黄金起屋，白玉为台；世间腐朽之物，我以真气呵之立生；红血为乳，七尺肉团，无非金宝，此则金华大凝也。"

吕祖曰："道为何物？是先天生的气，气生道，从道凝为物。人何能使物凝中？然初下手，在太虚立基，去心意筑基，合恍合惚，谓之初境。此一讲也。凡人修道，必先由此，后至恍惚，复为熔金养体，如坐大火中，周天云雾，如入冰山，方为恍然；昆仑镇顶，不能力支，方为惚然；恍惚之中，中若有象，见如不见，知如不知，方为真象；恍中生惚，惚内返恍，内若物存，觉如不觉，存如不存，方为真物。既惚中返恍，恍中生惚，如影一般。"

黄元吉曰："孔德之容，即玄关窍也。修行人但将万缘放下，静养片晌，观照此窍，惚兮似无，恍兮似有。虚极静笃之中，神机动焉，无象者有象。此离己之性光，木火浮动之象，即微阳生时也。再以此神光偶动之机，含目光而下照，恍兮若有觉，惚兮若无知，其中阳物动焉，此离光之初交于坎宫者。其时气机微弱，无可采取，惟有调度阴窍之气，相会于气穴之中。依法行持，不片晌间，火入水底，水中金生，杳杳冥冥，不知其极，此神气交而坎离之精生也。然真精生时，身如壁立，意若寒灰，自然而然，周身苏软快乐，四肢百体之精气，尽归于玄窍之中。其间大有信在，溶溶似冰泮，浩浩如潮生。此个真精，实为真一之精，非后天交感之精可比；亦即为天地人物发生之初，一点真精是矣。"

"自今及古，其名不去，以顺众父。吾何以知众父之然也？以此。" 从当今契入，上溯到太古，道是永远存在的，万物的产生、成长都是顺从道体的自然规律。我是如何知道万物之始的情况，就是通过道体亘古不变的自然规律来认识的。

"以"，用。"众"，万物。"父"，开始，起初，乾元祖炁。"自今及古，其名不去，以顺众父。"古往今来，道都是永远存在的，超越时空，历劫常存，亘古不变。信道的人当下契入，道就会给予帮助，不信的人道就会离他而去。有了道才能认识万物的本始，揭示万物产生、发展的自然规律。无名是天地之始，有和无都是从道里面出来的，只是名字不同。老子虽然把善恶、美丑这些概念提出来，但是一开始就从大道的角度把其界线消解掉了。老子将观察和体悟到的奥妙及悟道的亲身经历告诉人们，希望人们能遵从于道，遵从于乾元祖炁而自然生存，珍惜生命，认识生命的真正价值。

"吾何以知众父之然也？以此。"老子说"我怎么知道万物的生成、成长的自然规律呢"，就是当下契入了"道"性。"当下"就是《六祖坛经》所言："不思善，不思恶，正与么时。"清静无为，使心灵神游道中，与道合一，知道了万物之本，明白了道体亘古不变的乾元祖炁，象、物、精、信的变化规律，这个至高无上的道，通达宇宙万有，照见无涯无际的生命现象。万物与道之间的关联就是要通过虚静的过程，虚心湛寂，才能体会出道的奥妙。万物的发展是在虚静中与道沟通，浑合一体才能得到生长和发展的。虚静是道的化象，也是道的生化过程。

吕祖曰："为何有名？吾不改之，因存因有，着定于中，是其名也。名乃害也，其害不去，焉有众甫！不存他，不有他，不着定于中，是去名也。去名亦是去害，害去气熔，名去神化。甫字当作父、主、神字看。目不观，眼神归矣；耳不闻，耳神收矣；鼻不息，鼻神凝矣；口不言，诸神聚矣，谓之众甫。诸神聚，其舍有主；诸神化，其气有父；诸神存，其名不去，是为众甫。为众甫，方得若窈若冥，到了窈冥时，才得神化、气结、精凝，而成道如此。"

第二十二章　执一
融通对待，返本复元，执一应万，诚全归之

　　曲则全，枉则正，洼则盈，敝则新，少则得，多则惑。是以圣人执一，以为天下牧。不自见，故明；不自是，故彰；不自伐，故有功；弗矜，故能长。夫唯不争，故莫能与之争。古之所谓曲全者，岂虚言哉？诚，全归之。

　　本章讲述执一，融通对待，复元归本，执一应万，诚全归之。老子在本章言治身之要道，教人见微知著，执一而应万，握要而治详。刚能柔，柔能刚，方可全真。举六个事例，苦口婆心，从正反两面说明天道的"损有余，补不足"的作用。以"执一、全归"为教，道本虚无，唯虚不可见，不可言，故以一形之，天与人不相胜，执一而返归于道。

　　"曲则全，枉则正，洼则盈，敝则新，少则得，多则惑。是以圣人执一，以为天下牧。" 隐曲能保全，偏离能归正，低洼能充满，破旧能更新，少取能得到，多得则迷惑。所以，圣人融通对待，执一而应万，这样才能成为天下的管理者。

　　"曲"，隐曲，酒曲。柔而不刚，曲能有诚。"曲则全"，道恍惚窈冥，隐于互藏之宅，引导事物发展。必曲已顺物，顺应自然来做事，则可以全身。圣人内直外曲，内心合于天道，心如虚空，没有挂碍，持守天道；外表同于人道，符合人的行为，适嗜欲于世俗之间，这样做人就能成全自己。就悟道而言，养炁于虚，人的气机从微到强，犹如酒曲酿酒一般。人身隐微处，有一个浑沦完全、活泼流通之机，由此存养烹炼，即可丹成仙就。在酿酒的过程中，将"曲"拌在酿酒的高粱、豌豆等原材料里面，促进淀粉的糖化过程及酒精的发酵转化，将粮食转化成芬香度浓郁的瑶池玉液。

　　"枉"，弯曲，偏离正道。"正"，归于正直。"枉则正"，将偏离的回归到正直。悟道就是降心于静，磨炼意志，不断地把偏离的人心回归到自己的本

心，归心于道。圣人得此中道，兢兢致慎，回环抱伏，如鸡孵卵，如龙养珠，一心内守，久之则浩浩如潮，逆而上行，一股元阳之气挺然直上。

"洼"，低洼的地方。"洼则盈"，凡是低洼的地方，流水自然会聚积。地低为海，人低为王。圣人以洼下自处，以谦退处下，不敢为天下先，就好比地之洼下一般，虽无心求盈而自盈。当我们把自己的位置摆低，将心比心，就能不断地发现别人的优点，反省自己，找出自己的差距，清空自己，德能就会自然灌注，自己就能不断进化。

"敝"，破旧的东西。"敝则新"，人放弃既有的名誉、地位和利益，内心虚静，保持本有的生机，用本心观照，就能从亘古不变的大道中不断领悟出新的道理来，与时俱进。天地不求新而日新，日月不求明而常明。孔子曰："苟日新，日日新，又日新。"在清静的状态中总结自身的毛病，关注起心动念时的心境，就能提高自己的清静心。一个鸡蛋从外部打破是美餐，从内部打破就是新生。

"少"，精一，万物的共性。"少则得"，执一可以御万，居简可以应繁，而其用终不可穷。人如果能掌握事物的枢机，并且在一个方面专注、坚持，最终会获得成功。一个人真的能少私寡欲，能够放下利益心，不执于得，见素抱朴，知止常足，天下为公，非利生存，关注自己的空性，反而能使人精固气盈，复元归本，到最后真正能够得到无限，天长地久，逍遥自在。

"多"，很多，万物的个性。"多则惑"，人选择的机会多了反而使自己迷惑，抓不住主要矛盾。多了以后，人们就要去分别。有了分别心后在二元对立的圈子里绕，绕来绕去，没完没了，就困惑了。人有贪欲心，对名利和物质的占有欲，从来都是多多益善，各种物质和信息积累多了，不能从心中化解掉，使人迷惑损耗精气，身心不得安宁。财多者必惑于所守，学多者必惑于所闻，名多者必惑于虚荣。

"一"，肇始之初，阴阳聚合。《性命圭旨》曰："大哉！一乎！以其流行谓之炁，以其凝聚谓之精，以其妙用谓之神。"精、气、神的能量转化关系，借用爱因斯坦的质能方程可表示为：气 = 精 × 神^2（气为生命能量，精为生命物质，神为神光、生命信息）。精、气、神有不同的层次，可以相互转化，炼精化气、炼气化神、炼神还虚，复归为一。"牧"，御，管理。"是以圣人执一，以为天下牧。"前面讲的六句，都是要我们复元归本，执一而应万，和合阴阳，融通对待，互补包容，因天地的变化而变化。圣人从整体上看问题，以道来充实精神，将一颗"道心"化在万事万物之中。执一无为，治理天下时是按非利社会的生存要求而作为，忘我无私，天与人不相胜，保持混沌纯朴的状态，道德圆融，跳出了二元对立和对待的制约，将这些作为悟道和治理天下的准则。任何一个事物，当我们跳出事外来看时，才能真正掌握它。跳出矛盾，即是般若。

《文子·道德》言："老子曰：执一无为，因天地与之变化。执一者，见小也，小故能成其大也；无为者，守静也，守静能为天下正。处大，满而不溢，居高，贵而无骄。处大不溢，盈而不亏；居上不骄，高而不危。盈而不亏，所以长守富也；高而不危，所以长守贵也，富贵不离其身，禄及子孙，古之王道其于此矣。"

吕祖曰："凡学道者，从曲而生，深究太阴之理，功到自然满盈，曲则全，如月也。枉者，要人纯其精，一其华，精华纯而生，用华不用精，固精采华。洼者，小土塘，水多则盈，要人防溢之害。弊者，弊其著采，弊其采守，去有为之弊，存意中意，太虚中运用生化之理。少者，一丝不著。多者，妄心极用。应去此数件方可。需清之、一之、虚之、极之，是以圣人教人式如此，故举言之。曲、枉、洼、弊、少、多这六字，总不过要人去有存无，去胜存朴，去贪存实，是以不争而归式之。"

"不自见，故明；不自是，故彰；不自伐，故有功；弗矜，故能长。夫唯不争，故莫能与之争。"圣人不自见其能，以天下人之见为见，始终都很明了事理；不自以为是，以天下人之是为是，始终能明辨是非；不锋芒外露，因天下人之功为功，始终能建立功勋；不自我夸耀，因天下人之长为长，始终能不断成长。正是因为圣人不与人争，所以天下没有人能与他争。

"自见"，自我表现，自见其能。"明"，明了。明从日从月，日为阳，有寒暑的往来；月为阴，有盈亏的消长。要明了道理，就要阴阳合一。"不自见，故明。"圣人能跳出事外，虚心听取别人的意见，不自见其能，以天下人之见为见，所以，始终能心常清明，明了道理。人们若固执自己主观的成见，执着了己见，脑子有了主观框框，不能通透，反而成为自障。

"自是"，自以为是，目光短浅。"彰"，彰显。"不自是，故彰。"圣人虚心处下，天下为公，不目光短浅，不自以为是，以天下人之是为是，所以，始终能彰道德。人们多以自见为是，自以为正确，这是私心的体现，不能合于大道，仅能自欺己心，不能信服于人。当我们不自以为是，放下私心的时候，自己的本来，本朴的那一面就容易彰显出来。

"伐"，征伐，从亻从戈，像人执戈。"自伐"，锋芒外露。"不自伐，故有功。"圣人把功归于天下，认为自己只是做了该做的事，不锋芒外露。因天下人之功为功，如此虚心处下，处洼则盈，所以，他自然而然就能建立功勋了。人过于锋芒外露，不仅是自损心德，也容易招惹别人非议，相当于自己讨伐自己。

"矜"，夸耀，从矛从今，指仪仗矛。"自矜"，自我夸耀。"弗矜，故能长。"圣人不抬高自己，不起计较之心，从不炫己之长。因天下人之长为长，守敝则新，善行益长，所以，他始终能不断成长。世人往往以己之长，比人之短，所以自认为了不起。若能虚心处下，以人之所长，补我之所短，岂不美哉。

"不争"，利物无我，不与人相争，不与自己相争。"夫唯不争，故莫能与之争。"圣人不自见、不自是、不自伐、不自矜，心胸宽阔，不计较任何个人的名利得失，没有利益心，跳出矛盾，非利生存，天下为公，什么都不争，利物无我，以无争而得道。而天下人都有利益心，争的都是名利是非。圣人不与天下人争，是因为经历了曲的历程，明白了是非的根源，明白了道的奥妙。存诚子诗颂："吾自不争谁与争，争得银发满头生。守中抱一天下式，无弦琴上聆妙音。"

吕祖曰："人无矜，故道生。前不自者，默其功而听其自然来往生化，未免强用他之功，气聚自生，气烘自化，气融自结，气纯自成，气化自泰，泰后自旋自转，微意一点落于中宫后，气合混沌时，如太虚中一点金星，天水相映，总从不自是、不自矜中来，是以不争。不争者，因不自是自矜，方处不争。到不争时，岂有虚谬哉！"

"古之所谓曲全者，岂虚言哉？诚，全归之。"上古老祖宗所说的"曲则全"的做人道理，不只是说说而已，而是实实在在的。真诚地去做，的确能使人功成圆满，回归空性。

"古之所谓曲全者，岂虚言哉？"上古老祖宗所说的"曲则全"的做人道理，是放弃虚幻的名相，私心妄念，关注起心动念时的心境，遵循天道的运行规律，不与人争名争利，不与天地争比高低。曲是过程，全是结果。曲是起心动念，全是空性自在。

"诚"，真诚、真意，直心。《文子·下德》曰："诚能使神明定于天下，而心反其初，则民性善。""全"，完完全全。"归"，归根，回归道。"诚，全归之。"诚为真意，能使神明定于天下，使心归于初心，止于至善，止念于空性。只有真诚做事、真诚待人，真诚地降伏其心，则能成就一切，空性自在。实实在在地放下争斗心，降心养炁，就能减少元炁能量消耗而聚集生机能量，复元归本，回归空性，功成圆满，与道合真。诚是全的基础，没有诚的信念，就难以化解曲，而成全大业。

《中庸》曰："自诚明，谓之性；自明诚，谓之教。诚则明矣；明则诚矣。唯天下至诚为能尽其性。能尽其性，则能尽人之性。能尽人之性，则能尽物之性。能尽物之性，则可以赞天地之化育。可以赞天地之化育，则可以与天地参矣。"由真诚而明白道理，叫作天性；由明白道理后做到真诚，叫作教育。真诚就会自然明白道理，明白道理后就会做到真诚。只有天下极其真诚的人能充分发挥他的本性；能充分发挥他的本性，就能充分发挥众人的本性；能充分发挥众人的本性，就能充分发挥万物的本性；能充分发挥万物的本性，就可以帮助天地培育生命；能帮助天地培育生命，就可以与天地并列为三了。

第二十三章　同道
天道自然，同化于道，同于德者，道亦德之

希言自然。飘风不终朝，暴雨不终日。孰为此？天地而弗能久，有况于人乎？故从事而道者同于道，德者同于德，失者同于失。同于德者，道亦德之；同于失者，道亦失之。

本章讲述同道，天道自然，同化于道，同于德者，道亦德之。老子在本章引导我们顺应自然大道，和顺于道德，混同于事物，从背道失德的二元对立状态中回归于一体的自然大道。道本自然，自然无言，自然无为，不容丝毫造作于其间，无以言表。人选择了什么就会得到什么，选择了道就拥有道，选择了德就拥有德，选择了失就拥有失。

"希言自然。飘风不终朝，暴雨不终日。孰为此？天地而弗能久，有况于人乎？" 天道是无言而自然运行的。所以，狂风刮不了一个白天，暴雨下不了一整天。是谁造成的狂风、暴雨呢？这种极端的事连天地都无法持久进行，更何况是人呢？

"希"，少。"言"，内在的分别念。"希言"，无言，内在的分别妄念极其稀少，悟道则忘言。"自然"，自在的本源、本来，心无挂碍。自然不是指天地万物的大自然，而是指天地万物本来就具有的样子，即物的本性、真性，并由其固有的本真而产生的自然生存状态和运动状态。天地万物之中，皆有自然的本源力量。"希言自然"，自然是无言的，本然运化。我们遇见过一朵花开的美丽，却从未听到过花开的声音。天地在虚静之中创生和运行万物，万物在无声无息之中被滋养。《庄子·知北游》曰："天地有大美而不言，四时有明法而不议，万物有成理而不说。"天地就是无字天书，在跟我们述说无言的真理，本然的运化。如果我们能顺应自然地去做事情，没有执滞，就不需要"言"去教化。

"飘风"，刮大风。"暴雨"，下大雨。"飘风不终朝，暴雨不终日"，狂风刮

不了一个白天，狂则不久；暴雨下不了一整天，躁则不长。飘风骤雨，是天地暴怒不平之气，阴阳失调导致的，沛然而来，悠然而去，以其变而非常也。

"孰"，谁。"孰为此？天地而弗能久，有况于人乎？"飘风、骤雨是天地的极端状态，违其常而不能长久。人的作为，如果不能顺从天道而妄为，执言滞教，失道而生迷，很快就会走向败亡，不能长久。我们悟道，就是要合于自然，顺从天地之间的变化状态，保持一种灵动，以本心为主宰，思维中没有固定不变的角度，没有对抗性意识，能包容一切存在。

吕祖曰："希言者，言贵于无，如飘风亦然。倘天心不静，飘风即起，不能恒耳。如人之功，其铅方起，意即外驰，岂能恒乎？骤雨如人之功，水方来朝，心即他向，火不能降，虽朝无益，如骤雨不终日耳。如此用功，孰谓是先天地？此乃后天之余。天地尚且不久，火来水散，水朝火灭，不能合一，天地岂能久乎？人妄采后天，乾坤毫无主机，人乃神也，神岂能返舍？无是理也。"

"故从事而道者同于道，德者同于德，失者同于失。同于德者，道亦德之；同于失者，道亦失之。"所以，行道的人，与道合真；修德的人，执一而行；背道的人，执言滞教。遵从大道的人，道德自足；背道失德的人，道德流失。

"道者"，心通自然大道，悟道忘言，与道合真，以和同不争为贵。《文子·道原》所言："道者，虚无、平易、清静、柔弱、纯粹素朴，此五者，道之形象也。""同"，内心相应、沉浸的意思。"从事而道者同于道"，有道的圣人心通自然大道，非有心求道。他是从生活中去悟道，从事物发展的变化中去悟道，从一切规律中去悟道，就像道化在身心上一样，沉浸于自然大道中，和顺于道德，混同于事物，自然感通于物，物亦自然相应，遵从大道的法则作为，自然就会同化于道，与道合真。

"德者"，认知道体生化之机、明心见性的人。《庄子·天地》曰："德人者，居无思，行无虑，不藏是非美恶。""德者同于德"，有德的圣人同于自然之德，非有心积德。他是以德去行善，以德去修身，浑同于天地之德。为是不用而寓诸庸，执一而行，一而不分，明心见性。《文子·精诚》曰："闭九窍，藏心志，弃聪明，反无识，芒然仿佯于尘埃之外，而消摇于无事之业，含阴吐阳，而万物和同者，德也。"

"失者"，执言滞教，失去真我，背道失德。"失者同于失"，在利益社会中，人们的欲望很强，私心很重，在二元对立的世界里，争名夺利，弱肉强食，自私自利，识神主宰，道德流失，极端而无法持久，找不到本来的自己，迷失了人生。失去了道的支持，失去了自然之德和潜在的智慧。

"同于德者，道亦德之。"在道德社会，元神主宰，人们非利生存，体悟道体的生化之机，敬天爱民，执一而行，就会形成一个和善的能量场，会与修德的人内心相应，慈悲仁爱，同类相亲，在这个场中的人能得到宇宙生机能量的沐浴，互补和谐，非利生存，一而不分，与道合真。

"同于失者，道亦失之。"在利益社会，识神主宰，人们迷失在利益中，找不到回家的路，随波逐流，沉沦苦海，就会形成一个背道失德的能量场，在这个私欲很重的能量场里，到处都是自私自利的人，做什么事都会遇到很大的困难，水深火热，道德流失。

吕祖曰："故从事于道，言静极之功，去有而就无，故从之静，从之无。道者同于道，同天地，不言太虚之体；德者同于德，同天地生化成物之机；失者同于失，同天地虚灵不昧，无言无动，而合天地之道。同于道者，同生化肃杀之权，如人有动有静，相生相克，与天地无丝毫差谬，乐自然之道，故得之。同于德者，同天地含弘广大，无不覆载，其有容也。若此，乐其自然之道，故得之。同其失，同天地虚灵不昧，风云雷雨，无意而生，无意而散，丝毫不著，如此容静，包罗乾坤，听其自然，合天地乐我自然希言之道，故得之。太上教人，不过体天惜己而修，忘德忘失，无容心于物也。"

第二十四章　弗居

好高骛远，自见自是，自伐自矜，有欲弗居

企者不立。自见者不明；自是者不彰；自伐者无功；自矜者不长。其在道也，曰：余食赘行。物或恶之，故有欲者弗居。

本章讲述弗居，好高骛远，自见自是，自伐自矜，有欲弗居。老子在本章指出好高、骛远、自见、自是、自伐、自矜，是人类的通病，都是因为有我私，不能长久。真正有道的人，常处虚无之境，不居见、是、伐、矜之地，不做违反自然的傻事。

"企者不立。自见者不明；自是者不彰；自伐者无功；自矜者不长。" 脚跟离地，用脚尖站立，站不了很久。自见其能的人，反而不能明了道理；自以为是的人，反而无法明辨是非；锋芒外露的人，反而无法建立功勋；自我夸耀的人，反而不会再有进步。

"企"，脚跟离地、脚尖站立。"企者不立"，有意抬高自己的人，脚跟离开地面，用脚尖来站立，不能站立很久。老子告诫我们做人要脚踏实地，稳步前行，保持自己的本性，目标要切合实际。存诚子诗颂："好高骛远人通病，急于求成病日深。投师不问邪与正，神通未成成神经。"

"见"，用眼看，观是用心看。见而不住见，是真见。"自见、自是"，坚持自己的意见，是己非人，认为自己是对的，其他人都错了。"自见者不明"，自我表现、自见其能的人，执于主观成见，不能通透，很难明了事理。"自是者不彰"，自以为是、短视的人，是己非人，不能谦下，很难明辨是非。

"自伐、自矜"，夸自己的功劳，认为自己最能干。"自伐者无功"，锋芒外露、讨伐别人，内耗自己，不能互补，很难得到成功。"自矜者不长"，自我夸耀、矜持的人，不能包容，很难不断成长。

好高、骛远，自见、自是、自伐、自矜的反面，就是真我。真我的存在同于佛说的离四相，无我相、人相、众生相、寿者相。我们对自见、自是、

自伐、自矜，要好好地去认识它。当然我们不可能一天就把境界提得很高，只要按这个方法做下去，把这四个方面认识了以后，就知道真我到底是什么，真我就是空性，元神主宰，生机盎然。

吕祖曰："何为跂者不立？跂者是斜身不正，谓之跂，故不立。为何譬跂？意邪，心著世欲，猿马不收，何能得静？何故得静？正其心，澄其意，毫无染者，故能得静。何为跨者不行？跨者，一脚而立，不能行也。譬此者何也？因人不渐进，知而不行，如独脚而立，岂能久乎？是以警后学也。不静，安能得起？不虚，讵能得知？人若闻道，不从渐修，焉能成乎。何为自见者不明？自有邪见，妄自为是，不规自然，岂通透内学？若有通透，将何求之？似愚似痴，终日默默，不待勉强，自作聪明，不求明而自明也。何为自是者不彰？自立偏见，终日妄参，其大道不能彰现，将何求彰？常存不满之心，不生速进之心，终日自足，岂能彰乎？要不自足，虚虚静静，常若蠢然澄见的，不求彰功到自见，此彰非外彰彩之意，乃内中运行生化之机，方合太上本旨。何为自伐者无功？外说如满山苍槐古柏，樵人日采，山之槐柏日采不觉，月采年采，渐渐待尽，山之秀气，渐渐消散，久之为一枯山。如人终日目视耳听，口言鼻臭，身劳神损，气耗精枯，终日不觉，久之如枯山者同。又如人妄相授受，不归清静大道门头，终日或守或放，耗水抑火，每日烧煎，其已不觉，久之亦如枯山同。何为自矜者不长？人少静，微有觉意，便生自夸之心，矜心一存，道无渐进，今日如此，今年如此，终于此而已，因自矜自夸故也，焉有渐进之理？将何得渐进？有恐闻之，心存不足之意，坚之固之，精之一之，再加一笃字，不求长而自长也。如此自然与道合也。"

"其在道也，曰：余食赘行。物或恶之，故有欲者弗居。" 从道的角度来看好高、骛远，自见、自是、自伐、自矜这些行为，可以说是剩饭和瘤子，令人厌恶，所以，真正有道的人是决不会这样做的。

"余食"，剩饭。"赘形"，瘤子，凸现在外的东西。"其在道也，曰余食赘形。"好高、骛远，自见、自是、自伐、自矜，都是多余的东西，毫无用处，能将自我引入分别、执着、妄念的深渊而不可自拔。

"物"，事物。《文始真经》曰："物生于土，终变于土；事生于意，终变于意。知夫惟意，则俄是之，俄非之；俄善之，俄恶之。""弗居"，不将心念处在物欲中，不处见、是、伐、矜之地。"物或恶之，故有欲者弗居。"有道者是不会好高、骛远、自见、自是、自伐、自矜，他肯定不会做违反自然的傻事，不将心念处在物欲中，以道来充实心灵，以清静化物欲。当我们没有自私的时候，才能够清楚知道别人有没有自私。如果我们还有自私，就无法正确清楚地判断别人。如果我们的心镜不够明，就没办法如实照见；如果我们的心镜够明，用心若镜，就可以很清楚照见。

吕祖曰："何为合道？要如余食赘行，人不知以后天余食之气，精心彻悟以为己害，起后天的精心彻悟，在静中参悟后天中先天。赘行，是动欲，心贪身懒之意。既心贪身懒，为何譬道？曰：如人外不动而内勤于功，就如身懒心贪赘行一般。物或恶之：物乃灵物也，因自见、自是、自伐、自矜，不从自然，不归清洁，灵物岂能起乎？若或有恶者然。道乃自然之玄，有道的人，不见、不是、不伐、不矜，此为故有道。故有道者，不跂立，不跨行，从清静自然，不待勉强中而来者，无速进之心，无矜夸之意，入于冥忘，常在虚无之境而不处见、是、伐、夸有为之地也，故不处。"

第二十五章　道本
有物混成，先天地生，大逝远反，道法自然

　　有物混成，先天地生。寂呵！寥呵！独立而不改，可以为天地母。吾未知其名，字之曰道。吾强为之名曰大；大曰逝，逝曰远，远曰反。道大，天大，地大，王亦大。国中有四大，而王居其一焉。人法地，地法天，天法道，道法自然。

　　本章讲述道本，有物混成，先天地生，大逝远反，道法自然。老子在本章讲述了道是宇宙的本原，自然之中，有物混成，先天地生，为天地母，凝寂寥而化，随自然之机，合混成之道。"大、逝、远、反"是道的运动规律。人应取法于地无私载、天无私覆、道无私成、自然无私生。一气流行，混合阴阳，鸿蒙未判处，天地未生时，即是悟道最上乘下手处。一心寂寥，无念无物，无欲无识，和合有无，方能阴阳交泰，天人合一，生生不已。

　　"有物混成，先天地生。寂呵！寥呵！独立而不改，可以为天地母。吾未知其名，字之曰道。吾强为之名曰大。"有一个东西是混沌状态的能量聚合而成，在天地形成以前就已经存在。听不到它的声音，也看不见它的形体，清虚寂静，虚空广大，一气周流而始终不改变自己的本性，可以作为天地万物的根本。我不知道它的名字，所以勉强把它叫作"道"，再勉强给它起个名字叫作"大"。

　　"混"，混沌状态，看不见、抓不住。"成"，形成。"有物混成，先天地生。"道是由混沌状态的无极物构成的，他是由质、性、能、场高度合一的灵质物聚合而成，无处不在，是生成万有的基础，看不见、抓不住，在天地浑沌未开的时候就已经存在了。存诚子诗颂："有物混成号灵丹，来自鸿蒙未判先。今日后天重见面，再立乾坤上九天。"

　　"寂"，寂静，大音希声。尽管道在世间万物中运动穿行，但丝毫听不见它的声息。"寥"，广大，大象无形，看不见道的身影。"寂呵！寥呵！"道

是超时空的存在，静而无声，清虚寂静；动而无形，广阔无边。没有声、色、形可寻，看不见、听不到、抓不住，来无声、去无影。

"独立"，不依靠外在的力量而独立存在。"不改"，不失本性。"独立而不改"，道超然独存于清虚之境，超越于一切万有之外，一炁周流，不生不灭，不因现象界的物理变化而变化，不因物理世界的生灭而生灭，玄妙常存，不改变其恒常。运化无穷，无所不在，无所不通，不论"物"也好，"心"也好，都有它的存在，永远无穷无尽。

"可以为天地母"，道用元始能量精炁养育着万物，可以把它作为天地万物的本原，宇宙的本原，具足一切的可能。

"大"，人得一，广大无边，无处不在，无所不包。《六祖坛经》曰："若见一切人恶之与善，尽皆不取不舍，亦不染着，心如虚空，名之为大。""吾未知其名，字之曰道。吾强为之名曰大。"老子说往古来今，尚未有人知道如何称呼它，不得已，我姑且叫它为"道"，用"道"这个字来书写它，用"大"来称呼它。

《文子·道原》曰："道者，虚无、平易、清静、柔弱、纯粹素朴，此五者，道之形象也。虚无者道之舍也，平易者道之素也，清静者道之鉴也，柔弱者道之用也。反者道之常也，柔者道之刚也，弱者道之强也。纯粹素朴者道之干也。虚者中无载也，平者心无累也。嗜欲不载，虚之至也。无所好憎，平之至也。一而不变，静之至也。不与物杂，粹之至也，不忧不乐，德之至也。"

吕祖曰："混成物是何物？灵明随气而结，空洞之中，混成有质，此质虚象无形，结而成丹，谓之有物混成。何为先？何为后？积谷为后，采阴精为后，着意为后，一切有为为后；寂静中生，虚灵中出，空洞中升，无杳中来，无有中见，虚实中成，为之先。皆谓之先天地而生。何为先天地？混元中未有天地，而天地性存；未有阴阳，而阴包阳，阳包阴，阴中生阳，阳中生阴，谓之先阴先阳，取而用之，谓之先天地。既有先天地，要寂寥何用？不寂，阴中阳不生；不寥，阳中阴不出。寂寥之中，天地生而合一，阴阳聚而泰交。何为独立不改？天地不可改，天地为独立，至道为独立。天地不外于道，而况万物乎？谓之不改。何为周行而不殆？天旋地转，周流生化，岂有崩坠乎？天地原以一气化成，天中之天，地中之地，天中之地，地中之天，一气混融，出于自然。道乃天地，亦是流行而不殆，天地可殆，而道不能殆也。何为可以为天下母？母者，以气成道，道生天地，天地生万物，而万物亦本于道，是以为母，可以为天下之母，言其无事不本于道也。何为吾不知其名，字之曰道？太上亦不知何为道，言其纯粹精一，至玄至妙，不知为何名，想象自推之曰：字之曰道。何为强名之曰大？无往不包，无处不利，通流阴阳，强之曰大。"

"大曰逝，逝曰远，远曰反。道大，天大，地大，王亦大。国中有四大，而王居其一焉。人法地，地法天，天法道，道法自然。" 道广大无边而运行不息，运行不息而伸展遥远，伸展遥远而又返回本原。所以说道大、天大、地大、王也大。宇宙间有四大，而王居其中之一。圣人取法于地，厚德载物；取法于天，自强不息；取法于道，无所不成，而道纯任自然。

"逝"，运行不息，周行不殆，四通八达，无处不有，化化不已。"大曰逝"，道体包容一切，能量场广大无边，物质在能量场内自然流动和延伸，四通八达，运行不息，变化不已。心如虚空，自大而求之，则逝而往。

"远"，永远的向外，向四面八方延伸发展，无处不通，无所不到，周遍无涯。"逝曰远"，道体能量变化不已，向四面八方延伸发展，延伸到广阔遥远的地方，没有不及的地方，深远莫测，没有尽头，无有边际，可以玄鉴天地万物。和合有无，自往而求之，则远不及。

"反"，夺造化之机，返璞归真，一阳来复。体现出了道的运动性质和作用机制，周而复始。"远曰反"，道体能量绵绵若存，在到达相对的极点时，周而复始，又开始回归到最初的位置，返回到道体本原，反于身心而证之。

"道"，宇宙元始的客观存在和事物运动的内在本质。"道大"，道体能量弥散在宇宙，覆天载地，混沌开基，生机勃勃，冲而不盈，按照道的法则形成了天地，其大无外，可谓之"大"。

"天"，大得一为天，万物资始，品物流行。"天大"，天空浩瀚无垠，幽冥玄远，蕴含着无穷的能量，包覆大地，无所不覆，可谓之"大"。

"地"，从土从也，万物资生，品物咸亨。"地大"，大地广有四海，陆逾九州，承载万物，胎卵湿化，无所不载，可谓之"大"。

"王"，有道的圣人。"王"字上面一横是天，下面一横是地，中间一横是人，一竖是沟通天、地、人。"王亦大"，王者有道，王道，是非利生存的存在状态，天下归往，整个社会体系呈现圆融运动，生命真正达到自在、快乐、健康、智慧，可谓是"大"。《尚书·洪范》曰："无偏无党，王道荡荡；无党无偏，王道平平。"处事公正，没有偏私，圣王之道就会宽广无边；处事公正，没有偏私，圣王之道就会正直通达。

"国中有四大，而王居其一焉"，宇宙空间有四大，道、天、地、王，王居其一。老子以王道，来形容道德社会的非利生存状态，并作为四大之一，可谓用心良苦。历朝历代，国有贤明的圣王，至精形于内，而好憎忘于外，则老百姓生活就很幸福；国有昏君，则天灾泛滥，人祸横行，老百姓生活就很痛苦。道能创造，天地能创造，王亦能创造。道能毁灭，天地能毁灭，而王亦能毁灭。

"法"，方法。法从氵从去，氵为本原。去为去除。法是去除偏离本原的事情，觉知一体的存在，返本还元。柳华阳真人说："道者，化育天地；法者，返本还元。柄动静而同用，随有无而自然。""人法地"，圣人取法于地，万物资生，品物咸亨。效法地无私载，含宏光大，无所不载。如地之静，无私养育，厚德载物，滋养万物。每当我们觉知的时候，和光同尘，心不动，我们都能觉知到"一"、一体的存在；每当我们思虑的时候，六识在动，眼耳鼻舌身意在动，我们就开始分别，就在间断，越思虑，离道越远。

"地法天"，圣人取法于天，万物资始，品物流行。效法天无私覆，云行雨施，无所不容。如天之行，有生有杀，一气周流，自强不息。

"天法道"，圣人取法于道，有物混成，先天地生。效法道无私成，周行不殆，无所不成。如道之成，不生不灭，无心成化，独立不改。

"自"，本自具足，空性自在。自上面一点是元炁，下面"目"字里有日、有月、有光。"然"，为丹道之象。左边是月字，月中的两点为真水，月含万水；右边是犬，犬在地支中为戌土，犬中的大是人得一，一点为元炁，真土；下边四点为真火。"然"以真水为基、真土为体、真火为用，是以真火炼土釜中的真水之象。"自然"，本源、本来，心无挂碍，空性自在。自然是指天地万物本来就具有的样子，即万物的本性、真性，并由其固有的本真而产生的自然生存和运动状态。天地万物之中，皆有自然的本源力量。"道法自然"，道自本自根，本自具足，本来如此。自然是天地万物的本来，最完美的法则。道法自然是天人合一的最高境界，自得天然，自然而成其然。

一个得道者就是体悟大地的厚德载物、含宏光大，像大地一样展现包容、慈爱，默默地付出，不居功。体悟日月天行，虚空广大，自强不息，像太阳一样默默燃烧自己，照亮众生。体悟大道的独立不改，周行不殆，生养万物而不所有、不居利，不主宰。人的自然本性就是道性的体现，人的本性是天然完美的，是无所不能，无所不成的，只是为后天习性遮盖。悟道就是把虚无的本性养成一个实在的能量体，本性之光显露的过程。

吕祖曰："何为大曰逝？逝者，无处不周，谓之曰逝。逝曰远，远者，天上地下，流道流行，谓之曰远。远曰反，反者，天地万物，无不本于道而生，无不归于道而化，谓之曰反。生无不本于道，化无不归于道，故曰道大。何为天大、地大、王大？天故大也，天本于道；地故大也，地本于天；王故大也，王本于地。天、地、王，皆本于道，道故大也，殊不知道亦本于自然。天所以覆万物，故曰大；地所以载万物，故曰大；王所以统万物，故曰大；道所以包罗天地万物，故曰大。何为域中？域中者，天地万物之主宰，道凝于天，而为天之域中；道凝于地，而为地之域中；道凝于万物，而为万物之域中；人能体道，道凝于王，而为人之域中。何为四大？天、地、王、道，谓之四大；精、气、神、灵，谓之四大。四大皆空，而道处于中，谓之人处一焉。何为人法、天法、地法？道出于自然，人能自然如地之静，故常存，谓之人法地；地得天之雨露下降，生化之机，地固结而常存，谓之地法天；天禀清虚之气，凝虚于上，不动无为而合道，谓之天法道；道本于虚无，常含湛寂之体，听无为之生化，谓之道法自然；自然之中，有物混成，感先天地而生，凝寂寥而化，随自然之机，而合混成之道，谓之自然。"

第二十六章　守重

重为轻根，静为躁君，轻则失本，躁则失君

> 重为轻根，静为躁君。是以君子终日行，不离其辎重。唯有环官，燕处则昭若。若何万乘之王，而以身轻于天下？轻则失本，躁则失君。

本章讲述守重、守道，重为轻根，静为躁君，轻则失本，躁则失君。老子在本章提出了"重为轻根，静为躁君"的原则，以明修身体道之事。明了道重而身轻，则自可舍身以为道。明了心静而形躁，则自可忘形以全心。轻则浮而妄动，躁则急而妄为；重则撼而不动，静则寂而无为。是以圣人唯道是守，唯道是行。

"重为轻根，静为躁君。是以君子终日行，不离其辎重。唯有环官，燕处则昭若。" 稳重是轻浮的根本，沉静是气躁的主宰。所以，君王终日行道，都不会让自己远离于大道。唯有环官谨慎地巡视，无论处在何时何地，内心都非常的清醒明觉。

"重"，稳，自持之道，养育本性。"轻"，浮，心神飞扬，毁身之媒。"根"，根基。"重为轻根"，稳重以自持，厚重莫如地，万物皆承借以生。君王法地之道，不轻浮，不妄动，养本性。世俗之人神不守舍，精衰气败，本性需要的能量都外散消耗了。

"静"，自养之道，心神不乱。"躁"，躁动不安，心神意乱。"君"，主、心。"静为躁君"，沉静以自守，安静莫如地，万物皆归之以藏。君王法地之道，不气躁，不妄为，修本性。修性的关键是静悟，心地清明，惩忿窒欲，内敛精气，性命互相哺育，生机益然，方能身久性真。存诚子诗颂："圣言急成非大器，贤言躁进无大功，常言巅峰景无限，诤言直上路不通。"

《韩非子·喻老》曰："制在己曰重，不离位曰静。重则能使轻，静则能使躁。故曰：重为轻根，静为躁君。"控制权掌握在自己手中叫作重，不离开

君位叫作静。重就能役使轻，静就能驾驭躁。所以老子说："重是轻的根本，静是躁的主宰。"

"离"，远离。"辎重"，重与静。"是以君子终日行，不离其辎重。"君王无论什么时候，无论做什么，都谦守着重与静，元神主宰，不会让自己远离于大道，做出不合乎道的事情。君王唯道是守，唯道是行。道在此，天地万物，无不自归于此。如万水之朝海，不召而自来。

"环官"，督查，真意，巡察内外。"燕处"，闲居，宴会。"昭若"，清醒明觉。"唯有环官，燕处则昭若。"唯有环官以静制动，见微知著，不松懈地巡视，时刻警觉四方兵戎的动静，无论处在何时何地，都会明察秋毫，清醒明觉，防患于未然。就悟道而言，唯有真意，一意不散，谨慎地觉察自己的内心，觉察自己的起心动念，使之达到清静的境地，才能超然于物外，对一切都明明白白。事来，则淡然处之；事了，则去留无意。

黄元吉曰："水轻而浮，为后天之气，属外药；金沉而重，为先天之命，号真铅，又号金丹，为内药。先天金生水，为顺行之常道，生人以之，故曰重为轻根。人生于后天，纯是狂荡轻浮之气作事，以故水气轻而浮，情欲多生，命宝丧失，所以易老而衰。君子有逆修之法，无非水复生金，轻返于重，以复乎先天一炁。是以终日行之，而不离乎辎重。不过屹然特立，养成浩气，充塞乾坤而已矣。此为逆修之仙道，炼丹以之，由有形以复无形也。"

吕祖曰："重者，丹也；轻者，气也。气为丹之根。重者，性也；轻者，命也。性为命之本，筑末必先务本，谓之重为轻根。静为躁君，何也？静者，清而澄；躁者，妄而生。以澄止妄，以静治躁。清者妄息，常澄其心，静其意，清其神，如此心则灰去是也。君子终日行，不离辎重，何也？凡修真之士，终日乾乾若惕，如有重任者，一时不能拂去，若辎重者然，终日不离静澄而炼中，虽超然燕处之畅，亦以无为治之。"

"若何万乘之王，而以身轻于天下？轻则失本，躁则失君。" 为什么拥有万乘的君王，还要重身而轻天下呢？轻道就会失去根本；躁动就会丧失主导。

"万乘"，一万辆兵车。"万乘之王"，天子、帝王。"身"，同于道者，道虚极静笃，无身无体，故圣人虚极静极。"轻"，不静守大道，出离了大道。"奈何万乘之王，而以身轻天下？"为什么统治天下的君王，不静守大道以道莅天下，而要出离大道，像一个俗人那样，以世俗的智慧和人为的法则来治理天下呢？

"轻则失本，躁则失君。"如若君王轻道而重天下，轻人而重社稷，就会丧失人心，失去立足的根本。若以躁动来治理天下，那么就会失去对天下的主宰。就悟道而言，识神主导，背道离德，气动精流，精衰气败，最终丧失自己的性命；不守静、不治心，火佚神耗，神不守舍，本性需要的能量都外散了。轻则伤身，重则伤心。

就企业管理而言，百姓是重，领导是轻。领导就像先天太极图中心那个"○"，周边的全都动，就中间那个"○"是静的，居有守无，垂衣裳而天下治。领导就是起这个作用，他把下面的人都安排好了，他们去转。自己千万不要去干任何具体的事情。因为一干就被这件事情限住了，就不能全局地看问题了。躁就代表你动起来了，干这干那去了。躁则失君，领导失去了自己的作用了，去干下面人要干的事儿就是躁了。

吕祖曰："轻则失根，何也？君不能以清静化，国不能以无为治，温良恭俭之臣，见躁其君，乱其国，危邦安肯出仕？故常隐于海国，而不化行天下，是轻则失根。躁则失君，何也？君不能以无为治国，驰骋田猎，好作为世欲之事，如此昏乱，安得不躁？失其静，而君亦以失之，不静有为，为之失也，是谓躁则失君。"

第二十七章　袭明
融通对待，明觉道妙，物无弃财，是谓袭明

　　善行者无辙迹，善言者无瑕谪，善数者不用筹策，善闭者无关楗而不可启也，善结者无绳约而不可解也。是以圣人恒善救人，而无弃人；物无弃财，是谓袭明。故善人，善人之师；不善人，善人之资也。不贵其师，不爱其资，虽知乎大迷，是谓妙要。

　　本章讲述袭明，融通对待，明觉道妙，物无弃财，是谓袭明。老子在本章教人随机化育，不待勉强，而听其自然，是一团无中有的景象。以"善行、善言、善计、善闭、善结"为行道的准则，而以善救人救物，融通对待为救世宗旨。圣人抱道而行，没有分别心，行与道俱，虚己游世，入物忘物，处世忘世；有恩于人而忘其恩，有德于世而忘其德；行以天行，因道为行。

　　"善行者无辙迹，善言者无瑕谪，善数者不用筹策，善闭者无关楗而不可启也，善结者无绳约而不可解也。"善于行道的人，顺道而行，没有痕迹；善于说话的人，因循事理，说妥当的话。善于计算的人，计数在心，不需要筹码；善于封闭门户的人，闭无关楗，别人也打不开；善于挽结的人，结无绳约，别人也解不开。

　　"善"，道善德善。"善行"，日月天行，行无行相。"辙"，车辙。"迹"，痕迹。"善行者无辙迹"，车不能无辙，行不能无迹。善行者，顺道而行，没有痕迹。日月天行，行处虚空。天行无息，日夜不已。道是本自清虚寥廓，无所不为的。人一旦固定了角度，就已落于下乘，如车过留痕，已有形迹可循，已非至善了。圣人真正为善的行为，是顺应于事物的本然，完全不着痕迹。

　　"善言"，不言之教，于言忘言。"瑕"，瑕疵。"谪"，言语是非。"善言者无瑕谪"，言出乎口，即必有指，有指则有非指，有是则有非是，故言出必有所失。"言虽至公，不离是非。"善言者，因循事理，说妥当的话，帮助人解除痛苦，没有一丝的虚假。圣人体天之化，神传心授，心心相印，全息复制，

不言而教，真诚而可贵。

"数"，计数。"善数"，以彼为意，一以贯之。"筹策"，算卦的竹签和算数的算盘等工具。"善数者不用筹策"，古人计数用筹策，万物并作，万象纷纭。圣人全息感应，应而不藏，符合道数，适宜时势，不用心机筹策，计数在乎心，筹策存乎神，无我而纯以彼为意，以元神真意去作为。

"善闭"，神气抱一，境尘不起。"关楗"，关闭大门的部件，横插的叫"关"，竖插的叫"楗"。"善闭者无关楗而不可启也"，闭门者，必用关键，乃为有形可形、有名可名之门也。善于封闭门户的人，闭无关楗，神气抱一，境尘不起，别人也打不开。虚空没有开关，外界的一切都打不开它的门。玄牝之门，神气抱一，若有门而实无其门。启之，天地生焉，万物育焉，芸芸并作。闭之，万殊复返归于一，而退藏于密，形无其形，名无其名，状无可状。当开自开，当阖自阖，何用关楗。

"结"，绳子打结，凝聚。"善结"，凝神养气，心与道合。"善结者无绳约而不可解也"，世之结物者，必用绳约。善于挽结的人，结无绳约，凝神养气，结而成丹，别人也解不开。大道与万物紧紧绑缚在一起，即使不打死结，别人也解不开。道之为物，唯恍唯惚，天地之大，品物之繁，不能出乎其外。圣人合万殊而归之于一，凝神养气，神融气化，结之于无形，不求结而自结。以道结人，以道结天下，形无其形，了然无间。无乎不结，心心相印，不可须臾离，何用绳约焉。

吕祖曰："何谓善行无辙迹？善乃人之本性，父母未生之初，就有善性，是一点落根源的时候，未有化育，就有此善，即先天也。行是法使归鼎，先天一来，只可意取，岂有辙迹？若有辙迹，即是采取有为功夫。大道本于自然，谓之善行无辙迹。何为善言无瑕谪？善若言，即有瑕生，即有诡诈。善不言，则瑕点诡诈从何而起？方得还白，不言谓之善言，自然谓之无瑕谪。何为善计不用筹策？淳化之民，何用刀兵？不计为善计，气和了，先天即生，何用子午卯酉着意筹策？能善用计者，就用不着筹策。何为善闭无关键而不可开？不闭为善闭，何用闭谷道、通三关、开昆仑？从夹脊两关、脐下元海，何窍要闭？何窍要开？终日用心用意，去自搬弄，岂不惜哉！善闭者，出自自然，而关窍自然通透、光明，着于关键者，而关键沉于渊海；昏昏无著者，虚无之关键，周天为大窍，无有隔障，善闭而无关键，不可开而自开也。何为善结无绳约而不可解？不结为善结，着意采来，容心凝结者，不是养性命，是送性命；不是养长生药，是自炼毒丹而害生也。终日耗后天之宝，耗竭气散，惧寒惧暖，惧风惧湿，面金唇玉（面黄唇白），皆不善结者。倘后有同志者，宜以此戒，听其自然，神气凝结，不待用意，而自从规矩准绳中而结。一结成丹，岂可解也。"

"**是以圣人恒善救人，而无弃人；物无弃财，是谓袭明。**"因此，圣人善于帮助人，所以就没有被遗弃的人；善于物尽所能，所以就没有被遗弃的物品，融通对待，这是一种承袭于大道的清醒明觉。

"是以圣人恒善救人，而无弃人。"圣人常常善于帮助众人，根据人们的需求给予合理的帮助，从来不放弃一个人，让每个人都发挥自己的特长。不用一个固定的标准来看问题，而是跳出对待，用互补统一的思想，从不同的角度，一体的来看问题，把一切都包容在其中。你善或者不善，善就在那里，善待一切。《文子·自然》曰："圣人举事，未尝不因其资而用之也，有一形者处一位，有一能者服一事。力胜其任，即举者不重也；能胜其事，即为者不难也。圣人兼而用之，故人无弃人，物无弃材。"

"物无弃财"，圣人常常善于拯救万物，善于发挥万物的作用，各用之于其所适，施之于其所宜。我们认为没有用的东西，只是局限在一个固定的角度上的认识，换个角度，物无弃材，天生我才必有用，没有可放弃的东西。存诚子诗颂："天无弃物与弃人，如有弃人系自弃。人能自助天必助，天人合助成道器。"

"袭"，沿袭承传。"明"，明了。明从日从月，日为阳，月为阴。日有寒暑的来往，月有盈亏的消长。明为阴阳合一，明了道理。《庄子·齐物论》曰："为是不用而寓诸庸，此之谓以明。"明白了自然规律，不固执己见而遵循事物的本然，这就是明心。"是谓袭明"，在无形、无声、无色的道体中，圣人承袭了本原能量的光明智慧，用整体思维，从整个空间和时间的全方位来看问题，融通对待，就是袭明。了悟明觉自然之道，万物与我一体，对别人友善，就是对自己友善；对别人真诚，就是对自己真诚；对别人宽恕，就是对自己宽恕。能一体的来看问题，这样就能遍知一切。如天无私覆，地无私载，以天下为公。

吕祖曰："何谓圣人常善救人，故无弃人？圣人是善言、善行、善计、善闭、善结的人。人者身也，是以圣人爱身，常修身而不弃身也，恐人于尘嚣枷锁之累，故救身而抱道也。何为常善救物，故无弃物？物者灵也，恐人于有为，常存救之心；以无为化之，故出自然，听其生育，无向凡俗而不弃也。

何为袭明？天无容心生物，亦无容心化行，人体天无容心修身，亦无容心凝结，听物之生化，是为袭明。"

"**故善人，善人之师；不善人，善人之资也。不贵其师，不爱其资，虽知乎大迷，是谓妙要。**"所以，善人可以作为榜样，不善人可以作为镜子。圣人没有分别心，不看重善人的表率作用，不爱惜不善人的借鉴作用，虽明觉而若愚，这就是道性精深玄妙的道理。

"善人"，无我利他，诸善奉行，不为诸恶。"师"，老师、榜样。"资"，借鉴，镜子。"故善人，善人之师；不善人，善人之资也。"善人的行为是合道的，潜移默化地影响着周围的人。善人必须借不善的条件来修治身心，就像荷花借淤泥而成长。人们为了认识事物，常常把众人分出高低、贵贱、善恶、美丑，把善人当成榜样，把不善之人作为镜子，警惕人们陷入诱饵。建立起了所谓的道德标准框架，进而崇尚有为而治，逐渐偏离大道。

"贵"，看重、崇尚。"爱"，珍惜、爱惜。"知"，一种认定性感应，心对信息进行分辨后所获得的固定认知。"迷"，迷惑糊涂。"要"，要点，总万而归一，以道观之。"妙"，深奥玄妙，无为而自然。"不贵其师，不爱其资，虽知乎大迷，是谓妙要。"圣人抱道而行，浑全于天理，跳出对待，不贵不爱，不用机心而顺于自然，一体地来看问题，师资两忘，既不好为人师，也不低看他人，抬高自己。修养到达最高处，以善的力量传播道的作用，把善与不善之间的对立关系变成了互补关系，用善去化解不善。了然于心，不思善、不思恶，不用分别心，用本来面目，公平地看待一切，天下为公，和合一切，这就是精深微妙的道理。

老子的《道德经》是人类的精神食粮，如果把这部粮食真正化到自己的精神境界里面去，路就会越走越宽。老子的那种大智慧、大慈悲，融通对待，互补统一，非利生存的精华，实际上就是大作为。我们只有在互补的基础上统一在一起，才符合自然存在，我们所有人与道都是一体的。我们用互补的心处理问题，心胸就非常开阔，心量广大，这样世间的一切，均可为我们所用。

真正能融通对待的人，会用很自在的方式去处理问题，以自在明觉去处理问题，永远都不会错。老子所讲的"道"是自然的元始能量，就像太阳每天不断传送能量，让我们的生命充满着活力，这就是自然的加持。我们同化于道，与道合一，也就能时刻处在道的加持之中。我们同化于历代祖师，也就能时刻处在祖师的加持之中。

第二十八章　复归
知雄守雌，知白守黑，知荣守辱，复归道朴

　　知其雄，守其雌，为天下溪。为天下溪，恒德不离，复归于婴儿。知其白，守其黑，为天下式。为天下式，恒德不忒，复归于无极。知其荣，守其辱，为天下谷。为天下谷，恒德乃足，复归于朴。朴散则为器，圣人用则为官长，夫大制无割。

　　本章讲述复归，知雄守雌，知白守黑，知荣守辱，复归道朴。老子在本章讲述了"知、守、为、复"的大道玄要。自道朴既分之后的利益社会，阴阳名相，对待而立，于是有了雄雌、黑白、荣辱的相反相成。惟真常的道德社会，非利生存，远离名相，融通对待，互补统一。无知无欲，中和之至，与婴儿同其纯真；忘我自然，浑然一体，与无极同其静虚；有无不立，虚无之至，与大朴同其浑沦。

　　"知其雄，守其雌，为天下溪。为天下溪，恒德不离，复归于婴儿。" 处于雄动的状态，却安守于雌静，犹如天下的溪流。成为天下的溪流，先天一炁的德性能量就会一直伴随着自己，无知无欲，中和之至，回归到初生婴儿的纯真境地，了命而返太极。

　　"知"，明了，懂得，知道。"雄"，阳性，阳动。"雌"，阴性，阴静。"溪"，小溪，泉水汇聚在两山中间低凹的地方，就成了溪流，源源不断。"知其雄，守其雌，为天下溪。"处于雄阳的状态，知道自强不息的天道；却安守于雌静，遵从厚德载物的地道。圣人处雄雌之中，得和之精，孕育生机，而得道之本，积累道炁。以精神的积累，把德汇集成溪。犹如溪流一样，源源不断，不断地收纳山上流下来的细流，形成小溪，汇成江河，回归到大海里面去，回归到整体中去。

　　"婴儿"，刚刚出生的婴孩，生机旺盛。本性清净圆明，一身骨节都是软软的，他没有喜、怒、哀、乐，没有主观成见，一切都是天真自然的状态，

逗他一下就笑，掐他一下就哭。没有固定的主观意识作用，没有被蒙蔽，但有先天的元神作用。不是无知，而是大知。"为天下溪，恒德不离，复归于婴儿。"人若能像溪水一样，源源不断，降心养炁，积聚生机能量，处下不争，就会把先天一炁的德性能量汇集成溪，演化自己的精、气、神，避免在无谓的利益争夺上的消耗，"处下不争"是符合天道的，先天一炁的德性能量就会不断地聚集，一直伴随着自己，无知无欲，中和之至，与婴儿同其纯一，回归到纯朴本真的"婴儿"状态。

黄元吉曰："雄为阳，雌为阴。阴阳和合，雌雄交感，而金藏于水；复水又生金，金气足而潮信至，其势有如溪涧然，自上注下。修行人知阳不生于阳而生于阴，故不守雄而守雌。久之微阳渐生，阴滓悉化，而归根复命之常德，不可一息偶离。从此阴阳交媾，结成仙胎，于是逐日温养以成婴儿。"

吕祖曰："何为知其雄，守其雌？雄是阴中阳生，雌乃先天一炁。知而不采，谓之知其雄；守而自来，谓之守其雌。何为天下溪？分理阴阳，则天下柔和，溪乃淳也，天下淳，阴阳自然分理。天下，指一身而言，一身无为，常德不离。人本清虚，清虚阴升，清虚阳降，阴升阳降，其德乃长，真常不离，反与婴儿同体，以婴儿为天下抱道之式。人能如婴儿，触物不着，见境无情，为天下式者，真常之德无差忒矣。道得淳化，反归于无极，而合太虚之无为。"

"知其白，守其黑，为天下式。为天下式，恒德不忒，复归于无极。" 内心光明，而外能屈伸，这是治理天下的楷式。成为天下的楷式，先天一炁的德性能量就会更加纯正，忘我自然，浑然一体，回归到湛然常寂的虚静境地，了性而返无极。

"白"，为"○"，乾阳，光明。"黑"，为"●"，坤阴，混沌。"式"，方式，楷式，应事接物的法则。"知其白，守其黑，为天下式。"内心光明，明悟天道，了了分明，应物不迷；却能安守于人道，大智若愚，真常应物。圣人处黑白之中，得和之精，水火既济，而得道之本，一而不分。无妄想，无私欲，无分别，这样就能执一合道，是一种治理天下的楷式。

"忒"，差错。"不忒"，没有差错，非常纯正。"无极"，无是始之先，极是终之尽。终而复始，不可穷尽，没有极点，没有边际。《太乙金华宗旨》曰："有元神在，即无极也。生天生地皆由此矣。学人但能守护元神，则超生在阴阳之外，不在三界之中。此惟见性方可，所谓本来面目也。凡人投胎时，元神居方寸，而识神则居下心。""为天下式，恒德不忒，复归于无极。"如果守住了道性，知白守黑，外化而内不化，执一而合道，先天一炁的德性能量就会更加纯正，能贯穿到一切事物中，龙变无形，与道合真，回归到湛然常寂的虚静境地，了性而返无极。就悟道而言，凝神气穴，神入于冥，不思善、不思恶，归到恶念净尽，善念亦不动，忘我自然，浑然一体，德用无穷，这个就是无极，是至善了，与道同体了。存诚子诗颂："知白守黑天下式，知荣守辱天下谷。真得道者不言道，复归婴儿复归朴。"

很多人没有互补统一的整体思维，只会对立地看待问题，喜欢把自己当成对的，然后否定掉不认同的。《庄子·齐物论》曰："非彼无我，非我无所取，是亦近矣。"没有对立的一面就没有我，没有我就没法呈现对立的一面，事物是一体两面的，这样的认识也就接近于事物的本质。古代的围棋告诉我们这样的理：只有白子，没有黑子，那根本就无棋可下。黑子、白子是一个整体，构成了无数精妙的棋局。没有与自己不同的子，根本就没戏唱。我们是一个整体，与自己相对的也都是自己。所以，要懂得从自己反对的东西那儿找到自己。

黄元吉曰："白为精，黑为水。此精未产之日，坤体本虚，因上与乾交，坤实为坎。是水中金生，赖坤母以养成，故称母气。得到真铅既至，即运一点己汞以迎之。果听地下雷鸣，实有丹心贯日、浩气凌霄之状，仍守我虚无窟子，不稍惊惶，此即炼精化气时也。以后运辘轳，升三车，由夹脊双关上至泥丸，行子午卯酉四正之工，合春夏秋冬四时之序，此即为天下式。凡人物之生长收藏，亦无丝毫差忒，与天合变焉。由是上升下降，送归土釜，化有象以还无象，复归无极之天。此大周天之候，玉液之丹，即在此矣。斯时也，金丹既归玄窍，复合青龙真一之气，炼成不二元神，此即炼气化神时也。"

吕祖曰："知其白，不若守黑，白能易染，而黑无着，静到白时，如月返晦，到晦时，收敛之象也。"

"知其荣，守其辱，为天下谷。为天下谷，恒德乃足，复归于朴。"处于荣耀的地位，却安守于卑微，犹如天下的山谷。成为天下的山谷，先天一炁的德性能量就会非常的富足，有无不立，虚无之至，回归到自然纯朴的道德社会。

"荣"，荣耀，兴旺发达。"辱"，卑微，平淡寂寞。"谷"，山谷，空灵阔大，能包容许多东西，虚中常应。"知其荣，守其辱，为天下谷。"处于功成的荣耀，却能安守于身退。圣人处荣辱之中，得和之精，非利生存，而得道之本，宠辱不惊。适嗜欲于世俗之间，磨炼心志，虚心顺物，圆通若水，利而不害，为而不争。如流水行云，通流无阻，这样，心胸才能空灵广大，包容一切，如常静常应的空谷。

"朴"，原始的木头或玉石，没有经过雕凿。"为天下谷，恒德乃足，复归于朴。"如果非利生存，自甘淡泊，身心虚静，行为达到空谷虚灵的境地，心神与天地融为一体，包容一切，虚中常应，就能使自己先天一炁的德性能量充足光大，恒德圆足，有无不立，虚无之至，与大朴同其浑沦，回归到自然纯朴的道德社会，与道合真。

黄元吉曰："再修向上一层，炼神还虚之道，惟混混沌沌，涵养虚无；浑浑沦沦，化识成智，浑圣如愚。一日一夜，言不轻发，心无它思，有如椎鲁之夫，毫无知见。纵有侮辱频来，俨若不识不知，一如舜之居深山，无异于深山野人焉。此即知成人之荣，守成仙之辱也。不如此不足以养虚合道。心中无一物，实为天下谷。既为天下谷，尤须意冷于冰，心清似水，而恒常之玄德，于此方能充足。然而真空不空，妙有不有。始而从无入有，继而从有归无，终则有无不立。此所以由太极而复归浑朴，返本还原之道得矣。"

吕祖曰："知其荣，荣则有害，不如常守其辱，辱心一存，万事无不可作。为天下谷，谷者，虚其中。一身常能虚中，为天下谷，此之谓也。常德乃足，中能常白，其道常存，道存，而反归于朴，朴者，全完之器。"

"朴散则为器，圣人用则为官长，夫大制无割。" 朴就是道，朴散则为宇宙、天地，在自然中演化成具体的自然法则。圣人用这些法则，作为治理天下的准则。道德社会是不用利益、法则来分割大道的。

"朴"，形而上，是道，弥散在自然中，养育万物的灵性，无为而无不为。"器"，形而下，是宇宙、天地。《易经·系辞传》曰："形而上者之谓道，形而下者之谓器。"形而上，即形体以上，无形无相，指万物尚未生成以前，叫作"道"。形而下，即形体以下，有形有相，指有具体形状的万事万物，叫作"器"。"朴散则为器"，朴就是道，道朴未散，养育万物的灵性。道德浑全，是非利生存的道德社会存在状态，社会运动、意识和道德浑然一体。道朴既散则为宇宙、天地，在自然中演化成具体的自然法则，在人类社会则形成了各种存在法则。

"官长"，百官之长。"圣人用则为官长"，圣人心中有道，用自然之道来处理事情，以无而制有，以虚而御实，设制立法，以此来治理天下，犹如官长。从非利的道德社会进入利益社会后，世人滞于利益和名相之中，妄念纷飞，识神主宰，离道就远了。《文始真经》曰："圣人师蜂立君臣，师蜘蛛立网罟，师拱鼠制礼，师战蚁置兵。众人师贤人，贤人师圣人，圣人师万物。惟圣人同物，所以无我。"

"夫大制无割"，道朴本身的运动体系，他整体性的那一面，没有分割。非利的道德社会是不割裂大道的，天下为公、非利生存，没有利益观念，不用利益、法则、制度来分割社会。圣人的行为，用道来包容，不用对立和私利来分割，他不分割民众的心态，无为而守朴，行不言之教。

吕祖曰："朴散而成器，散者分其朴，而圣人用之，圣人能守中精一，则纯一而不杂，为天下管辖，统天下之民归于一国，聚万成一，淳化无为之国，分理阴阳，五行之造化，归于一统，则大之而不割也。一身纯阳，分理阴阳，其炼而成体，岂能割乎？"

第二十九章　神器

天下神器，无为运化，无取无执，去甚去诸

　　将欲取天下而为之，吾见其弗得已。夫天下，神器也，非可为者也。为之者败之，执之者失之。物或行或随，或歔或吹；或强或羸；或载或堕。是以圣人去甚，去大，去诸。

　　本章讲述神器，天下神器，无为运化，无取无执，去甚去诸。老子在本章言世人有为有私之害，以显圣人无为无私之妙，教人无为而治的原则，法天行事，天下为公，丝毫不挂，不违自然之性。"争、取、为、执"四者，皆根于我见我私。悟道者宜守三无：无取、无执、无为，行三去：去甚、去大、去诸，复归于道。

　　"将欲取天下而为之，吾见其弗得已。夫天下，神器也，非可为者也。为之者败之，执之者失之。"以"天下为家"的方式来统治天下，我看是达不到目的。神器是超出天下的存在，是"天下为公"的，不能以私欲来占有。妄为必然会失败，把控必然会失去。

　　"取"，索取，引申为"治理"。"为"，妄为，贪着。"弗得已"，有两层意思，一是在万般无奈的情况下，不得不如此；二是强行妄为是不会有好结果的。"将欲取天下而为之，吾见其弗得已。"上古时代是"天下为公"的社会存在，符合"生而不有，为而不恃，长而不宰"的非利生存法则。公天下时期的帝王，是不得已而出来治理天下，为人们谋幸福、利益众生的。得天下而无心得，取天下而无心取，为天下而无心为，居天下而无心居。不像后世的帝王，是"天下为家"的，以私欲和占有为出发点，是为了号令天下来做皇帝的，这样的作为是不符合道德的。

　　"夫"，超出天外。"神器"，道、元神。"夫天下，神器也，非可为者也。"神器，是超出天下的存在，浑然一体，大制无割，宰制万有，以天下为公，是个神妙不可思议的东西，不是以"天下为家"的，不能以私欲和占有为出

发点，而应执道要之柄，因其自然而推之。存诚子诗颂："天若有情天亦老，日惟无意日常明。有作有为人练气，无思无欲炁炼人。"

"执"，掌握、把控。"为之者败之，执之者失之。"道不可为也，因其自然而推之。欲成反败，人为的举措和行为，一般都不符合自然规律，背道而驰，容易招来一些反信息，最后要失败。欲得反失，道不断在变，时空也不断在变，一切人与事都是随时在变，随地在变。如果想要把持，不能随机应变，那就怎么也把持不住。诚如《金刚经》所言："一切有为法，如梦幻泡影。如露亦如电，应作如是观。"

对人体而言，神器在人身为元神，他有一个统一的作用机制，是无数个个体组合起来的统一体，有自己的运行规律，他和人心不一样。元神系统不可为，人要凭着人心去操作元神系统，最终要失败。如果让元神控制自己的身体，从事物信息中全息感应，只要是和自己的个体存在有关联的，都可以作用。这样自己的思维就像有了取之不尽、用之不竭的能源一样。

吕祖曰："将欲取天下而为之。天下者，一身也；取者，修也；为者，无为之道也。人若修身，必本于无为，诸事若不造作，则不能成。惟道不然，将欲修身，必本于清静自然之道。吾见其不得已，天下神器，不可为也。以湛然常寂，听其自然生化，随机静动，故不可为也。有为必败于性，有着必失于命，不为不着，性命常存。凡先天气生，听其随行，内应于响，外应于吹，出入自由，不待勉强而赢也。若有微意，非太上至玄之道，亦非不坏真空长生之道也。"

"物或行或随，或歔或吹；或强或羸；或载或堕。是以圣人去甚，去大，去诸。"万物秉性不一，有的引领，有的跟随；有的柔和，有的急躁；有的刚强，有的羸弱；有的安载，有的毁坏。因此，圣人执道而御物，去除那种极端的、过度的、多余的行为。

"物"，胎卵湿化，昆虫草木等。物生于土，终变于土；事生于意，终变于意。

"行"，行之于前。"随"，随之于后。"或行或随"，物之在身者，或阳往独行，自由地行动，或阴来相随，跟随人家行动。

"歔"，柔和，轻轻地呼气。"吹"，急躁，使劲地去吹。"或歔或吹"，或轻轻的呼气使之暖，或使劲地去吹使之寒。

"强"，刚强。"羸"，羸弱。"或强或羸"，或扶之使其强壮，或抑之使其羸弱。

"载"，安载。"堕"，坠落。"或载或堕"，或有道使其安载，或无德使其坠落。

"行、随、歔、吹、强、羸、载、堕"是四对阴阳，都是相对出现的。宇宙间一切事物，随时都在相对的变化，没有对错，有此便有彼，只要我们能够灵动变化，互补包容，就自然和谐了。

"甚"，过头了。"大"，过度了。"诸"，多余了。"是以圣人去甚、去大、去诸。"圣人不会急于求成，会去除极端的做法而无妄心，去除过度的奢侈而无繁华心，去除过分的恣意而无胜心。去甚，去大，去诸，去掉影响清静心的因素，跳出对待，顺应事物的内在本质，无为而为。任何事情，要把握这个度。有很多人，当他有了之后还想有，当他得到了之后还觉得不够，这是人贪婪的本质造成的。

吕祖曰："或载或堕，若修清静，随其左冲右冲，上旋下绕，待其中千穴万窍，忽然一旦豁然贯通，方得根深蒂固，载值于中宫，无堕无豫，是以圣人修身，必先去甚而无妄心，去奢而无繁华心，去泰而无胜心。心既无而一身无不自然，合太上传道之本心，同太虚而归真空，无为真空，安得不取天下乎。"

第三十章 果道
道佐人主，不尚兵武，果而勿强，不道早已

以道佐人主，不以兵强天下，其事好还。师之所居，荆棘生之。善者果而已矣，毋以取强焉。果而勿骄，果而勿矜，果而勿伐，果而毋得已。居是，谓果而勿强。物壮则老，是谓不道，不道早已。

本章讲述果道，道佐人主，不尚兵武，果而勿强，不道早已。老子在本章示人以道佐人主者，悟道以化天下，修德以一天下，不尚兵武，善恶皆有报，有作有为，背道早亡。以强胜人者，人亦思以强胜之。能转弱为强，转失为得，因败为胜的只有道。取得成功时更要清静无为，不要逞强，不加造作，造作早已。

"以道佐人主，不以兵强天下，其事好还。师之所居，荆棘生之。" 以"道"来辅佐国君，不能依靠武力逞强于天下，发动战争必然会得到报应。军队交战过的地方，往往荆棘丛生。

"佐"，帮助、辅佐。"人主"，君主。"兵"，军队，引申为主观意识。"强"，逞强。"以道佐人主，不以兵强天下。"这是老子针对春秋时期天下动乱、群雄纷起、诸侯争霸的不道行为，对后世的训诫。有道的人主，以道来处理事情，在国防上，军事戒备绝对需要，以德行于天下，居无为之事，而行不言之教。清静而不浮躁，信任群臣百官，使他们各尽其责。其用兵是为天下除害，而与万民共享其利。就修身而言，以道来充实心灵，支配人的行为，不能用主观意识支配人的精神，人为地控制身体。《文子·上义》曰："教之以道，导之以德而不听，即临之以威武，临之不从，则制之以兵革。"先用道理来教育，并用德行来开导，如果不听劝导，就用武力威势震慑，武力威势仍然不足以震慑他们，就只能出兵来对他们做出制裁了。

"还"，还报、报应。"其事好还"，天道好还，善有善报，恶有恶报，种什么种子就结什么果，发动战争必然会劳民伤财，得到报应，这是不变的天

道法则。人心的动机决定了未来的结果，动了什么样的念，就会出现什么样的结果。

"师"，军队。"所处"，交战的地方。"师之所居，荆棘生之。"经过大规模的战争以后，那个地方整个被破坏毁灭了，人民流离失所，田园荒芜，荆棘丛生，只有杂草遍地生长。

吕祖曰："以至道佐人主者，不言不意为道，乃道之妙矣。清静即是至道，以清静之道治伏我心。我心既伏，人主安矣。不以兵强天下，兵者，杂气运行，如一国之主乱行不道，不得已而用兵，用兵必有胜败，其国必亡。如人修身，必先治心，心驰不一，运行杂气，或长或短，见功速而成者少，其身早已。其事好还，还者是造作之颠倒，殊不知师之所处，禾麦尽净，民何以生焉？如人之杂气所止之处，血肉凝聚，病则生焉，就如荆棘者然，与至道毫无关系，故善者不敢用强。"

"善者果而已矣，毋以取强焉。果而勿骄，果而勿矜，果而勿伐，果而毋得已。居是，谓果而勿强。物壮则老，是谓不道，不道早已。"善于用兵的人，取得成功就可以了，不应以强大的兵力来逞强。成功之后，不要骄傲自大，不要自我夸耀，不要锋芒外露，要认为这是不得已而为之。这样的作为，就叫作成功了就不要再逞强。强行壮大必然会走向衰老，这样的做法是不符合"道"的行为，不符合"道"行为就必然导致过早的灭亡。

"果"，成功，达到目的。"善者果而已矣，毋以取强焉。"德善的人遵循天道而取得成功，果于止敌，安人和众，能于愤怒沸腾之时，廓然思而消化；意气发扬之时，翕然思而收敛，而不会自矜、自伐、自骄，不敢以强取。就悟道而言，德善的人以善处理事情，容易取得善的成果，有成果以后，应以柔待之，而不能有为逞强。若有作有为，则会早早地丧失成果，走向灭亡。

《文子·道德》曰："用兵有五：有义兵，有应兵，有忿兵，有贪兵，有骄兵。诛暴救弱谓之义；敌来加己不得已而用之谓之应；争小故不胜其心谓之忿；利人土地，欲人财货谓之贪；恃其国家之大，矜其人民之众，欲见贤于敌国者谓之骄。义兵王，应兵胜，忿兵败，贪兵死，骄兵灭，此天道也。"

"骄"，骄傲自大。"果而勿骄"，德善的人取得成功之后，不敢自恃强傲、骄横，穷追猛杀。自骄则有夸兵之想。

"矜"，自我夸耀。"果而勿矜"，德善的人取得成功之后，先人后己，不炫耀武力，不逞能好强，不可自称己善。自矜则有好兵之念。

"伐"，锋芒外露。"果而勿伐"，德善的人取得成功之后，知己知彼，不敢锋芒外露，不可夸大自己的成果，不打无准备之仗。自伐则有穷兵之心。

"毋得已"，不得不如此。"果而毋得已"，德善的人不主动挑起战争，敌已兵临城下，不得已而用兵，用兵以止敌。

"强"，逞能。"居是，谓果而勿强。"德善的人不是以强兵而取得成功，而是练好内功，提升自己，力救其难而已，不去逞强逞能。

"壮"，壮盛。"老"，衰老、衰弱。"已"，完结，终了，死亡。"物壮则老，是谓不道，不道早已。"善于为道的人，保之以不盈，尚之以不争。如果强行使其壮大，就违反了自然规律，如同飘风骤雨，很快就会消失。物壮则衰，花红到极点时则谢，草木壮极后则枯，人壮年之后则衰老，此乃不可抗拒的自然法则。

《淮南子·本经训》曰："魏武侯问于李克曰：'吴之所以亡者，何也？'李克对曰：'数战而数胜。'武侯曰：'数战数胜，国之福。其独以亡，何故也？'对曰：'数战则民疲，数胜则主骄，以骄主使疲民，而国不亡者，天下鲜矣！骄则恣，恣则极物；疲则怨，怨则极虑；上下俱极，吴之亡犹晚矣！夫差之所以自刎于干遂也。'"

悟道之人，如果有作有为，自私自利，会导致精衰气败，不得已而行补导之功。若能大公无私，处下不争，其果在身的时候，尤其要防止自满骄傲。至于百日筑基，三年炼己，都是净心而已。因为自高自大容易导致入魔，自我夸耀则容易引火烧身，遭到反信息。锋芒外露则做不到众德所归，形不成归真。真正得道之人，他们外在的表现，一定会融入平常的百姓之中。使人们丝毫不能察觉，这才是大道的作为。

黄元吉曰："神火一煅，阴气难留，而多年之残疾，自幼之沉疴，悉被驱逼，其轻者或从汗液浊溺而出，其重者或外生疮毒而化，种种不一。修士不可惊为病也，只要心安即能化气。可见炼己之道，必化凡体为玉体，变浊躯为金躯。切不可惊，惊则又动后天凡火，而大伤元气也。修士当此体化纯乾之时，切不可恃；恃其才以为不饥不渴，可以行步如飞，冬不炉夏不扇，无端妙用，迥异常人，而自以为强也。自谓为强，又动后天凡火，不遭外人诽谤，必至内药倾危。况生一自强之心，即令十月怀胎，三年乳哺，件件功成告毕，不差时刻，而自矜自伐，骄傲凌人，殊非载道之器。纵果于成功，亦必果于债事。倾倒之患，安可胜言哉。学者其慎之。"

吕祖曰："在上者，施无为之化；在下者，听其自然归伏。如善者，心心清静，不待勉强，其气自生。清静果矣，而勿矜夸；无为果矣，荆棘不生，而勿剪伐；自然果矣，而勿用强。果而不得已，乃清静中一点真气，至道，本来连一点都是多了的，勿强于道，是谓真道。用强于道，是为不道。不道者，安得不早已乎？此乃太上教人，无为修道，以有为之说戒之。"

第三十一章　战胜
吉事上左，丧事上右，铦袭战胜，丧礼处之

夫兵者，不祥之器也。物或恶之，故有欲者弗居。君子居则贵左，用兵则贵右。故兵者，非君子之器也，兵者不祥之器也，不得已而用之，铦袭为上。勿美也，若美之，是乐杀人也。夫乐杀人，不可以得志于天下矣。是以吉事上左，丧事上右。是以偏将军居左，上将军居右，言以丧礼居之也。杀人众，以悲哀立之。战胜，以丧礼处之。

本章讲述战胜，吉事上左，丧事上右，铦袭战胜，丧礼处之。老子在本章示人"兵者，不祥之器。战胜，以丧礼处之。"从道的角度，讲述了对待兵器和战争的看法。兵器是不祥之物，战争是不祥之事。以兵服天下者，服其人不能服其心，服之于一时，而不能服之于久远。以道化天下者，知止知足，不敢矜伐，服其人亦服其心。

"夫兵者，不祥之器也。物或恶之，故有欲者弗居。君子居则贵左，用兵则贵右。故兵者，非君子之器也，兵者不祥之器也，不得已而用之，铦袭为上。" 兵器是不祥之物，破坏力很大，爱好和平的人都厌恶它，所以欲望大的人不能使用它。君子平日居住，以左边为尊贵；发动战争，以右边为尊贵。所以，战争不应当是君子处理问题的手段。发动战争是不祥之事，只有在迫不得已的时候才这样做，以锋利兵器迅速袭击，速战速决为上。

"兵"，兵器，战争。"祥"，善。**"夫兵者，不祥之器也。物或恶之，故有欲者弗居。"** 老子说兵器是不祥之物，兵器越厉害，它的摧残力、杀伤力越大。现在人类已经发展了核武器，破坏力实在太厉害了，只要一旦发动核战争，几乎全人类都灭亡了，没有一个胜利者。而人为的战争、杀伐，是人所厌恶的东西，是违背天地之德的，所以，有道的人掌握兵权，天下安定；欲望强的人掌握兵权，生灵涂炭。

"左"，为阳，阳和则生发。"右"，为阴，阴凝则肃杀。"君子居则贵左，用兵则贵右。"君子在平常的生活中贵柔，以养阳滋阴摄生为务，崇尚生生不息之势。发动战争则贵刚，奉行诡道，崇尚秋风萧杀之势。有道的人，有仁慈好生之德，不会为了侵犯别人而兴兵。

"故兵者，非君子之器也。兵者不祥之器，不得已而用之，铦袭为上。"战争不应当是君子用来处理问题的手段。发动战争是不祥之事，会带来祸殃。有道的君子兴兵是为了打退侵犯者，救亡图存，迫不得已而为，应以锋利兵器迅速袭击，速战速决为上。

《淮南子·兵略训》曰："夫兵者，所以禁暴讨乱也。教之以道，导之以德而不听，则临之以威武；临之威武而不从，则制之以兵革。"战争是用来制止凶暴和讨伐祸乱的。先用道理来教育，并用德行来开导，如果不听劝导，就用武力威势震慑，武力威势仍然不足以震慑他们，就只能用兵来对他们做出制裁了。

悟道要降伏其心，要从意识心与本心的战争中走过来，使人心皈依于本心，让本心主宰我们生活，自净其意，这个过程就称为玄德的一种积累。对人体而言，战争就是治疗疾病和处理各种矛盾。比如西医治疗癌症的化疗，虽然对病症有一定的疗效，但同时对人体的生命伤害极大，是不详之器。真正的中医是从生命的造化之机入手，损有余而补不足，提高人体的生机，从根本上来挽救人的生命。

黄元吉曰："少壮之全，不须采炼之工，可以得药结丹，而衰老之躯，气质物欲，濡染已久，不加猛烹急炼之功，则气质不化，物欲难除。以污浊之身，而欲行无为自然之道，安可得乎？是犹屋子不洁，嘉宾难迎。人须扫除身中污垢，而后色相俱空，尘根悉拔，本来真性，自在个中。虽然勉强修持，亦要安然自在，方不动后天凡火，有伤性命。故太上以恬淡为上，胜而不美。否则有后天而无先天，仅凡气而无真气。一腔火性，其能久耶。"

吕祖曰："夫佳兵者，温良柔和；佳兵者凶，善用者吉。善用者静后用之；不善用者开首用之。物或恶之而不至，故有道者不先动，是谓不处。先意故不祥，不祥亦有气至，乃勉强采来谷气，谓之不祥之器，非修道之君子。静后动者气，不得已而开导初进之人，故以下乘教人，取后天而得效也，只快于一时，久则必败。能恬淡清静，自然之功，谓之虚无至道。"

"勿美也，若美之，是乐杀人也。夫乐杀人，不可以得志于天下矣。"不要赞美战争，如果赞美战争，就成了以杀人为乐，凡是以杀人为乐的人，是不可能取得天下民心的。

"勿美也，若美之，是乐杀人也。"战争胜了之后，有好生之德，不要赞美战争。如果赞美战争，就成了以杀人为乐，战争本身就等于血腥杀戮，制造祸端。

"夫乐杀人，不可得志于天下矣。"无道的人是杀伐毁坏一切，背道离德，单纯的以军事霸道得天下，虽然可以一时称雄于天下，但结果是民不聊生，得不到民心，不能长治久安。有道的人治理天下和身体，不外乎生、蓄、养、藏而已，蓄养本有的生机，可以天长地久。

吕祖曰："苟有微意而不美，而美之者，入一境，杀一境，得一理，忘一理。不杀不忘，谓之佳兵。惟精惟一，清虚而得天机，谓之性；厥终厥始，有动而得地机，谓之命。性定命生而生气，知命方知命难，因其有断杀之志，故一战得胜，言其心切意专也。不有铁石心，不可以求真。言其可教则教，不可则止。是以太上教人如此，用静不用动；用气不用意，用气立性而后命。以佳兵譬之，柔和治之，虚无修之，静动得之，空空成之，所以有兵而不用。兵有胜败，故不祥，教人体此而修者也。"

"是以吉事上左，丧事上右。是以偏将军居左，上将军居右，言以丧礼居之也。杀人众，以悲哀立之。战胜，以丧礼处之。" 所以，吉庆的事，以左边为尊贵；凶丧的事，以右边为尊贵。偏将军居于左边，上将军居于右边，也就是说以丧礼仪式来对待战争。战争中杀人众多，应为死者悲哀哭泣。打了胜仗，也要以丧礼的仪式祭奠战死的人。

"是以吉事上左，丧事上右。"左为阳生之地，适合处理吉祥的事情；右为阴杀之地，适合处理凶丧的事情。

"偏将军"，非主力部队，元神或本心、潜意识。"上将军"，主力部队，主观意识。"是以偏将军居左，上将军居右。"偏将军尚柔，先礼后兵，先礼让，有礼有节。偏将军须得上将军之令，才敢攻杀；上将军尚刚，使用外力，全力击敌。上将军有使用武力的权力。

"丧礼"，人死后的礼仪。"言以丧礼居之也"，以丧礼仪式来对待战争。国君应重视发展经济，迫不得已，发动战争，战胜之后，要收殓阵亡将士的尸首，举行丧礼。这样，有利于安抚人心，尽早结束战争。

"杀人众，以悲哀立之。"战争过程中，消灭了大量的敌军，歼敌之后，打扫战场，以慈心对待，为在战争中死亡的将士，鲜活生命的陨落而感到悲哀，替他们感到难过。存诚子诗颂："止杀敬天复爱民，成吉思汗也爱听。邱祖道气警天骄，真人不愧是真人！"

"战胜，以丧礼处之。"战争胜利了，久违的和平，又回到了人间。以丧礼的仪式，祭奠、纪念与缅怀在战争中阵亡的战士，给英雄们举行丧礼，去甚奢之心。就人体而言，不管用西医还是中医，治病的过程都会对身体有损伤，身体上的疾病医治好了，也需要对身体进行长时间的调理，慢慢恢复本有的生机和功能，自净其心，自净其意。

紫阳真人曾经这样说过："用将需分左右军，饶它为主我为宾，劝君临阵休轻敌，恐丧吾家无价珍。"这四句话说的就是在我们身体内部进行调节的过程中，要平衡这个内战，福气再好的人，一生不可能不得病，不可能不衰老，这是由于内在战争耗掉的。老子的道德精神，太和圆融，是平衡内在的精神，不但是在修炼上起作用，在社会上也同样起作用。

第三十二章　自宾
守朴为真，万物自宾，天地相合，甘露自均

　　道恒，无名。朴，唯小，而天下弗敢臣。侯王若能守之，万物将自宾。天地相合，以降甘露，民莫之令，而自均焉。始制有名，名亦既有，夫亦将知止，知止所以不殆。譬道之在天下也，犹小谷之于江海也。

　　本章讲述自宾，守朴为真，万物自宾，天地相合，甘露自均。老子在本章示人"抱道以为行，守朴以为真，全性以为本，知止以为用"。侯王守道，万物自宾，百姓自均。天地相合，甘露自均。守常可以御变，守始可以览终。道是宇宙的真君，朴是天地万物的真性，抱道守朴无为，万物自宾，不失其真宰。

　　"道恒，无名。朴，唯小，而天下弗敢臣。侯王若能守之，万物将自宾。天地相合，以降甘露，民莫之令，而自均焉。" "道"是恒常的，是无名的，是自然纯朴的。道非常细微，其小无内，普天之下没有什么能支配它。侯王如果能够遵循"道"朴的原则治理天下，百姓自然会各安其位。天地之间阴阳之气相合，就会降下甘露，没有人指使它而自然均匀。

　　"道恒，无名。朴，唯小，而天下弗敢臣。"道是恒常的，先天地生，独立不改，周行不殆。道无名无象，看不见、听不到、抓不住，没有一个永远不变的形态。道是一团浑朴，没有分割，纯朴、自然，朴是天地万物的真性，是道德社会的存在状态，非利生存。道非常细微，其小无内，但它却实实在在地主宰着一切，天下谁也不能支配他，道任万物自化，但万物没有不服从道朴这个自然规律的。

　　"侯王若能守之，万物将自宾。"侯王或者主观意识，如果能守道朴，心量广大，无私、无我、无为，以天下为公，非利生存，自然无为，服从于道朴的这种自然规律，那么万物自宾，民以自化，各安其位，四海宾服，万物

合道，自然天下太平。存诚子诗颂："未生之前道为本，既生之后道是根。斩断情欲天之徒，跟随老子去修真。"

"甘露"，及时而甘美的雨露。"天地相合，以降甘露，民莫之令而自均焉。"天地之间阴阳之气相合，就会降下甘露，滋润群生，五谷丰登，万民自然康乐。就悟道而言，人若调摄身心，自在安和，放下万缘，一丝不挂。一线心光与一缕真气相接，体内阴阳二气自然交会，阴阳相合，百脉畅通，精化为气而升，气化为液而降，口内甘美之津液自然产生，滋润百骸，名金液还丹。

从卦象上来说，泰卦是天在下，气往上升；地在上，气往下降。天地之气交合，阴阳交泰。否卦是天在上，气往上升；地在下，气往下降。天地之气不交，阴阳不合。同理，既济卦是火在下，火往上升；水在上，水往下流，水火交融。未济卦是火在上，火往上升；水在下，水往下流，水火不交融。

吕祖曰："道以混沌无名，常住真静，与太虚同体，不言不动，谓之道常无名。朴者，性也，大而通彻天地，细而入于微尘，虽小，天下不敢臣。臣者，气也，性定气凝，谓之不敢臣。侯王若能守之，侯王者，心也，心空神灵，若果能如此守者，万物将自宾服。万物者，诸经脉络是也，能定而守灵，经络再无不宾者也。总归大窍，一片光明，天地自然相合，下升上降，天地合一，甘露二气而生，混合于中，到此光景，人莫之令。人者，灵中微意是也。"

黄元吉曰："学人欲修性命，先明铅汞。古云：汞是我家固有之物，铅乃他家不死之方。若但言心性，无从捉摸，古仙真借名为汞。此个汞非他，乃心中灵液，从涕唾津精气血液，后天所生阴滓物中，加以神火下照久久，化为至灵之液。此个灵液，元性所寄。盖以本性原来清净，不染纤尘，与太空等。炼丹之士，必先炼精化气，所谓"此精不是凡人精，乃是玉皇口内涎"。玉皇比心也，心中灵液即涎也。既得精生汞化，由是灵液下降坎宫，真阳亦复上升，交会于黄庭内釜，我以神气凝注于此，久之真铅从此蓬勃氤氲而有象，此即所谓"得药"也。然灵液取真水也，真阳即真气，真气即铅也。从此汞之下降，铅之上升，会合中宫，凝神调息，片刻间兀兀腾腾，如雾及烟，如潮如海，才算是真铅，可为炼丹之本，所谓坎离交而得药也。于是运起阳火阴符，逆从尾闾直上泥丸。泥丸久积阴精，与这点真铅之气，配合为一，即所谓"乾坤交而结丹"是也。阳气上升泥丸，有何景象？觉得头目爽利，非等平日之昏晕，有如风吹云散，而天朗气清，另有一番气象，才算是真汞。

以前之汞，还是凡汞，不可以养成仙胎。铅汞会于泥丸，斯时之凡精凡气，合同而化，不见有铅，并不见有汞，是一清凉恬淡之味，化为甘露神水，香甜可口，不似平日粗精浊气，即古人谓"醍醐灌顶"也。从上腭落下，吞而服之，遂入黄庭温养，即封固矣。此个真精一生，浑身苏软如绵，欲睡不睡，欲醒不醒；而平日动荡之身心，至此浑然湛然，不动不摇，自安所止而得所止，又有何殆之有哉？此境非大静大定不能。天机毕露，人其自取证焉可。

"**始制有名，名亦既有，夫亦将知止，知止所以不殆。譬道之在天下也，犹小谷之于江海也。**"圣人师万物而制法度，有了各种名称，既然有了名称，就要忘我无私，回归于道。回归于道就可以避免灾祸。道是天下万物的源头，小溪是江海的源头。

"制"，御。"既"，尽。"止"，归宿之地，道朴是也。"殆"，危殆。"始制有名，名亦既有，夫亦将知止，知止所以不殆。"道本来是无名的，道的能量显化叫先天一炁。圣人明觉了天道的法则后，把天地间的事物按类别特征安名立象，制定法度。倘若以这些法度来治理，就是忘本逐末，愈治愈乱。既然如此，就应忘我无私，依止道朴，则内观其心，心无其心；外观其形，形无其形；远观其物，物无其物，而可以无逐妄迷真之患，回归于道，避免灾祸。《文始真经》曰："圣人师蜂立君臣，师蜘蛛立网罟，师拱鼠制礼，师战蚁置兵。众人师贤人，贤人师圣人，圣人师万物。惟圣人同物，所以无我。"

"譬道之在天下，犹小谷之于江海也。"道虽小，但天下万物都是由道而生。小溪虽小，但不断汇集，终成江河大海。生活就是悟道，我们在日常生活中也是如此，把一件件小事做好了，大事自然能做好。在做小事的时候，心底无私，此心光明，自然而然就能做好事情，无所不能成。

就悟道而言，人若能心如明镜，性如大海，自净其意，做好点滴小事，则天地之气必然来聚，日月精华自然来会，自能回归于道。人的本性一气含阴阳，是一个永远转动的先天太极，身体自然受益，自然气足神旺。本性得到道体能量的哺育，又培养出了像大道一样养育群生的能力。

吕祖曰："到混沌时，有人不知其人，而自然定均，定均时始制有名，定而后能虑是也。名既有之，不要妄贪。夫亦将知止，知止则有定，期而渐进者也。能知止，所以不殆，譬言道，天下莫不有之，无物不有道，凡天下万物，以无为者亨，以有为者谷。至弱者，水也；川流者，水也。水之不息，犹天地万物，不可须臾离道者也，谓之犹川谷之于江海也。"

第三十三章　省己
内省自己，知人知足，不失其所，死而不忘

　　知人者，知也；自知者，明也。胜人者，有力也；自胜者，强也。知足者，富也；强行者，有志也。不失其所者，久也；死而不忘者，寿也。

　　本章讲述省己，内省自己，知人知足，不失其所，死而不忘。老子在本章以"不失其所者，久也，死而不忘者，寿也"为悟道、证道之玄微心印，以为自行自验与入道成道之门。道贵行证而不贵知解，尤贵能自求验证，即身成道，而与天地共长生，与日月共久视。不能由此中悟入，不能于此中证得，而泥象执文，即能倒背《道德经》，亦无益也。

　　"知人者，知也；自知者，明也。胜人者，有力也；自胜者，强也。"了解别人而明于外叫作知，内省自己而明于内叫作明。战胜别人是有力，战胜自己是强者。

　　"知"，一种认定性感应，对信息进行分辨后所获得的固定认知，心与境合。"知人者"，知其美恶，知其贤否，知其情伪。"明"，得圆明，无所不照。"知人者，知也；自知者，明也。"人们能了解别人，知人之德才，察物之体性，就叫作知。人们能内省自己，反照内察，回光止观，自知其本来，明了自己本性，忘我无为，就叫作明。了解事物，不在于看清别人，而在于看清自己。老子教人要守住本性，认清自己，内省自己，反观自心，开启本性，真诚待人，做个明白的人，而不是以我见量人。

　　《淮南子·齐俗训》曰："所谓明者，非谓其见彼也，自见而已；所谓聪者，非谓闻彼也，自闻而已；所谓达者，非谓知彼也，自知而已。是故身者道之所托，身得则道得矣。道之得也，以视则明，以听则聪，以言则公，以行则从。"

　　"胜人者"，能制胜人。或以物力，或以势位，或以勇敢让别人臣服。"自

胜者"，能制胜心。放下私欲，以道自胜。"胜人者，有力也；自胜者，强也。"胜人的人务于外，能胜过别人是强壮有力。自胜的人务于内，人最大的敌人是自己，心中有道能够战胜自己，克服自己的弱点，战胜自己的欲望，忘我无私，回归本心就是强者。我们人对自己知之甚少，对生命的来龙去脉知之甚少。悟道要找到自己做自己，找到自己的本心，回归自己的本心。人类发展到今天，生命的关键已经不是战胜外部世界，而是自身能够自省自觉，提升生命境界，启迪先天智慧，达到内心光明。存诚子诗颂："胜人者力赖蛮力，自胜者强真强人，一行能为天下则，一言而悟天下人。"

吕祖曰："知人者智，明哲于外，非我之本分。自知者明，守自己之灵，虚中生白，光灼天地，自知其有，默默自得，而为之明。胜人者有力，不可以力胜人，以虚无至道胜人。力者，内光也。胜己者，自胜之中和，充塞于天地，与太虚同体者也。强，内光之充塞，含容于我。"

"**知足者，富也；强行者，有志也。不失其所者，久也；死而不忘者，寿也。**"知道满足、自足于道的人，才是真正的富有。坚持行道、自强不息的人，才是真正有志向。不丧失本来、不离于道的人，才会长久；心死神活、归心于道的人，才能真正地长寿。

"知足者"，物有余，无贪求。知足在心，自足于道。"知足者，富也。"有道者内心感恩知足，放下私欲，精固气盈，自足于道。内心的快乐、安详，才是真正的快乐、真正的富有。人一旦迷失了本心，就只会有无限的欲望，就不会"知足"，在利益社会中，争斗不休，弱肉强食，与禽兽无异。

"强行者"，不懈怠。"志"，心意，志于道德，自强不息。"强行者，有志也。"唯志于道德，使行为顺从自然，如日天行，自强不息，则志气常伸。在悟道的路上，能坚持不懈，始终如一，逢千磨能自强不息，遇百难能顽强拼搏，把做不到的事情做到了。

"所"，本来。庄子云："鱼相忘于江湖，人相忘于道德。"江湖是鱼之所；道德是人之所。"不失其所者，久也。"人不失其本位，不失其本来，回归于本来，不离于道，久能行道，则常德不离，纯阳流注，生命就会长久。我们的精神进入了虚空，在虚性空间里面，不停地生化，不停地转化，不停地进化，人的生命就慢慢地提升了，在实性空间就能长久。

"死"，心死神活。《太乙精华宗旨》曰："死心非枯槁之谓，乃专一不二之谓也。""寿"，真常湛寂，不受变灭。列子曰："生之所生者死矣，而生生者未尝终。"被生出来的有形的事物死了，而生它们的无形的母体大道是不死的。"死而不忘者，寿也。"人若以形用神则亡，以神用形则康。人若能有清静心，归心于道，没有妄念，忘我无为，这样后天意识就不活跃了，而先天本心就活跃了，就很容易发掘自己的潜能，处虚灵动，无时无刻都处在创造性灵感的驱动中，灵性常存，用先天能量，演化人体细胞，与道合真，脱胎神化，如蝉蜕一般。活佛转世，就是死而不忘。

黄元吉曰："炼精化气，为入胎之始；炼气化神，为成胎之终。不知止火，则气不入于胎。精虽炼而为气，犹可因气之动而复化为精。且不知止火，则神不凝于虚空，气虽炼而成神，犹可因神之动而复化为气。至若神归大定，气亦因之大定。百年之久，浑同一日。一念游移，即同走丹。如此任重道远，非强行有志者，不能常止其所，历久而不敝也。"

吕祖曰："知足者，知莹白之光芒，无处不周遍，虚虚于中，守有于内，而不妄求，谓之知足。富者，满其体一气豁和，含光于中。强行者有志，坚其心，固其意，忘其形，存其虚，守其有，以待功成也。能常守真静，守其中，而不知其所，其道恒而天地交泰，阴阳合抱于中，恒常不二，如此，岂不能久乎？道成而躯丢，光融而性存，虽死于世，而我实不死也。死则死矣，假形骸虽死，而不亡，与天地同其德，与日月合其明，与阴阳合其道，与混沌同其体，道存而性融，形亡而光结，故寿而不死，无中下手，虚中能有，有中返空，性命合一，灵性常存，清光融融，谓之死而不亡，常存于天地之外，包罗于万象中，空空洞洞，其恒常灵，其道常存，恒常至道，谓之不亡而寿。"

第三十四章　道氾
可左可右，任运自然，其小无内，其大无外

　　道氾呵！其可左右也。成功遂事而弗名有也。万物归焉而弗为主，则恒无欲也，可名于小；万物归焉而弗为主，可名于大。是以圣人之能成大也，以其不为大也，故能成大。

　　本章讲述道氾，可左可右，任运自然，其小无内，其大无外。散而充塞天地，聚而入于微渺。老子在本章教人"以其不为大，故能成大"。归于大窍而不着。大道无名相，无方所，包含一切，生养一切，成就一切。守其无，而不易其性。

　　"道氾呵！其可左右也。成功遂事而弗名有也。万物归焉而弗为主，则恒无欲也，可名于小。" 道弥散于整个宇宙，广泛流行，可左可右，可大可小，无处不在，无时不有。成就了万物却不自以为有功，万物归依于它却不主宰。无形无欲，其小无内。

　　"氾"，由干流分出又汇合到干流的水。"道氾呵！其可左右也。"老子描绘了"道"的时空范畴和悟道的方法。道体的元始能量波从本原流出，从空间上看，弥散于整个宇宙，广泛流行，到处都存在；从时间上看，周流古今，无时不有。大道之行，天下为公。道分散在万物之中，与万物融为一体，和合圆融，又回归于本原。虽然我们看不见、抓不住，但是我们都在道中，道随时与我们相会，左右着我们的一切。

　　用现代科学理论来说，道是宇宙元始物质和能量场，道体的能量波是遍及整个宇宙空间的。反过来说，任何一个空间质点，所有的能量波都会通过它，都会接收道体能量波，而所有能量波通过它的时候，它的波动和振动都会影响这个质点，这就是宇宙全息律。也就是说我们这个宇宙空间中的任意质点，都具足宇宙中的所有智慧；宇宙中的许多事物都可以用波动方程来描述，例如光波、声波、电磁波、水波及弹性波等，波动方程同样可以用于量

子力学，其能量传输都具有波动和振动特性。我们悟道，就是要觉醒自己本有的内在智慧，打开心扉，排除干扰，接通道体的纵向能量波动和横向能量振动，提升生命境界，与道合真。

"成功遂事而弗名有也"，道成就万物，滋生万物，成功遂事，但没有行迹，可大可小，隐迹潜形而忘其功。犹如虚空，是一种空性的存在，没法用任何的"有"来形容。存诚子诗颂："大道无为无不为，小道有为有以为，携道而行抱道卧，至道不灭我长存。"

"万物归焉而不为主，则恒无欲也，可名于小。"道无形无相，所有的动物、植物、花草和人类，所有的物质和生物都来源于道，又回归于道。道存在于未兆之先，是以能量场的形势存在，看不见、听不到、抓不住，于物无欲，它本身没有一点欲望，对万物没有任何要求，至微至隐，聚而入于微渺，可以说是小，卑微之至，至小无内，小到极点而没有内核。

吕祖曰："大道是虚无至玄至妙之道，无物不有，无处不到，谓之氾兮。一静之后，遍体皆空，无有障隔，此乃氾也。左之右之，无不通之，无不灵之，节节相通，窍窍光明，谓之其可左右。万物诸经络也。心空意无，万物无不恃之以生，熔成一片，内外光灼，虽无心于万物，万物自然生之而不辞，常无杂意。可着可名者，虽道大而不见其大，入于微末，而于小焉。"

"万物归焉而弗为主，可名于大。是以圣人之能成大也，以其不为大也，故能成大。" 万物归附于它却不主宰，任运自然，其大无外。所以，圣人心量广大，犹如虚空，成就一切，不自为光大。正因为他无私无欲，任运自然，所以才能成就自己的光大伟业。

"万物归焉而弗为主，可名于大。"道既兆之后，宇宙万物的一切变化都在道中，道给万物提供了能量、时空和舞台，包含万象，包容一切，公平的对待一切，无私覆，无私载，无私成，让一切都自然变化，散而充塞天地，可以说是大，广博至极，至大无外，大到极点而没有边际。

"圣人"，代道作为。"是以圣人之能成大也，以其不为大也，故能成大。"圣人心量广大，犹如虚空，效法天地，无私无欲，没有自高、自大、自满、自足等自私的心态和行为，任运自然，包容一切，成就一切，利而不害，为而不争，让一切都自由发挥，所以，众人反过来成就了他，这就是大道的法则，也是真正的光大伟业。

吕祖曰："一气熔成，万物无所不归，若无主焉；诸气自然合一，若无主宰，而主宰存焉。此乃性中命也。性中得命，若可名于大；大道至微，实无所大，而大存焉。是以圣人修道，默默而不障，隐潜而不见，道虽大，而始终不为其大，故能虚无以合道，默默以合天地，隐潜以合阴阳。成氾氾兮，合其至道之大而入于渺渺之天，恍惚存亡之间耳，故能成其大。"

黄元吉曰："圣能成其大，皆由修造有本。今特详下手之功：如打坐之时，先凝神，继调息。到得神已凝了，只要心无烦恼，意无牵挂，觉得心如空器，一点不有。意若冰融，片念不生，此身耸立，恍如山岳镇静，不动不摇。由是以神光下照于气穴之中，默视吾阴窍之气与绛宫之气两相会于丹鼎之中。我即以温温神火细细烹炼，微微巽风缓缓吹嘘，自然精融气化。此即炼精化气也。何以知其炼精化气哉？外来之气，与吾心内之神，两相配合，会成一家。收回外气，以制内里阴精，气到之时，阴精自化。上下心肾之气，即合为一，自然绛宫安闲，肾府自在。外之呼吸，与内之真息，合为一气，浑如夫妇配成，聚而不散。日充月盈，真阳从此现象矣。此即化气之明征也。既已化气，再行向上之事。斯时呼吸合、神气交，凝聚丹田，婉转悠扬，几如活龙游泳，一日有无数变化。我惟凝神于中，注息于外，听其天然，自然静极而动，动极而静，此即炼气化神也。到得静定久久，我气益调，前此宛转流行于丹田者，此时烹炼极熟，觉得似有似无，若动若静。精看不觉，细会始知。此际务将知觉之心，一齐泯去，百想无存，万虚全消，即丹田交会之神气，听他自鼓自调，自温自煅，我惟致虚守寂，纯任自然，神入气中而不知，气周神外而不觉。如此烹炼一阵，自有一阵香风，上冲百脉，遍体熏蒸。此所谓神生气也。又觉精神日长，智慧日开。一心之内，但觉一息从规中起，清净微妙，精莹如玉。此所谓气生神也。如此神气交养，两两相生。斯时正宜撒手成空，不粘不脱，若有心，若无意，此炼神还虚之实际也。此三件功夫，一时可行可到。必须照此行持，从炼精起，久久气长神旺，化为清净自然，再加归炉工法，然后合乎天地盈虚消息，与一年春夏秋冬气象，如此始完全一周。工夫照此修持，自然我气益调，我神益静，中有无穷变化、不尽生机。由是日夜行工，绵绵密密，寂照同归，自有真气熏蒸，上朝泥丸，下流丹府，透百脉而贯肌肤，勃然有不可遏之状，此河车之路，自然而通。我不过顺其所通，而略微引起足矣。久之丹成道立，走雾飞空，与天为徒。圣人之成其大，诚非轻易也已。"

第三十五章　大象
执守大道，天下归往，非利生存，平和安泰

> 执大象，天下往。往而不害，安平大。乐与饵，过客止。道之出言也曰：淡呵！其无味也；视之，不足见也；听之，不足闻也；用之，不可既也。

本章讲述大象，执守大道，天下归往，非利生存，平和安泰。老子在本章教人"执大象，天下往"。观天之道，执天之行。以天地之心为心，以天地之行为行，融身心于大道，自然天下归往，用之不尽。

"执大象，天下往。往而不害，安平大。乐与饵，过客止。" 人们执守大道，非利生存，天下就会自然归顺。天下为公，人们的生活就会安宁、平和、交泰。好听的音乐和美味的食物，能够诱惑过往的人停住脚步。

"执"，执持，把握。"大"，外包乾坤，内充宇宙，遍河沙界，湛然圆满，永远是在那个空性的基点上。"大象"，无象而能生万象，即道。至虚无体，这里指天地的现象和法则，不是动物的大象。"天下"，指天下的人们及万物。"往"，归往。归往于大道，归往于自然。"执大象，天下往。"人们执守大道而行，非利生存，元神主宰，安住在空性上，直觉思维，从全息信息中直接感知事物的真象，就能接通道体的元始能量场。他没有利害的分别，太和圆融，对一切都是有利的，天下为公，给万物生机、生命、能量和动力，万物的始终都在其中，天下万物会自然归往。存诚子诗颂："大象无象何所执？无执为执执之妙。人机泯灭天机发，无中生有观妙窍。"

"安"，安宁，神安，安养。"平"，平和，无所好憎。"往而不害，安平大。"在接通大道的元始能量场后，天下万物和合圆融，非利生存，自往而相忘于道，安住于安宁、平和、交泰之中，无所患害。对人体而言，人心归于本心，就能接通先天一炁，身安泰，命基永固；心虚澄，性本圆明。性圆明，则无来无去；命永固，则无死无生。

"乐"，音乐，好听的歌声。"饵"，饮食，诱人的食物。"乐与饵，过客止。"美妙动听的音乐，香味扑鼻的食品，都会给人一种吸引。匆匆过往的人就会停下来，去欣赏这些东西。世界上一切物质的东西，只要使人感到舒服快乐的，人们都会受到诱惑。

我们悟道就是要虚实相通，执大象就是忘形合虚。虚是无形的，它让我们有无限的发展空间。守虚就不会执于某一种方法，站在没有角度的角度上，或者是跳出对待、从虚实一体上来认识问题。道生万物，万物有无数种形态，哪一种都是有可能的。例如佛、道两家，经常观想肚子里面有个婴孩，坐在金色的莲花上，时间长了，身体慢慢地就朝这个方向变化。不要小看大象无形的这一面，再往前走，到没有方法可言的时候，这个时候基本上就有成就了，自己的创造性的也就无限了，有一种大象在起作用。

吕祖曰："象字，是有着而归实，大象是不着而归空。象本于中，守中而小；大象本于形，无形而空。本于中者害，空于形者不害。执大象，忘形合虚，空中、空形，四大皆为一窍，使我之神，清虚而合至道，任往来而不害。天下者，身也，身为天下，是普天之下，无物不载，无处不有，任日月之照临，空洞之乾坤，往往而不害。如人之身，空其形，绝其欲，清虚其神，默默于大窍，混沌于阴阳，不知有人，亦不知有我，故往往而不害。不害，安于神；不害，平和其气；不害，交泰于性命。安于神，平和其气；不害，交泰于性命，皆归于虚，虚中生有。乐与饵，是先天之真气，聚而成乐，凝而为饵，如过客之往来，无定止之地，任来则来，任往而往，天下任其周旋。待通身经络，灵通而合一，如是为丹，性中见命者是也。"

"道之出言也曰：淡呵！其无味也；视之，不足见也；听之，不足闻也；用之，不可既也。" 大道若用语言来描述：平淡无味，看它看不见，听它听不到，但它的作用却是无穷无尽的。

"道之出言也曰：淡呵！其无味也。" 大道是无形的，若用语言来描述，实在是淡而无味，然无味之味，至味存。语言所表达出来的道是不究竟的，听道者不可能尽数的得道。《庄子》曰："夫道，有精有信，无为无形；可传而不可受，可得而不可见。" 关键之处就在于要明白言外之意，身体力行才能够掌握道。大道出于口，生津补液，淡然无味，冲和澹泊，用不可既，相比于悦耳之音，灸口之饵，完全不同。

"既"，尽。"视之，不足见也；听之，不足闻也；用之，不可既也。" 大道用元始能量养育众生，和合圆融，不为人的外官所感觉，用眼睛看不见，大象无形；用耳朵听不到，大音希声。唯其无色之色，无声之声，无象之象，无体之体，其为用也，则无穷无尽。悄然无形，却能恩泽万物；默默无声，却能成为万物的引领。不因客过而遂止，故执之而往，无所不利。

吕祖曰："无可以言道，道之出言，其无味，无味而自知其味。无可以耳闻，听之不可闻，不闻之中，而自闻也；无可以目视，视之不可见，不见之中，而自见也；无可以着用，不用之中，而自用也。故不可见，不可闻，不可既者，言其道理精粹，无不贯通，成天地之大窍，而合容乎至道，虚虚实实，无无有有，皆一其气耳，此谓执大象，而天下往，往而不害者此也。归中不中，忘形忘虚，昏昏默默，为一天地，混合阴阳，打成一个锦绣乾坤。天地坏而我不坏，天地崩而我不崩，皆因不害一气之至道，不见而见，不闻而闻，不用而用，如过客之行止，不着于中也，听其自然而已。这个才为执大象，后学如此，方能了得生命，故天下往而不害也，安平泰之至道也。如此至道，不可见闻，亦不可既也，此之谓也。"

第三十六章　微明
天道好还，见微知著，邦之利器，不可示人

将欲噏之，必古张之；将欲弱之，必古强之；将欲去之，必古兴之；将欲取之，必古予之，是谓微明。柔弱胜强。鱼不可脱于渊，邦之利器，不可以示人。

本章讲述微明，天道好还，见微知著，邦之利器，不可示人。老子在本章示人"为有于无，顺行逆成"的天道玄机。教我们明了大道枢机，生存命脉，因应变化于无为，做人做事要从大处着眼，小处着手，未萌先兆，见事之几微。从虚无的道体入手，在事情刚刚萌芽时，就能看出发展变化的趋势。这一章老子论述的是事物运动的内在本质，以道治心的玄妙过程，但常常被世人误解，当作阴谋论。正确理解的话，可以解决许多生存和修炼中的实际问题。

"将欲噏之，必古张之；将欲弱之，必古强之；将欲去之，必古兴之；将欲取之，必古予之，是谓微明。" 想要收敛它，必须原来是张开的；想要削弱它，必须原来是强大的；想要去除它，必须原来是兴旺的；想要夺取它，必须原来是给予的，这是见微知著、隐微而明的智慧。

"将欲"，将要。"古"，原来、先前。将欲彼者，必过去已然如此。"噏"，闭合。"张"，打开。"将欲噏之，必古张之。"天道好还，想要闭合它，原来必定是打开的或过于张开。例如：门关闭叫"噏"，打开叫"张"。"噏"必须建立在先前"张"的基础上，没有"张"的基础，"噏"根本无法建立。想要接通宇宙能量、打开智慧，就必须先把心静下来，有清静心就能苏醒自己内在的磁场和生机，接通道体的先天一炁，这样外面的能量可以进来，自己的能量可以出去，与宇宙源头融为一体，天人合一，无有穷尽。

"弱"，削弱。"强"，强壮。"将欲弱之，必古强之。"想要削弱它，原来必定是强大的、或过于强大。"弱"相对于"强"才能建立，"强"相对于"弱"

才能存在。例如：病人身体恢复的过程中，对比之前疾病严重的状态，是变得强壮了，但相较于健康的状态却还是虚弱的。

"去"，去除。"兴"，兴旺。"将欲去之，必古兴之。"想要去除之前，原来必定是兴旺的、或过于兴旺。"去"必须以"兴"为基础，从"兴"演化而来，"兴"必须以"去"为基础，从"去"演变而成。

"取"，夺取。"予"，给予。"将欲取之，必古予之。"想要夺取之前，原来必定是给予的、或给予过多。老子曰："既以为人己愈有，既以与人己愈多。"给予别人越多，自己越富有。不懂给予，不成大事。

"明"，明了，明从日从月，日为阳，月为阴。日有寒暑的来往，月有盈亏的消长。明为阴阳合一，明了道理。《庄子·齐物论》曰："为是不用而寓诸庸，此之谓以明。"明白了自然规律，不固执己见而遵循事物的本然，这就是明心。"是谓微明"，元神主宰，跳出对待，用整体思维，从事物整个发展过程的内在本质来看问题，能见事之几微而明了天道，这种以道治心的玄妙过程，就是微明。

天道好还，歙张、弱强、去兴、取予都是相对存在的，才见柔弱便知会刚强，过于刚强便知会被削弱。从微弱、渺小的地方，能观察事物发展的趋势，预先看到必然的事情要发生，"为之于未有，治之于未乱"，不露形迹地去完成，见微知著，这就是从微而明。诚如《黄帝内经·素问》所言："是故圣人不治已病，治未病，不治已乱，治未乱，此之谓也。夫病已成而后药之，乱已成而后治之，譬犹渴而穿井，斗而铸锥，不亦晚乎。"

吕祖曰："将欲二字，将尽而未尽时候，未得先天之初，欲深息聚气，时含太和而噏之。噏，合聚也，将欲合聚真一，必先张侈于外，张侈定而后噏，保合太和，含弘万象，混一而成，必先属身心。身心定，而后含光内照，则真一之气疆，气充足，然后以和柔之；将欲弱之，必先待噏而强之之后，然后充满，方才以和制之，使其纯一不杂，含太和柔之，是二、八月之候也，卯、酉之时也，无寒无暑，充和一气，谓之弱也，得之矣。从有中而返无，欲废之矣。将欲废之先，必先兴起于中，充满四处，而后以和废之。废的是有质无形之物，不但要炼去有形的，连是质的要尽炼去之而成光，炫灼于内，恐光散去而欲夺之，必先兴之以和。将欲夺之之先，以和而合天之化机，噏而和合于一处。"

"柔弱胜强。鱼不可脱于渊，邦之利器，不可以示人。"柔和能胜刚坚，弱小能胜强大。鱼儿不能脱离深渊，国家的生存命脉必须自己把握、深藏不露。

"柔弱胜强。"坚硬的牙齿就比柔软的舌头先坏，柔和的水能滴穿坚硬的岩石。石头很硬，而水滴很柔和，但时间长了，坚持不懈，就能滴水穿石。弱小的树苗，能长成参天的大树。树苗很弱小，充满了生机，时间长了，就有无限的发展趋势。

这里老子告诉我们做人做事的道理：要用整体思维，从整个时间维度，全方位来看问题。天下最柔弱的水能滴水穿石，最柔嫩的树苗能长成大树。既然如此，元神主宰，虽然处在柔弱的位置，但有向强大方面发展的趋势。如果识神主宰，虽然处在强壮的位置，但向衰老的方向发展，物壮则老，是谓不道，不道早已。存诚子诗颂："人之所教我亦教，教以柔弱胜刚强。舌头稚嫩任舒卷，利齿刚坚却先亡。"

"脱"，失。"利器"，生机，权道，生存命脉。"鱼不可脱于渊，邦之利器，不可以示人。"鱼是水生动物，水是鱼的生存基础，鱼一旦离开了水，脱离了深渊，就有可能招来杀身之祸。鱼之在水，犹人主秉道；鱼之失水则为人所擒。国家的生存基础、生存的命脉所在，人主一定要牢牢地把握住，不可以展示给别人。就修身而言，元神主宰，明藏于内，则道心常存。若识神主宰，明用于外，则道心有昧。

《黄帝内经·素问》曰："凡阴阳之要，阳密乃固。阳强不能密，阴气乃绝。阴平阳秘，精神乃治；阴阳离决，精气乃绝。"阴平阳密就是生机旺盛，精固气盈，阴精平实，常守于内。阳气致密，固护于外。阳气指先天元炁，人体的阳气密度要高，要把这个能量凝聚在身体里面，阳密则邪不外淫，精不内伤。阴就像一个国家的居民一样，阳就相当于保卫国家的士兵，是邦之利器。如果阳气致密，百姓才能安居乐业，敌邪难以入侵；如果士兵溃散，百姓也会奔跑逃命，所以阴阳之要，在乎阳的稳固。对身体而言阳气不能致密，就会把我们阴气能量耗干，就像一个锅，本来水就很少，但是我们还经常用大火去烧，锅里面的水就会很快地蒸发掉，所以阳气一定不要外溢，要往里面收藏。

《韩非子·喻老》曰："赏罚者，邦之利器也，在君则制臣，在臣则胜君。君见赏，臣则损之以为德；君见罚，臣则益之以为威。人君见赏，则人臣用其势；人君见罚，而人臣乘其威。故曰：邦之利器，不可以示人。"赏罚是国家的锐利武器，握在君主手中就能控制臣子，握在臣子手中就能制服君主。君主表示要行赏，臣子就扣除一部分用作自己的私赏；君主表示要行罚，臣子就加重刑罚来焙耀自己的威风。君主表示要行赏，而臣子利用了他的权势；君主表示要行罚，而臣子凭借了他的威风。所以《老子》说："邦之利器，不可以示人。"

吕祖曰："从中起于上，从上见于空，如鱼潜于渊一般，温温一性，包裹命根，虚见天心，谓之鱼不可脱于渊。国之利器，是疆也；国之利气，是明也；国之利器，是刚也；国之利气，是微也。明能以柔制刚，微能以弱制疆。不明不微，为国之器；明也微也，为国之气。刚疆故多利，利则有害于身；柔弱亦多利，利则有益于己。刚疆之利，不公多害；柔弱之利，和平多益。只自知也，自明也，入于玄，知不知为知，明不明为明。己之不知不明，安能示与人，入于湛寂，合于真静？如此之微，如此之妙，玄之又玄，可以示人乎？故不可以示人。"

第三十七章　自正
化而欲作，吾将阗之以无名之朴，天地自正

　　道恒，无名。侯王若能守之，万物将自化。化而欲作，吾将阗之以无名之朴。阗之以无名之朴，夫将不辱。不辱以静，天地将自正。

　　本章讲述自正，化而欲作，吾将阗之以无名之朴，天地自正。老子在本章提出了"化而欲作，吾将阗之以无名之朴"的无上悟道心法。大道无私，万物自化，而万物在生长变化过程中会有各种各样的欲望产生，我们就用"无名之朴"来同化它，降心养炁，复归于清静，复归于本朴，无为不欲，和谐圆融，天地自正。道无为，朴无名，心无欲，则自然复归于静。一心虚灵不昧，外不蔽于物，内不锢于欲。从无而有，以静而进，从有而守，复归于朴而自正。

　　"道恒，无名。侯王若能守之，万物将自化。" 大道是恒常存在的，大公无私，是没有名称的本朴。侯王如果能守住大公无私的本朴，天下万事万物将会无为自化。

　　"道恒，无名。"道体的元始能量是永恒存在的，是产生天地的灵质物，无处不在，无时不有，是宇宙中最大的能量场。他大公无私，生养万物，泽润万物，但又不主宰万物，让万物能自然而然地产生、发展、灭亡，循环往复，以致无穷，他无所不能为，但却没有名称。

　　"侯王"，君主，识神。"侯王若能守之，万物将自化。"侯王若能守大道，以天下为公的本朴而治理天下，天下万民自然会归顺，能够完成社会的自动进化。我们的识神如果能守道朴，就能接通道体的先天一炁能量，用这种先天能量修复自己的身体细胞，身体就会自行进化。

　　吕祖曰："道常无为，无中生有，未尝无为，无为而无不为。要侯王守之，侯王，灵也，真灵若能存，万物从无中而生有，静中而自化，静极将自化，不静不能生，安得自化？静极，极之至，于中方生，生后自化，化而能

镇，是我虚中，一点灵慧，守起来去，听其自然。"

"化而欲作，吾将阒之以无名之朴。阒之以无名之朴，夫将不辱。不辱以静，天地将自正。" 万物自行化育的过程中会产生欲望和矛盾，我就用无名本朴的"道"来同化他。充满了无名的本朴，内心就没有任何不安。没有不安就自然清静，天地万物自然就会和谐圆融。

"化"，变化，化解。由一个头朝上的人和一个头朝下的人组成，表示两个人有矛盾，需要化解。《文子·九守》曰："以不化应化，千变万转而未始有极，化者复归于无形也，不化者与天地俱生。""朴"，本性、本来，元始能量。"化而欲作，吾将阒之以无名之朴。"万物在自化的过程中，它的作为肯定是带有自我繁殖和演化的趋势，未免沉着于有为事相之中，人的情志很容易被外物所化，被外界的物欲牵引而去，为境所瞒，逐物而转，这就是在自化中的作为，它带有欲望的性质。这个欲作之心，逐妄迷真，从而使人失去了对自然之道的感知。无论怎么样，都要用"无名之朴"去充满它、同化它，乾阳之气充满身中，以不化应化，清静为天下正。"无名之朴"是道体的元始能量，乾阳之气，用这种无我利他、造化一切的元始能量同化一切。这就是老子祖师传授的无上心法，人心的各种欲望，都要用"无名之朴"去同化它，使人心归于道心，万化归于道朴。存诚子诗颂："老子怀抱无名朴，虽说无欲却有欲；有欲观窍无观妙，观到万物返太朴。"

"不辱"，物质能量是充盈的，没有是非心，安住在空静的本心上。"阒之以无名之朴，夫将不辱。"道朴的元始能量是无为的，当我们充满了道朴能量，心里就没有任何的不安，一切都是自然的。犹如明镜照物，跳出对待，跳出事外，应物不迷。

"不辱以静，天地将自正。"人的心中如果没有不安、没有挂碍、没有恐惧，眉开眼笑，自然就会安静下来，回归到本自具足、自止于一的自正境界。诚如《心经》所言："心无挂碍。无挂碍故，无有恐怖，远离颠倒梦想，究竟涅槃。"

人有清静心，就能苏醒自己内在的磁场和生机，融入整体的自然之中，这样外面的能量可以进来，自己的能量可以出去，与宇宙源头融为一体，天人合一，无有穷尽，人心自正，天地自正。如果有荣辱是非的念头，就要放下，跳出荣辱是非，达到清静的状态，回归于先天的本朴，周围环境和天地就会净化，清静为天下正，回归到非利生存的道德社会，和谐圆融。无论是自己的身体天下，还是周围的社会环境和自然环境，它们都将按本身清静的状态，在元始能量的作用下产生一种自动地运作和演化。

吕祖曰："不欲静生，静中万物萌，万物从静中萌，从无中生，从虚中化，化而断欲。断欲以无名之朴镇之，镇之光生，镇之慧出，镇之虚灵。无名之朴，亦将不欲，此句是申明无名之朴意思。无名之朴，亦是不欲，何为不欲？不欲以静，不欲即无为，不欲即侯王能守，不欲即万物化，不欲即镇之，不欲即无名之朴，虽不欲，无静而不能。先以不欲静之，静之极，欲不能生；静之至，欲不能萌。静之至极，方为不欲。静从不欲静，不欲亦从静，不欲入于虚空中，虚则有中，空则实，空其虚中，则不欲以静，天下将自正，而合天，而合道。静而符天之虚空，化而符天之日月，镇而符天之不动。随气之运行，听阴阳之枢机，天能静，我亦能之。静乃道之根，化乃道之苗。道之根苗，听其自然，无不合道，无不合天。天道既合，大道成矣，谓之天下将自正。"

第三十八章　上德
上德无为，非利生存，抱一清静，与道合真

　　上德不德，是以有德；下德不失德，是以无德。上德无为，而无以为也；上仁为之，而无以为也；上义为之，而有以为也。上礼为之而莫之应也，则攘臂而扔之。故失道而后德，失德而后仁，失仁而后义，失义而后礼。夫礼者，忠信之薄也，而乱之首也。前识者，道之华也，而愚之首也。是以大丈夫居其厚，而不居其薄；居其实，而不居其华。故去彼取此。

　　本章讲述上德，上德无为，非利生存，抱一清静，与道合真。老子在本章旨在继道而言德，通过德的演变来认识心灵的变化："上德不德，是以有德；下德不失德，是以无德。"指引人们修上德而复归于道。上德和下德的关系，就是无为心和机巧心的区别。上德者，顺道而为，跳出对待，利物不争，抱一清静，合乎大道。仁义与礼，不足以为道，亦不足以为治。

　　"上德不德，是以有德；下德不失德，是以无德。"上德之人与道合一，不求回报，所以就有了大德；下德之人总是追求回报，所以他就没有德。

　　"德"，心对自然信息的真实感应和体悟，是合道的思想及行为，是提升生命境界的通道及过程，德性一而不分。德左边是"彳"，与行为有关，外在为公正，阴阳并列。右边是"十、目、一、心"，与心有关，内在为直心。《六祖坛经》曰："直心是道场，直心是净土。行住坐卧，常行一直心。"《文子·精诚》曰："闭九窍，藏心志，弃聪明，反无识，芒然仿佯于尘埃之外，而消摇于无事之业，含阴吐阳，而万物和同者，德也。"

　　"上德"，人在非利境界中的作为，同化于道。《文子·上德》曰："天覆万物，施其德而养之，与而不取，故精神归焉。与而不取者，上德也。""上德不德，是以有德。"上德之人心中有道，为善而心不着善，外忘其身，内忘其心，无为而为，心若太虚，无善无恶，跳出对待，与而不取，不求回报，

无私奉献，能真实地反映道的自然存在状态，没有人心参与其中，心神不贪外欲，没有分别心，则随所成就，皆得圆满。道德社会中人们的作为就是上德，他是大公无私、非利生存的，能在无形中帮助别人，无我利他，利益众生，天道好还，他的德会愈来愈大。存诚子诗颂："舍得舍得舍才得，舍去小我获大德。物我皆忘一身轻，吟赏德林风与月。"

"下德"，人在利益境界中的作为，背离了道。"下德不失德，是以无德。"下德之人有为，着心外用，心着于善，知德之美，因爱其名，好行其德，有心望报，有为而为。虽终身勤励，愈求愈远，愈执愈失。他认为做好事做得多肯定就有功德了，有意地去做，那是着了相，是自私的行为，反而是没有功德，其德愈失。真正的德是人本心能量自然运作的，不讲究的时候有，讲究的时候反而没有。

吕祖曰："上德者，不言不动，不闻不见，合天之至真，谓之上德。无心于万物，无心于身形，谓之不德。外忘其身，内忘其心，听万物自然之生化，随其自然之流行，谓之上德不德。德字，道之别名也，即道字，非思德之德也。这等才是个有法的，谓之是以有德。着心外用，谓之下德。有心用去，就有心望报，故为不失德。不合天之不言、不动、不闻、不见，亦无清静自然之德，是以无德。"

"上德无为，而无以为也；上仁为之，而无以为也；上义为之，而有以为也。上礼为之而莫之应也，则攘臂而扔之。"上德之人顺道而为，达到无所不为；上仁之人施仁及物，做到无所不为；上义之人以义接物，追求有所作为；上礼之人以礼齐物，没有回应，于是就撸起袖子，伸出胳膊强迫别人服从。

"无为"，心地无私，处虚灵动，顺应事物的内在本质来自觉作为。真正达到无为的时候，是把自己的生命本能调动出来了，无为而无不为。"无以为"，定慧相生，寂照并用，不见其迹，没有分别，知混沌之德。"上德无为，而无以为也。"上德的人与道合一，法自然而为，灵通万有，人的心意不受任何私欲牵制，无私无我，不用私心来作为，本性能量自然运作，自然而然，能达到无所不为的效果。做了善事，看不出来他在做善事，非利生存，体现出了非常自在的状态。

"仁"，仁爱，爱贤。《文子·道德》曰："为上不矜其功，为下不羞其病，大不矜，小不偷，兼爱无私，久而不衰，此之谓仁也。""上仁为之，而无以为也"，仁是内心自发地去爱人，兼爱无私。上仁之人，有道德之性，施仁及物，无私奉献。上仁也是合道的行为，看万物为一体，观天地为一身，恩惠遍及四野，其仁爱如天地般广大而不以追求仁爱为目标。正因为如此，治理者才能与百姓相安于无事之中，上下相亲，相忘于道德。

"义"，正义，尊贤。《文子·道德》曰："为上则辅弱，为下则守节，达不肆意，穷不易操，一度顺理，不私枉桡，此之谓义也。""有以为"，是知柔知刚，知彼知此，详审精密，动合事宜，不知混沌之德。"上义为之，而有以为也"，义是指君臣上下的联系，父子贵贱的差异，亲疏内外的分别等行为。上义之人，有仁义之性，以正义来接物，以正义来作为。上义是合德的行为，他做人做事坚持仁义的原则，见义勇为，义无反顾，是人们学习的榜样，但往往树立了榜样，人们就会有目的作为而忘记了本有的道德。

"礼"，恭敬，敬贤。《文子·道德》曰："为上则恭严，为下则卑敬，退让守柔，为天下雌，立于不敢，设于不能，此之谓礼也。""上礼为之而莫之应也，则攘臂而扔之。"礼是体现内心感情的，是各种义有条理的表现。上礼之人，以礼齐物，待人恭敬，遵法守礼，但由于立足于自我，失去了道德，很难引起人们的心灵感应，只能采用强制的手段，迫使人们去遵守礼仪，但老百姓往往不接受这一套。礼仪，就是规范人行为的标准和法律。老子要求人们顺道而行，如果用礼仪去约束人们的行为，不符合人们的本心，所以老百姓就把它拿过来再扔出去。

《文子·道德》曰："修其德则下从令，修其仁则下不争，修其义则下平正，修其礼则下尊敬，四者既修，国家安宁。故物，生者道也，长者德也，爱者仁也，正者义也，敬者礼也。"

吕祖曰："外实而内空，外无而内有，实若无，空若有，听自然之生化，谓之上德。无为而无以为，不能虚心，而心外耗；不能实腹，而腹运虚，满腹心，听心之指挥，心动火盛，焚其腹，或守或运，形容日渐枯衰，无上德之自然，是以下德为之，而有以害。为之，和顺柔弱，温良静定，而合上德，谓之上仁为之而无以为。义字，改作个断字，义重生刚，刚胜必有果断，果断必有是非，是非出自疑生，疑生是为失德。夫德失而为仁，仁下而为义，义字改意字看，何也？义重则刚心生，心动意驰，意驰必有为，有为者三千八百门，皆从此意字，安能合上德？是以义为之而有以为。礼者路也，有意于道，必有心去求，一求非上德也。谷气应之则真心不见，而真气莫为之应，是以攘臂而扔之。攘臂者，杀伐之气也，即气质之性也；扔者，就而应之之谓也，即胜心贪念者是也。如此，则道远矣，故失道。"

"**故失道而后德，失德而后仁，失仁而后义，失义而后礼。夫礼者，忠信之薄也，而乱之首也。**"所以，失去道后才提倡德治，失去德后才提倡仁爱，失去仁后才提倡正义，失去义后才提倡礼仪。强调礼的时候，忠信所存就很少了，各种祸乱就开始了。

"故失道而后德"，非利的道德社会人人有道，大家都是有道之士，天下为公，群龙无首，和谐圆融。随着物质文明的发展，"道"渐行弱化，就提倡"德"治。德是道的功用，把"生而不有，为而不恃，长而不宰"的玄德，作为行为的准则。

"失德而后仁，失仁而后义，失义而后礼。"到了后来，道德文明退化，就提倡"仁"，仁是德的光辉，施仁及物。再后来，"仁"又靠不住了，又提倡"义"，义是仁的事物，以义接物。到了"礼"这个阶段，礼是义的文饰，不能以礼齐物。因为社会中的人心坏了，自私自利，所以在文化教养方面，希望用礼仪和法律来约束人们。道、德、仁、义渐次弱化到礼，世道遂因此而乱。

"夫礼者，忠信之薄也，而乱之首也。"强调礼仪、形式和法律，说明人们已经缺失了礼仪，缺失了公平心，希望通过教育来普及，通过法律来健全。可是，事实上越讲究礼仪和法律，人们的技巧心就越多，忠诚和信用就越来越少，结果是道德的缺失，背道而驰。礼节是人们内心真实感情衰竭的表现。一般人行礼，别人回礼就轻快欢乐，不回礼就责怪怨恨。所以老子说，礼是忠、信淡薄的表现，是产生争乱的开端。

《淮南子·本经训》曰："道德定于天下而民纯朴，则目不营于色，耳不淫于声，坐俳而歌谣，被发而浮游，虽有毛嫱、西施之色，不知说也。掉羽、武象，不知乐也，淫泆无别，不得生焉。由此观之，礼乐不用也。是故德衰然后仁生，行沮然后义立，和失然后声调，礼淫然后容饰。是故知神明然后知道德之不足为也，知道德然后知仁义之不足行也。知仁义然后知礼乐之不足修也。今背其本而求其末，释其要而索之于详，未可与言至也。"用"道德"来安定天下，百姓就会纯真朴实，这样百姓眼睛就不易受美色迷惑、耳朵就不会沉溺于淫声；人们就会安闲地坐着歌唱，或悠闲地走着吟唱，或飘散着长发而游荡，眼前即使有毛嫱、西施这样的美女，也不受迷惑，演奏《掉羽》《武象》这样动人的乐曲，也不会沉溺，这样，荒淫放荡、男女混杂的事情就根本不可能在这当中发生。由此看来，用"道德"安定天下，净化人心，"礼乐"就无须实施。所以可以这样说，"德"衰以后才有"仁"产生，品行败坏后才有"义"出现，性情失去平和才会用音乐来调节，淫荡风气盛行才会有法度的整治。因此，知道用"道"来治理天下，这"德"就不值得提倡，明白"德"能净化人心，"仁义"就不值得实施，懂得"仁义"有救赎的作用，"礼乐"就不值得修订。但如今却是相反：背弃了"道体"根本而去追求仁义礼乐这些末枝，放弃了简要的东西而去用烦琐的东西，这样的人是不能和他谈论高深的道理的。

吕祖曰："失道者，失自然之生化，容心于万物者也，谓之失道而后德。有心于物者，谓之德；无心于物者，谓之上德。失了道，就是有心于德。失德而后仁，失了自然之德，存仁于万物，和顺于生化，就于有为而失仁。失仁而后义，是坚心刚者勇卤之性，一派气质杀伐之心。失义而后礼，有路为之谓之礼，不知礼者吉，知礼者忠信之薄，故凶。乱者，败也、亡也，因礼之害也，故为乱之首。"

"前识者，道之华也，而愚之首也。是以大丈夫居其厚，而不居其薄；居其实，而不居其华。故去彼取此。" 治理者提倡仁义礼法，注重这些外在的虚华，就是社会道德衰败的开始。因此，大丈夫立身于厚道，不立身于薄礼；崇尚朴实，不崇尚浮华。所以，要放弃浮华的下德，选择朴实的上德。

"前识者，道之华也，而愚之首也。"治理者提倡仁义礼法来治理国家，而不注重道德的提升、本身境界的提升，只注重外在的虚华，这是舍本取末，只能防范某些方面的道德品行衰败，是社会道德衰败的开始。

"夫"，超出天外。"是以大丈夫居其厚，而不居其薄；居其实，而不居其华。"大丈夫超凡脱俗，遵循大道，处上德之厚，以道德的精神来要求自己的行为，无心于物，与道合一，厚道纯朴。走实在的路子，不处仁、义、礼仪之薄。把所有的条条框框、仁义礼法统统丢开，聪明机巧都丢掉，回归到朴实无华。

"去彼取此"，去掉那些有心于物，外表虚华的作为；无心于物，找回自己生命本来朴实。舍妄从真，抱一清静，合乎大道。"上德"与"下德"的差异，实际上就是人的本心与机巧心的区别。

吕祖曰："前识者，高明正大、清静无为之人也。不德而若愚，昏默之谓也。如此之丈夫，处上德之厚，不处上礼之薄也；居上德无为之实，不居上仁、上义、上礼，有为之华也。故去仁义礼智之彼，而取无为上德之此也，谓之去彼取此。"

第三十九章　得一
悟道成真，只是得一，一气周流，返本还元

昔之得一者，天得一以清，地得一以宁，神得一以灵，谷得一以盈，侯王得一而以为正，其致之也。谓天毋已清将恐裂，地毋已宁将恐发，神毋已灵将恐歇；谷毋已盈将恐竭；侯王毋已贵高将恐蹶。故必贵而以贱为本，必高矣而以下为基。是以侯王自谓孤、寡、不谷。此其贱之本與，非也？故致数誉无誉，是故不欲琭琭如玉，珞珞如石。

本章讲述得一，悟道成真，只是得一，一气周流，返本还元。老子在本章教人执一而守，守而行之，行而得之，得而用之，复归于道。悟道成真，只是此一，没有二，道的神用，人的生存在"得一"，一即是太极"〇"，先天一炁，生生不息，一是性命之始母，神气之妙窍。一立而万物生，为生天、生地、生人、生物之根。悟道的人到此地步，万物静观皆自得，没有分别和人为，一任天下事事物物，无不措之而咸宜，处之而恰当。与天共清，与地共宁，与神共灵，与谷共盈，与侯王同正。

"昔之得一者，天得一以清，地得一以宁，神得一以灵，谷得一以盈，侯王得一而以为正，其致之也。" 过去得到一者，天得到一而清明，地得到一而宁静，神得到一而空灵，谷得到一而充盈，侯王得到一而天下太平，这都是因为到得了先天一炁。

"昔"，元始、无极，太初之先。"一"，大道所生的太极，先天一炁。《庄子·天地》曰："通于一而万事毕"，通于一而万事自然成功。《性命圭旨》曰："大哉！一乎！以其流行谓之炁，以其凝聚谓之精，以其妙用谓之神。""昔之得一者"，一立而万物生，太极这个"一"，先天一炁，得于大道本源的元气。先天一炁散而为万，便是道的妙用，自然神性的微妙变化。一是虚静的状态，万物由一分化，又归回到一。老子以道为天地之始、万物之母，亦即为生生

不息的本体。而道体虚无，不可言说。由无而生有，此有即为一，一为天地之始，亦为数之始。以无不可说，故立一以为道。道生天地万物，天地万物皆得道之一，以生以存，以长以育，以化以成。视之不见，听之不闻，抟之不得，混而为一。存诚子诗颂："阴阳合一变化起，神气合一妙药生，身心合一老还少，人天合一身外身。"

"天"，清轻之气上升。纯阳之气，资始万物。"清"，清明。"天得一以清"，天得一能垂象清明，湛然常寂。天的成象，如日月星辰，风云雷雨，春夏秋冬，寒暑往来，晦朔弦望，盈亏消长，其变化皆在于天上，昭昭然而不可改易者，皆是天静以清，天得的清轻之一气所致。

"地"，重浊之质下降。纯阴之质，资生万物。"宁"，安宁。"地得一以宁"，地得一能安宁，寂然不动。地的成形，山岳的凝结，河海的通流，草木的生成，人物的养育，水火木金，万方品类，皆在地定以宁，地得一的造化之中，列列然而不可改者，也是得一气之妙。

"神"，慧性，天地的本性和万物的灵性，变化莫测。"灵"，灵通。繁体字"靈"，上部为霝，是"零"的古字，为无中生有、降雨。下部为"巫"，上面一横为天，下边一横为地，中间一竖为沟通天地；左为生，是个活人；右为死，是个死人。靈是能沟通天地、活人和死人，并且能无中生有的神通。"神得一以灵"，天地的本性得此"一"气，能妙应无穷，变化莫测，通变无方，混然成真。万物之灵得此一气，则灵感神通。若是发觉神光存在，即是得一的"明心"；若能将神光显露无遗，即是"见性"。

"谷"，山谷、谷物，大道虚中的体性。泉源流润，盈而不竭。虚其中，存其神，蓄存真一之气。"盈"，充盈。"谷得一以盈"，谷得其一，则可与大道同体，与宇宙本原沟通，得到源源不断的真一之气，生生不息，绰然有余。谷神不死，则真一之气充盈，玄牝之门必开，天地之根永固。人之谷即心性，心地虚空才能容物，才能与道合真。

"正"，止于一为正。"侯王得一，而以为正。"侯王处万民之上，若得于一，天下就会太平，泰然安固。侯王若能心处无为，天下为公，不自知其贵，自处贱下，与民同心同德，同甘共苦，天下自然平正，万民自然顺从。一个领导者，无论其位有多高，都是人民的公仆，真能做到全心全意为人民服务，诚意待民，公心处物，则能引导人们进化而归正。

"致"，真诚致用，致而合一。"其致之也"，天地神谷侯王，体各不同，所以天致清澄，地致宁静，神致灵变，谷致盈满，侯王致正平，都是一的作为。人若能尽天理之当然，致于至极之"一"，无我无私，归于本来，则能齐是非，齐人我，齐万物，使天地间的万物归于一道。

吕祖曰："昔者是胚胎之时，惟有灵性，一气贯通，本来之一也。如今世欲多端，杂念横生，故不得一。要从虚无二字，返归为一。如昔之得一者一样。虚其心、忘其形、绝其意、归其清、守其静、还其空，得其一而归有，有中复静，谓之得一。得一者如天，天之高也、悠也、久也、明也，此其为天也。因得一而清。博也、厚也，此其为地也。因得一而宁。明也、虚也、昭也、洞也，此其为神也。因得一而灵，神者不散而聚，潜藏不露，静以合德，虚以敛形，空以得一，散而充塞天地，聚而入于微渺，水火不焚溺，金石不障蔽，立日月而不影，此其为神也。神何以灵乎，清心静意、忘物忘形、惟精惟一、以诚内观、以一贯流通。信心虚无，而归于空，归空不空，抱道守一，始得神灵。天也、地也、大地皆空，四围不着。虚空一身乾坤尽在掌握，真气随其流通，身外之身，此其为谷也。上不上、下不下、前不前、后不后、左不左、右不右、中不中，虚无一气之间耳，此其为真谷也。因其得一而盈，草木也、飞走也、日月星辰也、天地也，此其万物也。天地得乾之真火，坤之真水，从虚无而生形，此物也。天地得乾坤水火交泰，抱一虚无媾精，清静生气，得阳火而成日。天地之命也，得阴水而成月。天地之性也，性命流通，生生化化，而育万物，皆得天地阴阳之气，以静而守一，万物故能生。今日动，明日移，真火一照，真阴不滋，万物岂能生乎。如人之禀父母阴阳媾精，交泰而生。即天地禀乾坤之气，同父母之气，原是虚无，因世欲所染，故归于实，如今要返虚无，有何难哉，在一念间耳。念诚虚无见，心死真心现，意绝真性明，性明而命归，命归而神立，神不外散，先天起而诸气潮。气潮有信，不失时候周流天下，聚散有度，此人之万物也。人若外现外听，心驰意往则神耗。若动举无度、多言无忌、负重拿轻则气耗。神耗，精随而耗之；气耗，精亦随而耗之。神随精聚，气随精生，精亦逐神气之消散。心动神耗，意动气耗，念动精耗，常常虚无，则精气神之不耗者，才是万物得一而生。侯王者心也，心灰无容于物、无容于形、无容于心者，谓之侯王得一。一身归空，一气返正，存神而不存人，存性而不存心，存物随气，随气养神，神安命则立，气安性则明，命立性明，谓之为天下正。其致之一也，诚其意，一贯其气，其致虚致无之一也。"

　　"谓天毋已清将恐裂，地毋已宁将恐发，神毋已灵将恐歇；谷毋已盈将恐竭；侯王毋已贵高将恐蹶。"天不能守道而保持清明，恐怕要崩裂；地不能守道而保持安宁，恐怕要塌陷；神不能守道而保持空灵，恐怕要崩溃；谷不能守道而保持充盈，恐怕要枯竭；侯王不能守道而保持贵高，恐怕要倾覆。

　　"裂"，移星换斗，天体紊乱，天分裂即是不祥之兆。"谓天毋已清将恐裂"，清明是天的自然状态，天不能守道而保持清明，矜用其清，舍本逐末，就无厚覆之德，天体将会星辰失度，星球将会离轨，星系将会混乱碰撞，宇宙也会毁灭。天清而不裂，真一之气净之。

　　"发"，就像人发脾气一样。地动山摇，土崩海啸，火山爆发，江河泛滥，瘟疫流行，虫害施虐等，皆是地球身不宁之发作。"地毋已宁将恐发"，安宁是地的自然状态，地不能守道而保持安宁，矜用其宁，就不具厚载之德，地球将会山岳崩颓，失去能源供应，导致营养不良，阴阳不和不得安宁，就会发生山移河竭，旱涝不时，风雨失调，万物不能生成，万民不得生养。地宁而不发，真一之气载之。

　　"歇"，神气耗散不足。"神毋已灵将恐歇"，空灵是神的自然状态，神不能守道而保持空灵，矜用其灵，就不具清灵之德，则阴阳失节，神必不灵；不灵则不能行聚散阖辟之机，不能行升降屈伸之理；正不压邪，阳不胜阴；叩之不应，感之不恪。神清而不歇，真一之气行之。

　　"竭"，枯竭。"谷毋已盈将恐竭"，充盈是谷的自然状态，谷不能守道而保持充盈，矜其盈满，就不具冲虚之德，则闭塞不通，不能运化阴阳，不能吐纳盛泄，不能容物，无传声之妙，其生命能源必将枯竭。谷盈而不竭，真一之气充之。

　　"蹶"，跌倒不起。"侯王毋已贵高将恐蹶"，公正是侯王合道的行为，侯王不能守道而保持贵高，矜其尊贵，不具备公正之德，不能施无为之治，则自贵而贱民，高高在上，作威作福，家国危殆。百姓必心离身乱，天下就不安稳。侯王正而不蹶，其贵高者，真一之气辅之。

　　吕祖曰："天之震怒，是不清也。狂风骤雨，轰雷掣电，此其所以不清也。天不清，因气不和，气不和将欲裂。裂者，变也。气散神不敛，故不和而变，水竭山摇，地脉枯而不宁，此其所以发也。地之无以宁者，不静之故耳。发者，起也。不虚不无，神固无以灵。不灵将欲歇，歇者，止也。谷不虚无以盈，竭之而不开，塞之而不贯。谷不虚，惟恐竭。天不清，惟恐裂。

地不宁，惟恐发。神不灵，惟恐歇。此其不空耳，空中生有，万物始生，入于顽空，则万物无以生。顽空，万物不生而灭，在空不空中，恐万物有灭，空而存不空之意也。"

　　"故必贵而以贱为本，必高矣而以下为基。是以侯王自谓孤、寡、不谷。此其贱之本與，非也？故致数誉无誉，是故不欲琭琭如玉，珞珞如石。" 所以，贵以贱为根本，高以下为基础。因此，侯王自称为孤儿、寡母、绝户。这就是以贱为本的得一之道，不是吗？所以，追求荣誉就得不到荣誉，不看重华美的宝玉，也不看轻坚硬的石头，而是跳出对待，贵贱双忘。

　　"故必贵而以贱为本，必高矣而以下为基。"贵贱、高下是相对存在的，贱是贵的根本，下是高的基础。人若能等贵贱，以贵就贱；正上下，以高就低。以下为基，以贱为本，虚心处下，内直外曲，就是有德，就是得一之道。莲花就是生于淤泥，出淤泥而不染。元婴就是生于俗而脱俗。《易经》屯卦曰："以贵下贱，大得民也。"这就是《易经》的交接得一之道。《文子·符言》曰："人有三怨：爵高者人妒之，官大者主恶之，禄厚者人怨之。夫爵益高者意益下，官益大者心益小，禄益厚者施益博，修此三者怨不作，故贵以贱为本，高以下为基。"

　　"孤"，孤儿。"寡"，寡母。"不谷"，绝户。"侯王自谓孤、寡、不谷。"孤儿、寡妇、绝户是人们所厌恶的名称，侯王们自称为"孤""寡""不谷"，是贱己尊人，抑已扬人，下己上人。这是本天道以率人道，举人道以法天道。

　　"此其贱之本與，非也？"侯王虽有高贵之位，而以卑贱自称，与民同心，天下为公，有互补统一的思想，自然可以长久，正是侯王守其一。作为悟道的人，一定要知白守黑，守住事物相反的方面，放下私心，把自己放在贱的那一面，从贱的一面去努力，这样就能获得先天一炁这个能量，执一为天下牧。若失道则自见、自是、自矜、自伐、自高、自贵，不知贵以贱为本，高以下为基，而自高、自贵，是背道而驰的。

　　"致数誉无誉"，最高的荣誉是没有荣誉。《庄子·外物》曰："与其誉尧而非桀，不如两忘而闭其所誉。"与其赞誉唐尧的圣明而非议夏桀的暴虐，不如把他们都忘掉而融化混同于"道"。圣人跳出对待，不求誉，不辟诽，正身直行，众邪自息。追求荣誉是术，舍道求术，舍本求末，即使有了好的名声，诽谤也会随之而生。如果不追求荣誉，踏踏实实地做好工作，就没有人攻击我们，没有人会以我们为敌。

《淮南子·诠言训》曰："自信者，不可以诽誉迁也；知足者，不可以势利诱也。故通性之情者，不务性之所无以为；通命之情者，不忧命之所无奈何；通于道者，物莫不足滑其调。"自信的人，不能用诽谤赞誉来改变他的志向。知足的人，不能用权势利益来诱发他的欲望。所以通达天性的人，不会追求天性所做不到的事情；懂得命运的人，不会担忧命运本身所无法左右的事情；通晓大道的人，没有外物能够搅乱他的内心和平。

"玉"，石中至贵之宝。"石"，山中至贱之物。"不欲琭琭如玉，珞珞为石。"不像金玉那样熠熠生辉，也不像石头那样坚硬粗劣，而是跳出对待，贵贱两忘。人都是贵玉而贱石，不知石虽贱却能生玉，玉虽贵却不能自生。安于被人忽视就必然安于自然，安于自然就必然会清静无为了。老子在世的时候没有掌声，真正明了他的人是寥寥无几，但在两千六百年后的今天，他会真正带给人类新的文明。

《文子·符言》曰："不欲碌碌如玉，落落如石。其文好者皮必剥，其角美者身必杀，甘泉必竭，直木必伐，华荣之言后为愆，石有玉伤其山，黔首之患固在言。"

吕祖曰："心不灰则侯王不正，侯王不正而贵高，居贵本于贱，居高本于下。不本贱下，则身心蹶裂。因心有容于物，有容于形，心有容于心故蹶之。无容心者，故不蹶。常以戒慎恐惧，不睹不闻，清心静意，忘物忘形，心无其心，意无其意，无无亦无，无无不无，如此则能不裂、不发、不歇、不竭、不蹶也。因其得一于我也，故贵以贱为本，高以下为基，无他，顺则一生。千千万万，从一而始；逆则一存，从一而诚，诚则忽然贯通矣，此是贱之本，下之基也，是以侯王自称孤、寡、不谷。心原本于一，孤者单也。寡者独也。不谷者无同类也。言其孤于一，寡于一，不谷于一。一者，清也、静也、空谷传声也，如此其以贱为本耶。难道是此说之非乎。你不看车之轮辐周流难计，其辐不动，则易明其辐也。如人之气静，则可无期限。动则有限之元气，易于散尽。车无辐不行，人无气岂能生乎。琭琭如玉者少，珞珞如石者多。言其多必自少，贵必自贱，高必自下者故耳。因其得一于我也，返我昔日之阴阳，归于虚无，而成不二之道。故以言天地清宁，欲人得一而法天地，使其谷神不死，与大道同焉。"

第四十章　道动

归根复命，中和圆融，物生于有，有生于无

　　反也者，道之动也；弱也者，道之用也。天下之物生于有，有生于无。

　　本章讲述道动，归根复命，中和圆融，物生于有，有生于无。本章与第一章遥相呼应，是前四十章的总结。老子在本章示人"反也者，道之动也；弱也者，道之用也。物生于有，有生于无"的道化规律。返璞归真、归根复命是万物道化的运动，接通先天能量，绵绵若存，恢复本有的生机；柔和不争、中和圆融是万物道化的应用，同化先天能量，用之不勤，保持长久的生存。天下之物因有而产生，因无而存在。

　　"反也者，道之动也；弱也者，道之用也。" 返璞归真、和合凝集、归根复命是道的运化规律，能恢复本有的生机；虚柔不争、执一应万、中和圆融是道的妙用法则，能保持长久的生存。

　　"反"，反俗，聚合，进化，归根，夺造化之机，返璞归真，一阳来复。先天一炁是阴阳聚合而产生的先天能量，是万物运化的动力能源。及其动也，混沌开基，神明生焉，圣功出焉。故重阴之下，一阳来复，是造化的根本。体现出了道的运动性质和动力能源。太阳就是靠核聚变反应，给太阳系带来了光和热。我们看到太阳每天东升西落，好像是太阳自东而西的运动，其实是地球绕自转轴自西向东的转动，表象与本质正好是相反的。

　　《太乙精华宗旨》曰："反者，自知觉之心，反乎形神末兆之初，则吾六尺之中，反求个天地末生之体。"子辈不明动字，动者以线索牵动言，即制字之别名也。即可以奔趋使之动，独不可以纯静使之宁乎。此大圣人，视心气之交，而善立方便，以惠后人也。丹书云："鸡能抱卵心常听"，此要诀也。盖鸡之所以能生卵者，以暖气也。暖气只能温其壳，不能入其中，则以心引气入，其听也，一心注焉，心入则气入，得暖气而生矣。故母鸡虽有时出外，

而常作侧耳势，其神之所注未常少间也。神之所注，未尝少间，即暖气亦昼夜无间，而神活矣。神活着，由其心之先死也。人能死心，元神活矣。死心非枯槁之谓，乃专一不二之谓也。佛云："置心一处，无事不办。"心易走，即以气纯之，气易粗，即以心细之，如此而焉有不定者乎。

"反也者，道之动也。"阴阳聚合而产生的先天能量，是万物运化的动力能源；融通对待，返璞归真，大、逝、远、反，归根复命是道的运动规律。虚其心，忘其形，清空自己，融通有无，返回到清静的本心，推情而合性，归于道体。如果我们要想得道，就必须从"大"开始，心如虚空，包容一切，和合有无，一阳来复，接通先天元炁能量，绵绵若存，恢复本有的生机，提升生命境界，返回道体。人后天的生命走向是生、老、病、死，是一个元炁能量耗散的过程，而真人的作为是双向的，能包容对立面，互补统一，无不通彻。这个"反"在我们人的身上体现，就是一种火的妙用、一种真的作为，是由浊向清转化、有为向无为转化的过程，这些转化过程就是炼精化炁、炼炁化神、炼神还虚、回归于道的过程。

"弱"，柔弱、中和，动态平衡，弃刚就柔，应变无穷。"弱也者，道之用也。"柔弱不争，中和圆融，顺其自然是道的妙用法则。立于道体虚性，中和之至，则能一气周流，应变无穷。无有入无间，真常应万物，应物而不迷，用之为万灵，为道之妙用。柔和的一面是道用来因应自然万物，与天地万物互补和谐的，用之不勤，长久生存。人本身处在有的一面，处在阳刚的一面，俗人贱弱贵强，老子告诉我们处卑、处下、处众人之所恶；守雌、守辱、守俗人之所不欲；贵后、贵曲、贵俗人之所不取；尚柔、尚虚、尚俗人之所不为。这就是用柔、用弱，处中处和，互补包容，执一而成道的道理，只有这样才能保持长久的生存。

悟道就是要利用这个聚合的动力，这个柔弱的妙用，勿忘勿助，融通对待，进化自己，提升生命境界，达到神得一以灵。因为要打破这个现有的状态，"破"人的既得利益，清空自己，这一破，人的后天意识就不大适应。既定的观念，是人在生长过程中慢慢地积累出来的，这些观念是不符合互补统一、非利生存的道性要求的。

吕祖曰："言语举动则耗，心意驰动则耗。耗则外散，外散神不宁，气不结。神气宁结无他，心安意定也。安定，中宫见，神室开，此时才为真动，本于静也。静者，气反而通。反者，反心之不明，反性之不识，反口之不知味，反目之不知色，反鼻之不闻香臭，反耳之不辨声之高低，反手不能取、足不能履，反五脏化而不生，反不知嬉笑言谈，反不识父母。惟有活活泼泼，一团和气，灵性存于中，如此方为反也。如婴儿在腹，不知天日真阴真阳，任他循环于虚无之中。八万四千，三百六十，五官六腑，无不通彻，皆因静中动也。动亦不知动之所以然，恍恍惚惚之间耳，谓之反者道之动。心泯意绝，含光于内，谓之柔。柔和于我，神宁气定，若似乎无作，弱之无间，时时如是，久则合大道之用。天之真性，结于虚空。人之真性，凝于虚无。道之真性，入于无无，存于空空，合于玄玄，此为道之用。天不言不动，从空中而生真动，此天之反也。人神安气和，从虚中而生真动，此人之反也。能反者弱成，造化循环于中，五行周流于内，阴阳凝结而成一，则天下万物，无不感阴阳之气而生。"

"**天下之物生于有，有生于无。**"天下之物因有而产生，因无而存在。有无错综，隐显相扶。

"有"，太极、坤元、元炁，灵而有相，后天之源，指看得见的一面，一炁演化。《易经》曰："至哉坤元，万物资生，乃顺承天。坤厚载物，德合无疆，含弘光大，品物咸亨。""天下之物生于有"，有是万物之母，天下万物产生于先天一炁，产生于太极，先天一炁和太极又是由道所生。圣人之于道，求之于有，而能够窃其机。存诚子诗颂："物贵实用有以用，道贵虚用用无穷。无中生有有还无，有无相生道味浓。"

"无"，无极、乾元、元神，虚而无形，先天妙本，指看不见的一面，杳杳冥冥。《易经》曰："大哉乾元，万物资始，乃统天。云行雨施，品物流行，大明终始，六位时成，时乘六龙以御天。""有生于无"，无是天地之始，太极来自无极，先天一炁来自无，是万物生存的动力能源。无就是道，就是空。故有生于无，实出于虚。无就是指共性的那一面，非利生存的那一面。圣人之于道，和合有无，得一忘一，守之于无，而善观其妙，知动知静，而不失其时。

无不是什么都没有，而是包含了一切的有。例如 0 是数字的基础，一无所有。当 0 作为分母时，其计算结果便是 ∞（无穷大）。这表明保持虚性，就能灵动，产生无穷的变化。《庄子·知北游》曰："夫昭昭生于冥冥，有伦生于无形，精神生于道，形本生于精，而万物以形相生。"明亮的东西产生于昏暗，具有形体的东西产生于无形，精神产生于道，形质产生于精微之气，万物全都凭借形体而诞生。

吕祖曰："言其窍窍通彻，处处空灵，诸气朝宗，而环抱于中。此有也、此生也，有生必有化，从生而反化，从有而入无。世人只知有生有，偏见于一生二,二生三,三生万物之说也。殊不知万物生于土，而反化于土。归土者有二，枯朽而归者，润泽而归者。枯朽者，入于无何有之乡，为鬼耳。润泽者，归于虚灵不昧之地，为仙耳。学道无他，'无中下手有中得，得后不知有形迹，惟有空中成大窍，清虚天半悬月窟'，此是有中无也。无合于天而性光同月，虚合于气而命蒂同日，日月环抱，而为太极，此人之无中有也。道凝虚中之象也，命尽而性存，光华烛于周身，辉于内外，打成一片，虚光而入于无极，此有中无也。学道岂易哉。"

第四十一章　成道
融通对待，太和圆融，生命自在，善始善成

上士闻道，勤能行之；中士闻道，若存若亡；下士闻道，大笑之。弗笑，不足以为道。是以建言有之曰：明道如昧，进道如退，夷道如类，上德如谷，大白如辱，广德如不足，建德如偷，质真如渝。大方无隅，大器免成。大音希声，大象无形，道隐无名。夫唯道，善始且善成。

本章讲述成道，融通对待，太和圆融，生命自在，善始善成。老子在本章示人明道若昧，上德若谷，大象无形，道隐无名，善始善成。从多个方面论述了成道者的外在表象。炼己有成的人是上士，未炼己的人是中下之士。诚如柳华阳真人说："未炼修己之人曰中下，非世曰中下，盖修道本无中下。"悟道讲究的是悟性，要降服人心，人心归依于道心，按照先天太极之道生万物、万物反道的能量演化规律修炼，明心、见性、得道而成道。

"上士闻道，勤能行之；中士闻道，若存若亡；下士闻道，大笑之。弗笑，不足以为道。" 上士听了道，积极实践；中士听了道，半信半疑；下士听了道，哈哈大笑。如果"道"不被下士嘲笑，也就不足以称其为"道"了。

"上士闻道，勤能行之。" 上士本性天真，心量广大，犹如虚空，包容一切，大公无私，闻道就能开悟，了悟大道。他听到道以后，心领神会，直下承当，会马上亲身实践，抱道而行，顺道而为，超然直入，得道归真。

"中士闻道，若存若亡。" 中士的本性被浮云遮盖，忽隐忽显，先天信号没有上士丰厚。他听到道以后，听其言而不会其意，尘根难断，欲海颇深，行而不决，明则若存而信，昧则若亡而惑。人都有两面性，人心自私，本性无私。心悟开明时无私的本性主宰，勤而行之；心被遮盖时自私的人心主宰，随波逐流。中士对道半信半疑，受到后天信号严重干扰时，可能就放弃了。只有意志坚定，拨开云雾，洞见光明，才能抱道而行。

"下士闻道，大笑之。"下士的本性被乌云遮盖，迷而不信，自私的人心主宰，争强好胜、自见、自是、自矜、自伐，才有微善，执为己德。下士只重视眼前利益，好争、执德，被妄心主宰。他听到道以后，信心不及，心生疑谤，反而会哈哈大笑，认为荒诞不稽，表现出鄙视、讥笑的语态，持完全否定的态度。

《淮南子·原道训》曰："夫井鱼不可与语大，拘于隘也；夏虫不可与语寒，笃于时也；曲士不可与语至道，拘于俗、束于教也。"井中小鱼，无法与它谈论大海，是受到空间的限制；生长在夏季的虫子，无法与它谈论寒冬，是因为受到时间的限制；寡闻少见的人，无法与他谈论大道，是由于他受习俗、教义的束缚。

"弗笑，不足以为道。"下士的嘲笑，正说明道的可贵，百姓日用而不知。圣人以是导人，使行归复之道。如果人人都能够那么轻易地理解，那就不足以称之为"道"了。人人都想天长地久，天地之所以能长久，是因为天地不是为自己而生存，他是非利生存的，所以，才能长久生存。这个道理，自私自利的下士是无法践行的。

吕祖曰："无道，上士闻之，体无为而勤修之。无道，中士闻之无处着脚，故生疑若亡若存，两可之心，故不能行。无道，下士闻之，付之一笑。何也言其无影无形，无有把柄，但笑而不言，不笑不足为无为之大道。"

"是以建言有之曰：明道如昧，进道如退，夷道如类。上德如谷，大白如辱，广德如不足，建德如偷，质真如渝。" 因此，上古成道者的格言说：光明的道如同暗昧，前进的道如同后退，平坦的道如同崎岖。上德如同空谷，大白如同有污垢，广德如同有不足，建德如同偷盗，质真如同有瑕疵。

"建言"，上古成道者的格言。"是以建言有之曰"，上古成道者融通对待，在元神主宰下，各种合道的外在表象。

"如"，如同，像那么，但非那么。"明"，明了。"昧"，昏暗。"明道如昧"，大道本性光明灿烂，但其外在又好似暗昧不明，含华隐曜。明和昧，相反的事物共存于道中。得道之人，效法大道的体性，如愚如讷，以昧养明，遗形去智。自明在心里，没有世俗机巧之心，不用后天小聪明，心念清静，惟求心性所得。性光内明，外不张扬。在下士看来，好像暗昧不明，但修真者自心却心明如镜。

"退"，退归于一。"进道如退"，日月天行，周行不殆，周而复始，身退道进。得道之人，重在心意上下功夫，不与物争，内心不起，外事都忘，退归于一，不争世俗之高低，不随波逐流，不为物欲所转，不求功名利禄，只求静心寡欲，韬光默默，修心炼己，唯在身心内求证，所以下士观之若退。处处后于人，不敢自身先。老子最后西出函谷关，他退到俗世以外去了。

"夷"，平。"类"，不平。"夷道如类"，平坦宽阔的大道如同崎岖的小路，走起来却并不平坦，需要自悟。得道之人，混俗和光，内直外曲，处世应俗，与平常人无异，内心却又是在尘中脱尘。与众人同尘同浊，却又不同流合污。不迷于尘事，不背于道理，下士难知。

"谷"，空谷。"上德如谷"，上德之人无心于物，心虚如苍穹，宽阔无际，虚而能容，无物不容，德量如天地，心德广大无边，包容一切。心量如大海，能纳百川千江，能容污秽浊流，无物能伤。心空如山谷，无所不纳，无声不应，与道合真。

"白"，纯净。"辱"，尘垢。"大白如辱"，心地洁白的大德之人，纯洁而含垢，能包容一切污秽浊流，忍受一切污辱，卑以自牧而不自显。身处浊而不被污流所染，出淤泥而不染；性明皎然似日月当空，无一点云遮雾绕。与人不择贵贱，接物不计得失，处世不争高强，居卑下而安于自乐。知白而守黑，混迹同尘，自谦处下而不自彰显。

"不足"，不盈满。"广德如不足"，德性广大的人，心量广大，心如宇空，量如大海，心始终空静如虚，却默藏不露。谦虚自处，满而不溢，德充而不盈，大成而执谦，不自知其广，好像不足一样。

"建"，立。"偷"，盗，隐秘。"建德如偷"，建立玄德的人，防危虑险，缜密而不露，偷盗天时地利、阴阳中和之气以为用。天地中和之气，取之不尽，用之不竭，人人都在偷，只是百姓日用而不知。有道的人，懂得偷天地之气而建德。用本性能量，盗天地中和之气以为用，无为而无不为。

"质"，素。"真"，淳。"渝"，变，瑕疵。"质真如渝"，心地质朴、品质贞洁的人，淳一而和光。德存之于内，心性敦厚，真纯质素，言谈举止，宽厚待人。然性虽真，必须重安炉鼎，再造钳锤，变化一身后天阴气，归于未生身以前的本来面目而已。

吕祖曰："故建言有之。建者设也，设言有道，以明无为之妙。上士明道幽处静修，若昧然。中士虽明道，不以无为为实，心疑之，故不昧。下士明道，一闻之而生谤心，安能昧之。夷道者精心于道，于天地同类而修之，与无极同体，而暗符焉。进道者，进清虚之气，周流太虚而不知有为，故若退然。上德乃无为之士，性命归于虚空，精气神合于灵动，与天地合其德，与日月合其明，与阴阳合其体，与四时合其序。空空洞洞，窈窈冥冥，一气于中，若空谷焉，空谷之后，灵光朗耀，内有虚白生焉，若辱焉。辱者，打动于心，真心发现，沛然见于面，红光四布，瑞气蒸扬，形身无影，灵光独现，神隐于中，飘飘荡荡，照彻乾坤，故大白若辱。广德者，若天地之德，上德不见德，其德广矣，故若不足。与人修道同，至道不见道。道乃何物，而若无道。无道者，方见道之至矣，故若不足。建德者，设言有德，不知德何居。偷者，引而伸之，如道无道，故以道名不过设言。曰道德者，即道也。你看天地间，万物生育，岂非天之德乎，地之德乎。天地合其德，而万物感之而生。不见其德，而德更大。如人之气生，乃道也。性命合道，而气方生。不见其道，而道至矣，谓之建德若偷。质真者，真心也。真心见，而先天足，充满天地，流贯万川，总归于一，浩浩荡荡，溢溢盈盈，此渝也。真心者信也，性现而命存，惟精惟一者，是质真二字。精一而气足，故如渝。"

　　"大方无隅，大器免成。大音希声，大象无形，道隐无名。夫唯道，善始且善成。"大方包容一切，大器浑然自成，大音无声无息。大象没有形状，大道深藏不露，没有名称。天地之间唯有道，能使万物善始而善终，走向成功，长久生存。

　　"方"，正。"隅"，角落。"大方无隅"，心宇宽广的人，方正无私，外圆内方，和光同尘。从整体看问题，包裹太虚，涵容天地，无偏私，无东西南北之分，无上下之别。能方能圆，方圆不拘，方圆运用无碍。圆坨坨，光灼灼，活泼泼不落一隅，通天地，合古今，齐物我，无冤亲。

　　"大器"，圣胎有象。"免"，同娩。"免成"，养深积厚而浑然自成。"大器免成"，宇宙不依靠任何外在力量而浑然自成。真正成大器的人、成道的人，犹如十月怀胎，是很辛苦的，虽然不需要人为的加工，但需要经过深养厚积，到火候纯熟，止于至善的境地，才能一朝分娩而成，享受幸福和喜悦。真正成器，最起码要有自己的见地，要有自己的境地，要有自己的成果。存诚子诗颂："上士闻道勤而行，下士闻道笑杀人。大音希声心相应，大器晚成必能成！"

　　"希声"，听之无声。"大音希声"，自然界一切现象都是天地不说话的声音，花开告知春天的露面，叶落表示秋天的来临。人心无音，无声臭，却可以与天地万物的心音息息相通。人心中喜怒哀乐等情绪的变化，善念与怨恨的生起，其心音就像无线电波一样，充满空间，如雷贯耳，迅速传播，千里之外，瞬间即应。

"形"，形器者，滞于一方。"大象无形"，道无色相，能应万类。天地人万物，均由无极元始一动而生太极，太极是一个无形的大象。天下万物，物物有太极，太极之中，又分太极，大至宇宙天地，小至微尘内核，无不有太极之象，大中有小，小中含大，眼不能见，耳不能听，莫见乎隐，其形皆隐存于万物之中。

"无名"，忘其功用。"道隐无名"，道隐于上述十二事中，不可以一事而名道。大道无形无迹，无声无息，至玄至微，至神至虚，微妙玄通，深不可识。隐含在天地万物之中，与万物和光同尘，默默无闻，潜藏在万象之内，莫显乎微，所以不被人知。道之有，隐于无；道之无，藏于万物之有。万物皆含道性，其道性精华物质皆包藏在物内的核心之中。

"夫"，超出天外。"唯"，独。"夫唯道，善始且善成。"此二句是总结归纳全文之义，老子唯恐后世不知大道之体用，不能正确理解领会文中真义，故而再次昭示世人，道是万物的本源，万物的归宿，超出天外。天下唯有大道至公无私，善施万物以先天精气，帮助成就天地万物，以善化解一切，善始善终，恩德浩荡。道生万物从来都是由孕育开始，不遗余力地促使万物终有大成，以善对待一切，把自己的一切都倾注给天下众生万物，唯独没有自己的私利，而长久存在。悟道就是把心空静下来，把握生机，提升自己的境界，如日处虚空，由心息相依，而至心息相忘，杳冥恍惚，则大道以先天一炁始之，以先天一炁成之，同化于道，长久生存。

吕祖曰："大方者，空洞天地无丝毫蔽障。明明朗照，无处不烛，东西南北，前后左右，上上下下，皆是空洞成一大窍。惟气流行，光明万国照彻诸天，谓之大方无隅。大器者，先天见而虚空成器，即神室也。不要以有寻，不要以无觅，静极气生，气生神室见，出于自然而然，不待勉强而成大器也。如水泡一样，有形无质的东西。晚成者，气生而后见，谓之晚成。大音希声，音者潮信也。时候到而潮不失信，如静极而气生，呼呼若有声然。又若火然，大音希声者故耳。大象者，神凝也。神凝而不见其形，神凝即道也，道原无名，惟自知其妙，难于口言，难于目见，故大象无形。道隐无名，此也。夫惟这个道，中士闻而怠心生，下士闻而怪无形，惟上士者，善守善静。收拾身形，撇去心意，一点虚灵，常常内固，善贷而且成。且字最妙，稍有丝毫心意，就不成。如身居土内，即成之。且字活，不一定也。夫惟道，善空、善静、善采、善有，复善于无，谓之善贷且成。"

　　本章自"明道若昧"，至"道隐无名"，从各个不同侧面，反复论证大道之妙，其意在于告诉世人，大道造物之圆机，无所不善施，无所不成就。若不归从大道则无处进修；不从大道而存养则无所存养。不识大道之理，不立诚心修大道，便得不到大道的滋养和帮助，不能成就大器，只能顺着人道，在烦恼苦海中流浪生死，枉费了天赐人身生命的慈心。

第四十二章　道生
道生万物，负阴抱阳，中气为和，和谐圆融

　　道生一，一生二，二生三，三生万物。万物负阴而抱阳，中气以为和。天下之所恶，唯孤、寡、不穀，而王公以自名也。物或损之而益，或益之而损。故人之所教，亦我之所以教人。故强梁者不得其死！我将以为学父。

　　本章讲述道生，道生万物，负阴抱阳，中气为和，和谐圆融。老子在本章把整个天地万物的创生过程及存在状态讲述得非常透彻，包括"道生一，一生二，二生三，三生万物"的依次生化及"道，生一一，生二二，生三三，生万物"的直接化生，化腐朽为神奇。教人行谦处安，互补包容，中和圆融，以无为合太虚。道本虚无自然。虚无者道之体，中和者道之用。

　　"道生一，一生二，二生三，三生万物。万物负阴而抱阳，中气以为和。" 道是遍一切处的灵质物，动生太极、先天一炁。太极动而生阳、静而生阴，一气分阴阳。阳气上升、阴气下降，阴阳相交而产生中气，阴气、阳气和中气和合而产生了万物。万物依靠于阴而成其形，拥抱于阳成其神，在中气的调和下茁壮生长。

　　"道"，是一种虚性的存在，是由质性能场高度合一的灵质物聚合而成，独立不改，蕴藏着无限的先天能量，至虚之中，一气萌动，生天生地生人生物。道类似于元始能量及能量场。《文子·九守》曰："夫生生者不生，化化者不化，不达此道者，虽知统天地，明照日月，辩解连环，辞润金石，犹无益于天下也。""一"，太极"○"，元始能量波，阴阳合一的先天一炁，是道体的功能。至虚至静，静极而动，化生阳气；动极而静，化生阴气，阴阳二气，氤氲交通，复合为一。庄子曰："天地与我并生，而万物与我为一。"此一气流行于天地，便是阴阳五行；流行于身心，便是精神魂魄意；流行于人事，便是仁义礼智信。若能得此一，则万事毕。一类似于元始能量波和基本

粒子。基本粒子具有波粒二象性，可以视为全能量载体。

"道生一"，道是由质、性、能、场高度合一的灵质物聚合而成，独立不改，存在于太极之先。动生太极，始生一气，为生天生地生人生物之根，其象为龙，可以产生无穷的变化，是谓元始祖气。从无而入有，一气演化，则造化生。《性命圭旨》曰："大哉！一乎！以其流行谓之炁，以其凝聚谓之精，以其妙用谓之神。"存诚子诗颂："道自虚无生一气，一气流注天地间，聚则成形散则无，有无相生自循环。"

"二"，太极的两仪能量，两仪中含有阴阳二气。气之动为阳，气之静为阴。有此动静，才有此阴阳。阴阳本非有二，在太极未发动之前，静而为阴；太极已发之后，动而为阳。动不妄动，必静极而后动；静不妄静，必动极而后静。动静的两端，是自然大道的流行，万物的成始成终。庄子曰："一与言为二。"二是元始能量波与人的意识能量波的干涉，同频共振而显象的阴阳能量。人能知此能量的动静之妙，修之于身，便可以见天地之心；用之于事，则可以见大道之本。世间万物，皆是由阴阳所构成，阴阳二气的动静，引起万物之变化。"二"类似于原子，原子是化学变化中的最小粒子，在物理变化中还可以分解为原子核和电子两类物质。

"一生二"，一气分阴阳。先天一炁，至虚至静，浑沦而未判，体具而未分。静极而动，遂分阴阳，阴阳二气，氤氲交通，复合为一。一气判阴阳，一气周流的过程中它又分成了阴阳两股力量。

"三"，由道的混沌状态，到万物显象成形的过渡阶段，是一个由简单到复杂的动态造化过程。造化皆因于交媾，万物皆一气含三。庄子曰："二与一为三。"三是阴阳能量波与元始能量波的干涉，同频共振而显象的五行和八卦能量。得气之清轻者，天之道；得气之重浊者，地之道；得气之中和者，人之道。"三"类似于分子和细胞。分子是由原子按照一定的键合顺序和空间排列而结合在一起的整体。细胞是能进行独立繁殖的有膜包围的生物体的基本结构和功能单位。

"二生三"，万物皆含有阴阳二气，由此二气的双螺旋运动，升降、交合冲荡之后所生的中和之气，中和之气与先天一炁是相通的。阴阳二气之间，甚赖空性主持，空性就是一。若无空性主持，则阴阳散乱，无由生人而成道。老子以"三"数表示道生万物之数，即愈生愈多，生生不息之义。

"三生万物"，万物皆是一气含三，三元一气，在人则是元精、元气、元神。道家以"三"作为研究万物的基数，三为阳数，又为生数。三为东方木气，在色为青绿，在人为肝胆，在四季为春。春暖气和，温温氤氲，万物生发，生机益然，故万物由春生发。三生万物与希格斯粒子（上帝粒子）极其相似，希格斯粒子包含了一个中性与两个带电成分的区域。两个带电和一个中性区域皆是玻色子，是纵向三极化分量带质量的W+、W-和Z玻色子。这种玻色子是物质的质量之源，是电子和夸克等形成质量的基础，其他粒子在这种粒子形成的场中游弋并产生惯性，进而形成质量，构筑成大千世界。其发现者彼得·希格斯（Peter·W·Higgs）和弗朗索瓦·恩格勒（Fran·Englert），获得了2013年诺贝尔物理学奖。

"中"，虚，通，正，虚而通，指造化之机。中是道的一种喻象，感通的妙用，应变的枢机，中无不在，包含了一切。《中庸》曰："喜、怒、哀、乐之未发，谓之中。中也者，天下之大本。""和"，一为之和，一气演化。心的阴气与肾的阳气相和。《中庸》曰："发而皆中节，谓之和。和也者，天下之达道也。"

"中气"，阴阳能量聚合时所产生的一气能量，主导阳升阴降的和谐。对人来说，中气是人体中焦的脾胃之气，饮食的消化运输、升清降浊等生理功能。黄元御《四圣心源·中气》曰："脾为己土，以太阴而主升；胃为戊土，以阳明而主降。升降之权，则在阴阳之交，是谓中气。胃主受盛，脾主消化，中气旺则胃降而善纳，脾升而善磨，水谷腐熟，精气滋生，所以无病。脾升则肾肝亦升，故水木不郁；胃降则心肺亦降，故金火不滞。火降则水不下寒，水升则火不上热。平人下温而上清者，以中气之善运也。"

"和"，和合，和谐，同频共振。《文子》曰："阴阳不及和，和不及道。""万物负阴而抱阳，中气以为和。"万物生于天地，负阴以像地，抱阳以像天，而阴阳聚合，冲虚之气，流行于中，维持天地的和谐。阴阳二气在虚空中摇荡，阴阳聚合而产生的中和之气，一气演化，使阴阳二气达到和谐，这就是万物赖以立足的基础。唯此中和之气，才能生养万物。中华祖先处处以阴阳妙和为用，我们日常使用的农历，就是一种阴阳妙和的合历。农历以阴历为基础，取月亮的变化周期为月的长度，通过设置二十四节气及闰月插入了阳历，使农历的年与太阳回归年相适应，这是典型的负阴抱阳、阴阳妙和。

道是宇宙元始存在特性和产生事物的元始能量机制，既可以依次生化，也可以直接化生，"道，生一一，生二二，生三三，生万物"，就是从无中直接化生之道，聚则成形，散则成气，无为无形，没有规律可循，在"无"的层面或虚性层面展现，无名无相。无的层面是超时空的存在，没有生灭，是永恒的存在，独立不改，包含着一切的"有"，能够旁礴万物以为一，化尘垢秕糠为尧舜，化腐朽为神奇。道在创生了万物之后，也就与万物同体了，道存在于万物之中，作为万物的依靠和源泉，养育万物。

吕祖曰："何为道，静极乃道也。静虚极乃玄也。道入于玄，谓之道。道从虚中见，静里生。何为一，静里有动机，在无心处见，谓之生。何为道生一，静极机动，恍若有物，谓之道生一。何为一生二，物有时，阴阳合抱，动静合机，虚虚实实，金生水，木生火，此时候天地才分真火（心）与真水（气），一降一升，聚合于虚中，谓之一生二。何为二生三，天之秀气，地之生气，感和风（息）之清气，此三者外言之。气之清，神之灵，精之洁，静里分阴阳，而精气神同化于虚无，此三者内言也。神也，气也，精也，秉静而先天生，此三者，皆先天中之物也，会合于虚无，运用于阴阳，合抱于神空，此三者，凝而为丹。丹成八万四千毛窍，三百六十骨节，五脏化尽，血白脉绝，四大皆空，都成一个虚无关头，诸气朝元，而生万物，谓之三生万物。何为万物负阴而抱阳，大凡有形之物，皆阴也。有形者，皆有性。性乃阴也，性中得命，阳也。阳生于阴，洁白而生光，与月同也。人之修道，水里取金。一静，而水中之金自然跃出。不静而用意取，非水中金也。万物乃诸气之灵，虚无中，先天凝结，四大皆空，而万物方秉先天中的一点阴中之阳，去阴而合抱于阳。如人终日尘世，心存意在，食五谷而加五味养之，尽归于阴，阴盛精生，而穿透于皮骨，润于四肢，此阴中阴也。阴盛情动，精漏而尽。或心动于物，形劳于事，精耗而枯，此阴盛而使之然也。假后天之宝，养我皮袋，住居不损，主人公才能安身，此外丹者也。外丹固而内丹方成。此谓之负阴抱阳，负阴之体，而合抱真阳。万物来归，形化气，骨化虚，形骨化为虚气，似天之有象无形，负阴之上而抱真阳，一气而已。何为冲气以为和，冲者，上也。清气上浮，而和合太虚，有形者，人所恶之，言其纯阴不健于阳。"

"天下之所恶，唯孤、寡、不谷，而王公以自名也。物或损之而益，或益之而损。" 人们最厌恶的就是孤儿、寡母、绝户，而王公却用这些称呼来警醒自己。一切事物，减损它反而会增加，增加它反而会减损。

"恶"，厌恶。"天下之所恶，唯孤、寡、不谷，而王公以自名也。"世人牵于物欲，执于人我，失此中和之气，离道远矣。所以圣人教人以道为体，常常虚心弱志，保之以不盈，尚之以不争。而人们厌恶的是孤儿、寡母、绝户。守道的王公处于天下尊贵的位置，反以孤、寡、不穀之名以自称，这是谦下损己，警醒自己。如果王公真正能够损去自己的名相，以清静为正、虚心处下，效法大道虚无、中和、处谦、卑下之德以益百姓，就会谦下损己而受益。

"损"，万归于一。"益"，一而生万。"物或损之而益，或益之而损。"圣人究损益之道，知此中和之理，彻性命之原，舍私心而得公心，万归于一。损益之道充满在宇宙空间，天下最富有的是天地，天地之所以最富有，是因为天地非利生存，大公无私，创生了万物而不占为己有，它将一切都给予了万物，为万物所用，不求任何回报。正因为有这种大舍大损的奉献精神，天地才有无穷无尽的生命力，才最富有。这正是愈损愈益，大损大益的自然之理。

吕祖曰："修真者，惟孤、寡、不穀，言其清静于己，与人不相同也。总不外独字，独于己身，一于己形，而我之玄，随气之冲和，合无极之至道，谓之孤、寡、不穀。何为侯王以为称，侯王者神也，精于一，合于虚，方能玄妙之妙，独见于我。何为故物或损之而益，人能精一于我，静静于中，物之秉静而生，是有也。以无损之，损之又损，清之至，静之至，清静之至，谓之损也。物不损不能生，生后以静养之，此其有也。静久则有益于己，旋转周流，或上或下，或左或右，或前或后，冲万窍之开通，诸络之一贯，会众气于神室之中，含养于虚无之境，谓之故物或损之而益。何为或益之而损，物之通彻明了，静极而益，从益之中，化为空，返空不空，返无不无，空复真空。无无不无，无无亦无，此二句不外先静后有，从有入无。"

"故人之所教，亦我之所以教人。故强梁者不得其死！我将以为学父。" 损益之道，古人是这样教导我，我也这样去教导别人。过分强壮的东西容易损坏，不能长久。我将以损益之道、中和之理，教导众人觉醒人性。

"教"，教育。教从孝从文，孝为德之本，教是以孝为本的教育，顺道而为。《中庸》曰："自诚明，谓之性；自明诚，谓之教。"由真诚而明白道理，叫作天性；由明白道理后做到真诚，叫作教育。"故人之所教，亦我之所以教人。"道本中和，万归于一，我得此以为性命之根。古人教给我的是损益之道和中和之理，我也是这么去教。能自谦贬抑，而谦光之德可得。而自高自亢，则与道相违，不道早已。

"强"，有力之义。"梁"，绝水之木，支撑屋顶者曰梁。"强梁"，刚暴偏强的人。"强梁者不得其死"，这是古人之语，皇帝《金人铭》曰："强梁者不得其死，好胜者必遇其敌。"刚强的人是没有好结果的，争强好胜的人最终将碰到敌手。而老子在此说，古人是这样教我的，我也遵循古训这样教。强梁弱柱，房屋容易倒塌。过分的强硬，失养生之道，能量消耗就大，就容易快速灭亡。老子在这里告诫我们，做人不能损人益己，有霸权思想，争强好胜者，会处处遇到对手，自贵益私反招损，益之而损，终不得益。悟道之人，常以谦下损己而合道，损之而益，谦者受益。

"父"，为本，为尊。"我将以为学父"，道体的中和、损益之理，就是老子教化我们觉知人性的法则，用之于人生则是"祸福相倚、损益相成"。所以，人做事要为善去恶，处柔谦和。人若倚恃强势，横行暴恶，而沦为"强梁"之徒，必不得正命而死。俗人教人多是要人"去弱用强，去柔用刚"，此与老子之教完全相反。这是圣与凡的根本区别。太上在此有伤今思古，而嗟叹世风日下，人心不古之意。

吕祖曰："静者，以性下手。有者，性中立命。无者，性命返虚而合道。万物复化而为三，化三而为二，化二而返一，一后而入无，从无而合道。此时身心同于虚空，性命归于湛寂，无极而化太极之时也。到此地位，人何以所教乎？有入无，无化虚，人之所教，道有而止，亦我以不明之心，不动之义昏昏默默，教以无为而合太虚。所谓强梁者，心守意取，不以虚而入，以诚而守者是也。何为不得其死，人以心住守方所，以意用力采取，终日养谷之气、精之华，谷气盛而真阳耗，精化华而精液消。日复一日，阳尽精枯，岂能久于人世？必致恶病生，故不得其死。吾将以无为之父，孤寡不毅，冲气为和，负阴抱阳而教之，如此方谓之道。"

老子虽离我们远去两千六百多年，但他的伟大思想，却深深地注入炎黄子孙的心灵中，流淌在一代代中华儿女的血液里，在中华数千年的历史长河中，发挥着巨大的潜移默化作用。不仅是中华民族光辉历史的基石，而且也必将在振兴中华，实现人类未来文明的事业中，发挥不可估量的作用。我们作为华夏子孙，诚以一瓣心香送上九霄，拜谢伟大学父拯救之恩！

第四十三章　道存
善守中和，至柔之用，出于无有，入于无间

天下之至柔，驰骋于天下之至坚。无有入于无间，吾是以知无为之有益也。不言之教，无为之益，天下希能及之矣。

本章讲述道存，善守中和，至柔之用，出于无有，入于无间。老子在本章讲述至柔之用，出于无有，入于无间，道存在于万物中的生存状态。道体虚无，无形无相，先天一炁，能出入无间，肆用无方，复能无有而无不有，无为而无不为。

"天下之至柔，驰骋于天下之至坚。无有入于无间，吾是以知无为之有益也。" 天下最柔和的东西，可以自由穿行于最坚硬的东西中。这种无形的东西，可以穿透没有间隙的东西，我因此知道无为是最上乘的大道。

"至柔"，道，空性。"至坚"，物，尘境。"天下之至柔，驰骋于天下之至坚。" 天下最柔和的东西是道体的先天一炁，生于虚静之中，可以在任何坚硬物体内自由驰骋。道包含有、无两部分，我们只能看到有的部分，但看不见的无的部分，是真实存在于万物之中的。人的空性，本自澄清，积累精气，这是至柔。人心驰骋情欲，染着尘境，为声色所诱，损耗精气，这是至坚。

"无有"，无形无状，无物无像。"无间"，没有间隙。"无有入于无间"，道体无形的能量可以融合到任何物质之中，无所私而无所公，无所左而无所右。我们的身体是一个整体，但身体和自然之间无时无刻不在微观上进行能量交换。表面上有口鼻的呼吸，实际上还有皮肤的呼吸，肚脐的呼吸，细胞的呼吸等。肚脐没有孔，它偏偏也能够呼吸，当然测量是看不到的，感觉也没法把握它，它没有孔，但胎息的确存在。

"无为"，心地无私，处虚灵动，顺应事物的内在本质来自觉作为。"吾是以知无为之有益也"，我以此而知道，人所做的有为的事，自私自利，不过都是益之而损，用个人的嗜欲干扰自然规律。而道的所为，灵动自然，大公无

私，则是损之而益，没有个人私志的干扰，是中和的妙用，造化的自然，是最上乘的大道。万物莫不赖道而成，以道充体。无为而无不为，无所益而无不益。大道的基点是天下为公，非利生存。存诚子诗颂："至柔之物驰至坚，有如水滴石也穿。凡事不必争高下，退后一步自然宽。"

吕祖曰："天下之至柔，清心静意，绝欲安神不知有天地，亦不知有身形，一气贯通，凝丹室内，惟性而已，此天下之至柔者。或意住，或心存，或取或就，吞吐后天，在皮毛上用工夫，终日擒拿，劳苦身形，凝养后天，此天下之至坚也。学玄之士，虚虚一性，真气氤氲，听自然之冲突，诸窍皆通，神室顿开，我之真道，从柔而坚，自然驰骋之至坚，何用心意而苦身形，此谓天下之至柔，驰骋天下之至坚。柔者，气也。驰骋者，冲突也。坚者，身形也。以自然之真一，冲突乎假形，何须作为哉。无有之心意，无闲于时日，空空一性，清静无为，时时刻刻，入无间工夫，自然真一上升，木来交并，虚无中会合，空洞中交感，如此景象，岂待作为而然哉，如此从无为中来得，何苦作为。吾是以知无为中如此之玄，如此之奥，空空洞洞，一个虚无，有益于我之神，不去言玄说妙，无言而内教之，无为而内益之，如此者，天下希有之人哉。"

"不言之教，无为之益，天下希能及之矣。" 没有语言的教化是通德感应，顺应自然的作为是最上乘的大道，天下的人很难理解，也很难做到。

"不言"，通德感应。《庄子·齐物论》曰："夫道未始有封，言未始有常，为是而有畛也。"道从不曾有过界线，言论也不曾有过定论，只因为人们各自认为只有自己的观点和看法才是正确的，这才有了这样那样的界线和区别。"不言之教"，道从来不用告诉万物如何生活，万物自然而然地会感应生生不息的大道。正是因为道从来不耳提面命地告诉人们如何生活，圣人体之，能以无入有，以柔制刚，能以其天真合天命，率性而成。

"无为之益"，道从来都是顺应事物的本然的，无我无私，这样万物才能尽其天年。圣人体道，顺应自然，与道合一，以天下为公而行道，无为而民自化，好静而民自正，无事而民自富，无欲而民自朴，以合造化之妙。

《淮南子·原道训》曰："泰古二皇，得道之柄。无为为之而合于道，无为言之而通乎德，恬愉无矜而得于和，有万不同而便于性。神托于秋豪之末，而大宇宙之总，其德优天地而和阴阳，节四时而调五行。"远古伏羲、神农，掌握"道"的根本。行顺应自然之事来契合"道"，说朴实无华的话来符合"德"。恬静不矜而得于和谐，包容万有而合于天性。神既依托于细微毫末之中，又扩充至广大宇宙之内。德性使天地柔顺而阴阳和谐，四时节顺而五行有序。

"天下希能及之矣"，天下的人们，生活在利益之中，都是为我为私的，能理解无为之道和不言之德的人太少了。人们通常用自己的固有观念，已经形成的条条框框来认识问题，按自己的认识去做一些自认为有益于自己或别人的事，越是这样，反倒越是益之而损。

修德最难的地方，就是无为了。我们的意识并不是在自己的行为之前建立的，而是有了自私的行为以后建立的。在这之前我们的行为是靠心神的感应来指挥的，有了感应以后才能感化对方。感化对方是通过调整小环境，达到调控环境的境地。无为的先决条件是不要有自私的心，对外不要有争斗的想法，对内也不要有争斗的想法，利而不害，为而不争。只有悟道的大德之人，才能效仿天地之道，以身作则，无我利他，与道合一，以天下为公，无私而成其私。

吕祖曰："不言而道教之，无为而玄益之，如此之奥妙，天下希有之道哉。不但希有如此之道，亦希有以柔驰骋之坚，以无为入于无间之人者哉。又不但天下希有知此者，天下并无闻此者，以柔制坚，以弱制强，以无为如无间，如此之道岂易言哉。"

第四十四章　知止
若心起时，即莫随去，知止不殆，可以长久

　　名与身孰亲？身与货孰多？得与亡孰病？甚爱必大费，厚藏必多亡。故知足不辱，知止不殆，可以长久。

　　本章讲述知止，若心起时，即莫随去，知止不殆，可以长久。老子在本章示"知足、知止"之德，使人自悟。惧人以身殉名，以身殉利，以身殉得，教人在利益中不可逐于物而忘其身，纵于欲而忘其生。若心起时，即莫随去，才动即觉，知足知止，这样才能长久。

　　"名与身孰亲？身与货孰多？得与亡孰病？" 名誉、地位与身体相比哪一个更亲切？身体、生命与财富相比哪一个更贵重？得到与失去相比哪一样更有害？

　　"孰"，谁。"名与身孰亲？"名誉、地位与身体相比，当然是身体重要了。人们在社会中生存名誉也很重要，但是名誉要与自己的德配位。名利心是人的欲望，如果把着眼点放在获得名声上，徇名以亡身，纵于欲而忘其生，是德不配位，逐末而丧真。《文子·九守》曰："尊势厚利，人之所贪，比之身则贱，故圣人食足以充虚接气，衣足以盖形御寒，适情辞余。"

　　"身与货孰多？"身体、生命与财货相比，那当然是身体重要了。在社会中人们都愿意过富裕的生活，但富裕的生活要靠自己的劳动获得，财货是自己用劳动交换来的。利益心是人的欲望，如果把着眼点放在赚钱上，得财而亡身，逐于物而忘其身，则必有灾殃。很多人有命挣钱，没命花钱。《庄子·让王》曰："虽贵富不以养伤身，虽贫贱不以利累形。"

　　"得与亡孰病？"得到与失去相比，一般人得到了就高兴，失去了就痛苦，其实得失是相互转换的，不失不得，这是自然之理。得失心是人的欲望，如果把着眼点放在得失上，得名货而伤身，则会疲精耗神。如果我们能放下私欲，不贪势名，无我利物，大公无私，如水通流，就能跳出得失，天长地

久。《庄子·田子方》曰："吾何以过人哉！吾以其来不可却也，其去不可止也，吾以为得失之非我也，而无忧色而已矣。"我哪里有什么过人之处啊！我认为官职爵禄的到来不必去推却，它们的离去也不可以去阻止。我认为得与失都不是出自我自身，因而没有忧愁的神色罢了。

吕祖曰："名与身孰亲。名者，有也。身者，神也。举一意，动一心，即名也。存于心，虚于灵，即身也。一意一心，顷刻千里，意去心驰，我之心即耗。如此思之，其孰亲乎。内照返观，外繁多事，其孰疏乎。知其亲，明其疏，无我之身，安得有名。名从身得，岂有舍身而从名乎。知其神，忘其名，乃道也。货从身得，舍身而货，安得货者。不过随处有之，不能充满天地，身虽一己之神，散而弥满乾坤，聚则存于虚室，如此究之，孰为多乎。得与亡孰病，得于名，得于货，惟我之所有。亡于身，亡于神，惟我之所无。如此考之，其孰为病。"

"甚爱必大费，厚藏必多亡。故知足不辱，知止不殆，可以长久。"过分地追逐名利必然要付出更多的代价；丰厚的积敛财富必然会损失惨重。所以，自足于心，就不会受到侮辱；自止于一，就可以免遭危难；只有这样，才能保持长久的平安。

"甚爱必大费"，人如果甚爱其名则必劳其神，患得患失，疲精耗神，而所费者大。过分的爱，过分地追逐名利，实际上是占有，必然要付出很大的代价。人们在名、利，尤其是财物方面，一直贪得无厌，珍宝希望越来越多，大限来临时名归乌有。

"厚藏必多亡"，积敛的财富越丰厚则必累其身，敛怨招祸，必定会招致更多惨重的损失。藏得越丰厚，最后失去的肯定就越多，这就是得与亡这句话的延伸，大限来临时货归子虚。

"知"，一种认定性感应，对信息进行分辨后所获得的固定认知。"知足"，心知足，不是物足。"辱"，损累。"知足不辱"，知足的人自足于心，做好自己的工作，知道满足，就不可能受到一种莫名其妙的侮辱，劳神累身。过分的爱是一种占有心，爱至于大费是辱，知足则可以不辱。知足的人无甚爱，大公无私，能自足于心，则寡欲，由寡欲而至无欲，无欲则刚。真正的福气是自我的满足，非利生存，逍遥自在。

"殆"，危亡。"知止不殆，可以长久。"知止为觉，止于至善。自守于内，心念起时，即莫随去。知道自己有念，知道念头的起落，而不追逐念头，随波逐流。找到念与念之间的空性，随起随觉。人的思虑过度，心神过于疲惫会导致精神崩溃。知止的人无厚藏，能自止于一，则寡求，由寡求而至无求，无求则圣。无得无亡，跳出得失，才是长久之道。人生就是这样，要在恰到好处时知止，功成身退，就不会有危险。以非利生存为基础，融入自然里面去，才能长生久视。存诚子诗颂："有言生命诚可贵，又言爱情价更高，不识长生久视道，到头两般皆得抛。"

《大学》曰："大学之道，在明明德，在亲民，在止于至善。知止而后有定，定而后能静，静而后能安，安而后能虑，虑而后能得。"大学是立身行道，在于打开智慧、恢复灵明的本性；在于有慈悲心、与人相处有亲和力；在于有清静心、达到"至善"的境地。知止就能真正的入定，真正入定才能明白虚静的道理，心地宁静方能安泰和顺，身心安泰和顺方能真机现而思虑周全，思虑周全方能达到至善之境，久于其所，就会得道。

吕祖曰："是故甚爱必大费。欲虚身，是爱也。欲惜灵，是爱也。爱则爱矣，必无中费心，虚中费意，灵中费身。费之至，方为真爱。藏者，养也。多藏必厚其神，神清而知足，神凝而止知，神灵而知身，知身而不亲其名，知身而不多其货，知身而不为其病。不亲名，不多货，不为病。因身之清，神之灵也，故不有辱于我。取殆于我，如此亲其身。多其气，不病其神，可以为道之长久。"

第四十五章　清静
心不著物，中和圆融，内心光明，天下自正

大成若缺，其用不敝。大盈若冲，其用不穷。大直若屈，大巧若拙，大辩若讷。躁胜寒，静胜炅，清静可以为天下正。

本章讲述清静，心不著物，中和圆融，内心光明，天下自正。老子在本章讲述"大成若缺，清静为天下正"。既成、既盈、既直、既巧、既辩，则精气神，发泄已尽，其用易穷。惟清虚寂静，处中处和，无心于成，而其用不敝；无心于盈，而其用不穷。圣人法之，为悟道之本，以清静为正。

"大成若缺，其用不敝。大盈若冲，其用不穷。" 道德大成的有道者，好像有欠缺一样，但他的作用是敝而常新的。功德充盈的有道者，好像是虚空的一样，但他的作用是妙用无穷的。

"大成"，包含了显性的"成"和隐性的"缺"，两者构成一个整体。"敝"，保护很好的旧东西，永远是原来的样子。"大成若缺，其用不敝。"道德大成的有道者，从显性的一面来看，好像是有欠缺一样。因为他包含了显性和隐性两个方面，与道合一，不见其成，但敝而常新。比如天地，可以说是大成到了极点，但有寒暑的来往。春生、夏长、秋收、冬藏，春夏秋冬，每一个独立的部分都是有缺陷的，但这缺陷正是为生命的下一步运化留下足够的空间。寒暑往来、四季交替，万物生生、死死，才可以看见生命的循环，生生不息。又如月亮，盈亏消长。圆而暂亏，推而复圆，敝而常新。对悟道而言，要在心中留下一个非常虚有的空间，要保持一种"若缺"的状态，空性自在。

"大盈"，大大的容纳，精气神充盈。"冲"，虚，聚合。"穷"，尽。"大盈若冲，其用不穷。"功德充盈的有道者，能包容一切，不断地聚合先天一炁能量，看起来好像是虚空的，但妙用无穷。如瀑布一样，不断地汇集山谷的溪水，不停地从山上流下来，这就是"冲"的作用。活的东西是永远在流动的，其用无穷。又如沧海之量，统而不溢，渺而无涯，故其用不穷。对悟道而言，

保持虚空的状态，把形神都容纳到虚无的这一面，不断地聚合为先天一炁能量，就能长久。

吕祖曰："大成者，已成之士。先天见而凝的时候，不要自贪自求，妄意存守，随他自然转动宁止，若缺而不足。其中妙用，若其天然而不能弊我本来一点真灵者，才叫作大成若缺，其用不弊。大盈者，周身通彻，无发毫障碍，皆先天一炁时候，若空洞然，若冲虚的一般。其中玄妙，听其自然。其中妙用，就无穷矣。"

"大直若屈，大巧若拙，大辩若讷。"最正直的东西，好像是弯曲的一样；最灵巧的东西，好像是笨拙的一样；最优秀的辩才，好像不善言辞一样。

"直"，正。"屈"，曲。"大直若屈"，真正有道的人，不见其直。内直外曲，内心合于天道，天下为公是大直，外表合于人道是若曲。正直的人不走捷径，就像流水一样，顺流而下，曲随物宜，遇上阻隔的时候，并非直接冲过去，而是绕一个弯，就过去了，这样才能最终归于大海。山重水复疑无路的时候，柳暗花明又一村。

"大巧"，因材致用，任物成功，不失其宜。"拙"，纯朴的，笨笨的。"大巧若拙"，真正大巧的人，不见其巧。合于天道，顺应自然，内心朴实，包容一切，应物不迷，能以不变而应万变，出神入化，巧夺天工，但看起来却好像是笨笨的那样。而那些投机取巧、弄巧成拙的人，总觉得自己比别人聪明，自己比别人有能耐。实际上是包容心不大，这才是真的笨拙。

"大辩"，行不言之教，穷理尽性。"大辩若讷"，真正会讲话的人，不见其辩，就像是木讷的那样。服人不言，言必有中。言虽至公，不离是非。辩不可为道，而道在无言。有道者没有是非心，不用言语去分辨。争辩的人是为了坚持自己的知见，我见对于大道来说就是偏见，有偏见的人做不到至善，达不到至善的境地。守默必讷，语言尽管迟钝，其潜在的神却更有机会和能量让人知晓大道。存诚子诗颂："大成大直大巧辩，若缺若屈又若讷，大智若愚非傻瓜，任运随缘乐洽洽。"

吕祖曰："大直者，先天直上，贯于虚中，不要意取，听其自然不能的意思，而若屈然。屈者，不能也。大巧者，是他时至之时，左旋右转的枢机，按周天而合五行，其中巧妙莫能言。到此时，吾言不谬矣，其中巧妙，难知难识，是他自然之巧，非我之用巧也。他虽巧，而我之心意若拙，随他枢动，而我灰然，谓之大巧若拙。大辩者，他来时我以心意觉之，谓之大辩，这个辩也说不出，微觉就是大辩。讷字是个死字，他来时我若不知、若不识，不似个死的一般。不觉为讷，不讷就觉了，是死心灰意然，谓之大辩若讷。世人看讷字，不能言者是讷也，在此作个死字看。"

"躁胜寒，静胜炅。清静可以为天下正。" 躁动能克服寒冷，安静能克服燥热。有清静心，内心光明，天下为公，才能国泰民安。

"躁"，躁动，消耗能量。"躁胜寒"，人运动一会儿，寒冷就渐渐消失了。燥热的气一来，就把寒气化掉了。事物相反的那一面，能够相互克制，相互平衡。事物的发展不能偏极，必须阴阳平衡，才能够协调地去发展，否则会导致祸殃。人心的躁动会伤损阳气，消耗能量，阳气不足、阴气盛行，就导致疾病。悟道者以二目内照坎宫，光华所到，阴气即化。

"静"，心中无欲，一念不起，平和安静，神静炁动。意静而气血内动，身体各个部位动态平衡。静从青从争，青是色彩，生发，东方木；争是争夺，纷乱，西方金。静是金木交并、水火既济之象，万物争春，生机盎然。"炅"，热，肾火。"静胜炅"，心静自然凉，人心一安静下去，有生机能量，水升火降，再热的情况都感觉不太热了。悟道之人，只有心静下来，物我双融，阴阳和合，化为一炁，才能真阳发动，真火熏蒸，水升火降，本性之光就会完美呈现。

"清"，心不著物，应物不染，清醒明觉，清升浊降。清从氵从青，氵为天一生水、为一炁；青是生发。清是水生木，初生的嫩芽，碧绿通透。"正"，正心，诚意，止于一也。进德修业，莫若正己。己一正则无所不正，一切形名非正不立，一切事物非正不成。一心正，万化皆正；一身正，万事皆正。"清静可以为天下正"，圣人忘形养炁，清静养神，神志清明，平和安静，无欲以静，舒安以定。心宁则炁行，性定则通神，因循应变，中和圆融，融入整体之中，与宇宙源头融为一体，天人合一，天下自正。清静并不是对红尘的舍弃，而是于红尘中炼心。有了清静心境，则天地之炁自归于身。心中有道，待人恭敬；处事有德，平和安静；无私无欲，心地干净；应物不染，用心如镜；返璞归真，入于道境。

《了凡四训》曰："最上治心，当下清净；才动即觉，觉之即无。"《清静经》曰："清者，浊之源。动者，静之基。人能常清静，天地悉皆归。夫人神好清，而心扰之。人心好静，而欲牵之。常能遣其欲，而心自静；澄其心，而神自清，自然六欲不生，三毒消灭。所以不能者，为心未澄，欲未遣也。

能遣之者，内观其心，心无其心；外观其形，形无其形；远观其物，物无其物；三者既悟，惟见于空；观空亦空，空无所空；所空既无，无无亦无；无无既无，湛然常寂；寂无所寂，欲岂能生；欲既不生，即是真静。真常应物，真常得性，常应常静，常清静矣！"

水精子注《清静经》曰："妄念不生，则常复先天；常复先天，则药苗常生；药苗常生，则真性常觉；真性常觉，则真常常应；真常常应，则河车常转；河车常转，则海水常朝；海水常朝，则火候常炼；火候常炼，则金丹常结；金丹常结，则沐浴常静；沐浴常静，则法身已成；法身已成，了然无事。故曰：常应常静，常清静矣。"

悟道以清静为本，从有中去证无。修身以正己立基，正己接人人亦归正，正己处事事亦归正，正己应物物亦归正，惟正能通天下的万变。正是止于一，这样心清静了，透明了，寂静了，无染无着，就能一念静心成正觉，体内真阴真阳聚合，水升火降，身体自然就能够健康。人的心正，则天地的心也正；人的气顺，则天地的气也顺。执一而应万，容纳自己生命中所有的缘分，就能获得人性的觉醒，实现生命的自在、快乐、健康、智慧。

《文子·下德》曰："清静之治者，和顺以寂寞，质真而素朴，闲静而不躁，在内而合乎道，出外而同乎义，其言略而循理，其行悦而顺情，其心和而不伪，其事素而不饰，通体乎天地，同胃乎阴阳，一和乎四时，明朗乎日月，与道化者为人。"

吕祖曰："躁胜寒，躁者，后天谷气。人用力时，而谷气胜，寒则不犯。内讲，躁者，华也。后天足，寒亦不犯。内实则外不敢侵。寒不能入，故胜之。凡修道，先固后天为最，静胜热，无心一定热不能生。内讲者，静心以待，真阳生而真火熏蒸。脾土固而虚火不生，心地静而妄火不生，意宁而肝火不生，情绝而肺火不生，性定而脏火不生。一块真阳，诸火皆散，谓之静胜热，清静为天下之正道。清而缺而冲，静而屈而拙，清静而讷，如此则天下正。正者，正其心，诚其意，绝其情。尽性而得命，谓之清静为天下正。"

张至顺道长（米晶子）给出的清静心训练心法："把自己的注意力持续时间的专注在自己身上的某种行为或某种状态，捕捉自己在这一时刻的那个不起心动念的心境。

"（一）听声音。无论我们在读书或者与人交谈中说话，你的注意力必须只专注投放在自己的声音上面去听自己说。当你说完上一句话（或读一行句子），下一句话还没有说（读）的时候，细心体会观察就在这个间隙的这一刻，你会有一个短暂瞬间的没有想法的状态，这种状态的存在可能就一秒两秒的时长。你就这样在上一句与下一句话之间的空档中观察捕捉自己的这个无念的状态，在坚持重复观察中慢慢熟悉这个状态。

"（二）观走路。当你在走路时，用内心观察觉知而不是用肉眼看自己走路，也就是你清楚地知道自己在走路以及走路时两脚和身体的形态和感受。从现在这一刻开始，我们需要改变，我们只是注意自己，把自己的注意力专注在自己走路的这个观察之中，不做任何的思维分析，仅仅只是观察。刚开始你会不习惯，你会不由自主地起心动念想事情或对身边周遭的事情动静习惯地做出反应。没有关系，你提醒自己，知道把注意力拉回来重新开始观察。在坚持重复中养成新的习惯，也就是只注意观察自己的习惯。

"（三）守自己。我们喜欢和人交往，习惯热闹的群体生活，害怕自己无所事事和孤独寂寞，即使一个人的时候，业余时间我们也会寻找许多事情让我们自己不能闲得心慌，看书、讲电话、听音乐、上网刷朋友圈等。现在，我们也可以在自己众多的生活习惯方式中开始学习尝试一种新的方式：和自己在一起。当我们在乘车时、当我们盘腿打坐时等类似情况的时候，我们可以利用这样的美好时光，不想什么，也不用观察什么，就是注意力放在自己的身上，清楚地觉知到自己的身体安静地放松下来的那种状态，就清醒地待在这个状态中。初练习时我们要么安静不到一分钟就会习惯开始思维事情；要么就是坐一段时间后就进入什么都不知道的发呆或犯迷糊的状态，什么都不知道了，所以这个开始的阶段我们可以人为地经常提醒自己，从一分钟的时长练起，随着经验和定力增长而慢慢延长，让自己慢慢熟悉这样地守着自己、精神与肉体因相知而和谐相处。

"真正的修行是在事上修，在心上过，也就是德性的修炼，亦称为积德。当你和别人发生利益冲突时、当别人的言行不符合你的观念或伤害了你时、当你做着自己认为正确的事情却遭到别人误解甚至敌对时，或者你看到听到一个事情时，你以什么样的心态和方式来应对？这个应对过程才是你真正的修行。社会上，人们看到一个人在做好事，在帮助他人，处处为别人着想，利益上的事情都不与别人争，就会说这个人德行真好。而修行中的人，我们还不仅仅只看这一面。我们还要看你在做这件事情时是不是知道你的起心动念。德在修行中对修行者的作用是极其重要和关键的。你和别人一样争夺计较，你就是凡夫；你在言行上不表现出与人争夺计较，你在心里计较得心情不好睡不着觉，那也和常人一样。你那个时候想起'我是修行人，我不跟你计较'。这时的你比常人进步了，但你没有利用这个机会观照自己的心，你的状态还不是一个修行人的状态。修行的要求是向内观察你自己，你是维护自己还是慈悲他人，你知不知道你内心的活动，也就是你必须是清晰地观察和知道你自己在这个过程的起心动念和言行的表现。"

第四十六章　知足

去爱欲心，去贪得心，自足于心，知足恒足

天下有道，却走马以粪。天下无道，戎马生于郊。罪莫大于可欲，祸莫大于不知足，咎莫大于欲得。故知足之为足，恒足矣。

本章讲述知足，去爱欲心，去贪得心，自足于心，知足恒足。老子在本章教人在利益社会中要去欲心，去贪心，去得心，知足而和谐，知足而常乐。人之所以有大患者，为其有爱欲心，有贪得心，有不知足心。大道之行也，以天下为公，以清静为正，以无为为用，以无欲为修，以自足为功。治身如是，治天下亦然。

"**天下有道，却走马以粪。天下无道，戎马生于郊。**"天下有道便会太平，连战马都用来耕地了。天下无道便会发生战乱，戎马产驹都只能在郊外的战场上。

"**天下有道，却走马以粪。**"有道的君主，喜欢清静，安乐和平。对外与邻邦没有怨仇，对待诸侯有礼义，战争就很少发生。对内与百姓有恩德，治理社会致力于根本，不会过度奢侈。人们生活很自在，有效利用资源，战马都被农夫用来耕田，路上马粪成堆，乐于田园生活，而相忘于道。比喻悟道之人，六贼不扰，意马安闲，不事克伐，而身体自化所带来的一种和谐的结果。

"**天下无道，戎马生于郊。**"君主无道，欲望很大，攻击不休。对内就暴虐百姓，牲畜就会减少。对外就侵凌邻国，战争就会屡屡发生。战马缺乏，连快生小驹的母马也要出征，孕马只得在野外生下小马驹。比喻没有得道之人，六贼交战，意马横驰，在身体内部像郊外驰骋的野马，消耗着先天元炁能量。

吕祖曰："天下者，是我之一身。有道，是一气混然。走字，改个去字看。马字，作个心字看。粪字，是寂然不动。走马以粪，去心寂然之意。我之身，一气混化，寂然还空，这叫作天下有道。天下无道，是心性不定而乱

驰。郊字，心境也。戎马，是野心也。或存这里，或想那里，戎是操军之马。无休息终日搬弄，而作有为，不归清静。俗语云，终日盘算，是此也。心不闲，谓之无道。"

"罪莫大于可欲，祸莫大于不知足，咎莫大于欲得。故知足之为足，恒足矣。" 人世间最大的罪恶是任情纵欲，最大的祸害是不知足，最大的过失是贪得无厌，因此，懂得知足常乐的人，永远是富足的。

"罪"，罪恶。"欲"，妄想贪图。"罪莫大于可欲"，人生一旦放纵自己的欲望，就会产生邪心。欲念一生，情乱性迷，从而过分的最求名誉、地位和利益，机谋百出，不加节制，不择手段，损人利己，不惜把自己的快乐建立在别人的痛苦之上，最终会自取其辱，这是人生最大的罪过。偈曰："罪从心起将心忏，心若灭时罪亦亡。"

"祸"，祸害。"不知足"，厌其所已有。"祸莫大于不知足"，圣人穿衣足够胜寒，吃饭足够充饥，就不忧虑了，而普通人却是贪得无厌。对通过劳动所获得的名誉、地位和钱财不满足，厌其已有，已足不知足，不知满足，这是人生最大的祸害。

"咎"，殃咎。"欲得"，贪其所本无。"咎莫大于欲得"，贪利比忧愁更厉害。过分地占有，只付出了一分的辛苦，却想得到十分的成果，贪其所无，不当得欲得，私心过重，这是人生最大的过失。《文子·九守》曰："尊势厚利，人之所贪。知养生之和者，即不可悬以利；通内外之符者，不可诱以势。"

"知"，一种认定性感应，对信息进行分辨后所获得的固定认知。"知足之为足，恒足矣。"圣人之教，常使人知足，中和圆融，自足于心，心地无私；欲念不生，正念常存，自止于一，这样自然能把事情做到极致，但没有追求极致的心，这才是真正的富足。如成而若缺，盈而若冲，直而若屈，巧而若拙，辩而若讷，都是知足之道。一个内心知足的人，经得住诱惑，耐得住寂寞，能获得心灵的笃定和超然，智慧便会在淡定中悄然降临。存诚子诗颂："欲壑难填自古然，吾自无欲邪难侵。心息相依万缘歇，安然一觉到天明。"

吕祖曰："恶心生而多欲，焉得无罪，有罪必死，因多欲所招。恶心生而不知足，不知足乌得无祸，有祸身必亡，因不足所招。恶心生而欲得，欲得乌得无咎，有咎身必故，因欲得所招，皆不知足故矣。故知足者，无罪，无祸，无咎。如此之人者，知足常足。知足者，大而常足天下，次之常足一国，再次常足一家，至小常足一身，类而推之，知足天下治，知足谓之天下有道。

不知足，谓之天下无道。知与不知，皆出于心。祸字作个死字看，今日贪，明日求，日夜无宁，有限阳气，日渐耗光，因求足而反生不足，故死取祸之端。莫大于不知足，咎字作害字看。今日欲起，明日欲来，殊不知注意的，都是后天，而反生害。清静自然得，何必欲得，故咎莫大于欲得，清静者故知足。知足者，常足而不死不病不害。因其不欲知足，不欲得，而浑我之一气，保一身，养我之虚，固我之铅，灵我之性，而返我之汞，为有道之天下。收束其走马，降伏其心性，常足以忿然不动，养我浩然，而返于寂。尽性而得命，一气豁然而贯通，故无病无害亦无死。因其清静而不欲，空洞而知足，虚灵而不欲，得如此，方为有道之天下。”

黄元吉曰：“人如有道则精盈气足，何事炼丹？顺而守之足矣。如其无道，则精消气散，不得不用元神真息以修治其身心。但下手之始，养于外田，故曰“戎马生于郊”。俟其阳生药产，而后行进火退符之功，野战守城之法，收归炉内，慢慢温养。迨垢秽除尽，清光大来，一如天下又安，国家无事，归马华山，故曰“却走马以粪”。但天下之乱，一身之危，莫不由一念之欲所致。若不斩除，潜滋暗长，遂至精髓成空，身命莫保，可悲也乎？凡人欲心一起，必求付其愿而后快。即令事事如意，奈欲壑难填，贪婪无厌，得陇望蜀，辗转不休。有天下者失天下，而有身命者，又岂不丧其身命乎？惟知足者可以安然无事，而常居有道之天。不须功行补漏，但顺其自然，与天为一而已矣。”

第四十七章　内证
与道合一，全息感应，不见而明，不为而成

> 不出于户，以知天下；不窥于牖，以见天道。其出弥远，其知弥少。是以圣人不行而知，不见而明，不为而成。

本章讲述内证，与道合一，全息感应，不见而明，不为而成。老子在本章言修真圣人的真实存在，一气常盈于户，空静虚无而自觉，由个体而契入整体。天道有精有信，无为无形，可传而不可受，可得而不可见。自本自根，自古以存，生天生地。圣人常清常静，寂然不动，而万象森罗已具，天人感应，故能不出户而知天下，不窥牖而见天道。深知其理不见而知，力行其道不为而成。

"不出于户，以知天下；不窥于牖，以见天道。其出弥远，其知弥少。" 有道者体悟天道，足不出户，就能觉知天下的事理；不望窗外，就能认识天道的运行规律。他是内觉而不外求，人们在世俗中越向外竞逐，明白的道理就越少。

"户"，门户。"不出于户，以知天下。"有道的真人，体悟天道，与道合一，不出于户外，就能觉知造化之机和天下的事理。当今社会信息技术高度发达，人们也可以做到不出户而知天下了，但这只是有的层面的信息，但对无的层面的信息是无知无觉的。得道者，握造化之柄，本性慧照，可以觉知有和无两个层面的信息，可入无穷之门，可游无极之野，可与日月参光，而与天地为常。《文子·符言》曰："其施厚者其报美，其怨大者其祸深，薄施而厚望，畜怨而无患者，未之有也。察其所以往者，即知其所以来矣。"存诚子诗颂："常言道者不出门，屈指能知天下事。与天为一天在心，人天相通大慧至。"

"牖"，窗。"不窥于牖，以见天道。"有道的真人，体悟天道，用不着看窗外，人天相应，就可以明了阴阳变化和日月的运行规律。春生夏长，秋收

冬藏，阴阳相推，四季交替，万物生生、死死，循环不息是天地的变化规律。

"出"，外出或付出。我们在精神生命上，在脑力上，付出得太多，知识越多，慧性就越愚钝。"其出弥远，其知弥少。"人们在世俗中越向外竞逐，明白的道理就越少。知是在有的层面，慧是在无的层面层面。在有的层面知识学问越好，本心越被知识蒙蔽，智慧就越来越低了，就像明镜被尘土覆盖一样。犹如在大海里面开凿一条运河，当我们开凿得很有成就时，却把海水污染了。

吕祖曰："户者，虚中之门。不出户，是一气常盈于户，空洞而不觉也，知天下诸气朝元，通彻万方。不出户，昏昏不知其门，默默贯通，其理皆然，不外是也。牖，是虚中无无，一窍寂寂然而道存，与天相符，与道同体，谓之见天道。其字，指道也。出字，渺茫不知所有，空空一性者是也。我之道充满宇宙，愈静而愈玄，更清而更妙。一静充塞天地，一虚包罗乾坤，其道愈出而愈弥，更出而更远。言其一灵虚于中，无不照察，无不通贯，谓之其出弥远。静于道，而不见其道。穷于玄，而不觉其玄。不知何为道，何为玄也，其知弥少，此也。"

"是以圣人不行而知，不见而明，不为而成。" 圣人与道合一，足不出户，却能觉知天下事物的造化之机，未目睹，却能明了天道的阴阳变化规律，顺道而为，为而不争，却能事事有成。

"是以圣人不行而知"，圣人与道合一，涵盖了所有的空间位置，是超时空的存在。神定则意慧，不移一步，不出户而知天下，无事无为，能够同时觉知远近的事情，觉知事物的造化之机。

"不见而明"，圣人心灵的深处是透明的，像一面通天彻地的镜子，以本明的智慧，虚静的心境，去览照外物，不窥牖而见天道。鹤鸣子和，能同时览照和感知远近各处，了解外物和自然的阴阳变化规律，无所不明。

"不为而成"，圣人内省自己，真正的清静无为，没有任何的私心，能根据时机来做事，顺应事物的内在本然来作为，为而不争，就能事事有成。如天地一般，无所不成。

《淮南子·精神训》曰："圣人者，由近知远而万殊为一。古之人同气于天地，与一世而优游。当此之时，无庆贺之利，刑罚之威，礼义廉耻不设，毁誉仁鄙不立，而万民莫相侵欺暴虐，犹在于混冥之中。"圣人能从身边的事推知遥远的事，将万物的千差万别视为一。他正气通天地，与整个宇宙一起悠闲遨游。在这样一个时代，既没有庆功奖赏的诱惑，也没有法律惩处的威逼，既不设礼义廉耻，也不立诽恶誉善，百姓相互不侵犯欺凌残害，就像生活在混沌社会之中。

吕祖曰："是以修真之圣人，清之静之，不行而知道之来。空之洞之，不见而强名曰道。无之虚之，不为而道自成。这才是不行而知者，谓之真知。不见而强名者，谓之真名。不为而成者，谓之真成。知不见其知，名不见其名，成不见其成，此三者，性中融于命，命存于性，从无中所得，得后还无，与道合真而洞湛寂。五行贯通，交泰阴阳，恍兮惚兮，其中有象。虚虚实实，不知其知。不名其名，不成其成，谓之知天下而见天道也。名其道而成至道也，故弥远弥少者此也，这才叫作成道。本不行不见不为，而真心见矣。是以圣人修之，如此其知其名其成而道真矣。"

第四十八章　为道
为学日益，为道日损，损之又损，无事无为

　　为学者日益，为道者日损。损之又损，以至于无为，无为而无
不为。将欲取天下也，恒无事。及其有事也，不足以取天下矣。

　　本章讲述为道，为学日益，为道日损，损之又损，无事无为。老子在本
章教人"无为而无不为"的无为法，复归虚无，返于道境。去聪明之心，驰
骋之意，贪欲之情，损之有损以至于虚无，心地无私，中和之至，而进于道。
欲"道化天下"，则除无为外，尚须无事。法自然而为，用清净的本心做事，
则事事有成，方能道化天下。

　　"为学者日益，为道者日损。损之又损，以至于无为，无为而无不为。" 为
学的人，穷究动静造化之机，觉性一天比一天增加。为道的人，识自本心，见
自本性，私欲一天比一天减少。少之又少，到达与道合一的境地。处虚灵动，
得天地造化之机，顺应事物的内在本质来自觉作为，就没有做不成的事情。

　　"为"，行为。"为学者日益"，穷究万物生化之理，把握动静造化之机。
为学的人，一天天地增加其觉性，道心的功力。觉知自己的身体、行为和心
灵，一点一滴慢慢地累积，日知其所未知，不断精进，多一分努力就多一分
收获。为学日益就是要积累自己的创造性，不要积累识性和欲望。我们学习
知识是为了明理、创造，有了创造自己就能融化在自我的觉性中去，化腐朽
为神奇，而不是融化在自我的识性中间去。识性是把它映刻在大脑皮层上面，
它是一种对空性或道信息的干扰。人们有了主观意识，在遇到新鲜问题的时
候，肯定拿既有的认识去对应这个信息的变化，这样创造能力就会下降。

　　《文子·上礼》曰："至人之学也，欲以反性于无，游心于虚；世俗之学，
擢德攓性，内愁五藏，暴行越知，以诐乃巧切。喧呼也。名声于世，此至人所
不为也。"至人学习，是要将人性返归到最初质朴状态，而让心神遨游于虚无
之境；世俗之人的学习就不是这样了，他们拔去德性，扰乱心胸，抓心挠胆，

自我表现以求获得世俗的名声。这种事情圣人是不屑做的。

"损"，减少。"为道者日损"，除物欲，化气质，层层剥去，明心见性。为道的人，一天天地减少其识性，人心的私欲。道是清静的，不着一物，故损之又损，至于无为，以复其太虚之体。悟道就是损掉自己的私心、主观利益心，打破那些固有的观念，让欲望降到最低限度，达到空净无为的状态。人在成长的过程中所受的教育、知识、观念就是化而欲作，都是对本心的干扰，我们学习《道德经》就是在跟老子同步运动，心通神往，阗之以无名之朴，用这种先天的本性能量，同化人心。

"无为"，心地无私，处虚灵动，顺应事物的内在本质来自觉作为。真正达到无为的时候，是把自己的生命本能调动出来了，无为而无不为。"无不为"，夺天地造化之机而为。"损之又损，以至于无为，无为而无不为。"不断地要损去私心和各种欲念，一切损尽，万殊归于一本，最后到一无所有，无私无我，回归空性，和于天道，处于灵动状态，夺天地造化之机而为，就能无事不成，无感不应，道化天下。如层层剥笋，剥到尽头，只有虚无一真性。不管是谁，只要放下自己的观念、角度和欲望，就能回到"本来没离开过"的这个空性。以性立命，性命合一。空性主宰，和合真种，识神悉化为元神，以至于无无之境。存诚子诗颂："今言求学在积累，古言修道贵减除。细数古今得道者，灵台心镜无一物。"

当我们的大脑清空的时候，整个宇宙的信息就都压到这里了，我们就能无所不知，无所不能为。悟道至此，无私无我，神妙莫测，变化无方，聚则有，散则无，无为而无不为。诚如《庄子》所言：旁礴万物以为一，化尘垢秕糠为尧舜。我们人发展自己的思维也是这样，发现自己的角度，站在没有角度的角度上，从道的角度去建立自己的觉性，在创造的过程中空间就无限了。把天地间的信号吸进来，在身体内部进行造化，把它转化成能够在阴阳两界运动的东西，心地光明，没有做不成的事情。

吕祖曰："为学日进，而不见其功，其学日增。为道日损，而不见其减，其道日寂。道者，混沌之体，以清静而用之，湛然一气也。心无其心，而真心见。意无其意，而真意存。情无其情，而真情寂。空性以立命，养命以还空。若亡若存，一气充塞，窍窍流通，其光日见，其妙日玄，玄之又玄，真道乃见，这是个道。仰而不能攀，俯而不能就。若云远，目前可得。若云易，胜若登天。瞻之在前，忽焉在后。窈之冥之，其道难见。空之洞之，其功易成。无他，在己之灵，虚之则神藏于室，实之则神驰于外，在人之专于不专耳。无人无我，是损也。无灵无性，又损也。槁木死灰，内有性存。"

"将欲取天下也，恒无事。及其有事也，不足以取天下矣。"君主想要治理好天下，就要以"天下为公"。如果以"天下为家"，就会侵扰百姓，这样，就不能很好地治理天下。

"无事"，心中不想事，无事无欲，跳出事外。没有是非观，没有分别心，自然而然，本能地去做。"将欲取天下也，恒无事。"以天下为公而治理天下是最高的，以道德治天下，无私无欲，使天下人无心而自化。放下自己的观念和认为，跳出事外，内心光明，从无事的角度慢慢地转化，最后就能够达到一种无为的境地。

"及其有事也，不足以取天下矣。"如果以"天下为家"，就会心中有私，置身事中，心有挂碍，则方寸已乱，如范增之忌刘、徐元直之为母。这样，就不能很好地治理天下。只有公天下，是以道德治理天下，非利生存，无我无私，才能长久。

吕祖曰："凡取天下者，淳化之风，无为之治，窈窈冥冥，湛寂若清天。空空洞洞，清之若深渊。以无事而取之，天下自然来服。人之心清如水，人之性湛如天，则诸气朝元而合一，混沌打成一片。空其心，通其性，灵其神，抱其命。镕铸一个空洞镜子，照物无所不彻，光明冲射万方，乾坤为之我有，天地为之我无。阴阳合一，而虚灵以存之，这是个无事。若有毫发所染，丝须罣牵，则为有事不足以取天下。为道者，不足以通百脉，则光明不开，真性不见，难以降伏诸气。为道者，当自勉之。"

第四十九章　德善
圣人无心，一而不分，融通对待，一团天真

圣人恒无心，以百姓之心为心。善者善之，不善者亦善之，德善也。信者信之，不信者亦信之，德信也。圣人之在天下，歙歙焉，为天下浑心；百姓皆属耳目焉，圣人皆孩之。

本章讲述德善，圣人无心，一而不分，融通对待，一团天真。老子在本章讲述圣人在天下的作为，"收敛、混沌、成长"。圣人一团天真，没有私心，没有主观成见，没有分别心，蓄纳一切，包容一切，浑然一切。大无不载，小无不包，美恶善否，毫无遗漏，因物付物，略无成心。洞烛常虚，内外无争，光明内固，天下为公。

　　"圣人恒无心，以百姓之心为心。善者善之，不善者亦善之，德善也。信者信之，不信者亦信之，德信也。" 圣人没有私心，心处于灵动状态，常存公心，以天下为公。善良的人，善待它；不善良的人，也善待他，这样便是德善。守信的人，信任他；不守信的人，也信任他，这样便是德信。

　　"圣人恒无心，以百姓之心为心。"圣人立足于非利生存，没有私心，常存道心。心处于灵动状态，无所偏，没有分别心，没有是非心，没有主观成见，中和之至，物感而应。以天下为公，倾听百姓的心声，以民心的美好生活为本，以大家的需要为需要，随机感应，这样就能得到无穷的智慧。不是以圣人的私欲作用于社会，而是以百姓的潜在想法作为心声，服务于百姓。任何一个个体的能量和智慧都是有限的，只有融入整体，与宇宙源头融为一体，才能获得无穷无尽的能量和智慧。《文始真经》曰："圣人不以一己治天下，而以天下治天下。天下归功于圣人，圣人任功于天下。所以尧舜禹汤之治天下，天下皆曰自然。"

　　"善者善之，不善者亦善之，德善也。"圣人没有分别心，善恶两忘，非利生存，就像阳光普照大地一样，用慈爱对待一切的善人和一切不善的人，

使贤者尽其智，而不肖者竭其力。不善人亦化为善人，这就称为德善。德性，一而未分。把善良当作原则，使人人自觉向善。存诚子诗颂："圣人之心空且灵，空灵不怕入红尘。善与不善大度容，道者行之德善行。"

"信者信之，不信者亦信之，德信也。"圣人没有是非心，真伪两忘，包容一切，就像大地厚德载物一样，用诚信对待有诚信的人和没有诚信的人，尽众人之力，使没有诚信的人亦化为有诚信的人，这就是德信。把诚信当作原则，使人人自觉守信。《文始真经》曰："圣人之治天下，不我贤愚，故因人之贤而贤之，因人之愚而愚之。不我是非，故因事之是而是之，因事之非而非之。"

吕祖曰："圣人者，神也。常心，世欲之心，知识之心。神静真心现，故圣人无常心。百姓者，气也。气固真空，虚灵之心出。如天之无心，实有心存，故以百姓心为心。善者，淳化之辈，恒常清静，吾得妙矣，故善之。不善者，尘凡外务，搅乱真道，吾亦静治之，无所以乱我之本来。清静虚神，淳化混然，吾亦善之。德字，作得看。我之真灵不昧，静极而量弘，天地山川无所不容。量弘则德重，如天之德。上德不见其德，得善矣。信者，不无欺也，时至而到也，吾得静之妙，信乎其玄玄矣。不信者，时未至也。坚心清静，必候其至，吾亦信待之，如此之淳德得信矣。"

"圣人之在天下，歙歙焉为天下浑心；百姓皆属耳目焉，圣人皆孩之。"圣人治理天下，会收敛自己的欲念，与天下人浑然一体，以天下为公，百姓都专注于自己的所见所闻，圣人使他们都回复到婴儿般纯朴的状态。

"歙歙"，收敛，包容。收敛了又收敛，包容一切。"圣人之在天下，歙歙焉为天下浑心。"圣人与天道浑然一体，把天下看为一个整体，不生分别，不起一念，一团天真，浑然在抱。无论我们是什么一种状态，他都包容进来，接收进来，包容一切。无论我们喜欢什么，包括钱财、名利，他都能够理解。天下的万事万物都是由道所生出来的，道出来都不去分别，不分辨它的好坏，不分辨它的善恶，大制无割。在这种情况下，就要浑其心，一而不分。

"孩之"，人之初生，本心：空空洞洞、清清净净、不识不知、无思无虑、至善无恶、至信无疑。"百姓皆属耳目焉，圣人皆孩之。"圣人将心混同在天地、百姓以及事物之中，百姓也就是圣人的耳目。圣人看天下一切人，如天覆万物而不以善恶有分，如地载万物而不以大小有别。圣人对待百姓如同自己的孩子一般，不生分别，不起是非，顺物随时进行感化，以复其赤子之心。

赤子之心，纯一无伪，混沌之天未凿，百姓之心若能如此，则能积精全神，反朴还淳，可以无为而治。

当人长到一定年纪以后，慢慢地分别心越来越大。如果不能够混其心，不能够把这个界线混沌起来，生长也就慢慢地趋于停顿。如果让孩子过早地有分别心，过早地对任何事情有截然的界线，这个孩子就很暴戾。所以说圣人使天下人浑其心，像小孩儿一样，为的是人们不断地进化自己。

吕祖曰："圣人之在天下，即神之返室矣。神归于室，常歆歆然。歆歆，是无人无我之境。为天下浑其心，虚中不昧的意思。一气浑然，而百姓皆注其耳目。一神虚无，而圣人皆孩之。宁神混沌，凝其虚中。神凝于气，气怀于神。神气合一，运用于虚中。空空于身外，则百姓之耳目真注矣。圣人无常心真孩矣。霹雳一声，虚空粉碎，飘飘荡荡，不知天地，而我内有天地。不运五行，而我自然转动。不知其身，而真身见矣。不知其心，而真心明矣。真身见，真心明，圣人物外之神，则常心泯矣，非道而何。"

第五十章　执生

出死入生，执一为道，把握生机，不处死地

　　出生，入死。生之徒十有三；死之徒十有三；而民生生，动皆死地之十有三。夫何故也？以其生生也。盖闻善执生者，陆行不避兕虎，入军不被甲兵。兕无所揣其角，虎无所措其爪，兵无所容其刃。夫何故也？以其无死地焉。

　　本章讲述执生，出死入生，执一为道，把握生机，不处死地。老子在本章论"生死究竟"之道，老子言其九，不言其一。而这个一是生命的本有，"圣人执一，以为天下牧"。跳出生死，不受阴阳的制约，是生命之本。执生之道，以养心为要，有清静心，大公无私，顺天道而为。外其身形，求身外真身，出死入生。

　　"出生，入死。生之徒十有三；死之徒十有三；而民生生，动皆死地之十有三。夫何故也？以其生生也。" 出现在世上为生，埋入坟墓为死。长寿的人占十分之三；短命的人占十分之三；本来可以活得长久些，却自寻死路的，也占十分之三。这是什么原因呢？因为太看重生死，过于享受了。

　　"出生，入死。"婴儿为纯阳之体，生机旺盛。人活在世上阳气旺盛为生，埋入地里阳气断绝为死。人生在世，所欲莫过于生，所恶莫过于死。生死之关，间不容发，出乎生，则入乎死。《内观经》曰："道无生死，而形有生死。所以言生死者，属形不属道也。形所以生者，由得其道也；形所以死者，由失其道也。人能存生守道，则长存不亡也。"

　　悟道就是要"出死，入生"，接受生机能量，返老还童。《太乙金华宗旨》曰："凡人自'哇'的一声之后，逐境顺生，至老未尝逆视，阳气衰灭，便是九幽之界。故《楞严经》云：'纯想即飞，纯情即堕。'学人想少情多，沉沦下道。惟谛观息静，便成正觉，用逆法也。《阴符经》云：'机在目。'《黄帝素问》云：'人身精华，皆上注于空窍是也。'得此一节，长生者在兹，超升

者亦在兹矣。此是贯彻三教工夫。"

"徒"，途径，从事于。"生之徒十有三"，懂得养生的人，不妄视，不妄听，不妄谈，不妄履，和气流行，惩忿则火降，窒欲则水升，水火既济，动静恬然而长寿，这样的人有十分之三。

"死之徒亦十有三"，不懂得养生的人，目乱采色，耳听淫声，口美非道，足涉邪径，和气流散，起忿则无明火炽，纵欲则苦海波翻，水火不济，以自戕害而短寿，这样的人也有十分之三。

"生生"，过分的厚生。"而民生生，动皆死地之十有三。"人生在世，知作而不知休，知言而不知默，知思而不知忘，知进而不知退，性地不明，命宝轻弄，损而不止，养生失理，使自己的生命处于死地，这样的人也有十分之三。长寿和短寿的人各自占十分之三，另有十分之三则在动，人的生存可以是我们自己掌控的。《黄帝内经·上古天真论》曰："今时之人不然也，以酒为浆，以妄为常，醉以入房，以欲竭其精，以耗散其真，不知持满，不时御神，务快其心，逆于生乐，起居无节，故半百而衰也。"

"夫何故也？以其生生也。"圣人了悟生死，爱惜精神而置身于虚静状态。世人不爱惜精神，不重视置身虚静，是要比兕虎的危害还要大的。这是因为人们生命活动过程中忿欲太甚，纵欲适情，乐生畏死而造成的。过分的贪婪、野心、妄想、美梦，过多的操作、奔波、劳心、费力，狭其所居，厌其所生，贪恋声色，亡精耗神，结果只能是自取其辱，自取灭亡。《文子·下德》曰："治身，太上养神，其次养形，神清意平，百节皆宁，养生之本也。肥肌肤，充腹肠，供嗜欲，养生之末也。"

人的生死之道，总共有十分，上述三者各占据三分，共计九分，剩下的一分是执生之道。因为这是生命的本有，跳出了生死，是不生不死之道，他就叫作"一"，圣人执一，妙用无穷，不受阴阳五行的制约。老子言其九，不言其一，使人自得之，以寄无言无思之妙也。圣人常在不生不死中，生地且无，焉有死地。

如果明白了生死之道，自己就可以利用生死之道阴阳相推，聚合生机能量，把自己有限的生命融入无限的宇宙中间去了。小孩总是在幻想，创造力极强。成年人很少幻想，如果没有幻想，自己被现有的观念套得死死的，就没法去创造，没法去造化，根本就没有条件。

吕祖曰："凡有生必死。生者死之门，死者生之户。出有心之生，入无心之死，生之徒十有三矣。生生者，生一气之真。死死者，死通灵之心。忘其生，即忘其死。不待穿凿，而归自然。十之中有三矣，三三之数，老阳之体，去九而归于一，纯阳之体矣。九者，阳也、金也。阳金之数，返而归一。言人入于作为，求术以长生。岂止避了九数，而妄作九转之行功，不能归一，而返闭阳金，则有落地矣。凡有落地，伤生取死之道也。夫何故，生生之厚。求生之心切，反有死矣。民者，气也。气生则生，气动则地见。气见阳金生，金生而动，动则九数，纯纯而返一。不厚生而生金矣，如是之五谷、五味、药物、方术等，皆生生也，外此则不生，殊不知反害也。"

"盖闻善执生者，陆行不避兕虎，入军不被甲兵。兕无所揣其角，虎无所措其爪，兵无所容其刃。夫何故也？以其无死地焉。"善于执生的人，忘其生，在陆地上行走，会避开凶恶的犀牛和猛虎，在战争中，会避开兵器的伤害。犀牛无处使用它的角，老虎无处使用它的爪，兵器无处施展它的利刃。为什么会这样呢？因为他从不把自己置于死亡的境地，出死入生。

"执"，自己把握住。"善执生者"，就是能顺应天道的人，忘其生，亦忘其死，淡泊以养其心，中和以养其气，能惩忿窒欲，跳出阴阳的制约，修养自己的身心，把握自己的生命，不求善而常居善地。就悟道而言，执生是还丹之道，返本之功，接命之术，成仙之诀。逆而回之乃为执，下而上之乃为执，外而内之乃为执，中有黄婆乃能执。子母恋而养育深，婴姹偕而欢喜大，铅汞结而圣胎成，无为证而阳神出。

"兕"，头上有角的一种猛兽，犀牛。"陆行不遇兕虎，入军不被甲兵。"兕虎有地域，万害有源头，避其地域，塞其原头，则能免于诸害。有道的人，忘其生，不受时空的制约。在陆地上行走，避开犀牛和老虎的地域。纵然入军，没有忿怒争斗的心思，不带盔甲兵器，也不会受到伤害。

"兕无所揣其角，虎无所措其爪，兵无所容其刃。"有道的人，远离各种祸害，犀牛没有地方使用它的利角，猛虎没有地方施展它的坚爪，兵器没有地方用它的锋刃。

"夫何故？以其无死地焉。"为什么会这样呢？因为有道的人，出死入生，远离了各种祸害，不会接近死地。养生莫如知死，人生受到的各种伤害，其根本原因是人们想获得的更多，在欲望的驱使下妄为，而使自己常处死地。有道的人，他明白生死之道，能放下自己的各种欲望，无我利他，大公无私，这样就能不求善而常居善地，不求生而常处生地。存诚子诗颂："生老病死常人道，超越生死道者道；玩弄聪明找死道，豁然大悟逍遥道！"

《黄帝内经·上古天真论》曰：夫上古圣人之教下也，皆谓之虚邪贼风，避之有时，恬淡虚无，真气从之，精神内守，病安从来。是以志闲而少欲，心安而不惧，形劳而不倦，气从以顺，各从其欲，皆得所愿。故美其食，任其服，乐其俗，高下不相慕，其民故曰朴。是以嗜欲不能劳其目，淫邪不能惑其心，愚智贤不肖不惧于物，故合于道。所以能年皆度百岁，而动作不衰者，以其德全不危也。"

吕祖曰："盖闻善养生者，忘其生，亦忘其死，俱从无心无意中而长生。有心则铅耗，有意则汞竭，铅耗汞竭，则死矣。何故，因作为而求生，岂知反死也。善摄生者，陆行不遇兕虎。陆乃命也，忘其命，真龙真虎见，作为之兕虎则不遇，因其无心也。军者，性也。入于性，则不避兵戈。兵戈，刀圭也。已土、戊土，性定真心见。二土自然归中，何待作为。因其忘身也，身心忘，天地自然交泰。不惟兕无所以投其角，虎无所以措其爪，兵无所以容其刃，因其忘我忘形，凝神定性，气和而得命，清天静地之谓也。返于虚归于空，神灵气息，惟有存性，兕虎兵戈，安能得害。夫何故，以其无死地。盖其不入于术而常虚也，有术者必死，无术者必生。"

第五十一章　玄德
尊道贵德，生而不有，为而不恃，长而不宰

　　道生之，而德畜之；物形之，而器成之；是以万物尊道而贵德。
道之尊也，德之贵也，夫莫之命而恒自然也。道，生之、畜之，长
之、遂之，亭之、毒之，养之、复之。生而弗有也；为而弗恃也；
长而弗宰也，是谓玄德。

　　本章讲述玄德，尊道贵德，生而不有，通达有无，空性自在。老子在本
章教人"尊道贵德，生而弗有，为而弗恃，长而弗宰"。利物无我，非利生
存，顺其自然而修玄德。道为天地万物生生之本体。万物滋生，本虚无之道，
一元之气，太和之德，窈窈冥冥，若有而不见其有。空空洞洞，若存而不见
其存。

　　**"道生之，而德畜之；物形之，而器成之；是以万物尊道而贵德。道之尊
也，德之贵也，夫莫之命而恒自然也。"** 道产生万物，德畜养万物，万物呈现
出各种形态，重视生长的枢机而成就万物。因此，万物莫不尊崇道而珍贵德。
道之所以被尊崇，德之所以被珍贵，是因为它们总是任由万物自由生长，不
强制它们而自然而然。

　　"生"，生成，生化。**"之"**，万物。**"畜"**，畜养。**"道生之，而德畜之。"**
道是本原能量，降和气以生物；德是先天一炁，得道用而蓄养。道无名无相，
自本自根，万物资之以为始，生生不已，相当于动力能源。德一而不分，是
道的载体，万物藉之以为母，养育众生，相当于把握这个能源。

　　"形"，形象。**"器"**，万物。**"物形之，而器成之。"** 宇宙中的所有物质，
遵循道源与由德能凝聚成的形象，有一定的命数。万物是由自于本源的生命
力量，在物质和枢机作用下而形成。比如一颗种子，种在泥土里，这是"道
生之"；但是必须要得到阳光、空气和水来培养他，这是"德畜之"；慢慢这
颗种子在泥土里发芽、开花、结果，这是"物形之"；慢慢长成我们可以吃的

果实，这是"器成之"。

"道生之，德畜之，物形之，器成之。"四个程序，就是万物由无有而形成的原则，也就是执生之道，同时又是我们为人处世、成功事业之道。这四个程序要发挥起来，含义非常深远，这要我们自己慢慢去体会。比如今天种下一颗种子，不是明天就得到果实，必须要有生命力量的形成，要重视生长过程中生机的作用，犹如酿酒的酒曲，有曲则成。

"尊"，高上，喻于父。"贵"，重敬，喻于母。"万物尊道而贵德"，万物无不尊重道的生生之体，而注重德的畜养之恩，以道德为父母，不忘其本。道德本身有一个力量，一种生机，是万物产生和生存的基础。

"道之尊也，德之贵也，夫莫之命而恒自然也。"这个"道"为什么那么可尊，这个"德"为什么那样宝贵，这其中生命的根本原因，是他有一种生机，没有谁的命令，是"道"本身就有如此的功能。这里老子所揭示的是"莫之命而恒自然"的这种尊贵性，不用人为就自然而然地能够成就，而我们在生活中往往是过度的消耗自己的生机，这是我们生存中最难的一面。如果我们有很高的道德境界，无私奉献，回光止观，把注意力集中在自己身上，踏踏实实地干好工作，自然而然会凝聚生机能量。存诚子诗颂："道生德蓄物成形，尊道贵德育性灵。道成勿秘弘大道，道德成林大道行。"

吕祖曰："道字作个无字看，有字就是术了，无字就是至道。道从无而生，从虚而入，空之又空，道乃生焉，故道生之。乾坤合一谓之道，阴阳转舒谓之生，太和之气谓之德。道从太和而生，生而不舍谓之畜，畜之若有物，空其灵，虚其实，畜而成形。若有之，因其旋转左右，冲突上下，若有势焉，故成金液，物成而天下万物无不化生。万物本无而生，是以万物莫不尊道。万物本太和而成，是以万物莫不贵德。故道所以尊之，德所以贵之。何也，本于一性也，一性而生太和而成。夫莫之命，命者，动也，静极而成道，自有命存。何有意动，而道常出于自然。"

"道，生之、畜之，长之、遂之，亭之、毒之，养之、复之。生而弗有也，为而弗恃也；长而弗宰也，是谓玄德。"道，产生和畜养万物，使万物生长和养育，结籽或成熟，得到滋养或复其本来。生长万物而从来不占为己有，隐迹潜形。养育万物而从来不固守成规，随用而为。滋养万物而从来不主宰它们，无我无私，这就是非利生存、与道合一的玄德。

"道，生之、畜之。"道给万物生命，生化不已。道生、德蓄，有无相生，双向互动，才会有万物进化。能够蓄养万物，包容万物，才会有物种繁盛。人性有善也有恶，利己也利他，既竞争也协作，德一而不分，畜养一切。

"长"，生长。"遂"，养育。"长之、遂之"，使万物生长、养育。"亭"，成长，使其结籽。"毒"，成熟。"亭之、毒之"，辅助万物结籽或成熟。"养"，资给。"复"，复其本来。"养之、复之"，爱养万物或复其本来。

就悟道而言，人的神在道德之气下，自然地"生、畜、长、遂、成、熟、养、复"。生之、畜之则神全，长之、遂之则气全，亭之、毒之则精全，养之、覆之则形全。他一旦成熟以后，要靠道气和德气去覆盖它，要给它一个良好的生存空间，使自己有长足的进步。

"有"，占有。"生而弗有也"，圣人生养万物而忘记了己之生，功成行满，隐迹潜形。道产生了万物，充满了慈爱，无私奉献，使物各随其性，不加干涉，不为己有，不把万物当作是自己的所有，没有考虑自己的存在，没有自私的心。如果觉得是自己生出来的，就有私欲，把它牢牢地拽在手里，他不会人为地这样做。一般的父母亲就认为"小孩子是我生的，要听我的，我是父母"。我们真正爱一个人，就是协助他成长，把生命的意义发挥出来，让他自由自在，而不是束缚他，自私地占有他。

"恃"，自恃。"为而弗恃也"，圣人有所作为而忘记了己之为，不恃其功，默默昏昏。在做事的时候，把握当下，不求回报，使物各得其为，而不自恃。秉其要而归之，以万物的要求为要求而作为，德畜万物，随用而为，从来不固守成规，不人为干涉，而是顺应自然地这些要求而变化，顺势而为，让道来为之，道法自然。人们一般做事，都是按照自己的认知去作为。但要进一步地突破，达到更高的层次，就要拓展自己的心胸，突破这些条条框框，跳出对待，远离束缚，即为解脱。

"宰"，主宰。"长而弗宰也"，圣人成就万物而忘记了己之功，不去主宰，留有余地。在它生长的过程中，不人为去主宰它，也不要人为主宰自己，灵动圆通，让道来主宰。人的控制欲是一种基本欲望，在事物生长的过程中，人老是想去控制这个事物。这个基本的习性要是放弃的话，上德不德，无我无私，就能见到自己的真性，能够发现自己在这个方面和道德之间的一种差距。当找到这个差距，那么建立玄德就有一定的基础了。

"玄"，本意为由绳悬挂，引申为通达有无的桥梁。"德"，心对自然信息的真实感应和体悟，是合道的思想及行为，是提升生命境界的通道及过程，德性一而不分。德左边是"彳"，与行为有关，外在为公正，阴阳并列。右边是"十、目、一、心"，与心有关，内在为直心。《六祖坛经》曰："直心是道场，直心是净土。行住坐卧，常行一直心。"《文子·精诚》曰："闭九窍，藏心志，弃聪明，反无识，芒然仿佯于尘埃之外，而消摇于无事之业，含阴吐阳，而万物和同者，德也。"闭绝情欲，匿藏心机，抛弃智慧，返璞归真，茫然游荡在尘世之外，逍遥无为于初始界域，呼吸阴阳之气，和万物融为一体，这就叫"德"。

"玄德"，圣人跳出了利益对待，法自然而为，无私奉献，生而不有，为而不恃，长而不宰，灵动圆通，空性自在，与道合一的非利生存境界。玄德是人的本心在修炼的过程中从整体上的一种把握，在所有层面都能够响应和进化，无为而无不为。占有，自恃，主宰，都是对自然的干预。《庄子·天地》曰："德人者，居无思，行无虑，不藏是非美恶。"

吕祖曰："自然之中，而道自然火发而生之。若有以畜之，我以自然之气，内和太和而长之，畜清虚而育之，体静而成之，无为而熟之，不动而养之，以气还元而覆之，故生而莫知其有，为而莫之可恃，长而不见其形，故不宰。是谓虚无之道，太和之德，窈窈冥冥，若有而不见其有。空空洞洞，若存而不见其存。如此者，是谓玄德。"

黄元吉曰："鸿蒙未判之先，天地初开始，混混沌沌中，忽然感触，真机自动，此正元气所在也，而修炼者必采此以为丹头。有如群阴凝闭，万物退藏，忽遇冬至阳回，即道生矣。由是成性存存，温养于八卦炉中，久久气势充盈，一如夏日之万物畅茂，即德蓄矣。物既生盈，花开成实。一如秋来之万宝告成。其在人身，养育胎婴，返回本来面目，即成之、熟之矣。物既成熟，仍还本初，一如冬日之草木成实，叶落归根，三年乳哺，炼就纯阳之体，实成金色法身，必须万缘齐放，片念不存，空空洞洞，静候阳生。虽然，其生也，原来自有，而不可执以为有。即用升降之术，进退之工，未免有为。要皆顺气机之自然，而无一毫矫强，非有为而不恃所为耶？至德日进、道日长，而文武抽添，沐浴封固，无不以元神主宰其间。此有主而无主，无宰而有宰存焉。如此修道，道不深且远哉？故曰玄德。"

第五十二章　守母

知子守母，返本还元，用光复明，没有灾殃

天下有始，以为天下母；既得其母，以知其子；既知其子，复守其母；没身不殆。塞其兑，闭其门，终身不勤。开其兑，济其事，终身不救。见小曰明，守柔曰强。用其光，复归其明，无遗身殃，是为袭常。

本章讲述守母，知子守母，返本还元，用光复明，没有灾殃。老子在本章教人守母存子之道，塞其兑，闭其门，是守母。见小守柔，是守母。用其光复归于明，也是守母。道为天下万物之母，天下万物为道之子。天下万物，归于太极。欲机之萌，心念之动，常在隐微之间。以此先天一元真气，留恋阴精，久久烹炼，则阴精化为阳气，阳气复还阳神，所谓"此身不是凡人身，乃是大罗天上仙"。

"天下有始，以为天下母；既得其母，以知其子；既知其子，复守其母；没身不殆。" 天下万物都有起始，这个起始可作为万物的本源。既然知道了本源，就能认识万物；既认识了万物，又能把握住万物的本源，那么终身都不会有危险。

"始"，事物未兆。"母"，事物方生，投影源。"天下有始，以为天下母。"这个宇宙间有一个根源，万物本身最初的那个东西，就说天下有始，无名天地之始。有名万物之母，这个生命的根源，老子给它取一个名字叫作"天下母"，万有都是它所生出来的，每个生命中都带有道的遗传基因。

"既得其母，以知其子。"这个母就是道本，子就是德光。道本至无而含至有，至虚而含至实。先找到根本，找到投影源，把生命根本找到之后，就可以了解自己现有的生命，以及生命成长的这股力量，这也就是它的子或投影。

"既知其子，复守其母。"知道了德光是子，道本是母。守其母，就是守住道性的一面，守住投影源，以母召子，则无所不可。塞其兑，闭其门，是

守母。见小守柔，是守母。守母不是人心在守，而是自己的本心，回归于道性，皈心于道。就人体而言这个母就是性，子就是气。母静子定为守母。呼吸自如，动静天然，不待勉强时时自然。我们观察婴儿，他没有是非观念，没有好坏观念，没有善恶观念，也没有得失观念，一切是自然的。守住婴儿的赤子之心，浑然一体，这样，就能把后天的生命恢复到先天。

"没身不殆"，粉碎虚空，与道合真。守住道性的一面，自己的德光就越来越充盈了，就能够自然的响应，随其所动，随其而成。终身到老都没有问题。用现代科学来讲就是回归于投影源，不管投影的像怎么变化，投影源都不会变化。这一知一守的循环往复，使我们在有形可知的德和无形可悟的道中，逐渐地认清真我，认清天道的自然规律。

吕祖曰："物有本末，事有终始，知所先后，则近道矣。天下者，身也。有始，是一气之初，发生未动之先，此时乃先天也。以为万物未生之前，即有灵性，灵性就是万物之母。既知有性，性发即是子也，发生时就是意了。有意是后天，性是先天。先天禀而后天生，未发之初，即有意存，谓之以知其子。既知其子，意胜而复灭，生意尽，复归其性，谓之复归其母。如修道者，一气融性，清静而俟物至上升下降而会于虚，此其母也。左旋右转，上下冲突，而为金液，此其子也。覆性而候动，动而复静，随其自然不待勉强，而合天真，此即是知母知子，而明本末终始之谓也。既明本末终始，不知先母后子？先子后母，则近于恒常之道矣。恒常之道在于湛寂，没身而不殆。"

"塞其兑，闭其门，终身不勤。开其兑，济其事，终身不救。" 塞住孔穴，闭起门径，终身都是从容不迫的。打开孔穴，忙忙碌碌，终身都不可救治了。

"兑"，口。"门"，耳目。"塞其兑，闭其门，终身不勤。"戒其妄言之口，谨其是非之门，嘴不妄言，眼不妄视，耳不妄听，把心理和生理的漏洞全部封闭起来，消除祸患的来源，则内境不出，外境不入，寂然泰定，与道为一。便能终身不受劳疾困扰，始终是从容不迫的。我们平常做事情的时候，卷舌、嗫舌、舌抵上颚，就能防止精气泄漏，调肾水上升，灌溉泥丸，贯通全身关窍。卷舌就能聚精会神，学习专心、做事专心，也能改善睡眠。存诚子诗颂："得遇真人获真知，闭目塞兑钻杳冥，十年八年勿间断，大道迟早来敲门。"

"开其兑，济其事，终身不救。"口开神气散，舌动是非生。打开欲望的闸门，眼往外看，耳往外听，谈天论地，心往外驰，以情和欲去干扰心神，则物诱于外，情动于中，气亡液漏，精神散去，终身不得解脱，逐渐走向衰亡。

吕祖曰："兑者，口也。塞其兑，寡言惜气之谓也，则内境不出。门者，耳目也。无听无视之谓也，则心灰意绝。无所摇动，则外境不入。闭其门，塞其兑，终身不待勤劳，而近于道矣。开其兑，则真气不出。真气凝，则餐风饮露，而济于其事。若兑闭而不凝，露泄真气，则终身莫能救。"

"见小曰明，守柔曰强。用其光，复归其明，无遗身殃，是为袭常。" 觉知事物的本来，叫作"明"；持守住柔和的，叫作"强"。运用德光，回归于本来，内外明彻，这样便不会给自己带来灾殃，这就是得道。

"见小"，丝毫无染。"守柔"，万物难移。"见小曰明，守柔曰强。"道的本体是虚无，一个人真正见证自己的空性，无我无私，从细微处觉察事理，见到自己的本来面目就是明。要恢复自己的本来，发展自己的生命，就要在世事之中减少自己的精神消耗，回光止观。人的一切祸患源于心念，管理好自己的心念，就能创造美好的人生，返璞归真。守住柔和的那一面，虚无的那一面，为公的那一面，什么事情都让空性去造化，性光由弱变强，这个生命就永远持续下去了。诚如《太乙精华宗旨》所言："静中绵绵无间，神情悦豫，如醉如浴，此为遍体阳和。"

"光"，光亮，智慧的发现，外照而常动。"明"，日月，发光体，内照而常静。"用其光，复归其明。"慢慢地自己的公心越来越大，这个时候性光就越来越明显了，见到了性光以后，用这个根本的性光，复归于本来的明中去了。人心本是光明的，后天的浑浊之气盖住了本有的光明，通过悟道和对火的妙用，归复于道中。诚如《太乙精华宗旨》所言："既而万籁俱寂，皓月中天，觉大地俱是光明境界，此为心体开明。"

"袭"，承袭。"常"，恒常。"袭常"，得道。"无遗身殃，是为袭常。"神太用则竭，此用光于外而遗其身殃。以天下为公，含光以混世，金身与肉身合一，脱胎换骨，从此身体就不会再有疾病，天长地久。这种承袭道体的空性自在，大公无私，互补包容，非利生存，率性而得命的大道，就是袭常。诚如《太乙精华宗旨》所言："既而遍体充实，不畏风霜，人当之兴味索然者，我遇之精神更旺，黄金起屋，白玉为台；世间腐朽之物，我以真气呵之立生；红血为乳，七尺肉团，无非金宝。"我们学习《道德经》，真正地能从心念入手，放下欲望，心神合一，无我无私，不仅仅是终身受益，而且是永久的受益，它是一种长生久视之道。

吕祖曰："见小而不贪，入无而不有。虚其神，和其气，益其精，皆化为空，则内外通透。无有隔障，辉煌乎见于微渺曰明，守纯一之中和，空虚无之境界。不知人我而无贪求，退藏幽境。远于嚣俗，知柔而返曰强，用其柔和之光。复归于见小之明，则知天下万物。有母必有子，有子复归于母，言其静而动，动而返静也。遗字，作个说字看。如此，光至于柔和，明至于见小。内外虚白，冲塞天地，无蜕我之身，皮袋之殃也。如此者，是谓袭常。袭者，时时不闲，念念常存。不可须臾离之谓也，知天命而率性，求率性中而得命，是谓常。恒常存之，至道也。极言虚中有，有还虚，譬如命本性出。无性不为恒常，药本静灵，无静不成玄妙。而天下万物，本末、终始、前后，自此而明矣。"

黄元吉曰："古云：元始天王，悬一黍珠于空中，似有非有，似虚非虚，惟默识心融者，乃能见之。小莫小于此丹，能见者方为明哲之士。当其阳气发生，周身苏软如绵，此至柔也。能守此至柔之气，不参一意，不加一见，久之自有浩气腾腾，凌霄贯日。故"守柔曰强"。然下手之初，神光下照于气海，继则火蒸水沸，金精焕发，如潮如火，如雾如烟，我当收视返听，护持其明，送归土釜，仍还我先天一炁。小则却病延年，大则成仙证圣，身有何殃可言哉？不然，老病死苦，转眼即来，能不痛耶？要皆人自为之，非天预为限之也。此为恒常之道，惟至人能袭其常，不违其道。故日积月累，而至于神妙无方，变化莫测。"

第五十三章　行道

知本知末，就无去有，行于大道，唯施是

　　使我介有知也，行于大道，唯施是畏。大道甚夷，而民好径。朝甚除，田甚芜，仓甚虚；服文采，带利剑，厌饮食。货财有余，是谓盗夸。盗夸，非道也。

　　本章讲述行道，知本知末，就无去有，行于大道，唯施是畏。老子在本章教人行大道，"大道甚夷，而民好径。"好径者若盗夸，警惕生命中的耗散。讲述"朝甚除，田甚芜，仓甚虚。服文采，带利剑，厌饮食，货财有余。"这些都是自私自利的行为，就像人们偷窃天地间的精华，暂时地持有，并不是人们应该把持的天下为公，非利生存的大道。

　　"使我介有知也，行于大道，唯施是畏。大道甚夷，而民好径。" 使我立足于天地间而顿然明白，修行大道，需要谨慎各种耗散的施为。大道如此平坦，天下为公，但人们却自私自利，喜欢走小路。

　　"介"，一个人站在那里，两只脚是立正的姿势，顶天立地。"施"，给予，布施，施行。"使我介有知也，行于大道，唯施是畏。"使我顿然之间明白，想要悟道而做一个顶天立地、光明磊落的人，就必须无私于天下。大道之行也，天下为公。弘扬大道，德施天下，要警惕生命中的耗散，最怕的是自私自利，偏离大道。

　　"夷"，平坦。"径"，邪径。"大道甚夷，而民好径。"大道非常平坦宽阔，无为自然，没有造作，非利无私，而人们却常常自作聪明，执情纵欲，施巧贪求，趋名竞利，致使精枯神散，走上自私自利的小道邪径。《黄帝内经·四气调神大论》曰："道者，圣人行之，愚者佩之。"人们一旦领会了大道，在实践中唯道是从地去做，那我们的社会就会处在不断地进化中。存诚子诗颂："修道不离阴与阳，旁门左道费时光。大道至简大法易，一门深入入康庄。"

　　黄元吉曰："此介然有知，是忽然而知，不待安排，无事穿凿。鸿鸿蒙

蒙，天地初开之一气，是先天元始之祖气。当其动时，眼前即是，转瞬而知诱物化，欲起情生，不知不觉，流于后天知识之私。此须而施之，所以可畏也。惟眼有智珠，胸有慧剑，识破妖魔，斩断情丝，自采药以至还丹，俱是良知发为良能，一路坦平，并无奇怪，此大道所以甚夷也。无奈大道平常，而欲躁进以图功者，往往康庄不由，走入旁蹊小径，反自以为得道，竟至终身不悟。"

吕祖曰："我者身外之身，使身外之身介然湛寂。湛寂中有所知，知者觉照也。如此觉照，若行于大道，惟听其自然之施为，常存是畏之心，深息常守而不敢放逸。大道，即天地之正气。如天之无言无动，轻清而至高，虚静而至灵，无有奇异处，平夷而已。大道与天同体，亦是甚夷，而无奇异，不常而已，无有施为。静以俟其自动，随一气之周流，静则径生。民者，气也。处静，则径路通贯，而民随其径，而入虚无。气静则和，气和则定，气定真生。真生，而好径。从径而起，元海如火发，火发上升，则先天见矣，这才叫做而民好径。"

"朝甚除，田甚芜，仓甚虚。服文彩，带利剑，厌饮食。货财有余，是谓盗夸。盗夸，非道也。" 朝纲荒废不堪，农田一片荒芜，仓库十分空虚。而人们却穿着华丽的衣服，佩带锋利的宝剑，饱餐美味的佳肴，占有富余的货财也不去帮助他人，这叫作强盗。强盗是无道的行为！

"朝甚除"，朝纲荒废，狱讼繁多。人们内心空虚，没有明确的人生目标，思想混乱，则是非多多，元阳尽失。"田甚芜"，是非繁多，则田地荒凉，田园荒芜了，没人去耕作了。人们不注重心灵的修养，心田荒芜，关窍皆塞。"仓甚虚"，田园荒芜，则国库空虚，没有储备更多的粮食，没有财富。人们在不停地耗散着自己的精气，咸归虚耗，精气空竭。这些与老子所要求的道体境界完全是背道而驰的。

"服文彩"，用文彩装饰。人们以奢侈为俗，穿着很时髦，很华丽。"带利剑"，不修文德尚武备。人们注重用外在的饰品来衬托身份，实际上是一种炫耀。"厌饮食"，一直在追求口腹之欲，饱餐美味的佳肴。

"货财有余，是谓盗夸。"贪欲无穷，一直在抓取、积聚各种世间的货财，敛藏钱帛珠玉。征逐于饮食，妄想乎资财，这些都是违背大道的强盗行为，是偷窃天地间的精华。

"盗"，非自己劳动所得，而以不正当的手段谋取为自己所用。"夸"，夸耀自己的财富。"盗夸，非道也。"如果大奸兴起，百姓就会效法。人们穿着华丽的衣服，佩带锋利的宝剑，饱餐美味的佳肴，占有富余的财货也不去帮助他人，这叫作强盗，是无道的行为，违反了自然的道德原则，这不是老百姓应该把持的大道。

吕祖曰："朝者，一气也。气升除息，谓之朝甚除。田者，身也，修身要无丝毫罣牵。看得如千年不耕不种无用之地，为世之所废。我之身，亦看得如此无用。若田之芜一样，真悟道者，舍其身而修心，修得灰芜身而道日益。身看得重，道安在哉。身重心动则求名求利念出。轻其身而身存，身存即道存。重其身而身亡，亡其身，道安在哉，谓之田甚芜。仓者，无名、无处，虚空之室也。虚心静意则先天生。先天生，则仓才开，人才知其处也。这个时节，方才知道之妙，谓之仓甚虚。历代祖师所言虚无窍者，此也。后人求见者，有诀，诀曰：'心静而性明，意清而慧觉。息深忘我，空我忘形，一气才生，火发乃见。'起者，金室也。止者，神室也。无意之中，而听自然。四海之富，莫能得此。这才是太上仓甚虚本旨的诀法。服者丹也，丹乃保身之珍，服乃护身之物，故以服字作丹字看。文彩者，内中五行，而还于虚白，从虚中见丹。丹成于三色云气之中，照彻天下，保我之身，谓之服文彩，带利剑。先天生，慧光见，则心之厌矣。厌者，无心之谓也。饮者，金液也。金液有物谓之食。无心动时，是我饮也、食也，总者不过一气耳。财者，气也。货者，神也，神气足而有余，是谓盗天地阴阳之道兮。天地阴阳之盗兮，非道也哉。"

第五十四章　修观
意诚心正，修身德真，以身观身，抱道而已

　　善建者不拔，善抱者不脱，子孙以祭祀不绝。修之身，其德乃真；修之家，其德有余；修之乡，其德乃长；修之邦，其德乃丰；修之天下，其德乃博。故以身观身，以家观家，以乡观乡，以邦观邦，以天下观天下。吾何以知天下之然哉？以此。

　　本章讲述修观，意诚心正，修身德真，以身观身，抱道而已。修与观都在无的层面，有的层面容易失去，只有存有守无，意清心静，才能够朝着社会进化的目标迈进。老子在本章主道化人生，尤主道化天下，使人相化于道德，如鱼之相忘于江湖。以道观之，物无贵贱；以物观之，自贵而相贱。

　　"善建者不拔，善抱者不脱，子孙以祭祀不绝。"善于建德的拔除不了，善于抱道的脱落不了。如果子孙都能建德抱道，就能世代相承。

　　"建"，建德。"拔"，拔除。"善建者不拔"，用善来建设事业，是动摇不了的。因为他是建德固根，扎根于大道，建中立极，顺自然而行。道永远是不拔的，永远在那里不动。善建是用善建在无形的一面，道德方面、精神方面，不是建在有形的一面。老子的道德思想，经千万年而不衰。

　　"抱"，抱道。"脱"，脱离。"善抱者不脱"，以善去抱着目标，抱着有、无两个方面，营魄抱一，身神合一，这样的话怎么样都脱离不了。因为他是抱道，顺物之真性，这种功德怎么也夺不去的。如果是在有为事相之中，有的一面抱住了财，抱住了名，终受变灭，而不能坚固长久。

　　"绝"，止。"子孙以祭祀不绝"，子孙都能建德抱道，就能生生不息，代代相承。子孙自动地就会受到道德的福荫，祭祀不绝，复归于清明。《文子·上德》曰："大道坦坦，去身不远，修之于身，其德乃真，修之于物，其德不绝。"

　　吕祖曰："建者，树立直上之谓也。善性则气生，纯一莫能拔，静定则

生。生动，直上而不移，抱一而定，忘人忘我的境界，时时如是而不脱。性，母也。气，子也。母静子定，常守母之规模，而呼吸自如。动静天然，不待勉强时时不辍，稍有心中心，意中意，则忘母之规模，而不自然。常常定静安虑，而得真道。以此真道，不辍而修之，而我之身外身真矣。”

"修之身，其德乃真；修之家，其德有余；修之乡，其德乃长；修之邦，其德乃丰；修之天下，其德乃博。" 用道来修身，德就会真诚纯朴；推己及人，用道来治家，德就会丰盈有余；用道来治乡，德就会和谐长久；用道来治邦，德就会丰盛厚重；用道来治天下，德就会博大普化。

"修身"，端正心意。"真"，纯真。"修之身，其德乃真。"如果用天下为公的大道之理，身体力行地来修身，端正心念，积累精气，守母、抱一，复归于朴，这样自己的德就会真诚纯朴，与道合真，使自己这个生命能够永远存在，逍遥自在。存诚子诗颂："善言入耳育道根，善德醍醐似甘霖。真水沸腾真火旺，此真真外更无真。"

"余"，赢余，和谐。"修之家，其德有余。"如果把天下为公的大道之理，推广到家庭，发展到做人做事上，家庭和睦，这样自己的德就富善有余，家庭就会资财有余，家里的生存就不会有问题了，能够护佑自己家里的人身体健康，事业顺利。

"长"，长久。"修之乡，其德乃长。"如果把天下为公的大道之理，推广到小范围的乡里，这样自己的德就和谐长久，乡里一片道德景象。自己来到这个地方以后，就风调雨顺，没什么特殊的灾害。

"丰"，丰厚。"修之邦，其德乃丰。"如果把天下为公的大道之理，推广到邦国范围内，邦国的大事和自己的想法相呼应，一片道德景象，人心安宁祥和，这样自己的德行就丰盛厚重，像涓涓溪流一样，汇入江河里面去了，汇入大海里面去了。

"博"，博大。"修之于天下，其德乃博。"如果把天下为公的大道之理，推广到全天下，就是圣人，博大普化，德无不周，自然无为。他的思想在统一运动时，整个人类的文明就在飞速的发展，进而建立非利生存的道德社会，这种运动的结果是佛光普照，所以说其德乃博。

《大学》曰："古之欲明明德于天下者，先治其国，欲治其国者，先齐其家；欲齐其家者，先修其身；欲修其身者，先正其心；欲正其心者，先诚其意；欲诚其意者，先致其知，致知在格物。物格而后知至，知至而后意诚，意诚而后心正，心正而后身修，身修而后家齐，家齐而后国治，国治而后天下平。"格就是正，物就是意念所在处。正物使知正，正知使意正，正意使身正，正身使家正，正家使国正。

吕祖曰："纯一不杂，一团天然之趣，这是我修身之德。如此，其德乃真。得天然之气，时时不辍，而修我之家。身者，神也。家者，虚室也，其家空洞中而现，以我纯和之德修之，其德乃余。使我天然之气，时时不辍，养纯一之体。修之于乡，乡者，性也。虚室之外宅也，常常纯和其气，而德乃长。得真性而不昧，使我天然之气，时时不辍。而修之于国，则国有淳化之风，常常清静，无毫发之余，以性还空，内若有所得，冲盈而丰之，使我天然之机，时时不辍。而修之于天下，则通身透彻，无丝毫隔障，光明于万国无不普照，此身外之身。慧光朗映，一贯乾坤，而天地悉归于我。"

"故以身观身，以家观家，以乡观乡，以邦观邦，以天下观天下。吾何以知天下之然哉？以此。"所以，以道观身，以道观家，以道观乡，以道观邦，以道观天下。我为什么能了解天下的变化呢？就是用这种方法。

"观"，回光止观。不是用头脑去思维、想象，而是守护空性，用本心来觉照和感受，凝聚造化真气。道家讲眼观鼻，鼻观脐，由眼睛下来对着鼻尖，鼻尖对着肚脐，任彼光自然透入，火入水中，聚合阴阳，以火化水，先天一炁自然而生。观和修都是有无合一双向运动，不能只在有的方面，只有兼顾有、无两个方面，才能够不断地朝着道的目标努力。

"以身观身"，以道观身，以自己身体的变化，来观察别人的身体。通过悟道和自己境界的提高，得道成道，并以身为镜，收视返听，内照形躯，慧照自观，观察自己身体的实相。"内照"，就是精神内敛，回光止观，意清慧觉。精神收敛时，身体内部血液流行，自己都看得清楚。内部哪一点有了毛病，都看得很清楚。当自己身体力行的进入到大道里面去的时候，就可以提高自己身体的状态，找到生命的本源，发现生命修养的原则。以得道后自己身体的变化状态，觉知和影响他人的存在状态。

"以家观家"，以道观家，以自己家庭的变化，来观察别的家庭。以家为镜，洞察先机，同样能够觉知和影响其家庭的存在状态。

"以乡观乡，以邦观邦，以天下观天下。"同样的道理，一个小范围的、小环境的状态，一个国家的状态，一个天下的状态，都是因为进入大道的层次以后，然后反馈回来。好像镜子一样，就会觉知和影响自己乡里、国家、天下的存在状态。

　　"吾何以知天下然哉？以此。"老子说我怎么会明白天下善建则不拔，善抱则不脱的道理，就是这样以身观身，以家观家，由内及外的。真正的行道，自己生命的道把握住了，天下的事也就明白了。

　　吕祖曰："以我之身，观身外之身。我之虚，观虚空之室，我之性，观虚白之性，我之神，观湛寂之神，我之慧，观混沌天然之慧。吾何以知天下之道然哉，不过一性者，此也。静者，静而后动，动而返静，湛寂而归于虚白，混沌而返于太清，尽亦此也，无他。尽性以俟命也，返命而复归于性，此乃常恒常存之道也，以此。"

第五十五章　赤子
含德之厚，比于赤子，纯朴浑然，精和交至

含德之厚者，比于赤子。蜂虿虺蛇弗螫，攫鸟猛兽弗搏。骨弱筋柔而握固。未知牝牡之合而朘怒，精之至也。终日号而不嗄，和之至也。和曰常，知常曰明。益生曰祥，心使气曰强。物壮则老，谓之不道，不道早已。

本章讲述赤子，含德之厚，比于赤子，纯朴浑然，精和交至。老子在本章教人悟道心法，取象于赤子。赤子之心，纯朴浑然，纯一不杂，利害不干。无害于物，物亦不能害。赤子之气，纯阳精和，骨弱筋柔，生机旺盛，与天地真气相流通，性真全，命蒂固，与道合真。

"含德之厚者，比于赤子。蜂虿虺蛇弗螫，攫鸟猛兽弗搏。骨弱筋柔而握固。" 道德深厚的人，就像初生的婴儿一样，为纯阳之体。蜂虫毒蛇不螫，凶鸟猛兽不伤害。他筋骨柔弱，小拳头把大拇指捏在掌心，非常紧固。

"含"，怀。"赤子"，刚出生一周内的婴儿，全身是红彤彤的赤色。"含德之厚者，比于赤子。"德性深厚和纯真的人，就像初生的婴儿一样，是纯阳的精气。生机旺盛，非常纯净，没有分别心，没有是非观念，没有善恶观念，没有好坏观念，没有得失观念。德性充盈，精和交至，喜怒哀乐，任其自然。当笑则笑，当哭则哭。前无所思，后无所忆，任天而动，率性以行，天真烂漫，一真在抱，赤子之心就是老子祖师所传的心印。

"蜂虿"，有毒刺的虫。"虺蛇"，毒蛇。"攫鸟"，凶鹰。"猛兽"，虎兕。"蜂虿虺蛇弗螫，攫鸟猛兽弗搏。"赤子的这种状态，是一个自然的生命，生机勃勃，与人无争，与其他生物没有利害关系，物不能伤。有毒刺的虫和毒蛇不螫他，凶恶的大鸟和猛兽不伤害他。

"骨弱筋柔而握固"，婴儿筋骨柔弱，骨头是柔软的，筋也是软绵绵的；婴儿的手握拳，把大拇指捏在掌心，叫作"握固"。他握起来非常有道理，阴

阳交泰，而且非常紧固。婴儿生下来就"握固"，这个小小的行为，就是精固气盈神全，是合道的。婴儿生下来就"握固"，手总是那么握，人一旦到临死的时候，气散神离，手便放开了，撒手而去。

吕祖曰："德者气之和。厚者，常常精一。含蓄和气而不间断，谓之含德之厚，如赤子毫无知识。螫，是行毒也。毒虫不螫，无心之谓也，如赤子无容心。外不能入害，猛兽不据，无意之谓也。如赤子无思意，外不能搅乱。攫鸟不博，无情之谓也。如赤子不种情于万物，内绝心意情，外欲不入，和气以合道，则骨弱筋柔而握固。虽有其身，而不知我之形。虽有其气，而不知我之道。赤子无知识，则忘人忘我。而不知我之为我，常归于空。修道者，故以赤子譬之。和其气，去其心，忘其形，存其道，听其天然，随其流通，周遍天下，而复归空，归空不空，是谓含德之厚，比于赤子。"

"未知牝牡之合而朘怒，精之至也。终日号而不嗄，和之至也。"他不知道男女交合之事，但小生殖器却常常勃起，这是精气充盈的缘故。他整天哭闹，但嗓子却不会沙哑，这是元气和谐的缘故。

"朘"，男子生殖器，古人就把这个东西称为网脉，就是它像网子一样，把身体全部都罩住了。所以说人一旦在性冲动的时候，很容易牵动全身的细胞去投入到这个感觉中间去。若念动神驰，则元炁变为后天之精而泄；若神返身中，则元炁自回而内养自身。悟道的人就是利用这个元炁能量内养全身的细胞，为炼丹之本。

"精"，指人体的精微物质，由元炁能量凝聚而成。因主宰不同分为元精和淫精，炼精者炼元精，非淫佚所感之精。伍冲虚真人说："先天炁精俱是无形之称，在虚极静笃时则曰先天元炁，及鸿蒙将判而已有判机，即名曰先天元精，其实本一也。"元精是先天元炁发动瞬间的那种将判未判的中间状态，判后即是后天生殖之精。未判是元精，未动之静定则是元炁。元炁为体，元精为生化之机，生殖之精为用。柳华阳真人说："炁之生时，则往外顺出，故用神气采之归炉。真炁既得神气之力，自然随神而归炉矣。""此炁从禀受隐藏于炁穴，及其年壮炁动，却有向外拱关变化之机者；即取此变化之机，回光返照，凝神入炁穴，则炁亦随神还矣。"在元神主宰下先天元炁和后天呼吸之气和在一块儿的时候，人体处在精之至的状态，它自动地就双向螺旋运动，犹如先天太极图的运转，不断聚集宇宙元炁能量，以至于无穷。

"未知牝牡之合而朘怒，精之至也。"人知牝牡交欢，则念动神驰，朘作丧命。婴儿心无情欲，元精非常充盈，不知道男女之合，在元神主宰下睡觉时生殖器翘起，那便是生命充足的元精散布和生长的功能。元精是生命的元始细胞，无欲、无念。存诚子诗颂："含德之厚学赤子，不知牝牡精之至，筋强骨健柔且和，返老还童遂初志。"

"号"，哭。"嗄"，声破。"和"，和合，和谐，同频共振。《文子》曰："阴阳不及和，和不及道。""终日号而不嗄，和之至也。"婴儿整天地哭，声音不沙哑，那就是元气和谐的缘故。婴儿的元气充沛，精固气盈神全，精气神自动合一，无思无虑，没有妄想，中和之至。如果我们凝神入气穴，两眼的神光与呼吸之气和合为一，阴阳聚合就能产生中和之炁，中和之炁上升培补元神、降服识神，自动地就能产生口水，即金精玉液，慢慢吞咽，滋养脏腑，喉咙也肯定就不会沙哑了。

吕祖曰："既不知人我，又安知牝牡之合而朘作。朘者，赤子之真阴也。一点真阳隐于内，赤子气和而生一，故见牝牡出。他也不知用意用情，听其自然而乐天真，气固则精洁，精洁则一气生，谓之未知牝牡之合而朘作，精之至也。赤子无心，而气不耗，终日号呼不嗄。嗄者，咽也。虽然号呼而真气不散，言其无欲无忿故不嗄。精粹纯一，和之至也。言其气归于空，空无所空，气存于有。有无所有，听其天然，常和以合道。"

"和曰常，知常曰明。益生曰祥，心使气曰强。物壮则老，谓之不道，不道早已。"明了中和之道叫作"常"，知道中和之道叫作"明"。想人为地益生就会遭殃，用人心主使精气称为强。过于强壮就会衰老，这是不合于"道"的行为，不遵守自然之道就会很快灭亡。

"和曰常"，处天地之和，凝神入气穴，人的神光与呼吸之气和合在一块儿，太和圆融，阴阳聚合就能产生中和之气，使之与天地的元炁相流通，进入大道虚无的空灵境界，它自动地就循环往复，以至于无穷，性真全，命蒂固，历劫常在，这是恒常的自然之道。《文子·上仁》曰："天地之气，莫大于和。和者，阴阳调，日夜分，故万物春分而生，秋分而成，生与成，必得和之精。故积阴不生，积阳不化，阴阳交接，乃能成和。"

"明"，明了，明从日从月，日为阳，月为阴。日有寒暑的来往，月有盈亏的消长。明为阴阳合一，明了道理。"知常曰明"，人有一个天然的灵知，这个"知"不是意识的知，而是元神真意、空性，空性是恒常的，空性自在，亘古不变。能明了阴阳聚合而产生的中和之气为生机，心清意静，就能够源源不断地获得先天一炁支撑，用一气来演化万物就叫作明。

"祥"，不吉，灾殃。"益生曰祥"，人生在世，精逐于交感，炁散于呼吸，神扰于思虑，精气神逐日而耗，欲望不断增长，这是违反养生之道的，会使人身体遭殃。如果能放下欲望，自然而然地达到身体的阴阳和合，合于中和之道，不去追求反而能获得，这才是祥和的。

"心使气曰强"，心有是非，气无分别，若用世俗的人心去控制自己的气血运行，或以意领气，这是强为，也是违反自然之道。如果什么东西都要靠主观意识去作为，去进行锻炼，虽然可以使身体快速强壮，但它是丧失天真纯朴的，不合于道。人身体的健康是靠自己的身心和谐、阴阳平衡而维持的，但很多运动员是靠吃兴奋剂来强壮自己的身体，虽然能短时增强体质，但总体来说是会伤害自己的生命。

"壮"，强壮。"老"，衰老。"物壮则老，谓之不道，不道早已。"生命的成长是一个自然过程，拔苗助长，人为地使身体强壮，用心使气，过度地消耗都不符合中和之道，这实际上是一个失道的过程。人在生长过程中，欲望不断地增加，实际上也是一个失道的过程，这个过程会不断地消耗自己的先天精气，先天的精气衰竭了，失其太和之德，以至壮极而老，背道违真，人就会及早地走向灭亡。

吕祖曰："知和之所以然而曰恒常。知恒常而返于虚，慧生而曰明，和之至。有益于先天，先天抱一而曰祥。损而曰不祥，气益则生，气损则耗。心益不祥生，心损祥见，不过损心而益气。心使于气者凡，气使于心者圣。心使气则强，气使心则弱，强者万物壮而老，弱者万物化而生。能弱即道也，能强是谓不道。弱者，同天地之气，天地坏而我存，是谓道也，安得早已。强者，自耗真阳，日渐消化，是谓不道。不道者，安得不早已乎。"

第五十六章　玄同
塞兑闭门，挫锐解纷，和光同尘，玄同自在

> 知者弗言，言者弗知。塞其兑，闭其门；挫其锐，解其纷；和其光，同其尘，是谓玄同。故不可得而亲，亦不可得而疏；不可得而利，亦不可得而害；不可得而贵，亦不可得而贱，故为天下贵。

本章讲述玄同，塞兑闭门，挫锐解纷，和光同尘，玄同自在。老子在本章教人无贪无求，玄同亲疏、利害、贵贱，尊贵自在。无言通天地，默化彻古今。有道冥同异，万古日月新。玄同宇宙天地万物而一之。

"知者弗言，言者弗知。塞其兑，闭其门；挫其锐，解其纷；和其光，同其尘，是谓玄同。" 真正得道的人不用言语去教化别人，用言语教化的人不是真正的得道者。垂帘塞兑，塞住孔窍，关闭门径；惩忿窒欲，去除自私心，消解分别心；离形去智，和合光芒，同化光气。同于大通，这就是"玄同"。

"知"，了悟，得道，心对信息进行分辨后所获得的固定认知。"言"，教化别人。诚如《庄子·齐物论》所言："夫道未始有封，言未始有常，为是而有畛也。"道从不曾有过界线，言论也不曾有过定论，只因为人们各自认为只有自己的观点和看法才是正确的，这才有了这样那样的界线和区别。

"知者弗言，言者弗知。"真正得道的人，得理而忘言，不用言语去教化别人。用言语去教化别人不是真正得道的人。真正得道的人，已经融入道中，无所不知，他明白"言虽至公，不离是非"，因缘而聚，因缘而散，不重形名，所以弗言。无言通天地，默化彻古今。自认为知道的人，已落入言荃，局限于言语的表面意思，远离了大道。存诚子诗颂："道本无言法本空，空中走来一灵童。无心拨动没弦琴，声声天籁醒痴聋。"

"兑"，口。"门"，耳目。"塞其兑，闭其门。"口开神气散，舌动是非生。戒其妄言之口，谨其是非之门。于法无爱染，于言无执滞。把心理和生理的漏洞全部都封闭起来。垂帘塞兑，眼睛内视，耳朵内听；窒欲调息，心念内

敛，关闭泄漏精气的通道，凝聚能量；离形去智，元神主宰，不断地收敛，不断地积累，同于大通，空性自在。

"纷"，纷乱。《太乙金华宗旨》曰："散乱者，神驰也；昏沉者，神未清也。散乱易治，而昏沉难医。譬之病焉，有痛有痒者，药之可也；昏沉则麻木不仁之症也。散者可以收之，乱者可以整之。若昏沉，则蠢蠢焉，冥冥焉。却昏沉，只在调息，息即口鼻出入之息，虽非真息，而真息之出入，亦于此寄焉。""挫其锐，解其纷。"惩忿窒欲，收敛自己的念头，去除自私心，没有是非意识，妄念不生，肾精充足，聚精养气；调息降心，解脱尘情的纷扰，内外无争，消解分别心，消解对立性，寡欲节劳，养气存神，对外没有对抗意识，对内也没有对抗意识，这样纷扰自动地就解开了，直到清静圆融、空性自在为止。

"和"，和合，和谐，同频共振。"光"，光明，德光。《太乙金华宗旨》曰："光易动而难定，回之既久，此光凝结，即是自然法身，而凝神于九霄之上矣。光不在身中，亦不在身外，山河大地，日月照临，无非此光，故不独在身中。聪明智慧，一切运转，亦无非此光，所以亦不在身外。天地之光华，布满大千，一身之光华，亦自漫天盖地。""同"，融为一体，物我两忘。"尘"，从小从土，精微物质，基本粒子，光气。"和其光，同其尘。"离形去智，神光与先天一炁自动的和合，住世不害世而柔和光芒；身体与光气同化在一起，应物不着物而混同尘世。和光混俗，积功累德。以神驭炁，聚合光气于气穴，产生元炁能量，氤氲氲氲，呼吸之气与先天一炁自动的融合。涵养于不睹不闻，无声无臭之中，久之方返于虚无真境。虚静生光，遍体光明，养出光身，与太虚光气同化在一起，同化于道。

"玄"，本意为由绳悬挂，引申为通达有无的桥梁。"同"，融为一体，物我两忘。"玄同"，大道本无分别，天真纯朴，同于大通。离形去知，无所喜而无所怒，无所乐而无所苦，万物玄同。同于玄，就是虚实相通，融通对待，浑然大同，同于同一性，而非同于迹，不随波逐流。《文子·九守》曰："达于心术之论者，即嗜欲好憎外矣，是故无所喜，无所怒，无所乐，无所苦，万物玄同，无非无是。"天地之气我们看不到，它却非常严谨，动物们都知道，例如一到下雨之前蚂蚁就开始搬家，这就说明，它们对这个同一性是最了解的。我们人有思想，慢慢地就丧失了对同一性的觉知，未来人的进化就是要利用这个同一性，但首先要改变思想观念，玄同万物，天下为公。

《礼记·礼运》曰："大道之行也，天下为公，选贤与能，讲信修睦。故人不独亲其亲，不独子其子，使老有所终，壮有所用，幼有所长，矜寡孤独废疾者皆有所养，男有分，女有归。……是故谋闭而不兴，盗窃乱贼而不作，故外户而不闭，是谓大同。"大道昌行的时代，大公无私，非利生存。选举有德行的人来治理天下，人们之间讲究信用，和睦相处。所以人们不只把自己的亲人当亲人，不只把自己的儿女当作儿女，这样使老年人能够安享天年，使壮年人有贡献才力的地方，使年幼的人能得到良好的教育，使年老无偶、年幼无父、年老无子和残废的人都能得到供养。男子各尽自己的职分，女子各有自己的夫家。因此，阴谋诡计被抑制，偷盗杀人的坏事不会出现，所以连住宅外的大门也可以不关，这样的社会就叫作大同。

吕祖曰："道原无道，强名曰道。道原无知，强以有知。道不行功，强以有为。道原天地之理，道原人生之气。知者，实无所知，此为真知。真知无可说，谓之知者不言，这就是道了。言者，或说何处下手，何处采丹，何处结丹，不听天然，强以意取，此非道矣。如此之人毫无知道，是谓言者不知。真知者，坐若山，行若轮，时时不放，内固以塞其兑，外固以闭其门。内外真固，常挫其有为之锐。不知不识，以返其本。柔和以随其自然，内外柔和，无心意之纷，则以知者不言解之。一气贯通，内外贞白，柔和则慧生。慧生则光明万窍，诸经络通透，空无所空，有无所有，谓之和其光。自以为一，天地四时八节，无不合之，常存天地间。无我，我无天地。呼之以牛，我以牛应之。呼之以马，我以马应之。水溺火焚，不能动其心，这等人才讲得和光同尘。和光，是慧生内外。同尘，是窍窍光明，一气周流，而无隔障者也。内中一生二，二生三，三生万物，变化无穷，而复返于一，归于混沌，是谓玄同。"

"故不可得而亲，亦不可得而疏；不可得而利，亦不可得而害；不可得而贵，亦不可得而贱，故为天下贵。" 达到"玄同"境界的人，跳出了对待，没有亲疏、利害、贵贱的分别，因此被天下人尊重。

"得"，德也，天下为公，一而不分。"不可得而亲，亦不可得而疏。"玄同之人，心无偏私，和光顺物，不亲而亲，疏而不疏，没有分别心，永远持守中和之道。未尝亲人而忘情，故不可得而亲；未尝疏人而忘形，故不可得而疏。

"不可得而利，亦不可得而害。"玄同之人，常守中和，无欲无争，不利而利，害而不害，不趋利而忘物，故利不可诱；不避害而忘机，故害不可惕。

"不可得而贵，亦不可得而贱，故为天下贵。"玄同之人，体道自然，坦然处之，不贵而贵，贱而不贱，跳出了对待，不阿势，故贵不可尚；不厌贫，故贱不可加。一切忘尽，天真纯朴，恒常独存，超然于万物之外，与道为伍，故为天下贵。

《庄子·秋水》曰："以道观之，物无贵贱。以物观之，自贵而相贱。以俗观之，贵贱不在己。"从道的角度来看，万物本没有贵贱的区别。从万物自身来看，各自为贵而又以他物为贱。拿世俗的观点来看，贵贱不在于事物自身。

吕祖曰："如此地步，不可得而亲之，亲之意存而归于有。不可得而疏之，疏之入于顽空。不可得而利之，利之贪得，反伤其元。不可得而害之，害之欲得反枯其精。不可得而贵之，贵之骄心生，终不能成如此地步。不可得而贱之，贱之退心起，空闻至道。闻道者，不亲而亲，疏而不疏，不利而利，害而不害，不贵而贵，贱而不贱。如此者，故为天下贵，才为知者不言之至道也。"

第五十七章　治邦
无为自化，好静自正，无事自富，无欲自朴

　　以正治邦，以奇用兵，以无事取天下。吾何以知其然也哉？夫天下多忌讳，而民弥贫；民多利器，而邦家滋昏；人多知，而奇物滋起；法物滋彰，而盗贼多有。是以圣人之言曰："我无为，而民自化；我好静，而民自正；我无事，而民自富；我欲不欲，而民自朴。"

　　本章讲述治邦，无为自化，好静自正，无事自富，无欲自朴。老子在本章教人"以正治邦，以奇用兵，以无事取天下。"对比地给出了无道的国君在利益社会中治理的乱象和有道的圣人在非利的道德社会中人们的幸福生活。"我无为而民自化，我好静而民自正，我无事而民自富，我欲不欲而民自朴"，这是圣人无为而治的最高心法。

　　"以正治邦，以奇用兵，以无事取天下。"以清静无为来治邦，以出其不意来用兵，以不干扰百姓来治理天下。

　　"以"，用。"正"，无为、清静，止于一，一即是合道。"以正治邦"，正为道之常，以道治邦，正身正心，执一为天下牧，公正无私，非利生存，严谨律身，以道德养化，使人民归返于自然，长治久安。否则，为了满足一己私欲，邦国肯定会混乱不堪。就悟道而言，积精累气，深根固柢。存诚子诗颂："搬精弄气伤身体，正心诚意国长存。念头起处即灭处，无为自化自灵明。"

　　《文子·下德》曰："治国，太上养化，其次正法。民交让争处卑，财利争受少，事力争就劳，日化上而迁善，不知其所以然，治之本也；利赏而劝善，畏刑而不敢为非，法令正于上，百姓服于下，治之末也。"治国之道，最好的方法是以道德进行教化，使人民归于自然；次之是修正刑罚奖赏之法。人民相互谦让而争处卑下，财货利益相互谦让力争少得，事情力役争着去劳作，逐渐为人君所感化而变好，不知其所以然，这是治国的根本。以奖赏利益的方法勉励向善，人民畏惧刑罚而不敢为非作歹，法令修正于人君，百姓

服从于下，这是治国的末端。

"奇"，变诈，诡秘，千变万化，人莫能测。"以奇用兵"，奇为道之变，以奇谋用兵，以应一时之变。用兵要出其不意，出奇制胜，行之以机，发之以势，发如风雨，所凌必破，雄守雌伏，阳予阴夺，智谋取强，用最小的代价取得最大的成功。就悟道而言，天人合发，盗机逆用。

"无事"，心中无事，没有是非。"以无事取天下"，无事为道之真，恬然无事，顺物自然，阗之以无名之朴，使天下自归之。用无事来治理天下，以柔为本，以虚为要，不干扰天下，老百姓就能休养生息而自化。就悟道而言，心平志定，气血和畅，则外魔不侵，自然神宇泰定，性命兼修而成圣。

《淮南子·主术训》曰："君人之道，处静以修身，俭约以率下。静则下不扰矣，俭则民不怨矣；下扰则政乱，民怨则德薄；政乱则贤者不为谋，德薄则勇者不为死。"君主治理的方法，处静以修养身心，节俭为行为表率。君主如果处静则百姓就不受干扰，如果节俭则百姓就不抱怨。民众骚扰不安，政局就混乱；民众怨声载道，君主就德薄。政局混乱则贤能人士就不会替君主出谋献策，恩德浅薄则勇武之士就不会替君主卖命拼死。

吕祖曰："以正治国，正其心，诚其意，我自安然静极景生，无不照察。如天之清极，风云雷雨，沛泽天下，此乃天之奇，景现是人之奇。兵者，意也。以静治兵，则兵良不害于民。总而言之，无意气醇，无不贯通。有意气积，无病不生。以奇用兵，去意而已。天下者，身也。以无为治身，则长生不死。"

"吾何以知其然也哉？夫天下多忌讳，而民弥贫；民多利器，而邦家滋昏；人多知，而奇物滋起；法物滋彰，而盗贼多有。" 我为什么知道这些呢？就是持守中和之道。天下的禁忌越多，百姓就越贫穷；百姓锐利武器越多，邦国就越混乱；人们知见越多，奇怪的事就越多；贵重的货物越彰显，盗贼就越多。

"吾何以知其然也哉？"我为什么知道这些呢，就是持守中和之道，这是古人的历史经验。以无事为真定，以有事为应迹，有事无事，常在定中。治理自己身体也是这样，要先改变观念，放松自己的身心，不要去操作它。心中无事，使身体中每一个细胞的运动中和自然，符合于身体整体的调控，进入无为而无不为的状态，像婴儿一样。

"天下多忌讳，而民弥贫。"有天下者不知万物一体，贵己贱人，多生忌讳，竭下奉上，故财用不节，而民弥贫。如果老百姓禁忌很多，什么事都不敢干，这样人们的创造力就被限制了，所以说就很难以富裕起来。忌讳越是多，进步就越慢。修炼中如果要是忌讳很多，什么也不敢想，什么也不敢做，则心神不安，元炁凋零，精神衰败。在这种情况下，身体的变化，是非常贫乏的。哪怕是想调整一下健康，都非常困难，这就是天下多忌讳而民弥贫的一种基本原因。

"利器"，权势。"民多利器，而邦家滋昏。"人多有权谋智术，权势下移，则颠倒是非，扰乱法纪，国政昏乱。如果老百姓多用一点权谋智术，就容易起争斗心，把人们纯朴的那一面搞丢了。修炼中如果着意做作，执于有相，心不能纯一，反为七情六欲所制，身心受伤，神明昏浊。如果孩子过早就使用计算器，头脑就昏聩了，对数字的整体概念完全树立不起来，这样就失去了本有的那种灵性。

"人多知，而奇物滋起。"人君不能无为，志在淫奢，溺于玩好，则民为雕琢金玉奇怪之物，取媚于上，投其所欲。修炼也是这样的，本来只需要有清静心即可，但人们有很多修炼的技巧，或者修炼的功法，从古书里面，或者从古人的传承里面，都能够得到这种技巧，这个技巧很多。在获得这些东西以后，人们的心就不会停留在很纯朴的道性里面，就停留在对奇闻异法的追求上。一追求，他就失去了很纯朴的自然造化的那一面，去道远矣。

"法物"，贵重的货物。"法物滋彰，而盗贼多有。"如果刻意地彰显金银珠宝等贵重货物，就会使人为物欲所驱使，背道离德，盗贼相应的也就增加了。在修炼上也是一样，本欲止念，反而生念，本欲救真，反而伤真。明白这个道理以后，不滞于法物，为而不恃，化而欲作，阗之以无名之朴，那么修炼就有了一个很广阔的空间。如果心如虚空，越虚的时候，发展的空间就越大。越实的时候，发展的空间就越小。

吕祖曰："吾何以知道之然乎，譬如以静修真，真何在也。以无为言道，道何存也，故吾何以知其然乎。此句解作个修身不知道看。然字，指道而言也。太上真道，不知何道，是为大道，故以清静修之，以此然也。世人讹传，误人多矣。误人者，讲后天一气。即下数句是也。天下多忌讳，清静而归于有。忌讳者，用情用意是也，则民弥贫。民者，气也。贫者，绝也。用意用情，气绝早亡。何也，心意耗气故已。已者，死也。民多昏，因意所害，故奇物多起。滋者，念也。随他以意搬弄，则念起而随之，于气多有效也。人故娱之，殊不知取死之道也，法令滋彰。法令者，后天气路的规矩。何起、何行、何住，如此行久，精耗而真一散，后来路熟，不能丢去，盗贼多有而伤身也。真修者切宜戒之。盗者心也，贼者意也。搬弄久，我不能为主，死日近矣。"

"**是以圣人之言曰：'我无为，而民自化；我好静，而民自正；我无事，而民自富；我欲不欲，而民自朴。'**"因此，有道的圣人说："我无为，人民会自然感化；我好静，人民会自然归正；我无事，人民会自然富足；我无欲，人民会自然纯朴。"

"无为"，心中没有私欲，处虚灵动，顺应事物的内在本质来自觉作为。"我无为，而民自化。"有道的治理者，以无而化有，内心无为，不尚权谋，遵守自然规律，无我利他，这样老百姓就会自然感化。说通俗点就是跳出事外，不控制他，由他去自化。这个自化就是说元神主宰，先天和后天合为一体，这样肉体是真正处在相当安静的状态进行着演化。如果治理者内心有为，崇尚权谋，为利欲所惑，则老百姓会越来越贫穷。

"好静"，神清虚、心寂静，因循应变。"我好静，而民自正。"有道的治理者，以静而制动，内心安静，没有人为干扰，天下就会充满活力，这样老百姓就会自然归正。如果治理者内心躁动，崇尚利器，为奇货所眩，则老百姓会越来越昏乱。

"无事"，以心地无私，物来顺应的心境来做事。"我无事，而民自富。"有道的治理者，以无事而养气，心地无私，不贵奇货，减少人为消耗，公正无私，这样老百姓就会自然富足，先天一炁自然充足。如果治理者心地有私，崇尚技巧，为末伎所迁，则百姓就会舍本求末。

"欲不欲"，表示物质能量是充盈的，没有妄想，安住在空静的本心上。"我欲不欲，而民自朴。"有道的治理者，以无欲而归根，心中无欲，以正治国，内心和谐平衡，天下为公，这样老百姓就会自然纯朴。如果治理者欲望很多，法物滋彰，为末法所致，则盗贼就会越来越多。

老子所说的无为、清静、无事、无欲，实际上就是有清静心，中和之至。如果离开了这些，那么身心的统一就很难以做到。性命双修，就是全身的细胞要自然地和天地之间进行能量交换。只需要有清静心，这样自然就能获得自化，修炼的方法也就自然能创造了。

吕祖曰："故圣人戒人有云：我无为而气自化，无为之妙真一，听其天然，则行止自然合天之度。我好静而气自正，静之至，情之极，清静至极，一气贯通，周遍天下，江海河汉，无不流动，故天地能长久。人效之，岂不道也。无事无欲，则民朴而风化淳，去心去意之谓也，常清常静之谓也。此是太上苦心，教人无为修身，有为气化，化而返元，归之于空，本章之意也。"

第五十八章 养神

混沌养真，杳冥养神，融通对待，光而不耀

其政闷闷，其民淳淳。其政察察，其邦缺缺。祸，福之所倚；福，祸之所伏。孰知其极？其无正也。正复为奇，善复为妖。人之迷也，其日固久矣。是以方而不割，廉而不刿，直而不肆，光而不耀。

本章讲述养神，混沌养真，杳冥养神，融通对待，光而不耀。老子在本章进一步论述了有为之治和无为而治的生存状态，及在利益社会中福祸、善恶的相互转化，并给出圣人一而不分，中和圆融的生存之道。教人重道德，混沌养真，杳冥养神，减少意识对身体的干扰。修福不如远祸，用正不若闲邪。老子重返朴还淳、全性归真，清虚以自守，卑弱以自持，曲隐以自藏，无事无为以为用。

"其政闷闷，其民淳淳。其政察察，其邦缺缺。"政令无为浑朴、温和宽大，人民便淳朴厚道；政令有为严谨、严厉繁苛，人民便贫困匮乏。

"闷闷"，敦朴、温吞吞，温和老实。"淳淳"，安静，纯朴安分。"其政闷闷，其民淳淳。"统治者无为浑朴、政令温和，凡事都是温和的。天地之道浸，顺应自然慢慢渐进，无为而宽大，无思无虑，不玩弄聪明，不耍花招。这样老百姓就会自化于淳厚，纯朴安分，安定自由，民风质朴自然。

"察察"，清晰，明察，察，看得很清楚。"缺缺"，破缺不全，遭殃。"其政察察，其邦缺缺。"如果统治者政令严厉繁苛、分是别非，老百姓的一切都在掌控之中，这样老百姓的思维受到严重干扰，不敢按自己的意思去办，就不纯朴了，思想就很匮乏，渐至于亏缺，民众就不能自化，就不会安泰。

吕祖曰："修真以柔、弱、无、空。虚则灵，空则明，其道也，常常闷闷以无我。闷字，乃关防我心，为道之要；其气也，通贯融和，心无主也，谓之醇醇。政是道，民是气。道和于气，气和于我，忘我合真，始为政也。察察者，惺惺之谓也。我能惺惺，我即为心所使，不能关防也，其气散而不和，

因有心也，而道不成，故有祸福兼行。"

"祸，福之所倚；福，祸之所伏。孰知其极？其无正也。正复为奇，善复为妖。人之迷也，其日固久矣。" 灾祸可能蕴藏着幸福，幸福可能隐藏着灾祸。谁知道究竟是幸福还是灾祸呢？它是在道的作用下动态变化的。在对峙中，正会转变为邪，善会转变为恶，人们迷在对峙中，由来已久了。

"福"，富富贵贵。富就是富裕，生活获得丰足的物产享受；贵就是尊重，生命得到完全的人格尊重。《尚书·洪范》曰："五福：一曰寿，二曰富，三曰康宁，四曰攸好德，五曰考终命。" 五种幸福：一是长寿，二是富贵，三是健康，四是修德，五是善终。

"倚"，蕴藏。"伏"，潜伏。"祸，福之所倚；福，祸之所伏。" 人们生活在对待中，有祸的时候，内心就谨慎；内心谨慎，行为就正直；行为正直，思虑就成熟；思虑成熟，就能成就功业。而福本源于有祸，就是借用祸事的这种机缘，去发展一种比较好的前景。有福的时候，富贵就来到；富贵来到，衣食就美好；衣食美好，骄心就产生；骄心产生，就会行为悖理。而祸根源于有福，祸就隐藏在福里面发展。

"极"，尽头，边界，达到顶点。"孰知其极？其无正也？" 在对待中，福和祸之间的转换是在不断地循环，一个阴一个阳，二元对立，没完没了。《庄子·齐物论》曰："彼是莫得其偶，谓之道枢。枢始得其环中，以应无穷。" 跳出彼是的对待，不执两边，一而不分，就是大道的枢纽。抓住了大道的枢纽，就能够感应事物无穷无尽的变化。当我们真正能放下私欲，人心合于道心，遵道而行，无欲无求，大公无私，真心为人民服务，就会使祸转化为福。当我们追求欲望，人心背离道心，背道而驰，自私自利，一心为自己捞取，就会使福转化为祸。这个转化的枢机就是人心。

《淮南子·人间训》说：在靠近边塞的居民中，有一位精通术数的人，一次他家养的马无缘无故跑到胡人那里，邻居家的人都为此事来安慰他。他说："这事难道就不能变成好事吗？" 过了一段时间，跑走的马领着一群马回来了。邻居家的人又都来贺庆。他说："这事难道就不可能变为坏事吗？" 果然，因家有不少胡人养的好马，他儿子骑马玩时将大腿骨给摔断了。这样邻居又来安慰他。他又说："怎么知道这事不会变成好事呢？" 过了一年，胡人大举进攻边塞，青壮年男子都拿起武器参战，结果边塞附近的居民死去十分之九，唯独这户人家因儿子跛脚，父子性命都保住了。所以说福可变为祸，祸可变为福，这其中的变化难以捉摸，深不可测。

"正复为奇，善复为妖。"在对待中，人若以正自居，以善自居，以为自己是正确的，别人是错误的；自己是善的，别人为恶的，这本身就是邪见，不合于道。诚如《庄子·齐物论》所言："欲是其所非而非其所是，则莫若以明。物无非彼，物无非是。自彼则不见，自知则知之。故曰：彼出于是，是亦因彼。"想要肯定对方所否定的东西而非难对方所肯定的东西，那么不如用事物的本然去加以观察而求得明鉴。各种事物无不存在它自身对立的那一面和这一面。站在各自的角度就会自以为是，换位思考才能明白道理。所以说：事物的那一面出自事物的这一面，事物的这一面亦起因于事物的那一面。道是整全的，是一体两面的。跳出对待，利物不争。很多人以正人、正见、正法自居，然后去做伤害人的事，这是真正的邪见。宗教中很多人以上帝的名义，以神的名义去杀人，这是真正的邪恶。存诚子诗颂："混沌养真冥养神，邪正不分炉鼎倾。无想无求祸不入，胡思妄想妖孽兴！"

"人之迷也，其日固久矣。"人们迷在对待中，迷在二元对立的观念里面，迷在分别的心念上，已经很久很久了。自从开天辟地以来，人们都想富贵和全寿，但是只有很少的人能做到。人们不能到达想要的美善之地，就叫作迷。有道者融通对待，顺天道而为，没有分别心，没有祸福、是非、善恶的分别，用心若镜，应物不迷，只有这样，才能常住美善。

吕祖曰："祸者因福而至，福者防祸而得，祸福兼至，在于心也。我能防此一块肉，无求福之心，其祸无门而入。我能惺惺常往，求福而返招祸也。如此推之，孰能明至极之道哉。惟无，可以为天下政也。我有淳化之风，感动其民，则民无不归我之化。政若施于有为，好奇之心无不招祸。我能空洞善根，常常关防，不放半着，其德无不合天，无心之谓也，非道而何。我若修有为之善，好胜之心，生于妄念，则妖见矣。求福而祸随之，我无奇，我无妖，只阒然而不放，气通天下，水流九州，湛寂恒常。若迷其心，则我之气，无不混然而民迷。常常握固之久，而道成矣。"

"是以方而不割，廉而不刿，直而不肆，光而不耀。"因此，圣人跳出了对待，持守中和之道，方正而不割裂，清廉而不锐利，直率而不放肆，光明而不耀眼。

"方"，方正无私，内外相应，言行相称，合于规矩。"割"，断裂，孤傲。"方而不割"，方正其身，使心自化。有道的圣人跳出了对待，行为方正无私，外圆内方，天下为公，没有分别心，合于大道。他没有对立的思想，善藏其用，他提倡方正的时候，言行一致，不以此议论言行不一的人，不勉强让民众去接受他的思想，而使民心自化。

"廉"，清廉，舍生忘死，看轻资财。"刿"，划伤。"廉而不刿"，清廉其德，使民自化。有道的圣人跳出了对待，行为廉洁朴素，勤俭不争，圭角浑然，他提倡廉洁的时候，看轻资财，不以此耻笑贪利的人，不会用老百姓的利益去弥补自己的存在，而使民自化。

"直"，率直，道义公正，心无偏私。内无愧疚，外无纠缠。"肆"，申，放肆。"直而不肆"，耿直其行，使物自化。有道的圣人跳出了对待，行为非常率直，虚己下人，他追求客观公正，心无偏私，不令而行。不责怪自私的人，不会去超越自然的限制，很谨慎地去处理问题，与人们和谐共处，使物自化。

"光"，光明，精神明澈，衣裳鲜丽。"耀"，耀眼。"光而不耀"，含蓄其光，天下成化。有道的圣人内心光明，跳出了对待，有那种本性的光芒，就像月光普照一样，他去照耀老百姓，形迹不露，不掩盖别人的光芒，从潜在的一面使人们受到感化，使天下化成。人潜在的一面，每时每刻都受到天地的孕育、培养，每时每刻都有这种觉知。

《文子·符言》曰："原天命，治心术，理好憎，适情性，即治道通矣。原天命即不惑祸福，治心术即不妄喜怒，理好憎即不贪无用，适情性即欲不过节。不惑祸福即动静顺，理不妄喜怒即赏罚不阿，不贪无用即不以欲害性，欲不过节即养生知足，凡此四者，不求于外，不假于人，反己而得矣。"

吕祖曰："是以古之修道圣人，坚刚其志，而不割动丝毫，志不移也，谓之方而不割。清心静意，常守其神，外不能动我之情，生死寄之于天，身形忘之于地，我不在天地间，天地未尝生我，亦未尝死我，清静廉洁而不刿。刿者，碎割也。言其我成一片，不能分也，直立不斜，秉空性而不倚，虚我神而不摇，常常诚之正之而不肆。肆者，放逸也。言其我常关闭防闲，而不使出入，久而不肆。光者性生于内，我常收藏幽密之室而不耀。方者，道之机也。廉者，道之统也。直者，道之体也。光者，道之用也。全此四者，无道不成。关防心意，而心意醇醇，惺惺放纵，而真元缺缺，泯心泯意，非道也，而又何求。意绝气生，意至气止，意寂气胜，无意而气和，冲满天地，照彻乾坤。如此者，为政闷闷矣。意者心之苗，情者心之根，念者心之发生，绝心而意泯，忘心而情寂，空心而念无。为道者，可不闷我之心，而妄求至道，其道远矣。嗟夫，欲学闷闷者，自求真心，忘其血心，而道成矣。"

第五十九章　治人
俭爱早服，复归于道，深根固柢，长生久视

治人事天，莫若啬。夫唯啬，是谓早服。早服谓之重积德，重积德则无不克，无不克则莫知其极。莫知其极，可以有国。有国之母，可以长久。是谓深根固柢，长生久视之道也。

本章讲述治人，俭爱早服，复归于道，深根固柢，长生久视。老子在本章教人"治人事天莫若啬，有国之母，可以长久"。清静守一，无为而用，收敛信号，爱惜精神，俭爱早服，复归于道。举事以喻，治人事天，宜以清静收敛，使人心及早地复归于道心，复归于道，则我之生，自同天地之生。

"治人事天，莫若啬。夫唯啬，是谓早服。早服谓之重积德，重积德则无不克，无不克则莫知其极。"调理身体和治理天下，没有比有清静心更重要的了。只有清静心，才能及早地服从于道朴。早服于道朴就称为重积德，重积德就无所不能为，这种无所不能的能力，无法用语言来估量。

"人"，一阴一阳，阴阳合一。"治人"，处理人与人的关系或治理人生命这个整体，要适应阴阳的节律。《太乙金华宗旨》曰："古人云：'事来要应过，物来要识破。'子以正念治事，即光不为物转，光即自回。此时时无相之回光也。""事天"，人得一为大，大得一为天。处理人与自然的关系，要顺应天地的变化，执一而行。"啬"，俭约，收敛，执一，清静，积精全神，有清静心。对别人宽厚为"啬"；对别人刻薄为"吝"。

"治人事天，莫若啬。"治人事天要执一清静，无为无事，适应阴阳消长的节律，在事上修，在心上过，捕捉自己那个不起心动念的心境，保精爱神，心地光明。治理人的身体时要思虑静，静以修身；处理人与自然的关系时要孔窍虚，清以养神。思虑静，德就不会丧失而积精；孔窍虚，德光就能每天摄入而全神。以啬治人，少私寡欲，而人心渐灭。以啬事天，见素抱朴，而天性可还。无论是处理身体内部的问题，还是处理人与人、人与自然环境中的问题，

都莫若减少干扰，降低欲望，正心诚意，有清静心，积精全神，顺应本然。

《文子·下德》曰："治身，太上养神，其次养形。神清意平，百节皆宁，养生之本也。肥肌肤，充腹肠，供嗜欲，养生之末也。治国，太上养化，其次正法。民交让争处卑，财利争受少，事力争就劳，日化上而迁善，不知其所以然，治之本也。"修身，首先是修养精神，其次才是修养形体。精神清明，心志平和，全身血脉都安顺，这才是养性的根本；养得肌肤肥胖，脂膏满腹，嗜欲不断，这是养生的末节。治理国家，最重要的是形成感化，再次才是严明法令。人民互相谦让、争处卑下地位，分配利益时争着拿少的一份，努力工作争着做辛苦的事，每天向善上进，却不知怎么变化的，这才是上等的治理。

"服"，服气，住炁，充盈元炁能量。"早服"，及早地服从于道朴，归心于道。"夫唯啬，是谓早服。"唯有真正的执一清静，减少欲望、降低消耗，爱惜精神，收敛智识，不浪费精神与生命的人，才能早早地将自己的生命功能保持住，服从于本然，充盈元炁能量，复归于天真纯朴，复归于道。众人不知清静，躁动奢侈，不服从于本然。圣人在祸患的苗头还没有出现的时候，就已经虚静无为地服从于本然。

《太清元道真经》曰："住炁可以通百关，开坚滞，理万疾，导元炁。百关通则疾减之，元炁随所通则津路流注，元炁津液所及之处，则永不坏矣，则谓之金髓玉骨，长生而仙。"

"积德"，清静心的修炼。真正的修行是在事上修，在心上过。"早服谓之重积德"，有清静心，早早地服从于本然，复归于天真纯朴，这样德光就能每天摄入，积聚生生无息的元炁能量，积聚善良美好的行为及品德，促进社会进化。当我们和别人发生利益冲突时，当别人的言行不符合我们的观念或伤害了我们时，当我们做着自己认为正确的事情却遭到别人误解甚至敌对时，以什么样的心态和方式来应对？这个应对过程和不起心动念的心境才是真正的修行。有清静的心境，就能从精神和物质上集聚美善的能量，这就是重积德。

"克"，能力，胜任。"重积德则无不克"，有清静心，德积多了以后，无名之朴的元炁能量多了以后，就能把握阴阳，把握阴阳就能御万物，能御万物则无所不能，进而促进社会进化。就悟道而言，主观上越静的话，越收敛，回光止观，这个时候元神就能获得元炁能量的哺育，慢慢地越来越壮大，越来越快地成长，分布越来越广泛，所有自然中的事物，包括人，或者是自然环境，它都可以左右。

"无不克则莫知其极"，大道之行，天下为公。真正能够体道的人，按照本然来作为，无名之朴的元始能量没有边界，它非常宽广，能够容纳一切。这种能力是无所不能的，这种智慧是极其高深的，无法用语言来估量。

吕祖曰："治人者，治己之神，纯一不杂，念念归真，绝妄远思，清其内而心死，静其衷而意亡，神魂守舍，铅汞交加，听其天然，周旋于内，身与天同，气合日月。运用亦是周天之度，身形皆同湛寂之体，此乃治人也。事天者，清虚穷极之谓也。轻清而上浮，虚之至也，包罗万象，无不含容，穷之极也，谓之事天。人能治人事天，无他。莫如啬足矣。啬者，俭也。一俭则易于虚，易于空，易于无，俭则妄念不生，妄念绝而心死，则不耗其气也。夫惟啬，是谓早复其元，习静而气足。德者，道也。早能回其心意，静内潜修，反复元阳，不耗真一，谓之重积德。若能如此，重积乃德，则金水流通，先天到而无处不克，百脉万窍，无不通连，而成一个空空洞洞的大光明窍矣，到了无不克时节，就入了湛寂之乡，无人无物的田地，反不知其道之所以然者。空之至矣，则莫知其极。"

"莫知其极，可以有国。有国之母，可以长久。是谓深根固柢，长生久视之道也。"具备了这种无所不能的能力，就可以担负起治国的重任。按天道规律来治理国家，就可以长治久安。这便是深根固蒂，长久生存的道理。

"莫知其极，可以有国。"具备了这种无所不能的能力，极其高深的智慧，才可以保全身体，担负起治国的重任。这个国在人体来说就是身体，元神能够借先天一炁而自生自化。先天一炁不是原子层面的物质，他是更微观的基本物质聚合时产生的原始能量。元神可以借助这个能量，不断地分化，不断地成长，不断地延伸，不断地扩散，那么自己的环境就越来越大，层次就越来越高，能力就不可想象了。

"母"，道，茂养。"有国之母，可以长久。"有清静心，按天道的规律来治理国家和对待世事，就能源源不断地接通道体的先天一炁能量和信息，回归到道的这个母体中，以天下为公，非利生存，全心全意为人民服务，生命就会长久，国家就可以长治久安。

"根"，性根，真我空性。人的根是在虚空，虚空就是我们的泥土。婴儿刚生下来时，头顶的囟门凹处，里面还是洞开的，与天根相接，在人的肉体生命来说，所谓"天根月窟常来往"，便指此处。等到此处封闭坚硬以后，他就慢慢开始会讲话，意识渐渐成长，天根便截断了。人悟道就是要找到人生命的根，凝神于虚，养炁于静，一炁演化，还精补脑，就是指此"根"，这个根就是虚空，中含无穷妙有。"柢"，命根，赖以生长的基础。《钟吕传道集》曰："肾者，气之根。根不深则叶不茂矣；心者，液之源，源不清则流不长矣。"

"是谓深根柢固，长生久视之道也。"草木根深则荣茂，蒂固则不落。有德的人埋根于道，固蒂于德，执一清静，能守始母，性命合一，命延则长生，恒照则久视。人若扎根于光体，扎根于虚无，扎根于道中，非利生存，互补包容，没有占有的概念，没有利益的概念，以天下为公，每一个人都以劳动为人生快乐，人人都发挥自己的特长，互相尊重，人们在高尚的道体境界中互动互化地进行生产协作和共同消费。整个体系呈现圆融运动，这种圆融运动是永恒的，性能互补，互依互存，形成浑然一体的体系。运动守中，能量守恒，氤氲祥和，生生不息，按照互补统一规律运行。生命真正达到自在、快乐、健康、智慧。这样，长生久视之道就成立了。存诚子诗颂："祸福总与德相关，避祸就福修德善。道德通天命根固，长生有蒂不用盼。"

《庄子·大宗师》曰："吾犹守而告之，三日而后能外天下；已外天下矣，吾又守之，七日而后能外物；已外物矣，吾又守之，九日而后能外生；已外生矣，而后能朝彻；朝彻，而后能见独；见独，而后能无古今；无古今，而后能入于不死不生。"我守着教他，三天之后他心空了，能容纳天下了。又守着教了七天，他能超然物外，无人无我了。我又守了九天，他能了悟道体的生机，身外有身了。身外有身就能开悟明心，拨云见日，如朝阳般的彻照大地。明心然后就能见性，照见自己的本来面目。见性然后就能突破时空的限制了。突破时空限制就可以进入不生不灭的境界了。这是庄子简单讲述的返璞归真的修炼过程。

吕祖曰："空之极，我不能知。极中又有生矣，莫知其极。可以有国者，就是静极方见无影无形的虚无矣。不静不能知，不静极不能见，静极见者，是有国矣。有了此个则真一自投，不待意为者也。意至复灭，意尽复现，真一来投，则有母矣。其中生化之机，口不能言，惟有觉照。有母方能生化，生化不绝，我用就无穷，常生常化，内有天机，中合道机，我明玄理，听其自生自化。不耗于外，常固于中，可以长久矣。长久者，只要深静其性，固生其命。性根命蒂从虚而入，从有而生，从空而成，生生化化，其用无穷，如此可以视长久之道也哉。治人事天，岂外此乎，总不过着而不着，不着而着，虚虚实实，生化之机，玄妙无穷，而道久矣。"

第六十章　交归
道化天下，利而不害，互不相伤，德交归焉

治大国，若烹小鲜。以道立天下，其鬼不神。非其鬼不神也，其神不伤人也。非其神不伤人也，圣人亦不伤人也。夫两不相伤，故德交归焉。

本章讲述交归，道化天下，利而不害，互不相伤，德交归焉。老子在本章旨在本天道以化人道，以无为而无不为，因任自然而交归于道，以为万世法。以无为正其心，以清净养其性，天下归往于道。

"治大国，若烹小鲜。以道立天下，其鬼不神。非其鬼不神也，其神不伤人也。非其神不伤人也，圣人亦不伤人也。" 治理大的邦国，如同煎烹小鱼。用浑然一体的"道"来治理天下，鬼起不了作用。不但鬼起不了作用，神也不伤害人。不但神不伤害人，圣人也不伤害人，他们都融为一体。

"烹小鲜"，煎炸小鱼，小鱼很鲜嫩，不能在锅里频频翻动，翻动多了小鱼就会破碎。"治大国，若烹小鲜。"这是老子所说的一句传颂很广的名言，处理大事要特别小心，治理大国不可烦。煎炸小鱼不可扰，若屡屡加以翻动，鱼就会破损。治理大国而屡屡改动法令，百姓就会受到坑害。因此懂得治国的君主，有大公无私的心境，顺应天道规律，他把安定看得很宝贵，法令确定以后，不会轻易变更。存诚子诗颂："治大国若烹小鲜，治身国则命为先。勿犯修行第一病，虚极静笃启玄关。"

《文子·道德》曰："天下是非无所定，世各是其所善，而非其所恶。夫求是者，非求道理也，合于己；非去邪也，去迕于心者。今吾欲择是而居之，择非而去之，不知世所谓是非也。故治大国若烹小鲜，勿挠而已。"

"以"，用。"立"，建立、治理。"鬼"，归，私心，意识的残余信息。"神"，灵验，无私。"以道立天下，其鬼不神。"道化天下，用浑然一体的"道"来治理天下，人的心灵能转为纯正，精神充满道气，邪恶之气将得到调正，邪

恶转为善良，所以，鬼也能顺从于道去发展，鬼神不见其灵验。如果人心归于道心，以大公无私的道心去治理天下，民众就会减少欲望，血气就会通畅，举动就会合理，祸害就会减少。"神"归位了，元神主宰，私欲就不起作用了，人就会把鬼神看得很轻淡，"鬼"也就不灵验了。

"非其鬼不神也，其神不伤人也。"在浑然一体、天下为公的社会里，百姓、鬼、神融为一体。不是鬼不灵验，是因为鬼所依靠的是神灵，人心归于道心以后，大公无私，正气光明充满心灵，鬼没有办法侵蚀。只有心中无道的人，阴邪之气充实心灵，鬼才能够趁机而入。神只是按天道规律来办事，对人来说是利而不害，没有私欲的，神灵也伤害不了人。

"非其神不伤人也，圣人亦不伤人也。"在浑然一体、天下为公的社会里，百姓、鬼、神、圣人也融为一体。神灵做事对人来说是大公无私，利而不害的。有道的圣人是与道合真的，以天下为公，以精神去化解邪恶，他的行为对人来说也是利而不害的。

吕祖曰："大国者，身也。治者，虚也、空也。虚生明，空生慧。虚极空极，阴阳合一。治身以虚空为主。不要顽空，而要虚空。虚有存，空有具，如此若烹小鲜，言其虚空易得也。莅者到也、普遍也。周流世界无不贯通，一团真一之气，一块乾健之精，通身化而为气。性抱命而命隐于性中。释氏去身存性，道家化身养性，皮囊化为一气，聚散无不有身。身若去而我何存，道家如此之妙，如此之玄，人有魂魄，魂魄各一，故为人。魂魄合一，故为仙。魂魄不虚，故为鬼。魂魄能空，故为神。其鬼不神，我无心而鬼难测，故鬼不神。非其鬼不神，天地不能度我，而况鬼乎，其神不伤人。神者，虚也、空也。虚空为实，灵灵为神，故不伤人。人者生也，神灵乃得长生，故无害也。非其神不伤人，杳冥湛寂之中，神不知为神，而我亦不知为我，故非其神不伤人。圣人以无心立脚，亦无意下手，心意窈然，故圣人不能伤人，如天地久也。"

"夫两不相伤，故德交归焉。"君主、百姓、鬼、神、圣人浑然一体，一气流行，没有对待，以德性交归于道。

"夫两不相伤"，圣人以道的精神去感化世人，以德的力量去帮助世人，将邪恶的浑浊意识转化为善，使君主、百姓、鬼、神、圣人浑然一体，没有对待，非利生存。圣人和神之间、人和鬼之间、鬼和神之间、圣人和人之间就能利而不害，互补互存。

"德交归焉"，君主、百姓、鬼、神、圣人，在道体的层面是相通的，浑然一体，一气流行，彼此互忘，交归于善德，一而不分。君主、鬼神不加害百姓，百姓蓄积就丰富，它们相互之间在交换这个善良信息的时候，同类相感，异性相成，自动地和谐，自动地调节，肯定就不会相伤，善德就会殊途同归，交归于道。

《淮南子·本经训》曰："至人之治也，心与神处，形与性调，静而体德，动而理通。随自然之性而缘不得已之化，洞然无为而天下自和，憺然无欲而民自朴，无机祥而民不夭，不忿争而养足，兼包海内，泽及后世，不知为之者谁何。是故生无号，死无谥，实不聚而名不立，施者不德，受者不让，德交归焉。"至人对天下的治理，心与神相依处，形与性相谐调；静处时依照"德"，行动时合附"理"；顺随事物的自然本性、遵循事物的自身规律；他浑然无为，而天下却自然和顺；他恬澹无欲，而百姓纯朴无华；他不用求神祈福，百姓生命不会夭折；人们不怨恨纷争而给养充足；他的德泽遍及海内外，并延及后世，但人们却不知道施予恩德的是谁。所以，这样的至人活着没有名号，死后没有谥号；他不聚敛财物，也不追求名誉，施恩的人不自以为有恩德而求报答，受恩惠者也不故作姿态而谦让；美德聚集归附于他身上，却不显出盈满。

吕祖曰："神也，我也。神我合抱入无寻有，有中返空，两无隔碍，俱不着于有，若存若亡之间，一气贯通，而周遍天下。至道至德，交感为一，同归于无极，以入玄玄之境，同归上清之乡。治身之要，虚空见矣，故德交归焉。"

第六十一章　谦下
上谦下顺，或下以取，或下而取，互敬互静

　　大邦者，下流也，天下之牝也。天下之交也，牝恒以静胜牡。
为其静也，故宜为下。故大邦以下小邦，则取小邦。小邦以下大邦，
则取于大邦。故或下以取，或下而取。故大邦者，不过欲兼畜人；
小邦者，不过欲入事人。夫皆得其欲，则大者宜为下。

　　本章讲述谦下，上谦下顺，或下以取，或下而取，互敬互静。老子在本
章教人"牝恒以静胜牡，以静为下"。在大国与小国的交往中，相互尊重，互
补包容，大以上谦下，小以下顺上，上谦下顺，德交归焉。牝道有静、柔、
谦、弱、下、和之六德。存神保精而贵静，凝神聚气而贵柔，虚神受气而贵
谦，守神候气而贵弱，以神交气而贵下，调和神气而贵和。

　　**"大邦者，下流也，天下之牝也。天下之交也，牝恒以静胜牡。为其静
也，故宜为下。"**大国要像大海一样，容纳溪流百川，蓄纳天下的一切。使天
下的一切，都交汇在这里，雌柔恒以清静胜于雄强。正是因为雌柔的清静，
万物争春，包容一切，才能蓄纳一切。

　　"下流"，谦虚之德，天下一切的河川众流全都归于大海，大海容纳一切，
包容一切。"牝"，母性。"大邦者，下流也，天下之牝也。"一个真正的大国
要像大海一样，放低自己的位置，接受一切，尊重小国，才能蓄纳小国，海
纳百川。像母性一样，慈祥安静，善恶是非都融化在这里。

　　"牝"，母性，"牡"，男性。"天下之交也，牝恒以静胜牡。"大国相对小
国来说是天下的交会点。因为大家都注意大国，在政治上注意大国，在经济
上和社会上都要依靠大国，大国就像母性一样，能包容一切，安静柔和，就
能以清静胜于雄强，克服一切的动乱。犹如用空性和道性同化人心一样。人
的空性和道性是人心的归宿，犹如交会点一样。

　　"为其静也，故宜为下。"正是因为母性的雌柔清静，和合包容，处于低

下的位置，才能够包容一切，海纳百川，犹如虚空，容纳了一切动态的变化，清静为天下正。存诚子诗颂："以神交气道贵下，存神养精道贵静，凝神聚气道贵柔，调和神气道贵浑。"

吕祖曰："大国、小国、天下，皆是我身。大国者下流，言其一身通透，无有隔障，阴阳交泰，天地感而为孕，抱合乾坤，而真成矣，谓之天下之交。天下昏昏默默，不知已有，而有自现。大凡本章虚能实，空能有，不待自作聪明，造作而成。"

"故大邦以下小邦，则取小邦。小邦以下大邦，则取于大邦。故或下以取，或下而取。故大邦者，不过欲兼畜人；小邦者，不过欲入事人。夫皆得其欲，则大者宜为下。" 所以，大国尊重小国，就能让小国信服；小国尊重大国，就能依附于大国。因此，有的以尊重获得信任，有的以尊重获得依附。大国无非是畜养小国，小国无非是入事大国，通过相互尊重实现了自己的愿望，关键是大国要以谦下包容，蓄纳一切。

"大邦以下小邦，则取小邦。小邦以下大邦，则取大邦。" 大国如果能够以谦德处下，就能够得到小国的支持，兼蓄、包容小国。小国如果能够以谦德处下，就能够得到大国的重视，入事大国，和平相处。人的空性和道性能包容一切的人心，人心能够清静，大公无私，就能回归于道性。

"以"，主动。"以取"，以本心主动的收服人心。"故或下以取"，大国要想收服人心，就一定要谦德处下，这样才能够取得好的效果，否则，小国的人就要产生反感，就会有仇恨的情绪。美国打伊拉克，那就是上以取，他以武力服人，肯定没有服。人的本心本来就是清静的，以清静的本心主动地收服人心，轻而易得。

"而"，被动。"或下而取"，小国要归附于大国，就要有谦德处下的姿态。人心要想归依于道性，就要先让人心能清静下来，这就是悟道的基本法则。

"故大邦者，不过欲兼畜人；小邦者，不过欲入事人。" 一个大国，如果能谦德处下，就能够兼并小国，养活更多的百姓。一个小国，如果能谦德处下，就能归依于大国，让百姓平安生活。

"夫皆得其欲，则大者宜为下。" 无论是小国、大国，只要谦下包容，相互尊重就能实现自己的愿望。无论是人心、道性，相互之间都是以清静来统一天下的，清静为天下正。

吕祖曰："小国者，虚无也。虚无通，天地成一大窍，玄妙而久，心不在焉，视而不见，听而不闻者，乃得于玄，而通于道也。心者虚中不昧，杳杳冥冥之中，存一真性，养和万物，蓄气于中，贯通于外，各得其宜，皆是玄妙的宗旨，如此行之。清静，外妄不生，内欲不动。澄于心，去其意，灰其情，则小人不敢犯。诚笃宜慎，皆为大道提纲。上下贯通，内外贞白，如此故与天同，故大者宜为下。天下者，形也。大国者，性境也。小国者，虚灵也。形清静则性生。性清静则虚灵不昧，虚灵不昧则慧剑铸。慧剑铸则外魔不生。外魔不生则内欲尽除。内欲除则虚中静。虚中静则万窍归通。万窍通则入于湛寂，而道成矣，故谓之大国下流天下矣，小国贯通也。此乃章中大旨。玄妙显然，而后人得之，可以进道成玄矣。"

第六十二章　为道

坐而进道，道化天下，求福得福，有罪以免

　　道者，万物之主也。善人之宝也，不善人之所保也。美言可以市，尊行可以贺人。人之不善，何弃之有？故立天子，置三卿，虽有拱璧，以先驷马，不若坐而进此。古之所以贵此者何也？不谓求以得，有罪以免舆？故为天下贵。

　　本章讲述为道，坐而进道，道化天下，求福得福，有罪以免。大道先天地，无形本寂寥，能为万物主，不逐四时凋。老子在本章教人"道者万物之主，坐而进此，为天下贵"。从利益社会的各种约束中解脱出来，践行大道，进入非利生存的道德境界，道化天下，无私无欲，求福得福，有罪得免，提升生命境界，真正达到自在、快乐、健康、智慧。

　　"道者，万物之主也。善人之宝也，不善人之所保也。" 道是元始能量和事物运动的内在本质，善良的人宝贵它，不善的人不得不用道来存身。

　　"主"，主宰。"道者，万物之主也。"道是造化之源，万物之本，万物之主，万物最核心的内在本质，包容一切万象，人们都尊贵他。道无形无象，深不可识，玄不可测，寥兮藏而不露，寂然静而不动。化育万物，任万物自为化育；主宰一切，任一切自为主宰。奥妙玄秘，莫可究诘。超宇宙而独立，超时空而独存，涵盖一切而又超越一切。

　　"宝"，珍宝。"保"，保护，万物恃之以存。"善人之宝也，不善人之所保也。"道体没有善与不善的概念，善人和不善人都被道所包容。善良的人无我利他，身心清静，本身就遵循"道"，体道无为，依从道的力量来行善，把道作为自己的宝贝来珍藏的，这是他自己所追求的一种目标。不善的人自私自利，虽然背离了"道"，心无明智，惑于习俗，但不能离开"道"而生存，是善人的镜子。因为"道"能使不善的人得到救助，使他变成好人，保身于道。

　　吕祖曰："一气圆通，谓之道。道者，天地之包，万物之奥。天无道不

清，地无道不宁。天有道不言而高，地有道不动而卑，万物无道不生，万物有道，所以化育。乾坤内外，无不有道，故为道之奥。道也者，不可须臾离也。天地万物，无不禀气而生，无不随气而化。人乃天地中之天地，可不以道为宝乎，舍气安能生乎，宝气安能死乎。噫，道者气也。无阴阳之气，岂能化育而为天地、为万物者乎。道之宝也，即气为之宝。舍其气，又有何求。善人者，惜精惜气之人也，生死舍于腹外，形身之生死不足惜，化身之生死实可宝，善人之所宝者此也。不善之人，从其实，就其有，随欲之生化，保目前之傀儡。"

"美言可以市，尊行可以贺人。人之不善，何弃之有？" 传播道可以使从者如市，遵行道可以提升生命境界。对那些背离道的人，道又怎能舍弃他呢？

"美言"，文明的语言。"美言可以市"，善言天道，传播天道，可使从者如市。文明的语言，自然规律，可以被人们所接受，共同地推广，在社会上可以推行。

"尊行"，高尚的行为。"尊行可以贺人"，尊行天道，可以得到别人的敬仰，提升生命境界，超越众人。高尚的行为，容易被人们接受。帮助他人去发现和发展真实自我，这样的行为可以让人的生命质量得到提高，生命境界得道升华，能更好地发挥生命潜能。

"人之不善，何弃之有？"天无私覆，地无私载，天地不抛弃任何人。世人背道而行，是人的私欲所致，自己不善而已，天道从来就没有抛弃任何人。道生天地，道与天地也是同一性的，道也不抛弃任何人，有德的人一而不分。

吕祖曰："美言可以市。市者，欲念也。欲念一起，便成幻境，如开市然。无欲不纵，谓之美言可以市。行者，贪心也。贪心一起，如火之上燃，莫能灭，日纵一日，无有的止。人人可以纵之为不善，就如求有之人，祸发而已莫能知，日贪其有以为美。何能弃之，谓之人人之不善，何弃之有。"

"故立天子，置三卿，虽有拱璧，以先驷马，不若坐而进此。" 所以，设立了天子、三卿的榜样，有拱璧、驷马的尊贵，不如修行非利生存的大道。

"天子"，周朝最高的统治者。"三卿"，辅国的官员，司徒、司马、司空。"立天子，置三卿"，设立天子为天下之尊，设置三卿来辅助教化，使不善者从其自化。天子和三卿，是世间最尊贵的人，他们是依形而立，不能长久。

《文子·自然》曰："古之立帝王者，非以奉养其欲也，圣人践位者，非以逸乐其身也，为天下之民，强陵弱，众暴寡，诈者欺愚，勇者侵怯，又为其怀智诈不以相教，积财不以相分，故立天子以齐一之。一人之明，不能遍照海内，故立三公九卿以辅翼之。"古代拥立帝王，不是为了奉养其物欲；圣人登上君位，也不是为了自身的安逸享乐。这是因为天下出现以强凌弱、以多欺少、以诈骗愚、以勇侵怯，满腹经纶不肯指导别人、积财满堂不肯给济别人的现象，所以才拥立天子来使天下平等；又因为天子的聪明才智不足以普及遍照天下海内，所以又设置三公、九卿来辅佐帝王天子。

"拱璧"，珍宝。老子那个时代，比较讲究礼仪，用驷马驮着拱璧，以示尊贵。皇帝的玉玺，它也属于璧类。他一旦掌握了这玉玺之后，往往就有一定的治理国家的权利。"虽有拱璧，以先驷马，不若坐而进此。"老子说立天子、三卿为榜样，有"拱璧、驷马"的尊贵，与道相较，都不如让人们在很清静的状态下，使人心归于道心，提升生命境界，去亲自实践这个长生久视的大道为贵。存诚子诗颂："益寿延年道为宝，拱璧驷马数难逃；善人安贫因乐道，乐道之人道且遥。"

吕祖曰："故立天子。天子者，神也。存其神，养其性，以置三公。三公者，性也。性之枢动，感一气贯通，秉阴阳之升降，合天地之生育，得乾坤之正气，四大部洲，皆为一个。无有隔碍，虽有拱璧之障碍，以先驷马之周流。贯通之后，不如坐进性守之道，听其反复阴阳，轮转日月，合乾坤周天之度，秉天地清浊之分，不言不动，无听无视。"

"古之所以贵此者何也？不谓求以得，有罪以免與？故为天下贵。"古人为何如此重视非利生存的大道呢？不是说能求福得福，有罪得免。而是因为可以引领社会进化，提升生命境界，让人们幸福生活，所以，才显得珍贵。

"古之所以贵此者何也？"道之所以可贵，因为它无偏私，无处不在。道就在我们自己这里，在我们的空性里，我们见或者不见，但是"道"就在这里，他是一种虚无的存在，独立不改，只有人心清净下来，才能觉知。悟道就是要贵食母，尚玄德。拱璧不足以为贵，驷马不足以为珍。自古及今，唯贵于道。

"不谓求以得，有罪以免與？"道在于悟，不在于求。如果能坐而进此，尊道而得道，不求而得，为善人之宝；有罪以免，使背离道的人行为合道而免罪。如果要使人行为合道，就要从自己内心深刻反省，认真忏悔，把过去的罪业反省忏悔干净，消除怨恨，去其不善，惩忿窒欲，正心诚意，提升生命境界，自化于道。偈曰："罪从心起将心忏，心若灭时罪亦亡。心亡罪灭两俱空，是则名为真忏悔。"

《六祖坛经》曰："弟子等，从前念、今念及后念，念念不被愚迷染；从前所有恶业，愚迷等罪，悉皆忏悔，愿一时销灭，永不复起。弟子等，从前念、今念及后念，念念不被憍诳染；从前所有恶业，骄诳等罪，悉皆忏悔，愿一时销灭，永不复起。弟子等，从前念、今念及后念，念念不被嫉妒染；从前所有恶业，嫉妒等罪，悉皆忏悔，愿一时销灭，永不复起。"

"故为天下贵"，这个道是最崇高伟大、至高无上的，至贵而至简，他是非利生存的。人们正心诚意，有清静心，顿悟而自觉得道，则妄念即遭，尘累亦消，求福得福，有罪得免。推之于社会，可以建立非利生存的道德社会，没有占有、没有利益，人人都以灵性认识事物，能够觉知到社会运动的自然要求而作为，以劳动为人生快乐，人人都发挥自己的特长，人们在高尚"道德"境界中互动互化地进行生产协作和共同消费，真正达到自在、快乐、健康、智慧。

吕祖曰："惟善以为宝，古之所以贵此道者如此，又古之所以贵此道者何也。不曰求，言其静也、凝也。无求于动，功到处、性现处、慧生处，内外虚白，自有天然之味以得。有罪者，贪也、妄也，去其贪，除其妄，以免外邪之侵，诸障之蔽，魔鬼之害。总而言之，去其心，断其欲，舍其贪，忘其意，灭其情。种种业债，不能侵犯，故道者，万物之奥。善人之所宝如此，以为天下贵。"

黄元吉曰："吾道炼丹，必须以元神为主，元气为助神之用，以真呼吸为炼丹之资。若无元神，则无丹本；若无元气，则无丹助。既得元神元气，不得真正胎息，则神气不能团结一处，合并为一，以返于太素之初。吾更传一语：夫人修炼，既得元神元气，又有真息运用，使之攒五簇四，合三归一，然非真意为之主帅，必然纷纷驰逐，断无有自家会合而成丹也。虽然，真意又何自始哉？必从虚极静笃、无知无觉时，忽焉气机偶触而动，始有知觉之性，此即真意之意，非等凡心凡意也。故古云仙非它，只此一元真性修之而成者。然不得水中之金，精中之气，以为资助，则元性亦虚悬无着，不免流于顽空。既知金生，不得真息调摄，又安能采取烹炼而成丹？然则真息为炼丹之要具，而真意尤为真息之主宰。吾借此以明道奥，后之学者，有得于中，尚其宝之慎之！"

第六十三章　无事
心地无私，心中无事，心不染着，报怨以德

为无为，事无事，味无味。大小多少，报怨以德。图难乎其易也，为大乎其细也。天下之难作于易，天下之大作于细。是以圣人终不为大，故能成其大。夫轻诺必寡信，多易必多难。是以圣人犹难之，故终无难。

本章讲述无事，心地无私，心中无事，心不染着，报怨以德。老子在本章以"为无为，事无事，味无味"为修持的无上心法。讲述得道的圣人在利益生存中取得成功的作为，在化而欲作之时，能阒之以无名之朴。虽不离于事相之中，而超然于事相之外。道尽人皆可修，尽人皆可成；圣人尽人皆可为，尽人皆可至。然而圣人不世出者，以其似至易而实至难，似至小而实至大。

"为无为，事无事，味无味。大小多少，报怨以德。"心处灵动，为于自然；心地无私，事于清静；心不染着，味于恬澹。大而能小，多而能少，用宽恕仁爱的心来包容别人。

"为"，行为，夺天地造化之机。"无为"，心地无私，处虚灵动，为于自然。"为无为"，圣人为于无为，心地无私，处虚灵动，灵通万有，顺应事物的内在本质来作为。真正达到无为的时候，是把自己的生命本能调动出来了，无为而无不为。降心为无为，降服人心，不是强制定心，而是要以清静心去作为。圣人心为道心，没有"私爱"，大公无私，从为中去证悟无为，按照事物的自然规律来作为，自然就能把一切事情做到最好。

"事"，事情，事生于意。"无事"，不想事，跳出事外。"事无事"，圣人事于无事，心中无事，事于清静，即事无滞。以物来顺应的心境来做事，则能无事不成。应物不迷，只易其境，不易其心，精神不亏。无事心不乱，有事心不扰，常去烦事之念，置身事外，空性自在。圣人身为道身，淡泊坦然，做事的时候，定个准则便放下，从事中去觉悟无事的心境。如泥水匠人用线

一般，自起手一挂，便依了做上去，不只管把线看也。

"味"，体味，包括味觉和感受。"无味"，味于恬澹。"味无味"，圣人味于无味，心不染着，味于道德，即味不迷。以真常初心而体味，心念不停留在趣味之中，味于恬淡，则能体味本味，诸尘不能染。世界上真正好的味道，就是本来的真味。圣人与道为一，用本来的初心来体味生活，对一切都能全息感受，从味中去体悟无味，他不分辨，不贪求，不评判，内心恬淡光明，淡然无味，灵液不竭。

"大小多少，报怨以德。"涉于有形，则有小大；系于有形，则有多少。以道御之，大而能小，多而能少。大和小，多和少是一个整体，大生于小，把小事当作大事去做，把细节做好，以小为大。多起于少，把少的当作多的去做，以少为多，这样才能把事做好。真正体会到我们所有人都是一体的，我们善待别人，其实就是善待自己。我们宽恕别人，其实就是宽恕自己。从整体上把有为和无为、有事和无事、有味和无味、大小和多少都用德性来包容，用德来化解一切，就能促进身体和社会的进化。

如果说不能站在整体上，始终都站在问题的一个角度上，比如说站在大上，或者站在小上，或者站在多上，或者站在少上，这样就会很容易掉在矛盾的圈子里面，很难摆脱出来。不以怨报怨、以直报怨，而是以德抱怨，一而不分，就能包容一切，得到心地的安宁，全面提升生命境界。心底无私，就能改善生存环境。从一体的角度来处理问题，这样行为和思想就趋向于有德，有利于社会进步。

吕祖曰："为者，不动而静，此上为字。为无为，是个空字。不动而静，入于空，空中自有，谓之为无为。事者，不有而无，此上事字。事无事，虚中不作，入于玄。不有而无，入于玄，谓之事无事。味者，空中动而我知其味，此上味字。味无味，动而复寂，空中动而复寂，谓之味无味。道之大者，充而塞乎天地。道之小者，敛而入于微渺。道之多者，无物不有。道之小者，无可闻，无可见，亦无可言。言其道不能测度，大小多少，亦难衡量。修道者，敛于内，不现于外，此仁人鬼神不能知。敛于内之小者，不见其大。敛于内之少者，不见其多。为道不彰，虽有加害，我不理之。若是乎报怨以德，图充塞天地，大之多之，先以清之静之，安我之神，定我之性，还我之命敛于内。"

"图难乎其易也，为大乎其细也。天下之难作于易，天下之大作于细。是

以圣人终不为大，故能成其大。" 解决困难，要从容易的地方入手，成就大事，要从细小的地方入手。天下的难事，一定要从简易处做起。天下的大事，一定从小事做起，所以，圣人始终注重小的发展，才能成就大的功业。

"图"，图谋。"为"，成就。"图难乎其易也，为大乎其细也。"解决很难的问题，要从容易的问题开始，慢慢很难的问题就能解决。成就大的事业，要从细小的事开始，慢慢很大的事业就能做成，这是宏观与微观的信息传递和自我协调。

"作"，起。"天下之难作于易"，完成困难的事情，必须从简易处入手，简易的事能首先被人掌握。处理事情先找简单的，去学着做，学着理解，然后再慢慢地深化。如果没有学会做简单的事、容易的事，那么高深的事、带创造性的事，就很难以坚持或者很难以开始。

"天下之大作于细"，成就大的事情，要从小的事开始积累，点点滴滴，不断地收敛。一开始就从小事做起，不要一开始就做什么大事，把自己想得非常有能力，在具体的一面过于肯定自己，这样是不行的。存诚子诗颂："天下难事作于易，天下大事作于细；海样情怀德报怨，不知天下有难事。"

"是以圣人终不为大，故能成其大。"圣人无为无事，易简易知，不从复杂的事入手，不从难以理解的角度入手，而是从小的地方开始做起，从自己能够进入的角度入手，注意微细的变化，抓住了主要矛盾，一切问题就迎刃而结解了，最后就能功业大成。诚如毛泽东在《矛盾论》中所说："任何过程如果有多数矛盾存在的话，其中必定有一种是主要的，起着领导的、决定的作用，其他则处于次要和服从的地位。因此，研究任何过程，如果是存在两个以上矛盾的复杂过程的话，就要用全力去找出它的主要矛盾。捉住了这个主要矛盾，一切问题就迎刃而结解了。"

吕祖曰："为无为，事无事，味无味。必先于其易，为其无物不备之大者，必先于其为无为，事无事，味无味，而敛于内之细者。天下之难事：事者，道也，必先于其清之、静之之易。天下之大者，道也，必先于其湛之、寂之之细。由此观之，是以圣人终不为大，故能成其充塞天地，贯满乾坤，与我合一之大。"

"夫轻诺必寡信，多易必多难。是以圣人犹难之，故终无难。" 那些轻易许下诺言的，一定会缺乏信用。把事情看得太容易，势必遭受很多困难。因此，圣人从不看轻任何事情，所以，始终能克服任何困难。

"夫轻诺必寡信"，轻易地做出承诺的人，承诺的事超出了自己的能力范围，不能说到做到，结果一定是没有诚信的，缺乏信用。如果许下了诺言，不管再小的一件事，都一定要做到。

"多易必多难"，如果小看容易的事，小的事情都做不好，遇到困难的事就没法应付了。重视容易的事的积累，认真做好容易的事，有了这种认真、专注的精神，困难的事也能够做好，困难就自动地会度过去。

"是以圣人犹难之，故终无难。"有道的圣人心量广大，犹如虚空，包含一切，从不轻视天下事，也不轻视天下任何人。把每件事都当作难事来做，不轻视任何一件事，再小的一件事，都认真做好，精益求精，点点滴滴地积累，因此，做事才会没有困难。

吕祖曰："轻言道者易诺，得道者必寡言，殊不知道在何处。多易得者，始勤而终怠，终无一成，故多难。是以圣人始终如一，不易不细。若是乎挟泰山而超北海，如此犹难之，常存固心。为无为而无不为，事无事而无不事，味无味而无不味。若是的圣人，故终无难。成其大而塞乎天地，小而入于微渺，多而无物不备，少而不见不闻，无可言之道也。"

第六十四章　守微

无执无为，慎终若始，欲人不欲，学人不学

其安也，易持也；其未兆也，易谋也；其脆也，易泮也；其微也，易散也。为之于未有也，治之于未乱也。合抱之木，生于毫末；九层之台，作于累土；百仞之高，始于足下。为之者败之，执之者失之。是以圣人无为也，故无败也；无执也，故无失也。民之从事也，恒于其成事而败之。故慎终若始，则无败事矣。是以圣人欲不欲，不贵难得之货；学不学，复众人之所过；能辅万物之自然，而弗敢为。

本章讲述守微，无执无为，慎终若始，欲人不欲，学人不学。老子在本章以"为之于未有也，治之于未乱也"为天下式，以"能辅万物之自然，而弗敢为"为精髓。讲述得道的圣人在利益生存中防微杜渐、善始善终的作为。正心于思虑之先，抑情于感物之前，则心易正，情易绝。若治事于已乱，远祸于已萌，积小成大则不可救也。圣人跳出事外，学人之不学，欲人之不欲，无执无为，始终如一，永无危殆。

"其安也，易持也；其未兆也，易谋也；其脆也，易泮也；其微也，易散也。为之于未有也，治之于未乱也。"局面安定时容易把控，没有出现征兆时容易谋划，柔脆时容易攻破，微小时容易散失。做事情要在尚未发生前就处理妥当，祸乱没有产生前就做好准备。

"安"，静。"持"，把握。"其安也，易持也。"安定时则易持，国家安定的时候社会秩序易于维持，安定的东西比较容易把握。欲心未动，就而守之，易于执持。欲起时则难持，人的欲望大了以后，很难把持自己，许多贪官都是为自己的欲望所害，没有把持住自己。

"兆"，萌渐。"谋"，谋划。"其未兆也，易谋也。"事情没有形兆时则易谋，社会未出现混乱征兆的时候，易于谋求预防措施。迎机于未兆，事情没

有预兆的时候，就可以酝酿和谋划它。情欲将起，未有萌兆，在有无相入之际，恍惚窈冥之时，谋度除绝，也很容易。

"脆"，柔脆。"微"，细小。"其脆也，易泮也；其微也，易散也。"一个小芽刚刚萌生的时候，很柔脆，很容易被损坏。一个事物在微小的时候，很容易被散掉。人的欲望在刚刚萌生的时候，容易被克服，容易放下。基础的东西要从开始积累，不积累就没有办法去把握事情的全局。

"为之于未有也，治之于未乱也。"人们都竭力想做到对祸患的预防和阻止，但却没有人懂得怎样使祸患从根本上不发生。使祸患从根本上不发生，就要在事情还没有发生之前，妄念未有之时，还没有一点影子的时候，正心诚意，把他消除了，防患于未然，安可持而未兆可谋。在天下未乱的时候，就开始治理了，把乱的根源先平掉了，治之于未乱，脆不破而微不散。《文子·微明》曰："人皆知救患，莫知使患无生。夫使患无生易，施于救患难。……故圣人常从事于无形之外，而不留心于已成之内，是以祸患无由至，非誉不能尘垢。"

《黄帝内经·四气调神大论》曰："道者，圣人行之，愚者佩之。从阴阳则生，逆之则死。从之则治，逆之则乱。……是故圣人不治已病，治未病，不治已乱，治未乱，此之谓也。夫病已成而后药之，乱已成而后治之，譬犹渴而穿井，斗而铸锥，不亦晚乎。"

黄元吉曰："其安易持数句，是言玄关一窍，寂然不动，感而遂通。且不睹不闻之际，此中有无善无恶之真。古人谓之玄关一窍，又曰生门死户。以人心退藏，天心照耀，皆由未有、未乱之时，而为之、治之也。但一阳初动，其机甚微，其势甚迅。至于二阳三阳，则神凝气聚，真精自动，浩浩如潮生，溶溶似冰泮。要皆自微而着，由小而大，自近而远。至于进火退符，河车搬运，阳铅再生，阴汞复合，时烹时炼，渐结渐凝，神完气壮，药熟丹圆，更有六根震动，六通具足之盛，皆自玄关一动始也。惟此时初动，水源至清。"

吕祖曰："念无念、心无心、情无情、欲无欲、物无物、我无我，如此才能安。一毫着安而不持，万缘不有，谓之安而能持。持字，不要看易了。要先难于安，才能易持。兆者，了然明白，常常昏默，而若不明。其未兆明而不默，因其思也。思动则筹于心，言其太了然明白。而不若愚，故谋易生。脆者，日夜不放，存心意于运用，日耗其思则心不下，谓之脆。脆则魔生，至于我之真，崩而裂之，其形易坏。微者，稍有心神，使我不下，此皆道之病也。无心则无病，学玄者可勉之。如此多病将何修之？默而为，诚而守，无念而行，为之于不有，寂然无我，冥然无人，治之于未乱之先。无为心不乱，无作意不驰，无功情不种，如此始可以言道矣。"

"**合抱之木，生于毫末；九层之台，作于累土；百仞之高，始于足下。**"合抱的大树，是由细小的幼苗长起来的；九层的高台，是由一筐筐泥土堆积而来；百丈高的山，是从脚下第一步开始攀登的。

"合抱"，两臂围拢，形容树粗大。"毫末"，幼苗，比喻细小。"合抱之木，生于毫末。"合抱粗的树木，是由细小的树苗长成的，从微至著，由小及大。比喻万物都是从萌芽处逐渐发展演变而来的。

"累"，堆叠，积聚。"九层之台，作于累土。"九层的高台，由一筐土一筐土堆筑起来的，积小成大，由下及上。比喻做事是从最基本开始，经过逐步的积累，才能有所成就。

"仞"，八尺。"百仞之高，始于足下。"爬百丈高的山，是从足下开始，一步一步走过来的，由近及远。比喻事情是从头做起，逐步进行的。再艰难的事情，只要坚持不懈的行动必有所成。这里老子列举三个从量变到质变的过程，一切事物的发展变化都有从量变到质变的过程，只求质变而不注重量的积累是不切实际的，只求量的变化不注重质的飞跃是因循守旧的。

吕祖曰："道乃何为，金也、木也。金生于水，木生于火，得水火而交并于土。交并者，不为不作，听彼之天然随气之运用。不知不识，湛若天之清，冥若地之宁，听生于毫末之初，发萌于无始之前，慎笃于我，谓之合抱之木，生于毫末。九层者，二土成圭也，还九之数。起于水，降于火，抱合而为圭。台，即圭也。二气交泰，累于中土，合成太极。从太极中，返于无始，即此物也。千里之行，始于足下。譬言道之不骤，行则易败，迟则难来。要不闲，常常温故，时时在念，刻刻在心，不可须臾离也。临物不着，临事不染，亦不要死死坐定。"

"**为之者败之，执之者失之。是以圣人无为也，故无败也；无执也，故无失也。民之从事也，恒于其成事而败之。故慎终若始，则无败事矣。**"妄为就会失败，把持就会失去。圣人不妄自作为所以不会失败，不强行把持所以不会失去。人们做事情往往在快要成功的时候遭受失败。所以当事情快要完成的时候，也要像开始时那样慎重，不考虑私利，做事地道，就不会有失败的事情。

"为"，妄为。"执"，把控。"为之者败之，执之者失之。"不谨于始，欲成反败，想为自己捞取就容易失败。人为的举措和行为，一般都不符合自然规律，背道而驰，容易招来一些反信息，最后要失败。不审于初，欲得反失，想为自己把持就容易失去。天下事不断在变，时空也不断在变，一切人与事都是随时在变，随地在变。如果想要把持，不能随机应变，那就怎么也把持不住。

"无为"，心地无私，处虚灵动，顺应事物的内在本质来自觉作为。"是以圣人无为也，故无败也；无执也，故无失也。"圣人跳出了对待，跳出事外，大公无私，非利生存，顺其自然，顺应万事万物的内在规律而为，所以，他没有失败。圣人心中没有私欲，处虚灵动，灵通万有，行其当然，随时随地应变、通变、化而欲作，阗之以无名之朴，所以，他不会失去。《文子·符言》曰："善游者溺，善骑者堕，各以所好反自为祸。得在时不在争，治在道不在圣，土处下不争高，故安而不危，水流下不争疾，故去而不迟。是以圣人无执故无失，无为故无败。"

"民之从事也，恒于其成事而败之。"人们做事的时候，越接近成功就越困难，往往做到几乎快成的时候失败了，就是因为他不能把握成功的契机，功亏一篑。在做事的时候，有为有执，常常带有很多偏执和私利的作为，不能因势利导，不能顺应事物的发展规律。

"慎"，真心。"故慎终若始，则无败事矣。"真心做事，始终不变其初心，有平和的心态，不考虑私利，心中无事，才能有成。一开始用真心，到结束的时候真心不变，从头到尾都是用真心来处理事情，抱一清静，善始善终，这个事业就不会失败。修炼中如果能跳出自我，站在别人的角度上去考虑一下，换位思考，从矛盾的整体上去俯瞰它，当把整个矛盾看清楚了以后，就知道问题应该从什么地方解决，才能够得以长久。存诚子诗颂："此生发愿作真人，直往九层台上行。管它根利与根钝，矢志修真必能成！"

吕祖曰："为者易败，执者易失，全在着而不着于外。清心静意于内，是以为作者、执著者，避阳就阴之病也。圣人无为亦无败，无执亦无失。何也，因其心不在焉，视而不见，听而不闻，食而不知其味，空空洞洞。二个气象，有有无无，两段景象，圣人学道如此。民者，气也。若有则败，若无成矣。从事，是有了。民之从事常于几，故败之。慎终如始，言其先静而后动，虽有景象从静中而来，亦从静中而返。本来面目，庶乎不失。"

"是以圣人欲不欲，不贵难得之货；学不学，复众人之所过；能辅万物之自然，而弗敢为。"因此，圣人非利生存，追求众人所不追求的，不看重难以得到的财货;学习众人所不学习的,补救众人常犯的过错。使万物遵循自然规律,自然而然,而不会妄加干预。

"圣人欲不欲,不贵难得之货。"圣人非利生存,追求的是"不欲",追求事物的平衡,朝着阴阳平衡的方向不断地努力,把中和圆融当作自己的欲望,清静为天下正。工作、学习都守在清静的本心上,应物不迷。跳出事外,不珍贵难得的货物,不会被物质世界的稀有物品所迷惑,不去执着于那些难于得到的东西。圣人立有而用无,利用世间的一切,让人们觉悟自己的本来面目、觉醒人性,即物而忘物,而不是让人执着于财货。

"不学",不用学就会。如眼睛看东西不用学,耳朵听声音不用学,鼻、舌、身、意也是这样,不用学就会用。"复",补救。"过",众人的经验、经过、积累、走过的弯路。"学不学,复众人之所过。"圣人常应常静,学习的是人们"不学"的那些东西,不是学习知识,而是开发智慧。他觉悟了本性,放下了知见,用本心观照,觉于受而不去想,什么都明明白白,像一个旁观者一样。适时顺物,而不干涉,这是圣人一种最简单的,也是最基本的学习方法。他不在乎世俗的学问,不学习利益社会中的钩心斗角,而是往非利生存的智慧方向学习,抱无名之朴。我们的识性只是自己觉知本性、觉醒人性的工具,而不是目标。当我们融入道体,与历代祖师的道德思想融为一体,心心相印,就能觉知一切。用本心观照众人的有为之心,观照众人走过的弯路,补救众人常犯的过错。

"辅",佐。"自然",内在本质。"能辅万物之自然,而不敢为。"万物都有内在本质,应该因势利导,自然而然。圣人顺应了万物的内在本质,与自然界万物一样,自然的成就,不加一点造作,不加一点私欲。这种和谐同步的前提就是不干扰事物的本然,忘我无念,从非常微小的积累开始,然后达到非常大的这种成就,这都是圣人经常保持的一种状态。他顺应了万物的本然,所以他能够无所不为。

吕祖曰:"圣人学道,全在于心。心静故无败事,心静欲才不欲。毫发不生,谓之欲不欲。故不贵难得之货,心静故愚。愚故不学,谓之学不学。道从何学,亦从何传,心静似愚,即道也。将何学焉,故学不学。学不学,复我本来。与众不同,故复众人之过。生兮动兮,长兮灭兮,随阴阳之气,听其自然之始。天地万物,总不过二气化育,故辅万物之自然。因有败有失,听天然而不敢为。"

第六十五章　大顺

善为道者，恒知玄德，空性自在，乃至大顺

　　古之为道者，非以明民也，将以愚之也。民之难治也，以其知也。以知知邦，邦之贼也；以不知知邦，邦之德也。恒知此两者，亦稽式也。恒知稽式，此谓玄德。玄德深矣、远矣，与物反矣，乃至大顺。

　　本章讲述大顺，善为道者，恒知玄德，空性自在，乃至大顺。老子在本章讲述执玄德而握造化之机，窈窈冥冥，默默常存，与混沌符合。浑然自得而德在，寂然自守而守成。无为宽大治平天下，民之福。有为严谨宰制下民，国之贼。返璞归真，以复性真；循其天行，以至大顺。

　　"古之为道者，非以明民也，将以愚之也。民之难治也，以其知也。" 古代按照道作为的圣人，不是用利益心对待百姓，而是用质朴心引导百姓。老百姓之所以难以统治，是因为人们的知见心太重了。

　　"古之为道者"，自古以来为道的圣人，掌握了天道，懂得运用天道来处理现实存在的具体问题，从整体上来看待邦国和身体，而不是分割开来看。《道德经》从头到尾，讲的都是无名之朴和自然之道，从整体上怎样去认识它，怎样去同化它，怎样取得长生久视之道。《文子·道原》曰："执道以御民者，事来而循之，物动而因之；万物之化无不应也，百事之变无不耦也。"用道来治理百姓，就是要遵循事物发展的客观规律，顺应事物运动的趋势。这样，万物的变化就无不相应，各种事物的变化就无不关联。

　　"非以明民也，将以愚之也。"圣人不是用利益心、知见心对待百姓，不以智御下，而是绝圣弃知，绝仁弃义，绝巧弃利，去其知见机谋，导之以清静，让老百姓复归于纯朴，用质朴心来引导老百姓。就悟道而言，相对于身体这个主体，整体的一面就是质朴若愚，朴实厚道，没有知见机谋，心念清静，不讲个人利益，无私无我，非利生存的。

"民之难治也，以其知也。"老百姓之所以难以统治，是因为人们的知见心、利益心太重了。如果统治者的利益心很强，以智御下，则老百姓的利益心就强，就会饰智以应上，智多则诈兴，这样就很难治理。人的心念清静，心里就安定；心念妄动，心里就不安，千思万想，无所不至。如果治身而以智自役，用知见心来治理身体，就是弄精魂，泄精神，则神明不安。

吕祖曰："民者气也。为道之士，非以明气之往来升降之理，要混然不动，万象皆空，自有一番景象，何必求明民之说耳，明中若愚，故将以愚之。如今修道之士，只求于说，不务无为，为气之枢转，自难主持，故民之难治可知矣。智者，明白了然谓之智。俗语有云，聪明反被聪明误。学道者，愚而能笃，诚而能守。"

"以知知邦，邦之贼也；以不知知邦，邦之德也。恒知此两者，亦稽式也。恒知稽式，此谓玄德。"用知见来治理国家，相当于盗窃国家的精华；不用知见而是道德养化国家，相当于集聚国家的福德。明白了这两者之间的道理，非利生存就是治理国家的法则。懂得并掌握这个法则，就是"玄德"。

"以"，用。"知"，心对信息进行分辨后所获得的固定认知。"贼"，害。"以知知邦，邦之贼也。"用知见和法令来治理国家，其政察察，其民缺缺，就相当于在偷窃国家的精华。国家的精华本身是来自自然，来自天地的哺育。如果国家的治理者以天下为家，激发私欲，从治理者到百姓，都是为了利益而作为，整个体系就会处于危险的境地，水深火热。如果以察察制意念，强行抑制意念，不但不能止息意念，反而耗精费神，越来越乱，相当于是盗真气，为身之贼。《文子·道德》曰："以事生事，又以事止事，譬犹扬火而使无焚也；以智生患，又以智备之，譬犹挠水而欲求清也。"

"以不知知邦，邦之德也。"如果不用知见和法令而是道德养化国家，按照纯朴的自然规律无为而治，绝圣弃知，民利百倍，就相当于在积聚福德。如果一个国家的治理者以天下为公，无私无欲，纯朴厚道，这样就能引导百姓返璞归真，使整个社会体系处于和谐圆融的境地。如果以闷闷忘意念，心息相依，知道有念，知道无念，知道就行，不待用心强制，而杂念自然不生。杂念不生，则百神平泰，万气皆融，忘形抱道，为身之德。

"稽式"，准则、法式。"恒知此两者，亦稽式也。"摆在我们面前同时存在的这两种治理方式，一种是用知见和法令，以天下为家的利益生存方式去治理国家，整个体系就会处于危险的境地，水深火热；一种是不用知见而是道德养化，以天下为公的非利生存方式去治理国家，整个体系就会处于和谐圆融的境地。明白这两者之间的道理，非利生存就是治理国家的准则。《文子·上义》曰："治国有常而利民为本，政教有道而今行为古。苟利于民，不必法古。苟周于事，不必循俗。故圣人法与时变，礼与俗化。"治国有准则而以利民为根本，政令和教化如果以道为准则就会得到尊重。如果有利于民众，那就不必效法古人；如果有利于事情的圆满，那也不必顺从于民俗。所以圣人制定法令随时代的变化而变化，礼仪随着民俗的变化而变化。

"恒知稽式，此谓玄德。"如果能够坚持使用非利生存的大道，以天下为公来教化民众，引导人们返璞归真，使整个社会体系和谐圆融，人们生活自在快乐，这就是玄德。人悟道就是以道心化人心，空性自在，意不妄动，念不乱起，智巧不生，无思无虑，安于恬澹，处于无事，就是玄德。执玄德而握造化之机，窈窈冥冥，默默常存，与道合真。

吕祖曰："以智治国则国失，国者身也，太明为国之贼。似愚非愚，若不笃而诚者，是不以智治国之人。身形康健，容貌温和，三宝内固而不泄。身享太平，无魔侵害，如天地皆春，长生不死，皆因湛寂窈然，空洞无为之道也，谓之不以智治国，为国之福。古之善为道者，故能知此贼、此福之两者，就楷式了。楷式者，清静而安，高明而和。不言不动，无有无无，湛然常寂，非白非青，恒常坚固之体，金刚不坏之身，谓之楷式。与道同体然，如是能知楷式者，是谓玄德之道。"

"玄德深矣、远矣，与物反矣，乃至大顺。"玄德与道合一，空性自在，深不可测，远而难量，与利益生存中的事物相反，复归到真朴，非利生存能极大地顺从事物的内在本质。

"玄德深矣、远矣。"玄德与道合一，空性自在，无我无私，深不可测，深到没有办法去琢磨，他太遥远了，远而难量，涉及我们前面所说的早服的那种理念，他是从整体出发，把握枢机，知白守黑，执一为天下牧。

"物"，物生于土。"与物反矣"，天地万物生于有，都是从顺而生，生老病死，唯有道与物是反着来的。道体同一性的那一面是非利生存的，与利益生存中的追求是相反的。那么反到事物的反面去的时候，从有的一面反到无的一面，人的心态就适应不了。人的存在要符合于道。道是立有而用无的，让人们在利益中进化，提升生命境界，逐步地进化到非利生存的这种境地。当积累到一定程度以后，豁然贯通，它就反过去了。

"乃至大顺"，空性自在就是大顺，没有争斗心，没有是非心，心虚能容，无物不容，无物能伤。人类社会进化到非利生存的这种境地，就顺应了事物的内在本质，人心归顺道心，这样就回到空性自在的状态中来了，与道合一。每一个人都以劳动为人生快乐，人人都发挥自己的特长，互相尊重，人们在高尚的道德境界中互动互化地进行生产协作和共同消费。整个体系呈现圆融运动，这种圆融运动是永恒的，性能互补，互依互存，形成浑然一体的体系。生命真正达到自在、快乐、健康、智慧。存诚子诗颂："俗人昭昭我昏昏，机巧新时诈伪兴。返璞归真归何处？归向童心太朴心。"

吕祖曰："玄德者，仰之弥高，瞻之在前，忽焉在后，致中和之道。莫见乎隐，莫显乎微，故古之善为道者。必慎其独也，如此可谓深矣、远矣。天地万物，俱从顺生，惟道逆之，谓之与物反矣。如是乃至于大顺，从逆而顺，从顺而生，复返于逆，归于太玄，入于上清，保合太和混沌之体也，谓之乃至于大顺。"

第六十六章　善下
处下处后，卑谦自牧，善下不争，内外和谐

> 江海之所以能为百谷王者，以其善下之也，故能为百谷王。是以圣人欲上民也，必以其言下之；其欲先民也，必以其身后之。故居前而民弗害也，居上而民弗重也，天下乐推而弗厌也。非以其无争舆，故天下莫能与之争。

本章讲述善下，处下处后，卑谦自牧，善下不争，内外和谐。老子在本章讲述了有道的圣人内直外曲，在利益生存中有处上、处前、争先的能力，但他以处下、处后、无争的德性自居。以言下民，民忘其劳；以身后民，民忘其身。卑谦自牧，以此处天下，没有谁能与他相争。

"江海之所以能为百谷王者，以其善下之也，故能为百谷王。是以圣人欲上民也，必以其言下之；其欲先民也，必以其身后之。" 江海之所以能让百川归往，是因为它处在低下的位置，所以能成为百川之王。因此，圣人居于民众之上，必须有谦下的心态；领导民众进化，必须将自己的利益放在后面。

"谷"，山谷，山谷里面的河流小溪，都流到江海里面去了。"王"，归往。"善"，本来。"下之"，处在下方。"江海之所以能为百谷王者，以其善下之也，故能为百谷王。" 江海这些大的容纳者，能蓄纳一切溪流，百川众流都归往于大海，它能够为百谷之王，就是因为大海本来就处在最低处。人身以脐下丹田为气海，为五脏六腑生气之本。人若能谨守下丹田气海，守之不间，则百关之气自然朝之。存诚子诗颂："海样胸怀即是王，自处谦下是其长。金木水火归中土，土生万物道自扬。"

"是以圣人欲上民也，必以其言下之。" 真正有道的圣人，都是仁慈、谦虚、朴实、谦下的，犹如大海一样，这样才能聚集人心。成熟的麦子会低头。如果要领导老百姓，只有尊重老百姓，把自己的心态放得很低，能够容纳一切，沟通一切，言语和善、谦卑。就悟道而言，如果我们要领导自己身体整

体的升华，达到合道的境界，就必须倾听身体的感受，倾听身体的要求，尊重身体的自化，然后再做出自己的决定来。

"其欲先民也，必以其身后之。"真正有道的圣人，都能克制自己的欲望。如果要领导老百姓走向进化的方向，提升生命境界，就要把自己的利益放在老百姓的后面，非利生存。

吕祖曰："江海者，水之聚也。言其水善下之，故百谷者，天地万物也。水为天地之脉，为万物之滋，是以借水而譬之。水之最退、最弱、最柔、最和，天地万物，不能强之，不能远之。言其道与水同体，似退、似弱、似柔、似和，故水为百谷王，道亦然之。何也，水之善下故耳，道之能逆故耳。水之体，柔而不绝。道之体，柔而长生。总而言之，清之、静之足矣。水能川流不息，故以水譬之。水之势故然，是以圣人在上位而不骄，顺乎民情。学道而不骄，顺乎一气。圣人故欲上民，先以下之。故欲顺民，先以和之。"

"故居前而民弗害也，居上而民弗重也，天下乐推而弗厌也。非以其无争與，故天下莫能与之争。"因此，圣人虽然身处上位，而民众感觉不到压力；居于民众之前，而民众的利益没有受到伤害。天下人都乐意拥戴他而不厌恶他。因为他大公无私，不与任何人争辩，所以天下没有人能争辩得过他。

"故居前而民弗害也"，圣人处在民众的前面，他是非利生存，利而不害的，给民众带来的都是一种积极的信号，一种帮助、协调、沟通，休养生息的环境，民众心情就会很愉悦，就会感戴这个圣人，这就是处前而民不害的状态。

"居上而民弗重也"，圣人处在民众之上的时候，他是无为而治的，民众只知道他的存在，不会把圣人当成依靠的对象，而是依靠自己和发展自己，这种状态就是处上而民不重的境界。

"天下乐推而弗厌也"，有道的圣人明白了道理，明白了江海的这种性质，心量广大，犹如虚空，包容一切，天下的民众都乐意拥戴他，由他引导着民众走向成功，而民众不会厌倦他。

"非以其无争與，故天下莫能与之争。"有道的圣人以虚为身，以无为心，以天下为公，非利生存，他不与民众争名誉地位、争辩是非，不求回报，利物无我，为而不争，随着民众的要求而变化的，所以怎么变他都能够适应，天下没有人能争辩得过他。

吕祖曰："故不重不害，居上以退、以弱、以柔、以和，则民无变。道以退、以弱、以柔、以和，则气不骤，故无重无害。无重无害，则民不争、气不散。以清以静，居上之体，守道之要。譬言天地万物莫如水，道莫如气，气莫如心，心死道存，心默道守，安和泰山，稳如盘石，万缘不挂，毫发不染。莫如静，静则无争。除水之外，道之外，莫能如是无争，故莫能无争。不争则不害，不害则不重，不重则不前，而先后之不前则不下，不下则居上不骄，不骄则能为百谷王。能为百谷王者无他，言其善下也。善下者，为水为道，故以江海言之。是以圣人莫能与争。"

第六十七章　三宝
慈爱利他，俭朴无我，处后无私，与道合真

> 天下皆谓我，大，不肖。夫唯大，故不肖。若肖，细久矣。我恒有三宝，持而宝之：一曰慈，二曰俭，三曰不敢为天下先。夫慈故能勇，俭故能广，不敢为天下先，故能为成事长。今舍其慈且勇；舍其俭且广；舍其后且先，则必死矣。夫慈，以战则胜，以守则固。天将建之，如以慈垣之。

本章讲述三宝，慈爱利他，俭朴无我，处后无私，与道合真。老子在本章给出"慈、俭、不敢为天下先"的生存原则。修心既要做到慈爱俭朴，人心归于道心，又要在本心的主导下，放下一切欲望，降低自己的消耗，积聚能量，回归道体，与道合真。

"天下皆谓我，大，不肖。夫唯大，故不肖。若肖，细久矣。" 天下的人都说我的道，广大无边，没法用具体的形象描述。正因为它很大，所以才没法用任何具体的东西描述。如果可以用某一个具体的东西来描述，那么他就变得微不足道了。

"大"，人得一。《六祖坛经》曰："若见一切人恶之与善，尽皆不取不舍，亦不染着，心如虚空，名之为大。""天下皆谓我，大，不肖。"天下的人都说老子讲的道，充遍万物，广大无边。大是人得一，涵盖一切，犹如虚空，与道合一。没有形状，没有办法看清楚，也没法用语言描述。

"夫"，超出天外。"夫唯大，故不肖。"因为大超出了天外，超出了时空，无可比拟，无可形象，超出了人的思维范畴，所以，没法用语言来描述。《金刚经》曰："凡所有相，皆是虚妄。若见诸相非相，即见如来。"

"若肖，细久矣。"如果说道可以用一个具体的形象来描述，能够显形让人们看得见，那么就变得微不足道了。《金刚经》曰："若菩萨有我相、人相、众生相、寿者相，即非菩萨。"

吕祖曰："世人罕知，皆谓之大。大不足以进道，微足以进之。天下指众而言也。天下皆谓我大，故似不肖。不肖者，言我大而不微，殊不知正所谓道。夫惟大故似不肖。若肖久矣，其字，指道而言。细字，言道之莫见乎隐，莫显乎微。"

"我恒有三宝，持而宝之：一曰慈，二曰俭，三曰不敢为天下先。"我有三个法宝，应当持有和珍贵：第一个是慈爱、利他；第二个是俭朴、清净；第三个是处后、明觉。

"一曰慈"，第一个是慈爱、利他，没有嗔恚心。对人对事无不仁慈，处处爱人，处处仁慈，慈厚以怀众。慈爱就是对万事万物的一种信号感应，这个信号是静动互补，阴阳互长的，借用与对方聚合的一种信号和能量来互补。当我们静下来的时候，用慈爱的心神与自己所接触的这些事物聚合，就能产生元炁能量而起到互补的作用，这就是最好的一种调整。

"二曰俭"，第二个是俭朴、清净，没有贪欲心。保持心地清静，自守约于心，不耗于物，凝聚先天能量，正气充足，复归于朴。俭约以率下，少私则神不荡，寡欲则心不摇，俭语则气不耗，降低自己的消耗，不断地集聚能量，心如虚空，让自己立于天地之间。

"三曰不敢为天下先"，第三个是执后、明觉，没有争斗心。执后而不争先，留出空间，理智清明，不把自己的利益放在众人的前面，而是非利生存，海纳百川，能够成长一切事物，利而不害，做到恰到好处。不去争先，常行恭敬，以天下为公，为而不争，不跟民众争利益。诚如《易经》所言："见群龙无首，吉。"存诚子诗颂："敢为先而不争先，还有两宝慈与俭。争先者亡不争顺，怀抱三宝扬长鞭。"

吕祖曰："修道者，笃慎谨守，无不合道。何为道，我有三宝，笃慎之人。一曰慈，二曰俭，三曰不敢为天下先。慈者，惇厚也。俭者，素风也。不敢为天下先，退守也。仁厚和顺，清静无心者，能之；忘物忘形者，能之；舍己从人者，亦能之。"

"夫慈故能勇，俭故能广，不敢为天下先，故能为成事长。今舍其慈且勇；舍其俭且广；舍其后且先，则必死矣。"有了慈爱，有为民众做事的勇气；有了俭朴，作为的机会广大；不把自己的利益放在前面，就能成就一切事物。如果舍弃慈爱而追求勇敢；舍弃俭朴而追求广大；舍弃处后而争夺利益，就只有死路一条！

"勇"，正气的精神力量。"慈故能勇"，有道的圣人对于天下万事，就像慈母对于幼子一般，有慈爱之心，能利益众生，爱人如爱己，使人心受到感化，则得道多助，就能克服任何困难为民众做事，这就是勇。慈爱有那种无穷的正气，这个正气是取之于自然，然后还之于自然的过程。这个过程就使得圣人的存在，有长生久视，根深蒂固的这样一种状态。

"俭故能广"，有道的人有清静心，能放下一切欲望和妄念，降低自己的消耗，用道朴来充实和拓展心胸，发挥的作为就非常广大。人的神性一旦启动以后，他自动就能够做到很完美。

"不敢为天下先，故能为成事长。"有道的圣人遵循一切事物的规律，法自然而为，以天下为公，留出空间，把自己的利益放在天下人的后面，谦下不争，就能成就一切事物，事情就没有做不好的。他懂得从整体的这一面来作为，知道怎么样去慈爱这个整体，回到那个整体中间去。只有把自己的利益放在后面，才能扶助天下人的成长。

"今舍其慈且勇，舍其俭且广。"现在许多人，没有仁慈的精神，没有仁爱心，自尊自贵，自矜自伐，弱肉强食，只晓得好勇争利去伤害别人，什么坏事都敢做。心生贪念，不讲道德，崇奢尚侈，追求消费，享受生活，广招是非，欲望越来越广大，消耗了许多自然资源，也消耗着自己的生命。

"舍其后且先，则必死矣。"现在许多人，好处物先，耻居人后，把个人的利益放在前面，强取豪夺。这样发展下去，自私自利，贪婪无穷，争斗无穷，就彻底完了。这是老子对他当时的时代所作的批判，有这样一些生活方式的人，或者有这样一些思想的人，的确是非常危险的。

吕祖曰："慈虽敦厚，内有勇存，俭有素风，其量含洪，后常退守，自广自大，人莫能知，慈故能勇。无勇空柔，故不成。俭有素风，常素不强，空温不成，退而不先，空守无益，若图勇广而不柔和，若图先而不后，如是者，其器不长。器者，中宫也。勇广而加乎先，死矣夫，岂不嗟乎。和柔退守而固，刚柔相当，阴阳合宜，乾坤有序，夫妻和合，子母不离，全在乎不肖。天可保也，以慈恒存。总不过退守灰心，柔和绝意，慈俭断情。故六贼不侵，三尸无害。我以空防之，不假门户。从何入来，故曰清而慈，静而俭，忘形物而不先。"

"夫慈，以战则胜，以守则固。天将建之，如以慈垣之。"慈爱，用于战争就能取胜，用来防御就能固守，天要救助人们，就用慈爱来保护他。

　　"夫慈，以战则胜，以守则固。"治理者唯有真正的慈爱仁惠，做到非利生存，互补包容，如父母爱儿女一样的仁爱，把自己的部下，都视同为自己的子弟，这样，众人就能成就他，万众一心，仁者无敌，战无不胜。在战争中才不会打败仗，处于防御时期时，则是团结坚固。不但带兵作战是如此，就是领导一个机构，领导一个工厂、一个公司，也是如此。

　　"垣"，墙，保护。"天将建之，如以慈垣之。"一个人真到达了慈爱心充沛于内在时，以慈爱来对天下万事万物，有了这个本质，就能够凝聚慈善能量，而得到天道的保护。赠人玫瑰，手留余香。慈爱本身是共性的这一面，老子在这里给我们开启了慈爱的大门。

　　吕祖曰："嗟夫，道之大矣，微矣，人不知其微而皆曰大，故不肖。不肖久矣，总皆谓之慈也。空虚若有，实中还无故器成，器成不死而曰道。惟守慈可以长生。慈者，谨慎笃厚，内和其光，外敛其形，内外贞白，是谓慈。众皆曰大而不肖，道成者，不肖久矣。"

第六十八章　不争
与人无争，用人之力，处中处和，玄妙合天

> 善为士者，不武；善战者，不怒；善胜敌者，弗与；善用人者，为之下。是谓不争之德，是谓用人之力，是谓配天，古之极也。

本章讲述不争，与人无争，用人之力，处中处和，玄妙合天。老子在本章讲述用刑和用兵的策略，以"不争之德，用人之力，是谓配天"为教。与人无争，与己不争是和谐之宝，处中处和，玄妙合天。不争之德，用人之力，都是仁爱，故能配天，是符合天道的。以此修身，则形存寿永。

"善为士者，不武；善战者，不怒；善胜敌者，弗与；善用人者，为之下。" 有善心的将领，不逞其勇武；以善心作战的将领，不会轻易被激怒；以善心胜敌的将领，不与人正面交锋；以善心用人的将领，有谦下的心态。

"士"，刑官，将领。"武"，从止从戈，止于戈斗。"善为士者，不武。" 善心是化解邪恶、化解怨气的力量。有善心的将领，以道为理，以德为教，他是仁慈的，懂得应用智慧，慈心应事，示以淳和，不以暴制暴，而是不战而屈人之兵。他不会遇事而逞能，不会强为。

《庄子·大宗师》曰："圣人之用兵也，亡国而不失人心；利泽施乎万世，不为爱人。故乐通物，非圣人也；有亲，非仁也；天时，非贤也；利害不通，非君子也。" 古代圣人用兵，灭掉敌国却不失掉敌国的民心；利益和恩泽广施于万世，却不是为了偏爱什么人。所以，乐于取悦外物的人，不是圣人；有偏爱就算不上是仁；伺机行事，不是贤人；不能看到利害的相通，算不上是君子。

"怒"，临事而暴其气。"善战者，不怒。" 以善心作战的将领，有真正的智慧，无心于战，事不得已，迫而后起，能放下名利，内心无忧乐，通达不多变，无嗜好欲念，神不因物累，心境平和，以慈为善，指挥作战时不会轻易被激怒。处理问题很柔和，用平和心善待一切。

"与"，交兵也。"善胜敌者，弗与。"以善心胜敌的将领，上因天时，下尽地财，中用人力，不言而信，不施而仁，不怒而威，不给敌人任何一点交战的机会，没有一点漏洞。慈和不争，和则善胜，使敌人无以措其兵，无以施其谋，无以展其能。

《淮南子·兵略训》曰："得道之兵，车不发轫，骑不被鞍，鼓不振尘，旗不解卷，甲不离矢，刃不尝血，朝不易位，贾不去肆，农不离野。招义而责之，大国必朝，小城必下。因民之欲，乘民之力，而为之去残除贼也。故同利相死，同情相成，同欲相助。顺道而动，天下为向；因民而虑，天下为斗。"得道的军队，战车不必启动，马匹不必套鞍，战鼓不用擂动，军旗不必展开，铠甲不遭箭射，兵刃不沾血腥；官员不必更改职位，商人不必离开店铺，农夫不必离开田地；举正义而斥责不义，这样大国必定归服朝拜，小国必定不战而降。顺应民众的意愿，凭借人民的力量，铲除残暴奸贼。所以说利益一致的人就会拼死相报，情感相投的人会互相成全，愿望相同的人就会互相帮助。遵循天道而行动，天下人就会向往应和；按人民的意愿而行事，天下人就会为之奋战。

"为之下"，以身处下。"善用人者，为之下。"以善心用人的将领，必得人心，心态谦下，能够尊重他人，态度谦和，姿态低下，有容德乃大，让人们能够充分地发挥，人尽其力，借他人之力而成就自己的所为。

吕祖曰："善为士者。士字，作道字看。善能固守道者，似天之虚，地之宁，山静水清而不武。不武者，静极不动也。善为道之士，至清而不动。善战者，听天机之自然，不假造作，无系于心，无关于情，无动于念，听天机之自转，无毫发之染，故不怒。善胜敌者，强则多败，柔则克之，以气御气，无种于情，不假乎争，空中胜之，无里争之，以无、以空故不争。善用人者，人即是先天，到无为处，我不能用乎人，人不能用乎我，随二气之周流，任五行之运动，不用修为而为之下。"

"是谓不争之德，是谓用人之力，是谓配天，古之极也。"这就是利物无我，平和虚静，处下不争的品德；这就是团结众人，凝聚人心的力量，这是配得上天道的德性，是自古以来最高的法则。

"是谓不争之德"，不争之德是利而不害，非利生存，天下为公的，没有利益心，利物无我，是有道者所为。上德之人借助别人的好争，成就自己的不争。上德之人因势利导地去帮助下德之人，那个下德之人就高高兴兴地在利益中实现了自己的愿望，也实现了那个上德之人的愿望。

"是谓用人之力"，能用人力者，必得人心。悦以使人，人竭其能。上德之人不武、不怒、不与、不先，所以，善于团结众人，凝聚人心。谦虚下人，人竭其力。团结就是力量，团结互助，借用众人的力量。大德借用无德，上德借用下德，千军万马也就在其中。比如打太极拳，不是与人比力气的，而是借对方的力量打对方的，以柔克刚。

"是谓配天，古之极也。"以道德的精神来做事、管理人，是符合天意的。善胜是不争之德，为下是用人之力，能如此的人，能够放下自己的欲望，以天下为公，非利生存，互补团结，把自己摆在最低位置，犹如海纳百川，众流归海，这是配得上天道的德性，德配天地，是能够做天子的人，这是从远古到今天不变的原则。存诚子诗颂："有为之术小术胜，无为之道大道行；有作法门人练气，无作静虚炁炼人。"

吕祖曰："如此者，是谓不争之德。德者，道也。不争之德，即是无为之道。如此者，是谓用人之力。静极气生，气生神化，神化归空。力者，道力也，如是谓用道之力。如此者，是谓配天。天以无为而治，道以无为而成。玄妙合天，谓之配天。古以淳化之风，道以淳化而成，天之高也、虚也，古之淳也，道之玄也，皆到至极精微之处，谓之配天。古之极皆从一善来，故能不武，善战不恕，胜敌不争，能用人之士，为下者故能配天，古之极。"

第六十九章　用兵

尊重客观，把握因势，凝聚气势，所攻必克

　　用兵有言曰："吾不敢为主而为客；吾不敢进寸而退尺。"是谓行无行，攘无臂，执无兵，乃无敌矣。祸莫大于无适，无适几丧吾宝。故称兵相若，则哀者胜矣。

　　本章讲述用兵，尊重客观，把握因势，凝聚气势，所攻必克。老子在本章讲述用兵的战术，这个兵法，在世界军事哲学上也公认是最高的，是上乘兵道。名之为战，而实无所战，不武、不怒而不与。用兵如同治身，以道退守为上，随天机之舒动，任阴阳之运行，不待造作而为道。

　　"用兵有言曰："吾不敢为主而为客；吾不敢进寸而退尺。"是谓行无行，攘无臂，执无兵，乃无敌矣。"上古兵书中说：我不主观，而是尊重客观，知己知彼；不敢冒进一寸，宁愿退守一尺，让出空间。所以，占据地势，制胜于未战，以无行而制有行；把握因势，以慈制敌，以无为而制有为；凝聚气势，以德行师，以无形而胜有形；行之以机，发之以势，所攻必克。

　　"用兵"，兵法。《文子·上义》曰："古之用兵者，非利土地而贪宝赂也，将以存亡、平乱、为民除害也。""用兵有言"，这是上古老祖宗的兵法，这个兵法在世界军事哲学上公认是最高的。

　　"吾不敢为主而为客"，有道的将帅有善心，不主观臆断，而是真正的尊重客观形势。不主动地去挑起争端和战事，而是客观地去处理争端和战争问题。人的生命状态应该是和谐的，应保持心神合一，心息相依，心态谦和，但是在生活中慢慢沾染了浊气，身体就会暂时地失去平衡，出现正气与浊气的交锋，就相当于战争，对人来说就有一定的消耗。

　　"退"，退一步海阔天空。否卦退一步是泰卦；未济卦退一步是既济卦。**"不敢进寸而退尺"**，有道的将帅以善来化解矛盾，不贸然进攻，而是积极防守；进寸则有争，退尺则无敌，退归于一，以静制动，把握全局。进一寸腹

背受敌，退一尺却一击成功。这里的尺和寸，只是象征比较短的距离，并不是实际的一尺和一寸。把这个调整的空间让出来，而且是成十倍的这种尺度让出来，迫敌先动。存诚子诗颂："静之又静识妙本，虚之又虚见天心。无为即是大有为，不动干戈定乾坤。"

"行"，行师。"行无行"，真正懂得兵法的将帅，制胜于未战。行师止敌，不逞其勇武，善胜不争，见人所不见，在敌人没有行师之前，就已经勘察好了地势，占据有利地形，布置好了阵形，做好了战斗的准备，以无行而止敌。迫使敌方先于我方行师，暴露他们的形迹和意图，取得战争的主动权。示之以柔，而迎之以刚。

"攘臂"，怒。"攘无臂"，真正懂得兵法的将帅，以慈制敌。善战不怒，知人所不知。善于把握因势，以逸待劳，将领充满勇气，士卒果断勇敢，虽然要攘臂奋起抗争，但却看不出来有任何抗争的迹象，以无为而制有为。迫使敌方烦躁，疲倦混乱，精疲力尽，在敌方露出破绽之机，抓着机会，乘虚而入，一击必杀，发挥我军的威力。示之以弱，而乘之以强。

"执"，执持。"执无兵"，真正懂得兵法的将帅，以德行师。慈和不争，上因天时，下尽地财，中用人力。不言而信，不施而仁，不怒而威。举正义而斥责不义，顺应民众的意愿，凭借人民的力量，凝聚气势，上下一心，以无形而胜有形。遵循天道而行动，天下人就会向往应和，这样大国必定归服，小国不战而降。

"乃无敌矣"，真正懂得兵法的将帅，以德行师，以慈制敌，制胜于未战。上遵天道，下习地形，中察人情，止如丘山，发如风雨。虽无欲战之心，亦不轻敌。在战略上轻视敌人，在战术上重视敌人。出入无形，莫知其端。行之以机，发之以势，所凌必破。举正义而斥责不义，天下民众自然向往应和，处于无敌之境。

吕祖曰："借兵以喻气，言道无用心处，无着意处。用兵有言，起下文之意。修真者，不敢为主。主者，用心着意是也，客者，我真也，清静天真，候二气来升，不敢勇于前而退于后，一段中和之气，天地位焉，万物育焉，在乎精粹纯一，常处中和的景象，是谓行无行，攘无臂，任天河之水流。仍无敌，待他生而我方迎之，执无兵他虽胜，我以柔制之。"

"祸莫大于无适，无适几丧吾宝。故称兵相若，则哀者胜矣。" 祸患没有比不知道敌情而冒进更大的了，不知道敌情而冒进，几乎丧失了我的"三宝"。所以，两军对战的时候，有斗志的一方能取胜。

"无适"，无法适应，不明敌情而冒进。"祸莫大于无适"，战争中最大的失败就是将帅不知道敌情而冒进。上不知天道，下不知地利，中不通人情，靠自己的主观去决断，没有尊重客观形势，不能知己知彼，自以为是，自高自大，实际上就是无适。

"几"，近。"丧"，失。"宝"，三宝。"无适几丧吾宝"，不知道敌情而冒进的将帅，舍慈且勇，舍俭且广，舍后且先，三宝丧失则动入死地，以战则败，以守则散，最后可能连宝贵的生命都会丧失掉。就修炼而言，丧宝指精气神而言，不知俭啬，没有清静心。《淮南子·本经训》曰：武侯曰："数战数胜，国之福。其独以亡，何故也？"对曰："数战则民疲，数胜则主骄，以骄主使疲民，而国不亡者，天下鲜矣！"

"哀者"，有斗志，有慈悲心。"称兵相若，则哀者胜矣。"两军对战，举兵相加，兵力相当，有道的将帅把士兵当作子弟，爱惜士兵的生命，凝聚力量，上下同心，士兵们保家卫国，视死如归则战无不胜。比如身体里面有病毒感染，免疫和病毒之间在战斗的时候，本心只需要清静无为，肯定就能打胜仗。如果心里很害怕，就会干扰细胞的运动，病情会加重。

吕祖曰："我若以意迎之、心取之，是我轻敌也。祸莫大于轻敌，轻敌者，几丧吾宝，致崩于鼎，漏于真，大道失矣，皆因抗兵相加之故，而不能胜。衰弱退后者胜之，用兵无他，中和而已。"

第七十章　知行
契理易知，简事易行，知行合一，被褐怀玉

> 吾言甚易知也，甚易行也。而人莫之能知也，而莫之能行也。
> 言有君，事有宗。夫唯无知也，是以不我知。知我者希，则我者贵。
> 是以圣人被褐而怀玉。

本章讲述知行，契理易知，简事易行，知行合一，被褐怀玉。老子在本章讲述"言有君，事有宗"，言语要有贞信，要明白言外的道；做事符合道德，要把握变化的枢机。圣人顺天道而行，以天下为公，非利生存，执玄德而为，和谐圆融。

"吾言甚易知也，甚易行也。而人莫之能知也，而莫之能行也。言有君，事有宗。" 我的话很容易理解，也很容易施行。但是天下人竟没有谁能真正理解，没有谁能真正推行。言语要有贞信，要明白言外的道；做事符合道德，要把握变化的枢机。

"言"，通己于人。"知"，明了，知道。心对信息进行分辨后所获得的固定认知。"吾言甚易知也，甚易行也。"老子讲的是天下为公、非利生存的乾道和坤德。人们从乾道的角度去思考就比较容易明白，放下个人私利；从坤德的角度去积累，提升人的潜在能量、提升生命境界，就比较容易做，无论从任何一个角度都能够运用。老子在这里感叹，一般人不究其宗旨的所在，而是根据自己的理解，推行于事相名物之中，不得其要。《易经·系辞传》曰："乾以易知，坤以简能；易则易知，简则易从；易知则有亲，易从则有功；有亲则可久，有功则可大。"

"而人莫之能知也，而莫之能行也。"天下很多的人都抱着自私的心去理解老子，迷于尘事，滞言而不悟，执于语言、文字而着相。不能放下私利，烦事而不约，没有清静心，怎么都理解不了。不能得言外之意，不能悟字外之理，与乾道相隔，所以，很少有人去真正践行坤德。

"君"，贞信，乾道。"宗"，枢机，坤德。"言有君，事有宗。"言语要有贞信，以乾道为主，把握住事物的根本，发现自己存在的问题，实现当下转念，空性自在，故言以乾道为君；做事符合坤德，以天下为公，把握住变化的枢机，真正实现内在的转化，提升生命境界，故事以坤德为宗。

老子所说的大道宗旨是顺天道而行，非利生存，道化天下，和谐圆融，使自己和社会整个得到升华和进化。但人们在利益社会中，往往只能从利益的角度来认识，在这种情况下，就很容易按自己的需求，错误地理解老子这个宗旨，不能得意而越于语言，悟理而超于文字。所以很多人在翻译《道德经》的时候，都是按自己既定的意识去翻译老子的思想，不能全面理解《道德经》的真意。

《文子·精诚》曰："末世之学者，不知道之所体一，德之所总要，取成事之迹，跪坐而言之，虽博学多闻，不免于乱。"后代求学问的人，不懂得道是产生万事万物的本原，德是认识万事万物的关键，而只是拿取一些已经成功了的事迹，相聚在一起，正襟危坐而津津乐道，所以他们自称博学多闻，没有提高生命境界，但却不能免于混乱。

吕祖曰："吾者我也，我非我之身，即我之神也。定于性，静于神，定静恒常，我难言妙。虽难，言易，而行甚易，谓之吾言甚易。道难乎知，知者易行，我知其易，天下莫能知。天下者一身也，气生于混沌，入于冥忘，昏默之中，不知我存，故莫能知，怕默之中，无有运用，随天机之自动，我不能为主，故莫能行。言者口口相授，片言一语之中，指点一二，就有了宗旨，有了把柄，谓之言有宗。君者心也，万事从心，心存意在，心死浑忘，浑忘之中，自有主宰，历历自验，谓之事有君。"

"夫唯无知也，是以不我知。知我者希，则我者贵。是以圣人被褐而怀玉。"正因为人们不明白非利生存的乾道，所以才不理解我。理解我的人很少，效法我的人就更难得了。因此，圣人内直外曲，外表穿着粗布麻衣，内心却洁净如玉。

"无知"，灵性全息感应，没有识性的分别而无所不知。"夫唯无知也，是以不我知。"正因为真正有道者的智慧到了极点，超出天外，灵性思维，无所不知，能从全息信息中直接感知事物的真相。他没有执念，没有固定的认知，以天下为公，非利生存，看起来好像是很傻的一样。所以，人们如果站在自私自利的角度上，于事执事，于言滞言，很难理解真正有道者的作为。老子一直倡导的是觉知，而不是知觉，主张在"道"的主导下，去发挥"有"的用。在平常人的利益观念里面，就认为是无知，所以老百姓就不知道他的真实意图。

"希"，少。"则"，法。"知我者希，则我者贵。"老子说真正能够觉知一切，空性自在，明白乾道法则，以天下为公的人太少了。真正能够顺应乾道，为无为，事无事，非利生存的人太贵重了。这个非利生存的乾道是宇宙终极真理，世界上的任何真理都要向他靠近，这种境界在控制着整个人世间的运动。人在知道了这种控制的原理以后，人就可以进入到乾道里面去，由坤德去控制整个社会，控制整个生命的运动趋势，回归于道。

"褐"，粗衣。"是以圣人被褐而怀玉"，真正有道的大圣人，他是顺乾道而行，非利生存的，以天下为公，以俭朴来充实心境，以道气来充实心身。内直外曲，外同人伦，好像是穿着粗布麻衣；内蕴坤德，内心洁净如玉。存诚子诗颂："大道至简大法易，奈何时人爱奇希。被褐怀玉藏不露，如人饮水惟自知。"

吕祖曰："夫惟无知乃能成道，是以不我知，独修独行，孤陋寡闻，坐如磐石，性似太阴，气若长河，川流不息之中，惟我自乐。知我者，是以希。希我知者，是以自贵。古之圣人，是以被褐，而外若无为，内实怀玉。玉者，虚灵之至宝，无为之至真，我之怀我之宝，怀我之真，是以天下罕知者矣。"

第七十一章　知病

无私为尚，有私为病，圣人不病，以其病病

知不知，尚矣；不知知，病矣。是以圣人之不病，以其病病也，是以不病。

本章讲述知病，无私为尚，有私为病，圣人不病，以其病病。老子在本章从前到后，揭示的一个道理，就是知病。圣人无所不知，不自以为知，是为真知。世人无所知，自以为是，这是大病。

"知不知，尚矣；不知知，病矣。" 有道者能觉知一切，非利生存，不以知自居，是为真知。不知道却自以为知道，自以为是，是为大病。

"知"，心对信息进行分辨后所获得的固定认知。"尚"，真知，尊崇。"知不知，尚矣。"有道的人能觉知一切，默而成之，了了见性，神同虚无，无所不知，但不自以为知，不以所知眩人，于知忘知，觉知而不住知，顺应自然而为，非利生存，没有私欲，在社会中很谦虚，很柔顺，这是值得尊崇的真知。

《庄子·养生主》曰："吾生也有涯，而知也无涯。以有涯随无涯，殆已。缘督以为经，可以保身，可以全生，可以养亲，可以尽年。"人的生命有限，而知见无穷，以有限的生命去追求无穷的知见，就会精疲力竭。做事顺应事物的本然，就可以保护生命，可以保全天性，可以修身养性，可以享尽天年。

"病"，妄知，错误。"不知知，病矣。"在社会中一般的人只知道利就是利，弊就是弊，于知强知，不能转化利弊、融通对待，于道本无所得、无所知，却自以为知。站在私欲的角度上装着很知道，以已知衡度未知，冒充非常了解，自以为是，这是一种有害的妄知。存诚子诗颂："知知知知非真知，病病病病却真病，一知半解作胜解，病入膏肓日日深。"

吕祖曰："上等之人不知其言，不知其修，故不知为真知，俱在先天中，一气运行，五行自转，阴阳无意而和，造化无意而成。如此观之，有何知之，是以不知为知，真知者不知。真知之人，凤根清静，谓之上。上不知之，溺

心者，专意者，死死运行，是为我病。夫惟二字，解作这个二字。如此死死运行，溺意专意者，不随天机自动，灵神自舒，强为我知，是以病，这个才为真病。"

"**是以圣人之不病，以其病病也，是以不病。**"有道的圣人没有妄知的弊病，正因为他知道妄知的危害，所以才没有弊病。

"是以圣人之不病"，有道的圣人立命于虚无，存性于空灵，能觉知一切，能转化利弊，他行不言之教，以天下为公，非利生存，在处理问题的时候，没有自己知见和私欲，就没有妄知的弊病，顺道而为，以公心去处理，而不是以私心去处理。《文子·符言》曰："众人皆知利利，而不知病病，唯圣人知病之为利，利之为病。故再实之木其根必伤，掘藏之家其后必殃，夫大利者反为害，天之道也。"

"以其病病也，是以不病。"有道的圣人因其非利生存，没有私欲和知见，能转化利弊，所以没有妄知的弊病。他知道妄知和私欲带来的危害，知道人的一切痛苦、烦恼和灾难都来源于私欲，所以在处理问题时就没有自己的私欲，天下为公，非利生存，使民自化。

吕祖曰："清心静意者，忘物忘形者，立命于虚无，存性于空灵，坐如磐石，气若流水，四时无寒暑，人以我为病，如此者，是以不病。圣人不病其病。人亦病之病，是以不病。"

第七十二章　知爱
毋狎所居，毋厌所生，自知自爱，去彼取此

民之不畏威，则大威将至矣。毋狎其所居，毋厌其所生。夫唯弗厌，是以不厌。是以圣人自知不自见也，自爱不自贵也，故去彼取此。

本章讲述知爱，毋狎所居，毋厌所生，自知自爱，去彼取此。老子在本章指出"民之不畏威，则大威将至矣"。告诉我们做人做事，要有敬畏之心。如果没有敬畏之心，是取祸之由。修身就是治天下，神髓全在一"道"字，入手就是一个"敬"字，在使民敬道而自化，不在立威以使民畏威。

"民之不畏威，则大威将至矣。毋狎其所居，毋厌其所生。夫唯弗厌，是以不厌。" 百姓不畏惧统治者的威压时，真正的危险将随之而来。不要让百姓无法安居，不要压制百姓的生存。只有不压制百姓，百姓才不会厌恶。

"民之不畏威，则大威将至矣。"人心惟危，人要有敬畏之心。如果百姓什么都不怕，不畏惧统治者的威压时，统治者真正恐惧的事将随之而来。人们无所顾忌，什么都敢干的时候，妄作妄为，神不守舍，这个社会的动乱也就开始了。《淮南子·人间训》曰："天下有三危：少德而多宠，一危也；才下而位高，二危也；身无大功而受厚禄，三危也。"

"狎"，窄，限制、约束。"居"，居所。"厌"，压制、厌恶。"生"，生机，气机。"毋狎其所居，毋厌其所生。"有道的治理者常存敬畏之心，不干涉百姓的生存，不限制百姓的居住，不压制百姓的生存。除情去欲，少私寡欲，尽量地使百姓能够吃得香甜，穿得漂亮，住的安适，过得快乐。甘其食，美其服，无厌其所生；安其居，乐其俗，无狎其所居。我无为而民自化，我好静而民自正；我无事而民自富；我无欲而民自朴。

"弗"，不，纠正。"夫唯弗厌，是以不厌。"只要治理者不压制百姓的生存，没有肆情纵意，能知止知足，老百姓自然会好好地生活，活得很快乐，

不厌恶治理者的统治。如果治理者使百姓狭其所居，厌其所生，而自己肆情纵意，就会乐极生悲。

吕祖曰："民者，先天至宝。威者，使也、用也。至道无使，至玄无用，冥然自生自化，不待作有为之事，虚灵至极。明其心，见其性。先天自生，流贯天下，意不使，心不用，至宝不畏其威，如此大威至矣。狭者，限于所，存于处。大道无所处，待先天见，自有着落，命即存矣，谓之无狭其所居。先天见，万国九州，无不通透畅然，性命从此合一，归于虚无之中，按天地之度数，合日月之仪，秉乾坤之象，符阴阳之气，同四时之生，化肃杀之机，长长如是，不假间断，谓之不厌其所生。夫惟，是这个二字，这个不厌，方是大道，是以道祖圣人，成道如此之不厌。"

"是以圣人自知不自见也，自爱不自贵也，故去彼取此。"因此，有道的圣人能觉知一切，不自我表现；爱以天下为公，不自显高贵。所以要舍弃"自见自贵"的毛病，追求"自知自爱"的德性。

"知"，一种认定性感应。"圣人自知不自见也"，有道的圣人常存敬畏之心，能觉知一切，防害于微，放弃自己的知见，达到无我的境界，他不会自肆其情，自我地显露。修真的人在修炼的过程中，直觉思维，保持高度的恣知状态，但不会去自我表现，自我表现出来的东西都是假的。诚如黄帝《金人铭》所言："内藏我知，不与人论技。"

"自爱不自贵也"，有道的圣人有清静心，能够做到神安心泰，自爱、自重，爱以天下为公，以乐乐人，不以乐乐身，不认为自己高贵而自贵。一般人有了学问、有了地位、有了钱，就认为自己了不起，自尊自贵，骄淫矜夸，自厚其生，那就完了。存诚子诗颂："大功生自大德行，潜修大道在红尘。自知自爱不自贵，豁然明心见真灵。"

"去彼取此"，去彼自见、自贵之心；而取此自知、自爱之心。自知者知道，顺天道而行；自爱者爱道，以天下为公。真正的自知、自爱是立足于非利生存的天道，舍弃私利层面的自我表现、自以为是。

吕祖曰："不厌者，无止其所生，无厌其所化，自生自化，内合天地阴阳之理，外成山岳不动之形，外静自然之静，内动自然之动，是以圣人自知其有，而不自见其形。自爱其道，而不自贵其形。是以圣人，去彼之形，而留此之真。血化膏，心化虚，形化气，而成自然之真。去彼之假象，存此之真形。圣人修道，不畏威也如此。"

第七十三章　天网
疏而不失，不争善胜，不言善应，不召自来

　　勇于敢者则杀，勇于不敢者则活。此两者，或利或害。天之所恶，孰知其故？天之道，不争而善胜，不言而善应，不召而自来，繟而善谋。天网恢恢，疏而不失。

　　本章讲述天网，疏而不失，不争善胜，不言善应，不召自来。老子在本章示人以天道，不可好勇斗狠，而应执柔而胜万，谦卑以自持，恬淡以为用，虚退以自全。老子讲述天之道："不争而善胜；不言而善应；不召而自来，繟而善谋。天网恢恢，疏而不失。"这个地方天之道很明显人格化了，表述了圣人无为而为的这种行为。

　　"勇于敢者则杀，勇于不敢者则活。此两者，或利或害。天之所恶，孰知其故？" 敢于妄为，就不得善终；守道无为，能保全自己。这两种做法，或者有利，或者有害。上天所厌恶的，谁也不知道是什么原因。

　　"勇"，勇气，实力。力之所至，气之所至，心之所至。"敢"，果敢，有胆量。不计善恶，不计后果。"勇于敢者则杀"，勇于敢的人，有勇气、有实力，但没有敬畏之心，什么都敢为，为满足自己的欲望而肆无忌惮，就只能逞匹夫之勇，不得善终。就悟道而言，欲死妄心在于决，如果对贪心妄念没有决断的心来制止，以心使气，随波逐流，做人做事没有敬畏之心，什么事情都敢，好为天下先，那就会招来一些意料不到的杀身之祸。

　　"勇于不敢者则活"，勇于不敢的人，能战胜自己的欲望，做事能用柔，处中处和，果而勿强，小心谨慎，就能保全自己。就悟道而言，欲生元神在于渐，常存敬畏之心，柔弱中和，无世尘所染，不敢为天下先，不敢妄为，尊道贵德，有生活的激情和热情，这样就能有无穷的生机。

　　"利"，带给人幸福，生之徒。"害"，带给人痛苦，死之徒。"此两者，或利或害。"勇敢的人和勇于不敢的人，会有不同的结果，或者给人幸福，或者

给人痛苦。勇于敢的人把自己的生死置之度外的时候就不容易死，他没有把死放在心里的时候，往往不容易死，这就是利。如果这个人盲目地继续勇敢下去，可能有比他更厉害的人就会置他于死地，这就是害。

"孰"，谁。"天之所恶，孰知其故。"天道是非利生存，天下为公，利而不害的，从来不和谁去争强，天道嫌恶的就是自私妄为，好勇斗狠。太刚强的东西，那么肯定就要得到折伤。

吕祖曰："勇者有三，有血气者，有强暴者，有果断者，此世之勇也。惟修真之勇，割爱坚固是也。勇于敢，则身心为利名所牵，命故杀矣。先天尽矣，三宝耗矣，真元死矣，故杀。虽勇未坚，此也，谓之勇于敢则杀。心静而空，意绝而忘，情欲断而无，常存柔弱中和，无世尘所染，戒慎恐惧之心，常常清静虚无，与天同体则真元来朝，一气周流，无毫发所染，湛寂自然，任二气流通，日月共照其道乃得，勇于不敢者此也。天地坏而真灵不崩，世世长存，谓之活也。内清真朝，内静气固，清静养神，灵虚死心，谓之活也。只有性存，命来固蒂，谓之活也。何也，言其利则杀。故害，天之所恶，盗其至宝，而不同天行事。天之所恶，风也、云也，迷乎宇宙而不清。天之所恶，雷也、电也，震乎而不宁。言人之好动而不好静，易迷而难清，此天之所恶也。天者，我灵也。意取耗其真，心存耗其精，息通耗其气，内运耗其神。如此者，我之真灵所恶也。天即我真也，我之真，精一纯粹，孰能知此者。孰能如此故，孰能知天恶，好动务有者，勇于敢也，故天恶之而杀。清静自然，笃慎谦柔，中和之勇，勇于不敢者，故天不恶而活，勇于敢者，易进而不成，勇于不敢者，难进而易就，是以圣人犹难之，何也。"

"天之道，不争而善胜，不言而善应，不召而自来，绰而善谋。天网恢恢，疏而不失。"天道就是不争而善于取胜；不说话却善于回应；不召唤却自动到来；坦坦荡荡而运筹于帷幄之中。天道就像一张充满虚空的网一样，世间没有任何事能遗漏。

"不争而善胜"，天道是非利生存，天下为公的，无是无非，没有私欲，不跟任何事物去争，但是他总是胜利者。而人们生活在二元对立的社会里，是是非非，为名为利，争来争去，身心受到极大的创伤，到头来还是撒手而去，什么也得不到。善胜，首先要战胜自己的欲望，克服自己的缺点。《文子·上仁》曰："道不以雄武立，不以坚强胜，不以贪竞得。立在天下推己，胜在天下自服，得在天下与之，不在于自取，故雌牝即立，柔弱即胜，仁义即得，不争即莫能与之争。"

"不言而善应"，天无言而四时行，地无言而万物生。得时而生，感物而应。天道生养万物，非利生存，没有分别心，从来不说话，但却会与人相互感应，如谷神之应。《黄帝内经·四气调神大论》曰："圣人春夏养阳，秋冬养阴，以从其根，故与万物沉浮于生长之门。"

"不召而自来"，天道所生的万事万物，都在天道之中，我们时刻都在道中。天道就在我们的身边，不召他也在我们的身边。天地不召而万物自归之，负阴抱阳，春生夏长。不用召唤，任运而响应，他就会自己来。

"繟"，宽舒。"繟而善谋"，天道运四时，非常的舒缓，非常的坦然，根本都不知道春夏秋冬是怎样变化过来的。《阴符经》曰："自然之道静，故天地万物生。天地之道浸，故阴阳胜。阴阳相推，而变化顺矣。"天之道是不以人的意志为转移的。

"恢恢"，宽大。"天网恢恢，疏而不失。"天道就像一张充满虚空的网一样，广大无边，无所不在，虽然无形无相，但是任何一件事情，都在天道的规范以内，无论怎么变化，都不会逃过这张网。从这张网的这边钻到那边去，在那一边，也是在网内。在网的这边和那边，就像在先天太极图的里边和外边，都在无极的网内，所以说疏而不失。诚如《文子·道原》所言："万物之化无不应也，百事之变无不耦也。"以天下为公，非利生存，则会改变一切存在。存诚子诗颂："道法自然天道行，不言不争任气运。天网恢恢疏不失，失不扰心得不庆。"

吕祖曰："圣人体天合道，清虚混元，故似天道不争而善胜。胜者，起也，来也，至宝来而天下暗迷，则气即混沌不分，二气交合，成为太极五行，运动而有，归于虚无而成。无极，与道合真，湛然常寂，而为之天道不争而善胜，天道既不争矣。不争，即不言也。不言而善行，不取其意，不用其心，而真气合一。自然来矣，是以圣人犹此之难。故不谋于有，不谋于心，不谋于意，而谋于湛寂杳然。浑然一体，不知其道，不知其玄，而天网恢恢者，恢恢者死心之谓也。天者，我也。网者，昏默无主之谓也。疏者，忘物忘形之谓也，物形既忘，而真心不失。而字，指形物言，莫当虚字。通文看我之真，昏默不醒，形物不分，不失真性，常存真心，了然至道。何杀之有，何恶之有，何争何言何取。而谋之，故无利而害不生，以此常活，谓之天网恢恢，疏而不失之勇也。"

第七十四章　司杀
以法治人，有伤和气，司杀伤身，服人以德

　　若民恒且不畏死，奈何以杀惧之也？若民恒且畏死，而为畸者，吾将得而杀之，夫孰敢矣？若民恒且必畏死，则恒有司杀者。夫代司杀者杀，是谓代大匠斲。夫代大匠斲者，则希不伤其手矣。

　　本章讲述司杀，以法治人，有伤和气，司杀伤身，服人以德。老子在本章讲述"民不畏死，奈何以杀惧之"，以德服人，人能正其神，则诸邪自不敢犯。爱民莫若不宰，生命最贵自然。以法治人，用刑之极，有伤和气。

　　"若民恒且不畏死，奈何以杀惧之也？若民恒且畏死，而为畸者，吾将得而杀之，夫孰敢矣？"老百姓不畏惧死亡，用杀来吓唬他们有什么用呢？假如老百姓敬畏天道畏惧死亡，对于个别背离天道而做坏事的人，把他抓起来杀掉，谁还敢做坏事？

　　"若民恒且不畏死，奈何以杀惧之也？"如果统治者不敬畏天道，不讲道德，放纵情欲，生生之厚，老百姓的生活就没有保障，民不聊生，老百姓就不会畏惧死亡。这时如果单纯以法令来治理，用杀头来吓唬老百姓是没有用的。比如宗教中设计出来天堂和地狱，用这种方法去恐吓老百姓，以为老百姓怕，实际上老百姓不怕。如果不信这一套，就不会到那个地狱里面去。我们身体的每一个细胞都在循环，他从来没有怕和不怕的，只服从心神的指挥。这种循环它很自然，身体上的某一部分细胞淘汰了，自动就回到自然中间去，不存在什么生死的观念，为什么要以死去威胁他。

　　"若民恒且畏死，而为畸者，吾将得而杀之，夫孰敢矣？"如果统治者敬畏天道，注重道德，降低自己的欲望，顺天道而行，上行下效，老百姓就各全其生，生活富足，安居乐业，也不会去触犯法律。对于个别做坏事的人，把他抓过来杀了，能起到很好的惩戒作用。就像人身上的某一个部分郁结长瘤子了一样，通过做手术，把它去掉，就能治病，但是如果不改变郁结的体

质，不改变心情，它还会长出来的。

吕祖曰："民不畏死，民者气也。清静惜气，内秉中和，外无耗散，坦然自固，与天同久，湛然常存，何死之有，谓之民不畏死。奈何以死惧，因人从顺道，不返于逆，日耗真元，故常耗而不固。年年不惜，日日不保，以至于老枯朽之，槁槁乎岂不死乎。自取之，奈何反以死惧。若使民常畏死，孤寡而不和，阴阳而不合，万物而不生，为之奇者，不能偶矣，奇者阳也，偶者阴也，阴阳合而成道。吾者，我也。吾得执而杀之，吾得至道，孰能杀害之。至道有形无质，有影无迹，我得其妙，谁能杀之，孰敢？"

"若民恒且必畏死，则恒有司杀者。夫代司杀者杀，是谓代大匠斫。夫代大匠斫者，则希不伤其手矣。" 天道里面本身就有生有杀，代替天道去杀人，就如同代替大木匠去砍木头。代替大木匠砍木头的人，很少有不伤到自己双手的。

"司"，主。"若民恒且必畏死，则恒有司杀者。"天道里面本身就有生有杀，天生天杀，道之理也。任何生命的生存、发展和变化都应由天道来主宰。我们不去争斗、不去杀戮，自有天道治天魔，也不劳我们分毫精力。一个国家通常由司法机构里的司法人员，去执行杀人的任务。存诚子诗颂："圣人百姓心为心，爱心慈心又悲心。天生天杀天之理，心正不怕夜敲门。"

"夫代司杀者杀，是谓代大匠斫。"如果说有人想干扰司法程序，代替司法机构里的司法人员去执行杀人，必不得天理，就如同代替技艺精通的大木匠去砍木头一样。比如这个治病，克服病灶的战争，不能用主观意识去操纵杀伐，而是人的元神在操控。

"夫代大匠斫者，则希不伤其手矣。"那些代替技艺精通的大木匠去砍木头的人，很少有不伤及自己双手的。商鞅变法，终被车裂。身体任何一种状态，都不能用自己的主观意识去操纵他。一操纵就会破坏这个整体的平衡，就像弄刀的人会伤到自己的手一样，只会有这种结果。比如身体有了病，一般人都是找西医大夫，吃药、打针，靠药物来杀灭细菌，在用武力杀灭细菌的时候，连带地把身体里好的细胞也祸害了。有道的人或高明的中医大夫是清除垃圾，通过疏通人体经络，增强人体内一气周流的生机，提高自身的排泄能力来清除体内的垃圾，这是从根本上治病。

吕祖曰："常有司杀者，有司者，我之心也，我死其心，使其无主，勿起思妄，勿起杀害，勿起执着，常常平等而不动。孰敢使有司而杀者，必无是理也。总不过清静自得，无使我之心，乱我之至道，谓之孰敢，常有司杀者。杀，是乱其本心，无所不为，自耗真元，自取其死而杀之，谓之杀。夫代司杀者，是我随心转动，不能自主，我害我也，谓之代司杀者。我害道也，谓之代司杀者，故杀。大匠者，巧工也。巧工之人，玲珑其心，虚灵其神，贯通其意，无所不作，了彻于胸，若使愚蠢之辈，代而作之，必害其事，故杀之。苟能免其害者，希有不伤其手矣。譬如人之为道，巧精、巧气而又巧其神，虚无自然之理，空洞自玄之妙，湛寂贞常之道，天然自得，与天地同体，与日月合期，阴阳自然好合，五行自然流贯，内秉至道，外合真全。假使有作之辈，昼夜运行，后天抽添谷气，犹如愚蠢之辈，代大匠而斲之，未有不害其生也。如有作者，不明至道，随心搬弄，未有不死者也。只要惜精、惜气、惜神，尽性以俟命，命归而返合于性，打成一片之为道也。果如是，民不畏死，何惧之有，故以大匠譬之。代之者，希有不伤其手矣。"

第七十五章　贵生

生生之厚，随情逐幻，嗜欲迷真，丧失天真

　　人之饥也，以其取食税之多也，是以饥。百姓之不治也，以其上有以为也，是以不治。民之轻死，以其求生之厚也，是以轻死。夫唯无以生为者，是贤贵生。

　　本章讲述贵生，生生之厚，随情逐幻，嗜欲迷真，丧失天真。老子在本章说统治者的政教不正，致使民不遂生。贵生则有为，有为则常扰；贵生则随情、逐幻、嗜欲、迷真，丧失天真，不能复其本元。君重民则国兴，重己欲则邦亡。形太劳则枯，神太用则乱。

　　"人之饥也，以其取食税之多也，是以饥。百姓之不治也，以其上有以为也，是以不治。民之轻死，以其求生之厚也，是以轻死。" 老百姓之所以遭受饥荒，是因为君主征收赋税过多，所以才陷于饥荒。老百姓之所以难以统治，是因为君主政令繁苛，所以才难以统治。老百姓之所以轻生冒死，是因为君主过于奢靡，以致民不聊生，所以老百姓就会以死抗争。

　　"人之饥也，以其取食税之多也，是以饥。" 老百姓之所以忍饥挨饿，是因为君主厚敛多欲，生活奢侈，赋税过重，使得老百姓越来越贫穷。君主利用国家机器把税收上来以后，没有用到老百姓的身上，没有用到公共事业上，而是花在自己的私欲上了。

　　"百姓之不治也，以其上有以为也，是以不治。" 老百姓之所以难于驾驭，是因为君主政令繁苛，缺乏道德，强作妄为，使得社会治安越来越混乱。老百姓实际上是统一的，其潜在信号是一个整体，就像自然界的万物一样。别看老百姓各自搞自己的，他就是民以自化的。

　　"民之轻死，以其求生之厚也，是以轻死。" 老百姓之所以轻生冒死，是因为君主贪欲无厌，贪求享受，连年征战，使得老百姓民不聊生。如果人们太讲究养生就是求生之厚，养生就是给自己一个非常自在的空间，要把他引

导到参透生死的那一面去。

吕祖曰："民者，我也、气也。我不食，饥从何来，以其惜气保身，闭五官之门，固我真之室。人若大开门户，贪好五味，日渐一日，习气太甚，是以饥之。人饥者，以其爱身之故。殊不知反受其殃，以其死故，若求长生者。上者，心也随分食禄，心不贪求，口不贪味，一心内照，是以不饥。以其食税之多，税者敛也，人之不食，畏其生也。不是要人辟谷，是要人一心内固，不贪不求，食而不知其味，一心向道，故无饥也。一心贪求，是以饥之。拿思食之心思道，何道不成，拿税食之心税身，何身不久，如此才叫个不饥。民之难治，因我之思多、心多，思多则欲生，心多则事不了。欲静事清，民岂难治，以其上之无为，明心见性，气有顺逆，以无为自化，则和于中，静于内，安得不治。虽无为而心不死，是以难治。不是教人瞎坐，肉心死而真心见，无为化为有作。有作者，天然自动之机，阴阳随分之化，乾坤从无而生坎离，坎离得混元之气，而合至道。于是复返于清静，外无息而气内输，淳化之极，何难治之。虽无为而入禅，是以难治。民之轻死，何也。以其求生之切，未饥先思食，食到思甘。未寒先思衣，衣到思丽，见色思淫，见财思富。富到贪之，身安思禄，禄到求爵，爵高思寿，五金八石，终日服之，学彼延年，无所不至，此求生也，求存世也，殊不知反害其生。何也，因贪因求，日费其思，遂耗其阳，日渐一日，是以轻死。欲得长生，无是理也。"

"夫唯无以生为者，是贤贵生。" 只有那些不为自己生命利益而作为的人，才是贤于过分看重自己生命利益的人。

"夫唯无以生为者"，有道者跳出对待，看淡自己的欲望，不以货利为重，心清欲寡，为利益众人而为，非利生存，天下为公，不为自己的生命利益所作为，无为而为，则生机不息，而无死地。不用主观意识来操作身体，神太用则乱，在现实中间以很平常的心态，知道人生之道，知道生命的状态，身体的细胞就有个自我的转化过程，能够回到统一的信号中去，取得一种真正和谐的归宿。在一般人的修炼过程中，一旦全身心的细胞产生了这种效应以后，能量就要向一个统一的方向运动，就向大脑里面运动，这是不变的一个真理。《文子·九守》曰："夫人所以不能终其天年者，以生生之厚，夫唯无以生为者，即所以得长生。天地运而相通，万物总而为一，能知一即无一之不知也，不能知一即无一之能知也。"

"是贤贵生"，那些跳出对待，非利生存，以天下为公的有道者，远胜于私欲很重，过分看重自己生命利益，有为而为的人。形太劳则枯，神太用则乱。人身体里面肾脏的能量很大，肾脏能量支撑了全身生命的平衡，这种能量进入大脑里面刺激人的中枢神经系统，一刺激就把先天的控制部分激活，然后去指挥人的身体释放绝大部分的潜能，这就远胜于主观意识的操作。存诚子诗颂："老子关心国与君，侯王得一天下贞。甘食美服乐其俗，上下一气一条心。"

吕祖曰："欲求长生者，何法治之。无税其食，无空无为，无求生之切，一心内固，外无贪求，内外贞白。贞白者，夫惟无以生为者，是不求生而固道，道存者故不死，是贵其生也。苟能如是，宁有死乎。"

第七十六章　戒强

弃强守弱，舍刚守柔，恃强则死，柔弱则存

人之生也柔弱，其死也坚强。万物草木之生也柔脆，其死也枯槁。故曰：坚强者，死之徒也；柔弱细微，生之徒也。是以兵强则不胜，木强则恒。强大居下，柔弱细微居上。

本章讲述戒强，弃强守弱，舍刚守柔，恃强则死，柔弱则存。老子在本章讲述"坚强者，死之徒也；柔弱细微，生之徒也"。坚强者和气流散，柔弱细微和气流行。教人惜气内敛，藏神内用，中和修身，无为养道。弃强守弱，舍刚守柔。举世皆教人为坚强，而老子独使人自守柔弱细微以为用，戒逞刚强以为道。

"人之生也柔弱，其死也坚强。万物草木之生也柔脆，其死也枯槁。故曰：坚强者，死之徒也；柔弱细微，生之徒也。" 人活着的时候，和气流行，身体是柔软的；死了之后，和气流散，身体就变得僵硬。万物草木活着时，气聚而生，枝叶繁茂，柔软脆弱；死了之后，气竭而死，枝条干枯。所以坚强的东西，和气散，属于死亡的一类；柔弱细微的东西，和气全，属于有生命力的一类。

"人之生也柔弱，其死也坚强。"人刚生下来以后，气血津液充满了阳气，气聚身和，一团和气，骨头很软，什么思维都没有，负阴而抱阳，中气以为和，所以生也柔弱。等到年纪老了以后，阳气亏损，津液减少，骨头就变硬，什么都硬，死的时候最硬，和气散了，肌肉也变硬了，气散骨立，所以死也坚强。

"万物草木之生也柔脆，其死也枯槁。"万物草木也是这样的，刚开始出生的时候，充满了水气，柔软得让人感觉到很可爱，生命力充沛，所以生也柔脆。植物与其他生物的骨骼一样，死的时候变硬了，水气枯竭了，和气流散，轻轻一掰就断了，所以死也枯槁。

"故曰：坚强者，死之徒也；柔弱细微，生之徒也。"太刚强、太硬的东西，和气流散，就容易折断，容易夭折。诚如皇帝《金人铭》所言："强梁者不得其死，好胜者必遇其敌。"刚强的人是没有好结果的，争强好胜的人最终将碰到敌手。柔和细微的东西，和气流行，充满了生机。人如果私心太重，欲望太强，损精耗气，就容易流失阳气而生病，是死的一种存在机制。人能够惩忿窒欲，少思寡欲，柔和细微的、温暖的这种阳气就会充盈流行，是生的那种机制。

吕祖曰："人乃寄天地中一物耳，物有长久者，有速败者。人之生也死之门，死也生之户。人秉天地之秀，得阴阳四时之气，感父母乾坤之精，皆是一派中和之气，生而为人，养而成体，长而成形，得道以成仙，失道以为鬼，俱在和与不和之间，在己之修为而已。己之修为，其柔弱也故生，其坚刚也故死，于是方为人之生也柔弱，其死也坚刚。无他，在于中和二字之间。人生柔弱者，外则能保身，内则能炼神。坚刚者，外则能杀身，内则能死神。人之修行，譬如藏物，封固坚者，无风雨霜雪之苦，故长存。露于外者，有日晒夜露之苦，故败之。人若体此修身，中和惜气，平等敛神，死生二路，在我之柔弱刚坚之中，其柄在我不在天矣。人若有为者，强而行之，是用心用意，坚执刚勇，一头行去，无返避之心，谓之其死也坚刚。人若无为者，忘心灰意，听其天然，不假修为，道自混元，谓之其生也柔弱。苟能体此行之，则生而不死。不能如是，则死而不生。去其坚刚，忘其柔弱，则不死不生。草木万物之生也柔脆，万物之中，无不中和，言其不行不动，不睹不闻，不言不食，感天之雨露，得地之和气，无风折之。春夏长于外，秋冬敛于内，故来春尚有生气，谓之柔脆。其死也枯槁，言其可玩之材，可用之质，人之爱也、慕也。不能忘情于他，故遭人取之。因他之美质，故枯槁矣。譬人之不修，譬人之丰衣玉食，功用于外，不修于内，万物之枯槁，由人之死而不生。人之死而不生，由万物之枯而槁矣，二理一也。只在和与不和间耳，和者退也、无用也、无材也、无心无意也、无物无形也，一团混元之气，敛神惜精之谓也。"

"是以兵强则不胜，木强则恒。强大居下，柔弱细微居上。"因此，用兵逞强，反而不能取胜；木头很硬，则会砍伐用来作弓。真正强大的人，有谦虚处下的品德，总是居于下位，让充满生机的一面居于上位，这样才合于中和之理。

"恒"，同"亘"，月亮趋于弓形。"是以兵强则不胜，木强则恒。"统治者应以坤德为主，以法令为辅来治理国家。若仅靠法令或军队来维持，则强不可恃，亦不可久，尤不可逞强以暴临于天下，恃强则败。恃其强以加于天下者，未有不败者也。木头很硬，则会遭到砍伐用来作弓。所以，做人做事当重德谦下，用柔不争，使生生之气常在于我，不能逞强，否则物壮则老，谓之不道。

"强大居下，柔弱细微居上。"真正强大的治理者，有谦虚居下的品德，总是居于下位，让柔弱细微、充满生机的一面居于上位，这样才合于中和之理。这个地方老子一直在告诉我们，要注意观察自然界的这种存在，要知道这种存在里面的生生机制。柔和的东西有生机、有发展前途。人初生的时候充满生机，水火交济，是升腾之象，等到这个人已经长得腰圆膀壮，变得很强壮的时候，已经开始在走下坡路了，水火相违，是沉沦之本。要想长久，只有在强大时处中处和，执一为天下牧。存诚子诗颂："牙齿刚强先下课，舌头柔弱犹在班。子曰柔弱胜刚强，天一水德可师范。"

吕祖曰："嗟夫，柔弱者生之徒，坚刚者死之徒，是以客气胜和，有为害中，心意使之然也，谓之兵强则不胜。木者和之根、中之苗，根苗中和，内外共敛，谓之木，弱则共之，强而大者处下。柔弱者，则居上以成道，无他。明于心者，谓之柔。见于性者，谓之弱。和于中，谓之生。明心见性，生生不已而成道，迷于心者谓之坚，乱于性者谓之刚，不和于中者谓之死，迷心乱性，死而已矣。上下于此明矣。"

第七十七章　天道
损益盈虚，中和而已，成功弗居，不欲见贤

　　天之道，犹张弓者也？高者抑之，下者举之，有余者损之，不足者补之。故天之道，损有余而益不足。人之道则不然，损不足而奉有余。孰能有余而有以取奉于天者乎？唯有道者乎？是以圣人为而弗有，成功而弗居也。若此，其不欲见贤也。

　　本章讲述天道，损益盈虚，中和而已，成功弗居，不欲见贤。老子在本章举天道之损补、平等、和谐，以为天下法。讲述了天道、人道和圣人之道，圣人之道是引导人们从人道进化到天道的方法。圣道天道，不过一理，都是致中和的道理，通章一中字尽矣。修炼要以中和为神用，损益盈虚，与时偕行。

　　"天之道，犹张弓者也？高者抑之，下者举之，有余者损之，不足者补之。故天之道，损有余而益不足。人之道则不然，损不足而奉有余。" 天道的作为就像拉弓射箭一样，高了拟制一些，低了抬高一些。力道大了减弱一些，力道弱了增加一些。天道的作为是减少有余的补益不足的，而人道的作为却是减少不足的来供奉给有余的。

　　"天之道，犹张弓者也？" 老子通过对自然现象的观察，感悟出天道的作为就如拉弓射箭一样。要根据靶心的方位、距离，调整自己拉弓射箭的姿势、力道，举下抑高，遏强抚弱，高了拟制一些，低了抬高一些；力道大了减弱一些，力道弱了增加一些，这样才有利于平衡弓、弦、箭的受力而射中靶心。调整的过程，就是把握活机的用中而已。

　　"高者抑之，下者举之。" 拉弓射箭，要以靶心为目标。用弓箭对准靶心，弓抬得高了，就把它压低一些，弓压得低了，就把它抬高一些。治理身体也是一样，要把自己的主观意识拟制一些，把自己的客观意识抬高一点，这样有利于身体健康。

　　"有余者损之，不足者补之。" 拉弓射箭，弓拉得太满了，就减少一些力

道，弓拉得不足了，就增加一些力道。天道就是这样起着均衡的作用，平衡着天地间的一切事物，天长地久。

"故天之道，损有余而益不足。"天道和于天性，无公无私，充满在宇宙空间。天道盈极则虚，虚极则盈；消极则长，长极则消，以成一年的四时、二十四节气的序令。天道是大公无私，天下为公的，无是无非，其作为是减少多余的，用来补益不足的。《易经》曰："损，损下益上，其道上行，上行则必损。益，损上益下，民悦无疆，其道大光。"天下的事，常以谦下损己而得益，而以自贵益私反招损。天地创造了万物而不占为己有，它将生出的一切，都给了万物，为万物所用，自己不求任何回报。正因为如此，天地才有无穷无尽的生命力；正因为如此，天地才最富有。这正是愈损愈益，大损大益的自然之理。

"人之道则不然，损不足而奉有余。"人道和于人性，一阴一阳为人，人性既有自然、素朴的道德人性，又有弱肉强食的兽性。道德人性是乾阳之性，具有圆融和非占的道性；兽性是生命低端的生物本能。人若滞于私利则是生物本能，酒色迷其真，财气乱其性，多是多非，多思多虑，费精耗神，盛而又盛，消而更消，不知禁戒。人类的现实社会是自私自利、弱肉强食的，与天道恰恰相反，是减少不足的来供奉有余的。

吕祖曰："天之道，不言而高，不名而尊，不动而大，此乃天之道也。天之道犹张弓乎。弓者，中也，入矢为中，不高不下之谓中，力大而放则射。射者去也，不为中。力小而不满弦，弦不满则不中。天之道，犹之乎弓也，不过、不及之谓也。过者不为中，不及者亦不为中，天之道中而已矣。不足者，补其足以为中。有余者，损其余以为中，是以天道如此。人道若如之，即合天道。如今人道则非也，不中不和，见有余者，损之。不足者，亦损之。自恃其强壮，殊不知损之又损，安得有余。人若合天道，内固中和，随先天之自然，不言不动，而中其的。"

"孰能有余而有以取奉于天者乎？唯有道者乎？是以圣人为而弗有，成功而弗居也。若此，其不欲见贤也。"谁能够把自己有余的，按天道而奉献给天下人呢？只有有道的人才可以做到。因此，圣人有所作为而不自恃，有所成就而不居功，他没有见贤于人的骄傲。

"孰能有余而有以取奉于天者乎？唯有道者乎？"能够真正把自己有余的部分奉献给天下的人，只有遵从天道法则，非利生存，天下为公的有道者。

太阳无私地把阳光撒向太空，照耀苍生；地球以一颗慈母的爱心，用自己的乳汁无私地养育万物；一粒粒稻谷小麦，代代生长不息，把自己微小的生命全部奉献给人类。世间万物都有这种毫不利己，专门利人的特性，体现着伟大的天道精神。而且在舍己的同时，亦在得到万物的恩惠，这是自然界的损益之理。

"是以圣人为而弗有"，圣人做事，他的准则是从整体平衡出发，根据现实来调节，有所作为而不自有，不持利。遵从非利生存的天道，随时进行调节，高而能抑，下而能举，有余者能损，不足者能补，从容中道，最终达到和谐平衡。人有私欲，都是按照自己的情感，自己的利益去处理问题，与天道是背道而驰的。

"成功而弗居也"，圣人的作为，他一直都是在模仿天道的作为，功成名就以后，不会去享受这个名，有所成就而不自居，没有私欲，没有利益心。"弗居"，就跳出了利益这个循环，不居于有，无是无非，非利生存。

"见贤"，显示自己的贤能。"若此，其不欲见贤也。"圣人跳出了对待，不居于有，没有见贤于人的骄傲，他根本都不愿意显示自己的贤德之名，他知道这个名声一旦产生了之后，对他来说没有什么好处，反而伤害了他的存在，是"亢龙有悔"的。见贤是显示自己的仁、义，不能体现道、德。存诚子诗颂："天道忌盈盈则亏，地道喜盈盈有余，人道执中中正道，行于中道勿留迹。"

悟道就是要居于中，虚实一体，自己这个实体，一定要放在虚性的体系里面去演化。比如经常设想有一个孩子，坐在自己肚子里面，坐在金色的莲花上面，他就是虚的这一面，有余的时候，就往他这个方向送。

吕祖曰："若是者，孰能以有余奉天下，能以有余奉天下者，唯有道则然也。有道者谁乎，是古之圣人。唯圣人能以有余奉天下。何也，因其为不自逞、不自恃其有余，功成不自居，自处其下也，因其能合天道，犹之乎张弓者然，不偏不倚之谓也。故古之圣人，内省不有，随乎混元以自修，故不自见其贤也。因退修自固，以中和体天而合天道。补不足，损有余，而合张弓。张弓者，中而已。凡人修道，内外合天，气秉于和而居于中，天道人道尽矣。故道祖以张弓譬之，不过一中也已矣。"

第七十八章　用柔
以柔修身，以和悟道，顺道而行，正言若反

天下莫柔弱于水，而攻坚强者，莫之能先也，以其无以易之也。水之胜刚也，弱之胜强也，天下莫弗知也，而莫之能行也。故圣人之言云曰："受邦之垢，是谓社稷之主；受邦之不祥，是为天下之王。"正言若反。

本章讲述用柔，以柔修身，以和悟道，顺道而行，正言若反。老子在本章教人以柔、以弱修身，以和、以中悟道。旨在教人法天道而行，守柔弱以胜坚强，不可逞刚强以胜柔弱。水之至柔，用之至坚。至卑至弱，莫过于水，破堤抉岸，莫之能御。

"天下莫柔弱于水，而攻坚强者，莫之能先也，以其无以易之也。水之胜刚也，弱之胜强也，天下莫弗知也，而莫之能行也。" 天下没有比水更柔弱的了，而攻坚克强却没有任何东西能超过水，所以没有任何东西能代替它。柔和胜刚坚，弱小胜强大，天下没有人不知道，却没有人去践行。

"天下莫柔弱于水"，水是液体，没有固定的形状，能大能小，能方能圆，方圆随器，是天下最柔弱的东西；其性善下，利物无我，处下不争。遇高则避，遇低则就，曲而不直，盈而后进，无物不润，无垢不受。能凝能散，能藏金，能济火，能生木，能和土，柔之至，弱之至。弱者道之用，保持水一样的柔顺，处下不争，利而不害，顺其来而与之俱来，顺其往而与之俱往。

"而攻坚强者，莫之能先也，以其无以易之也。"水虽然至柔，但可以凝聚为坚冰，升腾为蒸汽，可以切割钢板，以柔克刚，没有什么东西能够超过它。道的大用，莫若于柔弱，莫若于中和，莫若于虚无。以天下之至无，胜天下之至有。以天下之至柔，胜天下之至刚。

"水之胜刚也，弱之胜强也。"滴水穿石，治理者利用这种智慧，就没有不能成就的；运用这种力量，就没有不能战胜的。水聚而成江海，无坚不摧。

团结就是力量，依靠群众的智慧和力量，就能无往而不胜。若以强力取胜，只能胜过力量不如自己的，碰到和自己一样刚强的就只能势均力敌了。而用柔弱胜过力量大于自己的人，这种"柔力"是无法计量的。柔弱胜刚强，至柔的东西，能够胜过最刚强的东西，先天一炁，无物不入，无所不克。滴水穿石也是这样一个意思。

"天下莫弗知也，而莫之能行也。"坚硬的牙齿就比柔软的舌头先坏，柔弱胜刚强，持守中和，不争胜有争的道理，天下没有人不知道，但没有谁真正去践行。滴水穿石，天下人都知道，但是没有谁去学，没有人去做，需要有坚强的意志和持久的耐心才能成。存诚子诗颂："水虽至柔亦至刚，排山倒海钱唐浪。水滴花岗石也穿，道人以水为榜样。"

吕祖曰："天下之至弱者，莫过于水。水之性柔，体水之柔，修道乃得。天下之至坚刚者，土也。万物不能强土，惟水能之。水之柔，能克刚，故譬水也。水者，人之性，万情万欲，千心千意，性能治之，性若水，心地清静。性若水，形骸随之。水能长养万物，性能收伏身心。水能滋土，性能固道，无水土裂，无性道分。道者，心也。性不存，心外驰，故分也。心分，道安在哉。用心者非道，离心者亦非道，故譬言天下柔弱莫若水，性非气质之性，清静天命，本来之性，故坚强莫如水。谁能行此水者，谁能胜此水者，谓之莫能行，莫能胜。人若存性，孰能行之，孰能胜之，故柔弱胜刚。"

"故圣人之言云曰："受邦之垢，是谓社稷之主；受邦之不祥，是为天下之王。"正言若反。"所以有道的圣人说："能承受邦国的屈辱，才能成为国家的君主；能承担邦国的灾祸，才能成为天下的君王。"这是真理，听起来却像是反话。

"垢"，秽辱。"受邦之垢，是谓社稷之主。"往往能够兼蓄纳垢，承受国之垢浊的这样一种人，他配得上做这个国家的君主，处天下之荣。水容纳污垢的这种能力，修炼的人如果能够往这个方向修，就能够扩展自己的心胸，慢慢地能够在污泥中间而不被污染，自觉地能够破浊身轻，应物不染，应物不迷，本性常住。

"不祥"，灾祸。"受邦之不祥，是为天下之王。"往往能够虚心弱志，为天下承受痛苦的这样一种人，他是配得上做这个天下之王，享天下之福。回到我们修炼中，身体中发生的所有的事，如果都能够承受的话，那么就能够承受修炼的重任，承受性命的整体升华。元神主宰，身神合一，回归本性，与道合真。

"正言若反"，真正的明君是要承担痛苦，付出艰辛的。大道的真理是非利生存，天下为公，无私奉献，勇于担当，利而不害，为而不争，可是人往往做不到，看起来好像是说反话。

吕祖曰："圣人云：柔弱者，社稷之主，天下之王。社稷我之身也，天下我之形也。性柔弱，心能和之。心和气固，气固道存，道存真心现。真心现，方知玄里微妙。如水之川流不息，无风浪静之谓也。天下水之柔弱，如性之中和；水之川流，如性之气运；水之恬淡，如性定而气固；水之渊源，如性之默默。水静鱼潜，性定命伏，何水无鱼？何性离命？水聚鱼藏，性存命固。如此类推，性命之理毕矣。故柔弱莫若水，修命莫如性，命乃人之根，性乃命之苗，土乃万物之父，水乃万物之母。无父不生，无母不养。命乃人之父，性乃人之母。无父不固，无母不成。水不能离土，性不能离命。水土滋生万物，性命炼成汞铅。人若体此，道立成矣。"

第七十九章　司契
有德司契，恩怨两忘，天道无亲，恒与善人

　　和大怨，必有余怨，焉可以为善？是以圣人执左契，而不以责
于人。故有德司契，无德司彻。夫天道无亲，恒与善人。

　　本章讲述司契，有德司契，恩怨两忘，天道无亲，恒与善人。老子在本
章教人和怨不如执左契，善法两相忘。修身之道，惟善为宝。为善之道，跳
出对待，自治为先。天地静观皆自化，心无一物性始空。

　　"和大怨，必有余怨，焉可以为善？是以圣人执左契，而不以责于人。"
很大怨气即使和解了，必然还会残留余怨，这岂是合道的行为？因此，圣人
把握住这个契约联系，而不去追究履行契约，恩怨两相忘。

　　"和"，调和。"怨"，矛盾，情欲，利益冲突。"和大怨，必有余怨，焉可
以为善。"由于我们生活在占有社会，人性的觉性被追求价值利益的机巧心和
欲望所淹没。几乎人人都卷入到名利场中，在利益的涡流中痛苦挣扎。在利
益矛盾中，人我对待，往往是利己而不利人，责人不责己，相责而怨生。当
人有很大怨气的时候，再怎么调节，把大怨化解平和了，那些小怨又会变成
大怨了，有人我之相就不能做到至善。人性本身有自私的一面，不可能心里
什么事都可以拿得起，放得平。当人心里有怨恨，身体也会出现问题。因此，
要跳出利益矛盾，不产生怨恨，从心里消除怨恨，就要觉醒自己，进化自己，
进化社会，非利生存。圣人没有人我之相，没有是非善恶好坏的心理，没有
分别心。他不会要求人们也做到这些，达到至善，那是办不到的。因为是非
善恶好坏，都是随时间空间的变化以及人为的因素而定的。如果人没有怨恨
的心，就不会产生利益冲突，为而不争，就是善行。

　　"契"，信约，证明买卖、抵押、租赁等关系的文书。"是以圣人执左契，
而不以责于人。"圣人之所以无怨，以其没有人我之相，而恩怨两相忘也。圣
人执德如执左契，左为柔、为生，右为刚、为杀。圣人跳出了利益对待，处

在柔弱的那一面、有生机的一面，善于把握道的法则，虽然拥有那些借据，只是把握缘起而已，纵然到期爽约，在内心没有对履行契约的挂碍。李道纯颂曰："明断伤和气，施恩惹祸殃。不如司左契，恩怨两相忘。"

吕祖曰："和怨于人，必有余怨，安可为克己笃慎者也。善修己者，自潜自固，不亲于人，如是可以为善矣。一亲于人，则有怨于人，不亲则不怨矣，如是不和大怨，安可以为善乎。和者，偏爱也，偏亲也。不偏着中，则无余怨矣。是以圣人修己，如此无偏无斜，而执左契，责己而不责于人。"

"故有德司契，无德司彻。夫天道无亲，恒与善人。" 有德的人就像执守信约的圣人那样宽容，无德的人就像掌管税收的人那样苛刻。天道对任何人都没有偏爱，却永远帮助那些善良的人。

"司"，主。"有德司契"，有德的人没有人我之相，行为合道，性静情逸，常居其静，把个人利益看得很轻，在处理相互关系时执守信约，跳出了对待，从事物的整体平衡上考虑问题，知道相互之间有这种约定，把它看作缘起而已。圣人把握天道法则，拿着这个契约，不找他履行契约，不找他赔偿，圣人的思维就是包容、性空。

"彻"，通达、贯通。"司彻"，纠缠不休，不停地去追究。"无德司彻"，无德的人，于人我之际，直求分明，就像那个催债的人一样，越催人家越烦，决裂和气，欠债的人也很烦。作为圣人来说，他即使处在这样一种状态下，也是执左契，处在比较谦卑的这种位置，把握住这个契约联系，而不去追究履行契约。

"夫天道无亲，恒与善人。"本句老子引用于《金人铭》，天道没有对待，没有亲疏的分别心，没有偏爱、没有私心，无私亲而与善，所有的生灵都是他的孩子。天道像太阳一样平等的照耀地球上的众生，像大地一样平等善待一切众生。永远帮助那些心地善良、谦让处下，没有私心的人，只有这样的人，才能合于天道，得道多助，获得天道的资助。你善或者不善，善就在那里，感而遂应。那些敬畏天道，懂得感恩，展现无我、无私精神的人，心是开放的，能接受自然的恩泽与爱，心中充满了知足。心地无私天地宽，静观万物皆自得。存诚子诗颂："天道无亲与善人，责己责亲勿责人；责人常生怨与恨，不是仙佛道上人。"

吕祖曰："惟有德者，司其契矣。无德司彻，不与上天同德，故司彻矣。契者，普遍也。天道无私，普遍而无亲，人道偏倚而亲爱，故有余怨。人能体天之无亲，不偏不倚而执中，常存普徧之心，与天同善矣。天道无私不亲，无余怨而常善，故常与善人同矣。道君之意教人内秉中和，外安磐石，不偏不倚，无爱无亲，惟精惟一，允执厥中，故无和大怨，而无有余怨，可以为善。而同天之无亲也，惟圣人能司其契者能之，与天同德矣，故常与善人。道与天合矣，故无和大怨，而无有余怨者也。无他，不言不动，无视无听之谓也。"

第八十章　归真

非利生存，中和之至，人性觉醒，行为圆融

> 小邦，寡民。使什佰人之器毋用；使民重死而远徙；有车舟无
> 所乘之；有甲兵无所陈之；使民复结绳而用之。甘其食，美其服，
> 安其居，乐其俗。邻邦相望，鸡狗之声相闻，民至老死，不相往来。

本章讲述归真，非利生存，中和之至，人性觉醒，行为圆融。老子在本章教人跳出利益对待，处中处和，使民自然。言"道德世界"的非利生存状态，真我主宰，无嗜欲，无爱憎，无利害，人性觉醒，行为圆融，生命自在。无利益困扰，无人性束缚、无生命歧视、无生存之忧、无生命病苦。自足于性，自乐其道，返朴还淳，与道合真。

"小邦，寡民。使什佰人之器毋用；使民重死而远徙；有车舟无所乘之；有甲兵无所陈之；使民复结绳而用之。"邦国不大，百姓不多，非利生存，灵通万有。有上百人使用的器具，却不使用；民众看重故土，远离迁徙。有车辆和舟船，不去乘坐；有好的武器装备，却不炫耀；人们没有利益争斗，复归于结绳记事的纯朴生活。

"寡"，少。"小邦，寡民。"这里是老子祖师给出的"道德"社会的非利生存状态：邦国不大，百姓不多，民众安居乐业，安定自在。人们既有丰富的内心世界，又有充实、欢乐、祥和的现实世界。人性觉醒，行为圆融，生命自在，真我主宰着自己。无利益困扰，无人性束缚、无生命歧视、无生存之忧、无生命病苦。自足于性，自乐其道，返朴还淳，与道全真。

"什佰"，古代军队的那种编制，十个人为什，一百个人为佰。"使什佰人之器毋用"，人们跳出了利益对待，有很好的武装力量和物质生活的基础，有强壮的体魄，但只用于防御，而不主动挑起事端。重视精神文化和道德修养。在这种状态下，人们依行大道，天下为公，没有利益争夺，政治由此清闲，事务由此消歇，战争由此灭绝，万物自然得以滋润，自生自息。

"远"，离。"使民重死而远徙"，邦中之人，都过着平安、自在的生活，去世离俗，积精全神，不知乐生，不知恶死，安居乐业，以劳动为快乐，不用为了生存而奔波，背井离乡地迁移。

"有车舟无所乘之"，邦中之人，安居故土，生活安逸，不为生存而奔波，不用乘坐车辆和舟船而迁移。就悟道而言，人们跳出了利益对待，进入了非利生存的状态，嗜欲很少，步履轻健，乘空如履实，寝虚若处床，虽然有良好的交通工具，并不去乘坐，处天地之和，从八风之理。

"有甲兵无所陈之"，邦中之境，没有利害，和平安宁，为而不争，盗贼全无，虽然有很好的铠甲和兵器，也没有显耀的必要，而是以自得为功。游行天地之间，视听八达之外。

"使民复结绳而用之"，邦中之治，非利生存，浑厚质朴，人人诚信，简简单单，结绳之风可续。大家过着纯朴、平安、简单、自在的生活，没有钩心斗角，安安稳稳，吃得好，穿得暖，住得舒服，社会安定，人与人之间和谐相处。无恚嗔之心，不劳形于事，无思想之患，以恬愉为务。

吕祖曰："小国者，中之中也。寡民者，气之深也。器有什伯，非止一处，皆傍门导引之法也，可以一己之功，久必误矣，非圣人流传之法，故而不用。虚里能见小国，气静而知寡民，此至道微妙，非什伯之器，静极小国见，气深先天起，那时方知先天大国，自然玄妙，运动周流，一窍生百窍，百窍生千窍万窍，一一贯通，皆成大窍。此时光照十方，虚无大地，谓之小国寡民。何必使有什伯之器，而不用也，又何必使民重死而不远徙。远徙者，存想之功，何处起，何处凝，谓之远徙。着心用意，谓之重死。使民者行气之说也，人能小国寡民者，虽有三车三关之说，无所以意乘而用之。虽有文武甲兵之说，无所以心陈而用之。修至道者，深其气，返淳化之风，朴素以复古道，如是清之极、静之极，清静至极，无心自动，无意自行，随天然使民复古道，结绳而用之。结绳者，一团混元之气也，清如斯也，静如斯也，方动自然运动。"

"甘其食，美其服，安其居，乐其俗。邻邦相望，鸡狗之声相闻，民至老死，不相往来。" 人们吃得香甜，穿得漂亮，住得安适，过得快乐。相邻的城邦如邻居一般，相互可以看见，鸡狗的叫声可以听见，人们生活安定，平等互爱，非利生存，从生到死，都不会发生利害冲突。

"甘其食，美其服，安其居，乐其俗。"上古之世，民众的衣食住行皆能顺其天行，因其自然，浑朴无华，率性全真，无思无虑，无竞无争，无私无欲。

日出而作，日入而息，与大道合。这是一种顺其自然的淳朴生活状态。百姓都能食甘，吃得香甜；服美，穿得漂亮；居安，住得安适；俗乐，过得快乐，即使有很好的舟车，也不会迁徙。就悟道而言，食甘服美，精贯于中，气环于外，内甘而外美。居安俗乐，中心安仁，随其所之，应酬简而不启繁华，物用丰而各安家室，这样的状态就是和道的状态，生命自在、快乐、健康、智慧。

《黄帝内经·上古天真论》曰："夫上古圣人之教下也，皆谓之虚邪贼风，避之有时，恬淡虚无，真气从之，精神内守，病安从来。是以志闲而少欲，心安而不惧，形劳而不倦，气从以顺，各从其欲，皆得所愿。故美其食，任其服，乐其俗，高下不相慕，其民故曰朴。是以嗜欲不能劳其目，淫邪不能惑其心，愚智贤不肖不惧于物，故合于道。"

"邻邦相望，鸡狗之声相闻。"相邻的城邦之间和谐相处，如邻居一般，各得所安，互相之间可以看见，能听见鸡狗的叫声，人们生活幸福自在，健康快乐，没有利益冲突，一派祥和景象。

"民至老死，不相往来。"人们生活安定，吃得香甜，穿得漂亮，住得安适，过得快乐，平等互爱，顺从天道，非利生存，从生到死，都不会发生利害冲突，中和之至。悟道的人到了这个境地，已经真正达到天人合一的境界，不知乐生，不知恶死，无嗜欲，无爱憎，无利害，复返清静，与道合真。生命真正达到自在、快乐、健康、智慧。存诚子诗颂："甘其食兮美其服，安其居兮乐其俗，鸡犬之声常相闻，老死不相争荣辱。"

《礼记·曲礼》曰："往而不来，非礼也；来而不往，亦非礼也。"这是在利益社会的生存状态。当社会进化到非利生存的"道德"社会，就没有了利益往来，没有利益概念和利益机制，社会中的每一个人都以劳动为人生快乐，整个人类社会就是一个人类大家庭，人人互相尊重，社会地位平等，人们在高尚道德境界中互动互化地进行生产协作和共同消费，人人都是圣人。没有财富和名誉的概念，也没有利益和占有，没有贫富贵贱，人人生命平等，高度的智慧和自在，互补统一，共存于同一的道性整体中，自乐其道，返朴还淳，吉祥自在，与道全真。

吕祖曰："运动时，方知其味之甘，其服之美，其居之安，其小国寡民之俗之乐。邻国者，我之形也，相望而化为清虚之境也。鸡犬者，我之心意也，相闻而化为太清之地也。如是安于大定不动，而复返清静，归于无始之先，谓之民至老死不相往来。小国寡民者，与道合真也。"

第八十一章　真性
利而不害，为而弗争，非利生存，快乐自在

信言不美，美言不信。知者不博，博者不知。善者不多，多者不善。圣人无积，既以为人，已愈有；既以予人矣，已愈多。故天之道，利而不害；人之道，为而弗争。

本章讲述真性，利而不害，为而弗争，非利生存，快乐自在。老子在本章讲述得道圣人的境界，"不美，不博，不多，无积，不害，弗争"。自然之道静，则天地万物生；圣人之道静，则天机自在行。天之道就是生生不已，非利生存，用之不勤。圣人之道就是效天而行，互补统一，超越对待，和合圆融，快乐自在。处天地之和，从八风之理，无患嗔之心，以恬愉为务，以自得为功，形体不敝，精神不散。

"信言不美，美言不信。知者不博，博者不知。善者不多，多者不善。"诚信的话不好听，好听的话没诚信；真知的人不卖弄，卖弄的人没有真知；善良的人不贪多，贪多的人不善良。

"信"，真实不虚，诚信。"信言不美，美言不信。"真实之言，不尚纤美。真实不虚的言语，外在并不华丽。外在华丽的语言，不一定有诚信。圣人处无为之事，行不言之教，靠的就是诚信和感应。天地无言而有大信，四时季节的变化，如期而至，从不失信。道德经五千言，文字很美，其实并不是图美，所说的都是道德之言，似美而实信。

"知"，证悟大道，觉知。"知者不博，博者不知。"有智慧的人，不事博闻。真正明了真理大道的圣人，能把握住根本，不会博取名声。努力地想博取名声的那些人，把握不住根本，虽然明白很多外在的事理，但不能觉知事物的本质内涵。圣人觉知了大道，从整体的角度，共性上来思考问题和处理问题，能把握住问题的核心，神气相应，光而不耀。道德经五千言，多采用古语，多讲述古事，看似广博，其实并不是图博，所说的都是借古训今，似

博而实知。

"善"，无我利他。"善者不多，多者不善。"上善之人，没有贪欲。真正善良的人不贪多而利他，贪多的人自私自利，自私自利的人达不到至善的境地。圣人包容万物，没有分别心，没有是非心，没有贪求心，利物不争。天地不言而生养万物，生而不有，为而不恃，长而不宰。道德经五千言，其道涉及的很多，其德贯穿于始终，看似很多，其实并不是图多，所说的都是归淳返朴，似多而实善。

吕祖曰："信者诚也，信于言而不为美。美者鲜也，美于言而不为信。至道少言，至玄寡语。少言寡语，至道立基。辨者，分剖也。善者存道也，有道之士，不分人我，谓之善者不辨。能辨别明白者，务于外，聪明外用，日耗元精不能默默自守，为无道之不善也。知者聪明过人，博览世事，而不为知道之善者，精神全用于外，不能笃慎固守，与道相离，谓之博者不知。"

"圣人无积，既以为人，己愈有；既以予人矣，己愈多。故天之道，利而不害；人之道，为而弗争。"圣人没有私心，非利生存，越帮助众人自己反而更富有，越给予众人自己反而更充盈。天之道，是有利于万物，不伤害它们。人之道，是超越对待，不与人争夺利益。

"无积"，不为自己去积累。"圣人无积"，圣人处天地之和，以天下为公，没有私心，非利生存，运而不积，像太阳一样普照大地，不断地把能量输送到地球，像大地一样默默地承载，养育众生。

"己"，自己，心中的灵性，其灵无极。《天仙正理直论》曰："己者，即我静中之真性，动中之真意，为元神之别名也。""既以为人，己愈有；既以予人矣，己愈多。"圣人顺天道而行，非利生存，不为自己生存，竭尽所有奉献于民众，自己反而会愈富有；为了民众的幸福，竭尽全力给予民众，自己反而会更充盈，真实地体现了天道的损益法则。"天长地久，天地所以长且久者，以其不自生，故能长生。以其无私邪，故能成其私。"

"天之道，利而不害。"天道和于天性，天性自然，广大无边，囊括一切，无公无私，利益万物、利益众生，以好生为德，天地万物生，利而不害。天地的大德是生，生之畜之，长之遂之，成之熟之，养之复之。

"人之道，为而弗争。"人道和于人性，一阴一阳为人，人性既有自然、素朴的道德人性，又有弱肉强食的兽性。道德人性是乾阳之性，具有圆融和非占有的道性，不是弱肉强食的兽性。人道要全性保真，合于道德人性，就要融通对待，至公无私，非利生存，和合圆融。守雌抱一，处柔行谦，和光同尘，后己先人，无为而为，慈爱俭朴，不计回报，以兼善为德，为而弗争。老子最后给人们的幸福生活指明了方向，就是要用全性保真，合于道性，和合圆融，为而弗争。悟道就是把这"为而弗争"为日用，降心养炁，以劳动为人生快乐，非利生存，彻底解放人性，提升生命境界，久久纯熟则自然达纯阳之境。存诚子诗颂："为而不争圣人品，利而不害天道行。尹子传播道德经，弘扬大道第一人。"

《庄子·天道》曰："世之所贵道者书也，书不过语，语有贵也。语之所贵者意也，意有所随。意之所随者，不可言传也，而世因贵言传书。"世上人们贵道就是看重书。书不过是言语，言语确有可贵之处。言语的可贵就在于它的言外之意，言外之意又有它的出处。言外之意的出处是道本，道本是不可以用言语来传达的，然而世人却因为看重言语而传之于书。诚以此而共勉之。

吕祖曰："言其善道者，不睹不闻，无言无动。那善道的圣人，何常存睹之心，虽不睹而实内睹矣。何常存闻之心，虽不闻而实内闻矣。何常存多言之心，虽不言而实有言矣。何常存不动之心，虽不动而实内动矣。圣人之心，空空洞洞，无毫发罣虑，心地光明，内外贞白，谓之圣人不积。故既以为人已愈有，既以与人已愈多。言其圣人之心，与天平等，济人利物而无害。圣人之为道也，中和而不争，言其不博、不辨、不信固已，不博、不辨、不信，故心地不积。心地不积，故圣人善为道者。不争、不辨才与天平等，平等才不分人己，济利而不害。吁，圣人之心美矣、善矣、知矣，中和而合道矣。"

黄元吉曰："夫大道之要，不过神气二者而已；但有先后天之别，修士不可不知。古经云：先天元神，体也；后天识神，用也。无先天元神，大道无主；无后天识神，大道无用。尔等用工修炼，必要于混混沌沌、无知无觉时，养得先天元神以为主宰；然后一惊而醒，一觉而动，发为后天识神。此个识神，非朋从尔思，憧憧往来之私识，乃是正等正觉之元神，因其发动而有知觉，故曰识神。只怕此识一起，即纷纷扰扰，恶妄杂念，纷至沓来而不已者，就堕于私流于欲，而不可以炼丹也。惟有一心了照，矢志靡它。如此用志不纷，乃凝于神，神凝而息可调，息调即丹可结。故曰：'一心只在丝纶上，不见芦花对岸红。'如此一心，虽曰识神，其是即元神也。所以古云'天心为主，元神为用。巧使盗机，返还造化'，何患不立跻圣神！尔等亦明之否？总要于天心发动之后，常常稳蓄，不许一念游移，一息杂妄，庶几天心常在，道心常凝，虽有识亦比无识也。学者修真下手之际，贵乎一心制服两眼并口耳身意之妄识；于是集神于气穴，调息于丹田，务使凡息断灭，然后元气始来归命。既得元气来归，氤氲活泼，婉转悠扬，如活龙动转，十分爽健。此元气之充壮，可以运行河车矣。苟气机大动，不行河车化精为气，化气为神之工，仍然凝聚丹鼎，奈未经火化，阴精难固，不能长留于后天鼎中，一霎时凡火一起，必动淫根、生淫事而倾矣。即或强制死守，不使它动，奈后天精气，皆属纯阴，未经煅炼，不强制它必泄，即强制它亦必泄也。夫以此诀一行，即可以夺天地鬼神之权，参造化阴阳之法，而自主自夺，'我命由我不由天'矣。实为长生不老之仙，所谓阎罗老子，亦无奈我何者此也。"

附　录

阴符经

观天之道，执天之行，尽矣。故天有五贼，见之者昌。五贼在心，施行于天。宇宙在乎手，万化生乎身。天性，人也，人心，机也，立天之道，以定人也。天发杀机，移星易宿；地发杀机，龙蛇起陆；人发杀机，天地反覆；天人合发，万化定基。性有巧拙，可以伏藏。九窍之邪，在乎三要，可以动静。火生于木，祸发必克。奸生于国，时动必溃，知之修炼，谓之圣人。

天生天杀，道之理也。天地，万物之盗；万物，人之盗；人，万物之盗。三盗既宜，三才既安。故曰：食其时，百骸理，动其机，万化安。人知其神之神，不知其不神之所以神也。日月有数，大小有定。圣功生焉，神明出焉。其盗机也，天下莫能见，莫能知。君子得之固躬，小人得之轻命。

瞽者善听，聋者善视；绝利一源，用师十倍；三反昼夜，用师万倍。心生于物，死于物，机在目。天之无恩而大恩生，迅雷烈风，莫不蠢然。至乐性余，至静性廉。天之至私，用之至公，禽之制在气。生者死之根，死者生之根。恩生于害，害生于恩。愚人以天地文理圣，我以时物文理哲。人以愚虞圣，我以不愚虞圣；人以奇期圣，我以不奇期圣。故曰："沉水入火，自取灭亡。"自然之道静，故天地万物生。天地之道浸，故阴阳胜。阴阳相推，而变化顺矣。圣人知自然之道不可违，因而制之。至静之道，律历所不能契。爰有奇器，是生万象，八卦甲子，神机鬼藏。阴阳相胜之术，昭昭乎进于象矣。

清静经

老君曰：大道无形，生育天地；大道无情，运行日月；大道无名，长养万物；吾不知其名，强名曰道。夫道者：有清有浊，有动有静；天清地浊，天动地静。男清女浊，男动女静。降本流末，而生万物。清者浊之源，动者静之基。人能常清静，天地悉皆归。

夫人神好清，而心扰之；人心好静，而欲牵之。常能遣其欲而心自静，澄其心而神自清。自然六欲不生，三毒消灭。所以不能者，为心未澄，欲未遣也。能遣之者，内观其心，心无其心；外观其形，形无其形；远观其物，物无其物。三者既悟，唯见于空；观空亦空，空无所空；所空既无，无无亦无；无无既无，湛然常寂；寂无所寂，欲岂能生？欲既不生，即是真静。真常应物，真常得性；常应常静，常清静矣。如此清静，渐入真道；既入真道，名为得道，虽名得道，实无所得；为化众生，名为得道；能悟之者，可传圣道。

太上老君曰：上士无争，下士好争；上德不德，下德执德。执着之者，不名道德。众生所以不得真道者，为有妄心。既有妄心，即惊其神；既惊其神，即著万物；既著万物，即生贪求；即生贪求，即是烦恼。烦恼妄想，忧苦身心。但遭浊辱。流浪生死，常沉苦海，永失真道。真常之道，悟者自得，得悟道者，常清静矣。

仙人葛仙翁曰：吾得真道，曾诵此经万遍。此经是天人所习，不传下士。吾昔受之于东华帝君，东华帝君受之于金阙帝君，金阙帝君受之于西王母，西王母皆口口相传，不记文字。吾今于世，书而录之。上士悟之，升为天官；中士得之，南官列仙；下士修之，在世长年。游行三界，升入金门。

左玄真人曰：学道之士，持诵此经者，即得十天善神拥护其人，然后玉符保神，金液炼形，形神俱妙，与道合真。

正一真人曰：人家有此经，悟解之者，灾障不干，众圣护门，神升上界，朝拜高真。功满德就，相感帝君。诵持不退，身腾紫云。

心印经

上药三品，神与气精。恍恍惚惚，杳杳冥冥。存无守有，顷刻而成。回风混合，百日功灵。默朝上帝，一纪飞升。智者易悟，昧者难行。履践天光，呼吸育清。出玄入牝，若亡若存。绵绵不绝，固蒂深根。人各有精，精合其神；神合其气，气合其真。不得其真，皆是强名。神能入石，神能飞形。入水不溺，入火不焚。神依形生，精依气盈。不凋不残，松柏青青。三品一理，妙不可听。其聚则有，其散则零。七窍相通，窍窍光明。圣日圣月，照耀金庭。一得永得，自然身轻。太和充溢，骨散寒琼。得丹则灵，不得则倾。丹在身中，非白非青。诵持万遍，妙理自明。

吕祖《百字碑》

养气忘言守，降心为无为。动静知宗祖，无事更寻谁？真常须应物，应物要不迷。不迷性自住，性住气自回。气回丹自结，壶中配坎离。阴阳生反复，普化一声雷。白云朝顶上，甘露洒须弥。自饮长生酒，逍遥谁得知。坐听无弦曲，明通造化机。都来二十句，端的上天梯。

太乙金光咒

金光烁屋，瑞气盈庭。太乙道炁，周流古今。甘露灌顶，光明浴身。三业清净，五脏玄明。内外明彻，显我元神。连天通地，祥光佑众。宇宙万有，皆是吾真。三清圣祖，感诚而应。诵之万遍，光明临身。一炁演化，杳杳冥冥。

胎息经

胎从伏气中结，气从有胎中息。气入身来为之生，神去离形为之死。知神气可以长生，固守虚无以养神气。神行即气行，神住即气住。若欲长生，神气相注。心不动念，无来无去，不出不入，自然常住。勤而行之，是真道路。

皇帝内经·上古天真论

昔在黄帝，生而神灵，弱而能言，幼而徇齐，长而敦敏，成而登天。乃问于天师曰：余闻上古之人，春秋皆度百岁，而动作不衰；今时之人，年半百而动作皆衰者，时世异耶，人将失之耶。

岐伯对曰：上古之人，其知道者，法于阴阳，和于术数，食饮有节，起居有常，不妄作劳，故能形与神俱，而尽终其天年，度百岁乃去。今时之人不然也，以酒为浆，以妄为常，醉以入房，以欲竭其精，以耗散其真，不知持满，不时御神，务快其心，逆于生乐，起居无节，故半百而衰也。夫上古圣人之教下也，皆谓之虚邪贼风，避之有时，恬淡虚无，真气从之，精神内守，病安从来。是以志闲而少欲，心安而不惧，形劳而不倦，气从以顺，各从其欲，皆得所愿。故美其食，任其服，乐其俗，高下不相慕，其民故曰朴。是以嗜欲不能劳其目，淫邪不能惑其心，愚智贤不肖不惧于物，故合于道。所以能年皆度百岁，而动作不衰者，以其德全不危也。

帝曰：人年老而无子者，材力尽耶，将天数然也。

岐伯曰：女子七岁。肾气盛，齿更发长；二七而天癸至，任脉通，太冲脉盛，月事以时下，故有子；三七，肾气平均，故真牙生而长极；四七，筋骨坚，发长极，身体盛壮；五七，阳明脉衰，面始焦，发始堕；六七，三阳脉衰于上，面皆焦，发始白；七七，任脉虚，太冲脉衰少，天癸竭，地道不通，故形坏而无子也。丈夫八岁，肾气实，发长齿更；二八，肾气盛，天癸至，精气溢泻，阴阳和，故能有子；三八，肾气平均，筋骨劲强，故真牙生而长极；四八，筋骨隆盛，肌肉满壮；五八，肾气衰，发堕齿槁；六八，阳气衰竭于上，面焦，发鬓颁白；七八，肝气衰，筋不能动，天癸竭，精少，肾藏衰，形体皆极；八八，则齿发去。肾者主水，受五藏六府之精而藏之，故五藏盛，乃能泻。今五藏皆衰，筋骨解堕，天癸尽矣。故发鬓白，身体重，行步不正，而无子耳。

帝曰：有其年已老而有子者何也。

岐伯曰：此其天寿过度，气脉常通，而肾气有余也。此虽有子，男不过尽八八，女不过尽七七，而天地之精气皆竭矣。

帝曰：夫道者年皆百数，能有子乎。

岐伯曰：夫道者能却老而全形，身年虽寿，能生子也。

黄帝曰：余闻上古有真人者，提挈天地，把握阴阳，呼吸精气，独立守神，肌肉若一，故能寿敝天地，无有终时，此其道生。中古之时，有至人者，淳德全道，和于阴阳，调于四时，去世离俗，积精全神，游行天地之间，视听八达之外，此盖益其寿命而强者也，亦归于真人。其次有圣人者，处天地之和，从八风之理，适嗜欲于世俗之间。无恚嗔之心，行不欲离于世，举不欲观于俗，外不劳形于事，内无思想之患，以恬愉为务，以自得为功，形体不敝，精神不散，亦可以百数。其次有贤人者，法则天地，象似日月，辨列星辰，逆从阴阳，分别四时，将从上古合同于道，亦可使益寿而有极时。

李涵虚《九层炼心》

初层炼心者，是炼未纯之心也。未纯之心，多妄想，多游思。妄想生于贪欲，游思起于不觉。学人打坐之际，非不欲屏去尘情，无如妄想才除，游思忽起。法在止观，乃可渐渐销熔。止则止于脐堂之后，命门之前，其中稍下，有个虚无圈子，吾心止于是而内观之，心照空中，与气相守，维系乎规矩之间，来往乎方圆之内，息息归根，合自然之造化；巍巍不动，立清净之元基。从此一线心光，与一缕真气相接，浑浑灏灏，安安闲闲，此炼心养气之初功也。

二层炼心者，是炼入定之心也。前此一线心光与一缕真气相接，若能直造窈冥，自当透出玄窍；奈何定心不固，每为识神所迁，心与气离，仍不能见本来面目。法在心息相依之时，即把知觉泯去，心在气中而不知，气包心外而不晓，氤氤氲氲，打成一片，是炼心合气之功也。

三层炼心者，是炼来复之心也。前此氤氤氲氲，打成一片，重阴之下，一阳来复，是名天地之心，即是玄关一窍。此刻精、气、神都在先天，鸿蒙初判，并不分真精、真气、真神，即此是真精、真气、真神。若能一心不动，便可当下采取运行。无奈见所未见，闻所未闻，美景现前，茫无措手；心一动而落在后天，遂分为精、气、神矣。法在玄关初现之时，即刻踏住火云，走到尾闾，坚其心，柔其息，敲铁鼓而过三关，休息于昆仑焉，此炼心进气之功也。

四层炼心者，是炼退藏之心也。前此踏火云，过三关，心与气随，固已入于泥丸矣。然在泥丸宫内，或有识神引动，则气寒而凝，必不能化为真水，洒濯三宫，前功尽弃矣。法在昆仑顶上，息心主静，与气交融，气乃化为美液，从上腭落下，卷舌承露，吞而送之，注心于绛宫，注心于黄庭，注心于元海，一路响声直送到底，又待玄关之现焉，此炼心得气之功也。

五层炼心者，是炼筑基之心也。前此入泥丸而归气穴，已有河车路径，从此一心做去，日夜不休，基成何待百日乎？然或有懈心，有欲心，作辍相仍，丹基难固。夫筑基所以聚精会神也，功夫不勤，精神仍然散乱，何以延年奉道？法在行凭子午，逐日抽添，取坎填离，积金实腹，此炼心累气之功也。

六层炼心者，是炼了性之心也。前此河车转动，聚精会神，则灵根充实矣。从此心液下降，肾气上升，是为坎离交。杳冥中有信，浩浩如潮，一半水气，濛濛如雾，一半云气，是名金水初动，方修玉液还丹。倘用心不专，则尽性之事难了。法在于金水初生之时，由丹田分下涌泉，霎时而合到尾闾，调停真息，鼓之舞之，乃能滔滔逆上，至于天谷；涓涓咽下，落于黄庭。如此则朝朝灌溉，心地清凉。血化为膏，意凝为土，土中生汞。汞性圆明，遇物不迁，灵剑在手。孟子谓"尽其心者，知其性也"。仙家名为阴丹、内丹，此炼心明性之功也。

七层炼心者，是炼已明之性也。前此金水河车，仙师名为内炼。到此，还有外炼功夫。以外合内，真心乃聚而不散。盖内体虽明，好飞者汞性。内修虽具，易坏者阴丹。设或保养不纯，则心性复灭矣。法在以虚明之心、妙有之性和砂拌土，种在彼家。彼家虚而由我实之，彼家无而自我有之。以有投无，以实入虚。死心不动，霎时间先天一气从虚无中来。一候为一阳，有如震。二候为二阳，有如兑。时值二候，正宜合丹。那边吐出一弦真气，其喻为虎向水中生。这边落下一点玄光，其喻为龙从火里出。两边龙虎会合，性情交感，一场大战，宛如天地晦暝，身心两静矣。俄而三阳发动，有如乾卦。如潮如火，如雾如烟，如雷如电，如雪如花。身中阳铅晃耀，我即持剑、掌印、踏罡、步斗，鼓动元和，猛烹极炼，透三关而上泥丸，一身毛窍皆开，比前玉液河车，更不同也。吞而服之，以先天制后天，性命合而为一，即大还也。性属火，其数七。命属金，其数九。返本还元，故明七返九还、金液大丹。从此铅来制汞，其心长明，汞不动摇矣。此炼心存神之功也。

八层炼心者，是炼已伏之心，而使之通神也。前此七返九还，以铅制汞，心已定矣。但要温之、养之，要使身中之气尽化为神，身中之神能游于外。于是取一年十二月气候，除卯酉二月为沐浴，余十月为进退，故名十月温养，非言要十个月功夫也，否则心虽定而不灵。炼之、锻之，灵心日见。灵则动，动则变，变则化，故有出神之事，而不为物情所迷。此炼心成神之功也。

九层炼心者，是炼已灵之心而使之归空也。前此温养功深，神已出而不惑，随心所欲，无往不宜，高踏云霞，遍游海岛，致足乐也。但灵心不虚，则不能包涵万有，此所以有炼虚一着也。炼虚者，心胸浩荡，众有皆无。清空一气，盘旋天地间。是我非我，是空不空。世界有毁，惟空不毁。乾坤有碍，惟空无碍，此所以神满虚空，法周沙界也。此炼心之始末也，无以加矣。

参考文献

1. 老子著，吕岩释义，韩起编校，道德经心传，桂林：广西师范大学出版社，2014.

2. 文子著，李定生、徐慧君校，文子校释，上海古籍出版社，2020.

3. 河上公、杜光庭等注，道德经集释，北京：中国书店出版社，2014.

4. 高明撰，帛书老子校注，北京：中华书局，1996.

5. 伍冲虚、柳华阳著，静虚子恭参校订，伍柳天仙法脉，北京：宗教文化出版社，2012.

6. 董沛文主编，中和正脉：道教中派李道纯内丹修炼秘籍，北京：宗教文化出版社，2009.

7. 黄元吉撰，道德经注释，北京：中华书局，2012.

8. 黄信阳主编，陆潜虚道学选编，北京：宗教文化出版社，2014.

9. 米晶子（张至顺）编著，炁体源流，深圳报业集团出版社，2012.

10. 魏则之，一贯天机直讲，银川：宁夏人民出版社，1988.

11. 李谨伯，呼吸之间：李谨伯谈静坐与修道，北京：华夏出版社，2020.

12. 存诚子（曾庆余）编著，内丹实修理法精要，北京：华夏出版社，2015.

13. 黄帝著，伊尹等注，阴符经集释，北京：中国书店，2013.

14. 张伯端著，翁葆光等注，悟真篇集释，北京：中央编译出版社，2015.

15. 袁康就著，钟吕内丹道德观研究，北京：宗教文化出版社，2005.

16. 尹真人高弟撰，性命圭旨，北京：中央编译出版社，2013.

17. 刘一明著，孙永乐评注，刘一明：栖云笔记，北京：社会科学文献出版社，2011.

18. 萧天石著，道德经圣解，北京：华夏出版社，2007.

19. 李涵虚著，黄信阳、蔡聪哲校，李涵虚先生全集，北京：宗教文化出版社，2013.

20. 郭霭春编著，黄帝内经素问白话解，北京：中国中医药出版社，2021.

21. 黄元御著，孙洽熙校注，四圣心源，北京：中国中医药出版社，2009.

22. 罗大伦，道德经说什么，北京联合出版公司，2019.

23. 周月亮，王阳明心学，北京联合出版公司，2018.

24. 熊厚音，生存与修炼：《道德经》新解，北京：昆仑出版社，2008.

25. 韩金英绘著，内在小孩解道德经，北京：团结出版社，2010.

26. 易明　宝善，易道太极说，北京：中国广播电视出版社，2009.

27. 唐颐，图解河图洛书 河洛真数，西安：陕西师范大学出版社，2009.

28. 曾仕强，道德经的奥秘，西安：陕西师范大学出版社，2012.

29. 李玉瑾，先天和后天太极图的道性探微，长沙：教育科学博览，2015

30. 李玉瑾，关于中华根文化的探讨与研究，长沙：教育科学博览，2016

31. 李达，《实践论》《矛盾论》解说，北京：人民出版社，2019.

32. 任法融，道德经释义，北京：东方出版社，2009.

33. 傅佩荣译解，老子，北京：东方出版社，2006.

34. 陆锦川述，人人可以进入的神秘世界——道家太极门授功秘录，北京：中国华侨出版公司，1991.

35. 张其成译著，金丹养生的秘密：《太乙金华宗旨》语译，北京：华夏出版社，2005.

36. 钟明译注，金刚经·六祖坛经，太原：山西古籍出版社，1999.

37. 吴兆基编译，周易，长春：时代文艺出版社，2001.

38. 李安钢编著，道教三经，北京：中国社会出版社，2004.

39. 雷仲康译注，庄子，太原：山西古籍出版社，1999.

40. 叶蓓卿译注，列子，北京：中华书局，2018.

41. 陈广忠译注，淮南子，北京：中华书局，2015.

42. 崔仲平、崔为注译，老子译注，长春：吉林文史出版社，1996.

43. 高华平、王齐洲、张三夕译注，韩非子，北京：中华书局，2016.

44. 唐玄宗等注疏，名家批注道德经，沈阳：万卷出版公司，2009.

45. 刘丰著，心能缘校订，开启你的高维智慧，北京：中国青年出版社，2020.

46. 袁了凡著，费勇译，了凡四训，西安：三秦出版社，2017.

47. 静虚子，伍柳天仙法脉修持指要，华夏出版社，2015.

48. 齐豫生、夏于全主编，四库全书，延吉：延边人民出版社，1999.